国学三部曲

国学探疑

宋定国　著

首都师范大学出版社
CAPITAL NORMAL UNIVERSITY PRESS

图书在版编目(CIP)数据

国学探疑/宋定国著. —北京：首都师范大学出版社，2013.1(2014.08 重印)
(国学三部曲)
ISBN 978-7-5656-1289-3

Ⅰ.①国… Ⅱ.①宋… Ⅲ.①国学-研究-中国 Ⅳ.①Z126

中国版本图书馆 CIP 数据核字(2013)第 012504 号

GUOXUE TANYI
国学探疑
宋定国 著

责任编辑 刘志勇
首都师范大学出版社出版发行
地 址 北京西三环北路 105 号
邮 编 100048
电 话 68418523(总编室) 68982468(发行部)
网 址 www.cnupn.com.cn
E-mail master@cnupn.com.cn
三河市博文印刷有限公司印刷
全国新华书店发行
版 次 2013 年 1 月第 1 版
印 次 2014 年 8 月第 2 次印刷
开 本 787mm×1092mm 1/16
印 张 18.75
字 数 317 千
定 价 32.00 元

内容简介

《国学探疑》是作者在对“国学”的研究中，对某些问题的质疑，其中有些属于长期遗留的“历史问题”。

在写作方法上，本书采用列题式，既无需考虑一般论著所要求的框架结构及其逻辑体系的完整性，又免去了承上启下衔接等文字，因而简明、扼要，避免了拖泥带水；尽量减少征引和注释，实在必不可少的注释则采用夹注。同时，继承了中国传统学理性散文的写法，在保证学术观点准确表述的前提下，行文流畅，富有韵味，因而具有较强的感染力、说服力、可读性和耐读性。

本书所提出的一百多个问题，涉及“国学”中的难点、热点，均依据最新的考古发掘材料和翔实的文献，有理有据地进行了探释：或矫正，或修补，或重新厘定；凡有确凿而翔实的资料可以佐证的，则大胆提出，不乏独到见解，而尚缺乏确凿、翔实的资料佐证的，则留作疑案，决不臆测和妄断。

另外，本书还尽量避免使用“习以为常”的某些含糊用语。如在时代称谓上的所谓“古代”、“当代”、“现代”、“近代”和“现代化”、“后现代化”等等，因为时代在不断前进，处于不同时代的人所使用的上述同一个概念，其所指的具体年代和具体内涵差别很大，容易产生误解、歧义，所以，本书除了对古代史可用明确朝代来标明，如“汉代”，“清末民初”等外，一律用通用的国际公元纪年来标明具体年代，如“20 世纪 20 年代”，“21 世纪初”等；在“化”上，则明确其所指，如“机械化”、“电子化”、“信息化”，等等。

还有，哲学上所讲的“唯物主义”和“唯心主义”也同样容易产生歧义，甚至可以说是错误的称谓。因为所谓“唯物主义”和“唯心主义”原本就是在探究世界的本原，是物质在先还是精神在先的问题时，才加以区分的，即认为世界的本原究竟是物质(物)还是精神(心)，而并没有其他意义，故而理应划分为“物本主义”和“心本主义”(见张岱年著《中国哲学大纲》，中国社会科学出版社 1982 年版)才妥帖。故本书采用了这一称谓。固然，纠正这类错误概念，要经由国家权威部门裁定，本书带头这样做，旨在刺激、呼吁学界和有关部门尽快纠正这一历史性的错误称谓！

“上下求索，探疑释难”之主旨贯穿全书，无论作者的探释是否确当，但这种探疑求真的治学精神，无疑对于推动“国学”研究的深入和普及，对于中国学术走向世界，具有重要意义。

前　言
我为什么要写《国学三部曲》

我写作《国学三部曲》，既不是一时冲动，也不是为了追求名利；名利之于我，虽不敢妄称“身外物”，但确实澹泊了。在“天命之年”以后，一方面因为对中国传统学术文化，对中国历代文人墨客之升降浮沉的了解，特别是对养生学的研究，使我对所谓“世道”和“人生”有了进一步的认识，体悟到在和平环境下，“生存是第一需要，健康是人生至宝，长寿是最大幸福”，因而学会了从包括名利在内的“物累”中自我解脱；另一方面，是因为自己作为一个出身于半医半农家庭且土生土长的人，对业已取得的成绩，已经知足，聊可自慰了。

我写此书更不是想标新立异。作为一个已过“耳顺之年”的人，早就没有那样的心劲了！

坦诚地说，从1993年当上教授之后，我就感到了一种解放，一种从为了职称的评定和晋升，而不得不忙碌于自己并非完全情愿的、对某些方面的研究及著述的解放，而进入真正自由地研究和创作的时期。

除了迫不及待地回到我自幼所钟爱、却不得不久违了的文学园地，心情愉悦地耕耘外，还重新仔细阅读家父留下的大量医书、方剂及诊断笔记，并由此引发了进一步研究中医学、养生学的兴趣，由此又继而引发了我对于它们与易学，以及自幼所同样钟爱的史学，及整个中国传统学术，即“国学”研究的兴趣。

在这过程中，虽然积累了不少资料，进行了不少思考，产生了不少想法，但我却一直侧重在文学创作，以及《周易》与人生、养生等课题的研究和写作上。因为在这方面所积欠的情债最重，积存的手稿和资料最多，因而饥渴感和创作欲也最强。在撰写并出版了《周易人生哲理博览》《周易人生醒世真言》和《周易与养生》，以及长篇小说《悬壶梦》和《变形姻缘》之后，仍想就相关话题进行著述、创作。由于注重养生，我把研究和写作当做日常的消遣和娱乐，在想写（有心劲）和能写（有精力）的时候才写，而从不“赶进度”，从不强不可而为之，更不“拼命”，习惯了按自己的意愿，轻松愉快而从从容容地写。按照多年形成的写作习惯，要把自己想写的都写出来，至少还要20年。而在这样的写作计划当中，“国学”却并不在其内。

那么，到底是什么原因促使我突然改变计划，非要写作《国学三部曲》呢？

促使我写作《国学三部曲》的直接原因，是一代宗师张岱年先生的去世所引起的关于“国学”和“国学大师”的争论。争论尽管限于个别人之间，却激发了我的写作热情。

2004年4月下旬，当得知自己所爱戴的师长张岱年先生去世的消息后，我一下就呆了！先是含泪写了悼亡诗，接着又含泪撰写《默默地送别一代宗师——追忆张岱年先生》，并在参加4月30日向张先生遗体告别仪式后完稿，在人民日报社主办的《大地》杂志第10期(5月下旬刊)上发表。本来，想在完成长篇小说《三梦》(《悬壶梦》、《鹊桥梦》、《乌托梦》)和《特殊祭品》等书稿后，打算在专心照顾年迈卧病的娘亲的空暇歇息歇息，顺便对时下文坛的炒作歪风，和某“畅销书”作家差错百出的所谓“历史散文”发表点看法，但张先生的逝世一下让我乱了方寸，使我在对那位作家和相关的出版社发表了两篇善意的评论性文稿后，就再也无暇顾及了！我的心神久久沉浸在对一代宗师的缅怀之中。5月6日，当看到某家颇具影响的报纸刊登的文章中，披露了学界一两个人对张岱年先生的学识提出质疑，并就“国学”等话题所引起的相关争论时，我的心灵猛地一震，许多与张先生和“国学”有关的话题，犹如突如其来的风暴，在我的脑中急剧刮起，使我陷入深沉的反问和思考的轩然大波之中。当我参加了5月15日由清华大学主办，中国社会科学院哲学所、北大哲学系、北京师范大学教育学院和哲学系、中国社会科学院历史所、中国思想史研究室和中华孔子协会等合办，北京世纪群学文化传播公司协办的，《纪念张岱年先生95周年暨中国文化综合创新学术研讨会》后，心情更是无法平静，在无限地追忆、缅怀、沉思和反问中，先是冒出了以报告文学的形式写作张先生的念头。后来便请教了张先生的家人及汤一介先生等师长。汤先生在回信中，把他发表的《我所认识的张岱年先生》的复印件一并寄来，并说由于忙于编纂《儒藏》等，不准备再写有关张先生的文章了。谈及评价人物时，汤先生强调一定要坚持实事求是，世上没有完人，没有神人，对于每个人的长处都要具体分析，不能泛泛而谈，言过其实。汤先生言简意赅的教诲，使我深受启发：我想，评价人物一定要坚持的实事求是这个原则，也同样适用于任何学术问题的探究啊！

之后，我接连研读了张先生的一些著作，了解了张先生的主要学术主张和创见等等，但关于张先生的生活素材的搜集却比较困难，而这对于以报告文学的形式写作，则是非常大的难题，于是我改变初衷，产生了写作此书的念头，并一发而不可收。

不过，促成我写作此书的根本原因，则是自己长期以来在对"国学"的学习、研究过程中，所产生并积累的疑问、思考和想法等的喷发。

由于主客观多种因素的交互作用，使我在经历那场充满坎坷和磨难的漫长"浩劫"岁月之后，通过考研而"打回"首都，毕业后为了解决燃眉之急的住房问题，而主动到一所培训团干部的学校，不久虽然歪打正着地创办了大学，但至今恐怕仍是全国数得着的很小的大学任教；同样由于主客观多种因素的交互作用，使我成为一个不能安分的"杂家"——在为短训班和大专班讲授了几期自己所学的专业哲学课后，根据中国青年政治学院创建后教学任务的需要，我主动选择了为本科生讲授领导科学、人才管理学等课程，可我的专业职称却依然只能走哲学系列，而我当时还没修炼到"不为稻粱谋"的境界，所以不仅不能离开哲学领域，而且还必须不断地拿出属于哲学学科范围的成果。同时，由于我自幼酷爱历史和文学，即使在那动乱而荒诞、漫长而沉重的岁月里，在百无聊赖的工作和必要的家务劳作之余，我也常把心思耗费在文史书籍地翻阅、思考和文学创作上。在进入新时期踏进大学校园任教而走上教学、科研的岗位之后，更是一有空就翻阅相关的书籍，思考、写作。改革开放所促成的各种新思潮、新观念的时兴和活跃，使我原本就比较活跃的思维越发活跃，因而涉猎的范围更广，加上先是负责新建学院所辟建专业基础理论部的领导工作，促使我必须熟悉诸如政治学、法学、心理学、伦理学、形式逻辑、经济管理和行政管理学等学科；而后又担任学院的科研处处长并主编学报，也逼着自己熟悉、了解更多的学科。在这样的过程中，我的知识面越是扩大，就越发现自己的无知和所知甚少，于是就越激发自己的求知欲。伴随对易学、医学和养生学等研究的深入，中国传统学术文化的深厚底蕴越发吸引我，使我发现自己作为"老五届大学生"，在知识功底上的缺陷，尤其是在传统学术文化知识上的肤浅。当我从中国哲学、易学、医学和养生学的研究扩大到"国学"的其他领域时，这种肤浅感就越发加重，于是促使我在50岁以后，把许多精力和时间都耗费到对"国学"书籍的研读上。但也许因为自己毕竟已不再是初学的孩童，毕竟不再像小学生那样对什么知识和观点都囫囵吞枣，毕竟在文化知识方面积累了一些个人见识，况且，自己从小就养成了爱质疑、好思考的习惯，所以，在涉猎中很自然地也就随时产生许多疑问和想法，有时还相当激烈、冲动。

然而，说句实话，即使对自己某些带有灵感性的观点有时难免一度自我陶醉或孤芳自赏，但也从未产生要就“国学”研究方面著书立说的想法，因为我深知“先天不足”和“后天失调”在自己身上留下的缺憾，使得自己不论跟前辈或后辈学人相比，都差距甚大，所以宁可期盼相关的著述从他们那里问世，自己等着拜读和欣赏就是了。但是，张岱年先生的逝世，报刊、网络等媒体对于张岱年先生，关于自己不配当“国学大师”的公开声明的亵渎，尤其是学界个别人对张岱年先生学识和学术建树的质疑，空前激烈地引起我心灵的震撼，一种莫名其妙的激情和写作欲望突然使我改变了态度，决心把自己长期所积累的有关“国学”的想法和思考加以梳理，并结合相关问题作进一步的探讨，就学界和社会大众所关注和热议的一些问题，发表自己的看法。

而一当我扎进离家很近的国家图书馆，翻阅相关的文献和资料，尤其是追踪最新的考古新发现、新成果时，竟产生越来越多的疑问和困惑，就越发感到自己学识的不足和学界研究风气的滞后，内心的疑问、思考和想法自然也就越积越多，并时常陷于激烈的矛盾、冲突和不断地生灭消长之中。

尤其是当我看到，不断推出的考古新发现、新成果，正在不断刷新、改写某些古代典籍、史料和文献的内容和形式，而我们的某些研究者，包括被媒体和人们所称道的某些所谓“国学大师”，却依然关在书斋里，仅仅依据传世本而津津乐道，并被某些媒体和出版社大肆炒作时，就更有一种说不出来的不解、不满，因而写作的欲望也就越发强烈了！

为此，我成天往国家图书馆跑。经过5个月的研究，我拟定了暂名《“国学”新论》的题目及一份提纲，未敢再打扰在“国学”方面颇有造诣的汤一介先生，便于10月3日寄给20多年来一直保持来往，并经常给我以指导的黄枬森先生。

我之所以执著地求教于屡屡自谦“不懂‘国学’”的黄先生，是出于“哲学家的头脑和睿智，对于即使涉足不深或从未涉足的领域，比起那些在某个领域经常跋涉的人来，往往更容易发现问题”的见解，况且黄先生自幼饱读诗书，受到良好的文化熏陶，熟悉中国学术文化；原来在西南联大最初学的是物理学，后来转为哲学，知识面广博；在几十年的研究和教学中，通晓哲学原理、马哲史等；而哲学作为自然科学和社会科学的概括和总结，在学术园地辛勤耕耘了几十年的黄先生，涉猎广泛，学富五车，富有触类旁通的睿智，则是毋庸置疑的了呢！

在当月的24日下午，我就收到黄先生的回复，先是客气地再次说他“不懂‘国学’”后，接着便就我所拟的《提纲》提了六条具体意见：一、你很关注国学问题，从提纲看内容丰富，思路开阔，书写成后该是本大著作；二、从提纲看，内容涉及很多，写作是个艰巨任务，完成要花费巨大的精力；三、究竟什么是“国学”还不清楚，一般有两种理解：一是把整个中国当成研究对象（即在世界范围内兴起的“中国学”），一是把中国传统学术文化当成研究对象。但不论哪种理解，内容都很宽泛，怎么具体界定，需要好好斟酌；四、相比之下，把中国作为研究对象似乎更好些，可以像研究哲学一样，从高度概括的视角提炼出问题，加以研究；五、“国魂”和“国渣”的提法需要斟酌：“魂”一般指精神性的东西，而中国传统学术文化中精神性的东西，也并不全是精华，也包括自私、不团结等民族劣根性的东西；六、对“国魂”中提到的追求和平、和谐等等，要注意不要忽视斗争性，战斗精神；对于“国渣”中“尚清谈”也要具体分析，不能把基础性的理论研究当做“清谈”，要考虑到过分注重实用而忽视、排斥本体论研究的倾向。

黄先生这么早地回复出于我的意料，回复得如此中肯、具体、重要，富有指导性，更出于我的意料，使我这个“编外弟子”深受感动。

之后，我反复琢磨、领会黄先生富有指导性的意见，经过半年多的研究、写作和思考，鉴于问题和想法较多，而且并不都限于学术问题，不便在一本书尤其是学术性著作中阐述，经再次请教黄先生后，于是决定分作三部即《国学览胜》、《国学探疑》和《国学纵横》，并名之曰《国学三部曲》。

可以毫不夸张地说，没有黄先生的指导、勉励，就没有我的《“国学”三部曲》的写作！

《国学览胜》，旨在对“国学”中的精华和神韵进行浏览式地概述；《国学探疑》，旨在就自己对于“国学”研究中所产生的疑问进行探释；而《国学纵横》，则旨在针对古今在“国学”研究和运用中所存在的某些问题，加以评论，发表己见。

鉴于有关“国学”的典籍浩如烟海，有关“国学”的研究和讨论纷繁复杂，尤其是不断涌现的考古发掘的新成果，仍在不断刷新、改写相关的典籍、史料和文献等，而我个人的精力和时间有限，尤其是能力很有限，所以，面对自己所设定的每一个显然看似很大的题目，我都不便、也不能面面俱到，而只能仅仅涉及自己力所能及的范围。而且，不论是《览胜》、《探疑》还是《纵横》，都必须秉持汤一介先生所强调的“实事求是”原则，“依据信史文献，追踪并利用最新的考古成果，探疑求真，正本清源，厘真辨伪，析精祛糟”；“有话则长，无话则短”；“凡所涉话题，必有新意、独见，而绝不‘鹦鹉学舌’，绝不‘老生常谈’，绝不讲‘空话’、‘套话’”的原则，才能使自己的著述具有一定的意义。

以上只是自己写作的初衷和愿望，至于是否言行一致？到底有无意义？有无价值？则只能交由读者，交由世人，交由实践来检验和评判了！

目 录

一 “国学”释义

1. “国学”一词何时提出

一般学者都认为，“国学”这一概念是在清末民初提出的。

这里之所以用“提出”而不用“产生”，是因为就其内容而言，它显然在清末民初之前早就“产生”，并且延续了两千多年。

但就“国学”一词而言，古已有之。《周礼·春官宗伯·乐师》言：“乐师掌国学之政，以教国子小舞。”《礼记·学记》又曰：“古之教者，家有塾，党有庠，术有序，国有学。”孙诒让（1848~1908年）在其所著《周礼正义》中指出：“国学者，在国城中王宫左之小学也。”由此可见，“国学”在中国古代，指的是国家一级的学校，与汉代的太学相当，此后朝代更替，“国学”的性质和作用也有所变化。

唐代贞元中，李勃隐居读书于庐山白鹿洞，至南唐时，在其遗址建学馆，以授生徒，号为“庐山国学”（亦称“白鹿洞国学”、“庐山国子监”、“庐山书堂”等），是后人首次使用“国学”这一概念。到宋代，又改称“白鹿洞书院”，为藏书与讲学之所。宋代书院兴盛，涌现出白鹿、石鼓（一说嵩阳）、睢阳和岳麓四大书院。由此来看，“庐山国学”实际上是一所既藏书又讲学的“学馆”，亦即后来的“书院”。

在当时的情境下，所藏之书和所讲之学，自然是中国的传统学术文化。从宋代四大书院的实际情况来看，也是如此。可见此时“国学”这一概念的使用，与“国医”是一样的。“国医”即国家的医学，“国学”自然亦即国家的学术了。在还没有“西医”、“外学”、“西学”等概念的情况下，这本来是个很好理解和接受的概念，只是当“西医”、“外学”、“西学”出现后，才容易产生歧义而引起争论了。

但是，真正把“国学”同诸多“外学”相提并论，即作为一门统揽中国学术的概念提出来，则是在西学东渐、我国社会和学术文化处于空前转型的二十世纪初。

据我所查到的资料看，“国学”这一概念，最初还是在日本先出现的。

19世纪末，面对西学和“欧化主义”的刺激，日本学界从世界文化格局中反思和重识本国文化，发出了提倡“国粹”、“国学”的呼声，并不无贬义地称中国文化为“支那学”。这就自然感染并刺激了处境相似的中国学人。1902年秋，流亡海外的梁启超（1873~1929年）曾与黄遵宪（1845~1905年）等人商议，在日本创办《国学报》。但黄氏却主张先作“国学史”，使梁启超放弃了创办《国学报》的设想。而国粹派学者则趁此之时力倡“国学”。1904年，邓实（1877~1951年）在上海的《政艺通报》第3期发表《国学保存论》，论述了保存“国学”的重要性。次年1、2月间，邓实、黄节（1873~1935年）等人在上海成立了“国学保存会”（参加者多为中国同盟会会员，或倾向革命的知识分子），以“研究国学，保存国粹”为宗旨，发行《政艺通报》《国粹学报》，标志着“国学”在国内的立足。

就总体而言，“国学”作为一个与“外学”相对应，并开始进行系统归纳和研究的概念，是在清末民初，为适应我国社会和学术文化发展之需要，应运而生的。

任何学说，都不会平白无故地产生，都是一定社会经济政治所培植的相应社会条件的产物。

一定的社会经济政治形态，为一定学说的产生培植了相应适宜的土壤、气候等条件；没有相应适宜的土壤、气候等条件，产生不出、发展不起来任何学说。

清末民初，伴随中国专制制度的动摇、瓦解，学术文化也洞开了封闭二百多年的闸门，西方的“科学”、“民主”思想和进步的学术文化大量闯入，对中国传统学术文化带来巨大冲击。中国几千年的社会根基和文化思想，一度处于风雨飘摇和巨大转型之中。正是在这样的社会背景下，西方列强在对中华民族实施政治和军事侵略的同时，也实施了文化侵略，甚至把文化侵略作为政治和军事侵略的前奏和先导。一些西方学者所捏造并鼓吹的“中国文化西来说”，就是在这样的背景下出笼的。

每当外敌觊觎、掠夺我们中华民族的瑰宝时，国内总有极少数患软骨、昏头、色盲等症的人，出来迎合，战战兢兢地自暴自弃，妄自菲薄。且不说一般软骨头投靠帝国主义充当其文化买办，单说一班头脑发昏和妄自菲薄者，此时竟被西方人的“中国文化西来说”的鼓噪扰乱了神志，竟“数典忘祖”，否定“三皇五帝”时代，并对中华文化的认同发生动摇。中国除了“全盘西化”之外，似乎就再也没有出路了！

正是在这样“内忧外患”之危急时期，一批富有爱国心的有识之士，伸直中华民族的脊梁挺身而出，振臂喊出“复兴国学”的口号。

他们提出和倡导“国学”，并非不加分析地完全拒绝和排斥“西方文明”，而只是面对“西方文明”的冲击大潮，呼吁“救国救学”，倡导人们不要自我蔑视，不要丢掉自己优秀而深厚的文化传统。

也正是由于这样的原因，所以当一批学者怀着强烈的爱国心为“复兴国学”而宣传鼓动、著书立说的同时，另一批学者也怀着同样强烈的责任感，开始了对周口店、殷墟等古代文明遗址的考察、发掘，用史实来证明中华民族的古老文明，用史料来粉碎“中国文化西来说”的荒诞。

从清末民初到“五四运动”前后，中国社会的根本转型及其所导致的文化转型，可以说为孕育“国学”提供了适宜的“土壤”、“气候”等社会条件。

这一时期，中国社会的根本转型及其所导致的文化转型，是空前剧烈而深刻的。这不仅表现在各色各样的理论、学说及其代表人物在这样的转型中纷纷登场、竞相表演上，而且表现在其飘忽不定、变化纷呈的姿态上。

在那个时期，中国学术文化界到底涌现出了多少个学派及其代表人物，实难尽述。人们所能考察和列举的，不过是其中一些主要的学派及其代表人物而已。而即使这些主要的学派及其代表人物，要想真正把他们的学说原原本本、淋漓尽致地复述出来，似也很难。因为他们的观点不仅与其学派之“名”往往不符，而且变化无常，让人们难于把握。

“易变”、“多变”，往往是在社会和文化剧烈转型时代，人们所表现出来的思想和学术文化特征。

2. 原有释义及其缺陷

据我所知，以往对“国学”的释义，大致有以下几种：

(1)“国学”即“中学”

这一释义与清朝大员、洋务运动的代表人物张之洞（1837 ~ 1909 年）等所倡导的“中学为体，西学为用”说有关。但是，因有“西学”一说而提出与之对应的“中学”并不周全，因为与“中学”相对应的概念应是“外学”，而“西学”则仅仅是“外学”中一部分，并不能涵盖日学、印度学等等所有“外学”。另外，因世界各国学校一般都有大、中、小学之分，用“中学”这样的概念，也很容易在一般人的心目中引起误解。

(2)“国学”即“国粹”

这一释义，是针对“中学”提法太笼统、宽泛而另提出的。

但是，顾名思义，“国粹”即国家学术文化之精粹。“国学”与“国粹”不论外延或内涵其实都不一样，硬把两者等同起来，无疑与事实不符：因为“国学”并非一切皆“粹”，而是有“粹”有“渣”。因此，把“国学”与“国粹”等同，要么名不副实，要么等于把传统学术文化“精粹”以外的内容排斥在外，又因人们对传统学术文化“精粹”之理解不尽相同，自然就很难使“国学”的内容及其解释规范化。而在实际操作上，这样的释义也行不通。主张这一说法的人，实际上认为中国传统学术一切皆“粹”，因而把传统学术一篮子兜进了“国学”的筐子里。

其实，对这种说法一开始就有不同看法，而持这种说法的人自己也未能坚持多久。例如胡适（1891～1962年）就认为“国学”不仅要研究“国粹”，而且还应研究“国渣”；不研究“国渣”，就无法知道什么是“国粹”。也正是在这个意义上，他认为使用“国故”比使用“国粹”妥帖，因而认为“国学”是“国故学”的省称。

（3）“国学”即“国故”

这一释义，是针对“国粹”一说太笼统，又鉴于中国传统学术文化并非一切皆“粹”而提出的。这种提法曾经被当时许多著名学者所认可。“五四运动”时期的“旧派”、“新派”“国学”家们，几乎都使用过“国故”一词。1919年初，新旧文化激烈交锋，北大较保守的学者创办《国故》月刊以“昌明中国故有之学术”。在此背景下，毛子水（1893～1988年）、傅斯年（1896～1950年）在《新潮》杂志撰文，针对“抱残守缺”、“追摹国故”的倾向而提出用科学的态度和方法“整理国故”。所谓“整理”，并非限于考证、训诂，还包括了评判价值、探寻因果。他们既以现代观念发掘、阐扬古学，又强调清理“国渣”，打倒“偶像”。

但也有人主张应把“国故学”与“国故”分开。例如吴文祺（1901～1991年）就认为“国故”是材料，而“国故学”是一种科学，“用分析综合比较种种方法，去整理中国的国故的学问，叫做国故学”（吴文祺：《重新估定国故学之价值》，《国故学讨论集》第1集，第41页）。所谓“国故”是指包括经、史、子、集在内的整个传统学术本身，而“国故学”则是对其进行客观的研究、阐述。因而，曹聚仁（1900～1972年）承认，“习常之目‘国故’殆和畴昔所谓‘中学’‘国学’者同其内包外延”（曹聚仁：《国故学之意义与价值》，《国故学讨论集》第1集，第60～65页）。

曾经将“国学”、“国粹”和“国故”并用、互换的章太炎（1869～1936年），后来觉得“国故”比“国粹”妥帖，便把其阐述“国学”的第一部著作名之为《国故论衡》。甚至有人用“国故”取代“国学”，并发起了“整理国故”的运动。

“整理国故”的提倡者、研究者往往将“国学”与“国故”两者通用，互相替代。胡适说：“‘国学’在我们眼里，只是‘国故学’的缩写。中国的一切过去的文化历史，都是我们的‘国故’；研究这一切过去的历史文化的学问，就是‘国故学’，省称‘国学’。”（胡适：《〈“国学”季刊〉发刊宣言》，张若英编《中国新文学运动史资料》第195页，光明书局1934年版）随着“五四”新文化浪潮低落，“国学”一词在30年代得到普遍承认和运用，“国故学”则销声匿迹。

（4）“国学”即“即中国固有之学，系指中国固有的学术文化”，亦即“中国学”

这一释义，是针对“外国学”而言的。

据我所查阅的相关资料看，对于这一释义，起初当以章太炎和邓实等表述得比较明确。章太炎在辛亥革命前旅居日本主编《民报》时，曾举办“国学讲习会”、“国学振兴社”，并为设在上海的“国学保存会”机关报《国粹学报》撰文。在《民报》第七号所载《国学讲习会序》中，他这样论及了“国学”：“夫国学者，国家所以成立之源泉也。吾闻处竞争之世，徒恃国学固不足以立国矣。而吾未闻国学不兴而国能自立者也。吾闻有国亡而国学不亡者矣，而吾未闻国学先亡而国仍立者也。故今日国学之无人兴起，即将影响于国家之存灭，是不亦视前世为尤岌岌乎？”又说：“夫一国之所以存立者，必其国有独优之治法，施之于其国为最宜，有独立之文辞，为其国秀美之士所爱赏。立国之要素既如此，故凡有志于其一国者，不可不通其治法，不习其文辞。苟不尔，则不能立于最高等之位置。而有以转移其国化，此定理也。”

可见，章太炎认为“国学”是一国固有之学，并把“国学”之兴亡与国家的兴亡联系在一起了。对此，《国粹学报》主编邓实在《国粹学报》第十九期上则表述得更加明确：国学何者？一国所有之学也。有地而人生其上，因以成国焉。有其国者有其学。学也者，学其一国之学以为国用，而自治其一国者也。

“国学者，与有国而俱来，因乎地理，根之民性，而不可须臾离也。君子生是国，则通是学，知其爱国，无不知爱其学也。”

汤志钧先生（1924～?）在1997年由上海古籍出版社再版、由曹聚仁整理的章太炎讲演的《国学概论》一书的“导读”中，在引述了上述章、邓对于“国学”的阐释后，概括说：“国学既是一国固有之学，中国是有悠久的历史、灿烂文明的国家，《史记》记录了自黄帝以来的历史，成为中国民族的象征。此后，尧、舜、禹、汤、文、武、周公历代相传，至孔子而集国学之大成。这种传统思想文化，也就是所谓‘国学’。它既不同于不是‘中国固有之学’的西方文化，和我国少数民族的专制统治思想也有差异。因此，‘国学’实际上是指我国汉族之学。”

汤氏把“一国固有之学”等同于“传统思想文化”，可见他并未从严格的意义上区分“学术”、“思想”、“知识”和“文化”等概念的差异，而是笼统言之。当时，这种说法颇为流行。那时，人们还习惯于把“文化”作为“知识”、“思想”的同义语而加以使用，说“学术文化”，与说“学术思想”、“学术知识”是一样的。这与今天把“文化”区分为广义和狭义两种显然有别。在今天，从严格的意义上看，“学术”与“文化”不是同一层次的概念：“学术”作为系统的、比较专门的学问，自然是以“文化”为基础的，当属于“文化”的范畴，但不是一般的文化，而是文化中比较高级的或被提炼了的属于精华的部分。然而从一般意义上而言，把学术与文化联系在一起尚可理解。

但是，汤氏把“国学”看作“我国汉族之学”即“汉学”，显然欠妥。既然“国学”是“一国固有之学”，而中国是个有诸多个民族所组成的大家庭，那么，汉族以外的其他民族之学，自然也就不应被排斥在外。把“一国固有之学”理解为“中华民族固有之学”，似更妥帖。

“国学即中国固有的或传统的学术文化”。这一释义尽管也受到非议，但经过几代学者的坚守和阐释，被沿用了下来，成为“国学”的通常定义。如在商务印书馆出版的《现代汉语词典》中，对“国学”一词的解释就是沿用了这样的定义：“称我国传统的学术文化，包括哲学、历史学、考古学、文学、语言学等。”

这可以说是自清末民国初至今，一直沿用下来的比较通用的定义。

张岱年先生（1909～2004年）在为中华孔子研究会所编纂，于1996年9月出版的《国学通览》所作的序中，这样写道：“国学，亦称中国学，即中国学术的简称。”

张先生既沿用了百年来通常的说法，却把“文化”二字剔掉，可能是鉴于《国学通览》所涉及的内容比人们所理解的一般文化层次较深之故。但张先生在该序中又使用了“中国文化是世界三大文化系统之一”，“现代的中国人应对于传统文化有比较明晰的认识”这样的用语，说明张先生并非排斥

“国学是中国固有的传统学术文化”一说。

通观上述原有关于“国学”的释义，至少存在以下缺陷：

首先，把“国学”与“中国学”等同，并视为“中国学”的简称，容易引起歧义：因为“中国学”既可以以中国传统学术文化为研究对象，也可以以整个中国为研究对象，尤其自从改革开放以来，伴随中国经济和社会令世人瞩目的发展，以整个中国为研究对象的“中国学”在海内外勃然兴起，所以不宜再用“中国学”来泛称“国学”。

其次，“国学”的原有释义是从其外延上切入的。有的甚至谈不上“定义”，只不过是一种通常的说法，就好比把张家的物件说成“张家物”，把中国的学术说成“中国学”，再简称一下罢了。正因从外延实际上是从国域来界定“国学”，所以相关的学者在其讲演或出版的《国学概论》中，也都是从外延上对“国学”的内容加以阐释。例如，在由曹聚仁所记录整理，并于当年由上海泰东图书馆出版的章太炎先生的《国学概论》中，就是从外延上来阐释“国学”的内容的。在第一章概论中，讲“国学”的本体时，按“经”（“经史非神话”）、“子”（“经典诸子非宗教”）、“史”（“历史非历史小说”）排序。显然受了《四库全书》等按“经”、“史”、“子”、“集”对中国学术文化加以排序编目的影响。如果说章太炎的讲演并未完全受《四库全书》排序编目之束缚，在具体论述“国学”分类的派别时，按“经”（“经学的派别”）、“哲”（“哲学的派别”）、“文”（“文学的派别”）排序，而尚有独到之处的话，那么，在其他人所著述的《国学概论》中，则大都按《四库全书》的编目来排序。例如，由上海光明书局于1934年出版的谭正璧（1901～1991年）所著的《国学概论讲话》，就是按照“经”、“史”、“子”、“集”排序阐述，只是把“集”部改成了“文学”。又如，由“台湾国立编译馆”于1969年出版的程发轫（1895～1975年）所著《国学概论》，则完全是按“经”、“史”、“子”、“集”分类、排序的。其他人的同类著作，有的虽未按“经”、“史”、“子”、“集”排序，但却按照历史顺序就传统文化讲起。例如钱穆所著，于1931年初版，1997年由商务印书馆再版的《国学概论》就是这样的。其章目为：“第一章：孔子与六经；第二章：先秦诸子；第三章：嬴秦焚书坑儒；第四章：两汉经生经今古文之争；第五章：晚汉的新思潮；第六章：魏晋清谈；第七章：南北朝隋唐之经学注疏及佛典翻译；第八章：宋明理学；第九章：清代考证学；第十章：最近期之学术思想。”这样的排序和阐释，显然与哲学或思想史的讲述难于厘清界限，而且侧重点也带有相当大的随意性。

愚以为，从国域即外延上来界定、释义“国学”，由于把“国学”的研究范围或对象与其定义相混淆，所以，很容易在研究和著述时导致以下的局限性：

第一，若按《四库全书》的“经”、“史”、“子”、“集”编目排序，那么，“国学”著作汗牛充栋，实难尽述，无论对于研究者还是学习者而言，无异于作茧自缚；而若择其要者阐释，则见仁见智，很容易导致众说纷纭，难于体现一个学科（学说）的严谨性；

第二，若按历史顺序来讲述或阐释中国的学术文化，则冗长不说，更重要的是难于同哲学史、思想史等厘清界限，而且更容易导致见仁见智、挂一漏万等弊端。

一般而言，从外延上对一个学说释义，是最简单、直接，也是最容易的方法。比如，哲学，可以说是关于哲学的学问，政治学可以说是关于政治的学问，经济学可以说是关于经济的学问等等，但这样的释义法很难对一个学科作出规范而严谨的界定，因为这样的释义实际上不过是指出了学科的研究范围或研究对象。

因此，现今广为流行和讲授的某个学说，很少再有这样释义，而几乎都是从内涵上予以释义。所以，我以为，必须改变从外延上对“国学”释义的传习，而宜从内涵上另加释义。

3. 重新释义“国学”

前面已经说明，我在本书中所称的“国学”，是仅仅以中国的传统学术文化为研究对象，而不涉及其他。因此，从内涵上加以释义，似可表述如下：

“国学”是“中国学术”或“中华学术”的国内简称，是研究中国即中华民族之传统学术文化之源、流及其发展的基本规律，以推动我国和世界学术文化的进步和发展为目的的科学。

这个释义明确了以下几点：

第一，“国学”作为“中国学术”或“中华学术”之简称，不仅包括在中华民族大家庭中占主导地位的、为各个民族所共有的传统学术文化，还应包括汉、满、蒙、回、藏等各个民族所特有的学术文化。这样，就与清末民初所谈论的“国学”区别开来：当时所说的“国学”不仅不包括其他民族的特有学术文化，而且提倡“国学”最积极的“国粹派”，还有强烈的排满情绪。同时，这一释义也与海外所称谓的“汉学”区别开来：海外人士所说的“汉学”有时泛指中国学术文化，正如他们把“汉文”泛指“中文”，把“汉医”、“汉药”泛指“中医”、“中药”一样。

鉴于为个人的才力和精力所限，本书所涉及的“国学”内容，只是泛指在中华民族大家庭中占主导地位的、为各个民族所共有的传统学术文化，而并不涉及各个民族的特有学术文化。

第二，“国学”的研究对象是中国传统学术文化的源、流。

第三，“国学”所着重揭示的是中国传统学术文化发展的基本规律。

第四，“国学”研究的目的是为了推动我国和世界学术的进步和发展。

这一释义所揭示“国学”之内涵，剔除原来仅从外延上加以释义之局限性。

也许有人会认为：这一释义有违“国学”提出之初衷。

“国学”当初提出时确实没有面临像今天这样的形势，甚至可以说大相径庭：当时所面临的“灭种灭族”的危机，与今日所面临的“和平崛起”的形势，恰成鲜明的对比！因此，我们这样释义，突破其初衷，则正是适应了时代进步和形势变化之需要。因为只有这样，才能使我们的“国学”突破原来把中国固有的学术文化，用一个“篮子”一股脑兜起来的简单做法，而引导人们不仅要用一个篮子把中国固有的学术文化兜起来，而且着重研究篮子里所兜的东西的源、流及其发展变化的内在规律，并使人们在了解其规律的基础上，使之更有利于推动我国和世界学术文化的进步和发展。所以，这样做不仅不是、也绝不会贬低“国学”，而且恰恰相反，把“国学”置于本该置于的恰当位置上，使它在人类的学林中占有本应具有的举足轻重的地位。

二 “国学”之源

4. 为什么要探究“国学”的源头

“半亩方塘一鉴开，天光云影共徘徊。问渠哪得清如许，为有源头活水来。”朱熹这首小诗道破了一个大真理：一切“清如许”的渠塘，必有其“源头活水”。

纵观历史，横看现实，世界上有哪一国的学术文化像我们的“国学”这样源远流长，清新鲜活？虽历经火烧冰冻，几经曲折迂回，垢蒙尘封，却依然喷涌升腾，生机焕发。

源远流长，源深流涌，源殊流异，流分脉别。这些都是客观事实。

要了解我们的“国学”何以如此清新鲜活，生机勃勃，到底具有怎样的不同于其他国家和地域学术文化之特质，就必须考察它的源头活水具有怎样的特质，怎样的流向、流脉和流派，怎样的特殊规律。

我们之所以把“国学”释义为“研究中国即中华民族传统学术文化之源、流及其发展的基本规律，以推动我国和世界学术文化的进步和发展为目的的科学”，就是从这样的意义上考虑的。

像“国学”这样具有极其丰富底蕴的学术文化，要是不首先弄清其源头，那就无法准确地把握其流向、流脉和流派，无法考察和发现其发展的内在规律。众所周知，当人们还不了解、认识某种事物的内在规律的时候，要对该事物作出正确的认识和判断，那简直是不可能的事情！迄今围绕“国学”所产生的众说纷纭的见解，就与这有很大关系。这也是我冒昧地一反“国学”之传统释义，而重新释义的根本缘由。

而要探究“国学”之“源头活水”，实际上也就是探究“国学”萌发的条件、过程，即“国学”到底从什么时代，在什么条件下开始萌芽、发展起来的。

5. 中华文明之源头

要探究“国学”的源头，自然不能回避整个中华文明的源头问题。这个问题的根本解决，自然需要考古学等提供确凿的证据。但对于流传久远的各种传说，和根据科学的逻辑思维所进行的推断即各种假说，也不宜一概不加分析地否定。

由于迄今人们对于“文明”的理解分歧颇大，因而要探索“文明”之起源，自然就要首先对“文明”的涵义加以“规定”。

按照一般人的理解，文明是以城市、国家或朝代和文字为其主要标志的。本书也采用这一说法。

依据这一说法，迄今一般认为中华文明的起源始自夏朝。

1959 年在河南所发现的二里头等遗址，被确定为夏朝的遗迹，为探索夏朝文化迈出了重要一步。此后，考古工作者对二里头遗址及与其文化内涵相似的遗址进行了多年发掘，发掘出两座规模较大的宫殿基址，称为“二里头文化”，长期遭质疑的夏朝得到考古学上的证明。

夏朝得到考古学上的证明，昭示我国由以公有制为基础的氏族部落和部落联盟，演变为以私有制为基础的国家的史实得到了证明。因为舜把“部落联盟首领”的位置禅让给禹，禹在治理水患上虽然表现得“大公无私”，却把“首领”的位置传给自己的儿子启，从此开始了世袭传位的制度。禹作为这一制度的始作俑者，可以说是个“以权谋私”、“化公为私”的“蜕化变质”首领。把禹作为夏朝的奠基者，并非妄断。

但是，夏朝真的就是中国历史上第一个王朝吗？确定了第一个王朝就等于找到了中华文明的源头了吗？我表示怀疑。

从传说和相关的文字记载看，我也不能不质疑：

第一，所谓氏族部落虽然在其内部实行的是公有制，但在氏族部落之间，即这个部落对其他部落而言，岂不是部落“私有制”吗?! 部落与部落之间为了争夺地盘和财源、财产的争斗，既然是公认的史实，那么，每个部落不也就是实际上的“国家”吗！这是我对于国家起源说的一个质疑。

第二，氏族部落首领实行的是禅让制度，比如尧禅让给舜。有这样的记载：尧在位 70 余载，衰老之际，知子丹朱不肖，看中了贤孝而有才干的舜，经过考验，“令舜摄行天子之政”。这里至少会让人产生这样的疑问：所谓“禅让”并不排斥世袭，尧是在知道他的儿子“不肖”的前提下，才把首领位置“禅让”给舜的，这样的“推举方式”跟后世的“立太子”和“指定接班人”有什么本质上的区别？还有“令舜摄行天子之政”，“天子”不就是君王吗?! 由此不能不使人提出这样的疑问：氏族部落与后来的国家在本质上到底有什么区别？氏族部落的“首领”不就是后来的“国君”吗？人们所一直津津乐道的所谓“原始共产主义社会”到底是个什么性质的社会?

我们不妨再往前代推，在尧之前，黄帝与炎帝和蚩尤之间也同样进行过战争，比如黄帝与炎帝之间的三次“阪泉大战”，黄帝与蚩尤之间的“涿鹿之战”等等，那么，当时他们之间的战争算是什么性质的?无非也是为了争夺地盘、资源和财产等等，那么，这样较大部落之间的战争，与后来春秋战国时期列国之间的战争又有什么本质上的区别呢?

我之所以提出这样的问题，是因为按照马克思、恩格斯的理解，文明史是与伴随私有制而出现的国家及其之间的战争开始的，既然早在黄帝与炎帝以及蚩尤之时，就存在部落私有制之间的战争，那么，中华文明史自然至少从他们那里就开始了。

因此，把中华文明的源头定在夏朝，是一种很保守的定位。在以前缺乏考古发掘资料的情况下，这样说似有“虚妄”之嫌，但为恩格斯所称道的，“实际上”“无非是历史的研究方式”的“逻辑的研究方式”(参见《马克思恩格斯选集》第2卷，第122页)却提示我们，这样说并不能算作“虚妄”。况且，近些年的考古发掘已为上述质疑提供了佐证。2000年6月在山西襄汾县陶寺村首次发现了尧舜时期的古城遗址。接着，在陕西黄帝陵附近又惊现一块大陨石，对破解中华民族始祖轩辕黄帝去世之谜(“地裂而陡葬”)，揭示中华五千年文明史的准确起始时间具有重要意义。其后，在湖南宁远县九嶷山又发现舜帝陵庙遗址，为“五帝”时代史的断代研究提供了新的考古依据。这些考古发现，都有理由使中华民族国家起源的历史，比以前所设想的要提前近千年。

我通过在2006年4月和7月到河北涿鹿及阪泉等地的史迹考察，并查阅相关的史料，及最新的考古发掘所提供的实证资料，认为至少黄帝与炎帝之间的“阪泉大战”和黄帝与蚩尤之间的“涿鹿之战”，可以基本确定为史实。另外，还有司马迁所写的“黄帝崩，葬桥山”之“桥山”，其确切地点，根据司马迁的见解和记载，应在河北省张家口市的涿鹿。《史记·五帝本纪》写道:“黄帝者，少典之子，姓公孙，名曰轩辕。生而神灵，弱而能言，幼而徇齐，长而敦敏，成而聪明。轩辕之时，神农氏衰，诸侯相侵伐，暴虐百姓，而神农氏弗能征。于是轩辕乃习用干戈，以征不享，诸侯咸来宾从。而蚩尤最为暴，莫能伐。炎帝欲侵陵诸侯，诸侯咸归轩辕。轩辕乃修德振兵，治五气，艺五种，扶万民，度四方，教熊罴貔貅貙虎，以与炎战于阪泉之野，三战然后得其志。蚩尤作乱，不用帝命。于是黄帝乃征师诸侯，与蚩尤战于涿鹿之野，遂擒杀蚩尤。而诸侯咸尊轩辕为天子，代神农氏，是为黄帝。天下有不顺者，黄帝从而征之，平者去之，披山通道，未尝宁居。东至于海，登丸山，及岱宗。西至于空桐，登鸡头。南至于江，登熊、湘。北逐荤粥，合符釜山，而邑于涿鹿之阿。迁徙往来无常处，以师兵为营卫。官名皆以云命，为云师。置左右大监，监于万国。万国和，而鬼神山川封禅与为多焉。获宝鼎，迎日推筴。举风后、力牧、常先、大鸿以治民。顺天地之纪，幽明之占，死生之说，存亡之难。时播百谷草木，淳化鸟兽虫蛾，旁罗日月星辰水波土石金玉，劳勤心力耳目，节用水火材物。有土德之瑞，故号黄帝。黄帝二十五子，其得姓者十四人。黄帝居于轩辕之丘，而娶于西陵之女，是为嫘祖为黄帝正妃，生二子，其后皆有天下：其一曰玄嚣，是为青阳，青阳降居江水；其二曰昌意，降居若水。昌意娶蜀山氏女，曰昌仆，生高阳，高阳有圣德焉。黄帝崩，葬桥山。其孙昌意之子高阳立，是为帝颛顼也。"

司马迁在相关按语中写道："学者多称五帝，尚矣。然《尚书》独载尧以来；而百家言黄帝，其文不雅驯，缙绅先生难言之。孔子所传宰予问五帝德及帝系姓，儒者或不传。余尝西至空桐，北过涿鹿，东渐于海，南浮江淮矣，至长老皆各往往称黄帝、尧、舜之处，风教固殊焉，总之不离古文者近是。予观《春秋》《国语》，其发明五帝德、帝系姓章矣，顾弟弗深考，其所表见皆不虚。书缺有闲矣，其轶乃时时见于他说。非好学深思，心知其意，固难为浅见寡闻道也。余并论次，择言尤雅者，故著为本纪书首。"

"好学深思"的司马迁根据文献资料和实地考察，择"言尤雅者"著述，从黄帝与炎帝于阪泉"三战然后得其志"，尔后"与蚩尤战于涿鹿之野，遂擒杀蚩尤"，"诸侯咸尊轩辕为天子，代神农氏，是为黄帝"，"天下有不顺者，黄帝从而征之"，经过东征西讨，南伐北战，"北逐荤粥，合符釜山，而邑于涿鹿之阿"。

经考证，司马迁的记载与《山海经》《竹书纪年》《逸周书》和《战国策》等古籍的记载基本吻合。尤其是在1972年山东临沂银雀山出土的竹简《孙膑兵法》也记有"黄帝战蜀禄（涿鹿）"。

黄帝经与炎帝、蚩尤大战而一统天下后，既在"涿鹿之阿"筑"邑"，即建都城，按照习俗死后在都城归葬也是情理中的事，而阪泉、涿鹿与"桥山"确实相距很近，而"桥山"又确实形似天然的拱桥，再加上附近的"蚩尤寨"、"蚩尤坟"和"蚩尤泉"等等古迹犹存，不仅能确定黄帝与炎、蚩大战的地点皆在现在张家口市涿鹿县一带，而且能确定司马迁所说的"黄帝崩，葬桥山"之"桥山"，也就是现在涿鹿县温泉屯乡里虎沟村南"桥山"。

这样的认定，岂不将千百年来世代祭奠的陕西省黄陵县的"黄帝陵"给否定了？其实，相关的记载很清楚，陕北的“黄帝陵”只是黄帝的衣冠冢，把黄帝的衣冠冢作为祭祀的对象也未尝不可，特别是在黄帝的自身陵寝没有确定之前就更显得很自然。但是我总在琢磨：为什么汉代以后的帝王都选择把黄陵县的“黄帝陵”作为祭祀的场所？很可能与在交通上比涿鹿近便，以及涿鹿经过天灾（地震等）和战火等，史迹和景观遭受严重破坏等有关。

司马迁的《史记》以《五帝本纪》为开篇，实际上以黄帝的史迹作为中华文明的开端，是其根据传说和实地考察“好学深思”所作出的判断。而后人则多以夏作为中华文明的开端，虽是以所谓“信史”为据，自无可厚非，但随着考古发掘的不断深入，传统的“信史”已经并将不断被改写，这个传统的说法正越来越多地受到质疑，而司马迁的见解则越来越备受推崇。

从夏初到西周末长达1200多年，但直到公元前841年（西周共和元年）才是中国历史确切纪年的开始，而此前的西周、商、夏的纪年，则只能根据现存古代文献推测出大概。但近些年来，随着科学技术的进步，特别是夏商周时代的历史文化遗址的发现及大规模发掘，为夏商周时期的历史及其文明发展提供了清楚的脉络。通过对传世和出土文献进行整理、研究，对其中的天文、历法记录进行计算，推定了一些事件的年代；通过对具有典型意义的考古遗址和墓葬材料进行分期研究，并做必要的发掘以取得系列样品，进行常规和加速器质谱仪的碳14测年，将夏商周时期的年代学进一步科学化、量化，对商代后期盘庚以下各王，和西周共和元年以前各王提出了比较准确的年代，对商代前期和夏代提出了基本的年代框架，特别是对武王克商年代、武丁在位年代、夏商分界年代和夏代始年的估定具有重要意义，提出了迄今最有科学依据的《夏商周年表》，为深入研究华夏文明的起源和发展打下良好基础。

然而，越来越多的考古发掘资料昭示，探寻和厘定中华文明之起源仅仅囿于“黄河文明”或“中原文明”，越来越显得狭隘了。譬如距今约5000年至3000年的“三星堆遗址”，是四川境内一处地域范围最广、延续时间最长、文化内涵最为丰富的古蜀文化遗址，也是四川有史以来最重要的考古发现，被评为我国20世纪“十大考古发现”之一。在20世纪80年代以来的大规模考古发掘中，发现了360平方米的古城、超过12平方公里的大型遗址群、一批古墓和大批珍贵文物。在这批古蜀秘宝中，有许多光怪陆离、奇异诡谲的铜造型，有高2.6米的威仪凛然的青铜面具，“通天彻地”的青铜神树，流光溢彩的金杖，和满饰图案的边璋等等，都是前所未见的稀世珍宝。此后，又发现了新津宝墩、都江堰芒城、郫县古城、温江鱼凫城等4大古遗址。这些发掘证实早在夏代以前，在成都平原就逐渐形成了分布密集、规模庞大的古城群，并建成了大型的礼仪性建筑和高大的城墙，形成了巨大的中心聚落。古蜀族在成都平原创建的文明，不仅比中原文明毫不逊色，而且时间要早，成为“长江上游文明”的中心。这一发现为中国作为最主要的世界文明古国提供了进一步的重要依据。

另外，单就城市而言，除了河南二里头、山西陶寺外，湖南城头山、河北郸城、安徽凌家滩和陕西杨官寨等地，也都发现了早期城市遗址。安徽含山凌家滩，距今约 5500 年，位于长江、淮河之间的巢湖流域，既有大型宫殿、神庙等标志性建筑以及布局整齐的房屋、墓地，又有护城壕沟、手工作坊、集市和大批礼器，所以它当之无愧是一座城市。有专家认为，凌家滩古城将使中华文明史由“上下五千年”延至七八千年甚至更久。

这就意味着，司马迁将黄帝列为中华文明始祖的做法，也同样受到考古新成果的挑战。

入选“2008 年全国十大考古新发现”，并位居榜首的陕西杨官寨遗址，距今 6000 年，据考古专家推测，拥有相当于当今 40 个标准足球场大小的聚落，也许是中国最早且规模最大的城市。

就文字而言，近年的考古发掘已经证明：甲骨文并非最早的中国文字，在它之前，至少还有陶文。

陶文是中国比甲骨文更早的文字雏形。陶文已经出土的资料很多，但它不像甲骨文那样有成文的篇幅，只有单个的符号。从新石器时代一直到商代晚期，现在已出土的陶文以半坡陶文为最早，大约自公元前 4800 ~ 前 4300 年之间。此外，大汶口文化、龙山文化、良渚文化时期，也都有陶文。陶文多半刻在陶钵外口缘的黑宽带纹和黑色倒三角纹上，极少数刻在陶盆外壁和陶钵底部，一般器物上只有一个陶文。对这些陶文的性质，学界看法不一。有人认为是“记号”，也有人认为是“具有文字性质的符号”，也有人认为已属文字范畴。唐立庵（兰）先生在谈到大汶口文化陶文时说，这“是现行文字的远祖，它们已经有 5500 年左右的历史了”。破解陶文很困难，至今也只有几个字能猜测它相当于后代的某字。不过，陶文与汉字有渊源关系，应该是肯定的。

我认为，陶文也并非最早的。在它之前，还有绳文和岩文等。《易经》的八卦符号就是中国文字发展的一个阶段，一种符号文字。

就形体而言，已知的文字有符号文字、象形文字、大篆、小篆 、隶书、楷书、行书、草书等。

就文字载体而言，有绳、岩、陶、甲骨、金鼎、简、帛、纸灯。

不论是城市遗迹还是古代文字，近些年来在全国各地、包括边远的区域，均有发现。

所以，越来越多的考古新成果向我们昭示：我们必须突破囿于“黄河文明”或“中原文明”来探究和划定中华文明起源的传统观念和做法，而应在整个中国的版图、中华民族的大家庭内，来探寻和厘定中华文明的源头。即使司马迁将黄帝列为中华文明始祖的做法，也同样不断受到一个个考古新成果的挑战。中华文明的起源及其代表人物，需要依据新的史实重新评判、厘定。

三 “国学”之萌发

6. 探究“国学”萌发的依据

在“国学”提出之初期，以及前人研究中国传统学术文化所依据的，仅仅是传世文献。传世文献所载内容既有信史，也有传说；“传说”在没有获得确凿的证据支持之前，自然不能作为研究之依据。所以，传世文献中的信史就成为探究的主要依据。

由于包括中国学术文化在内的整个中华文明，在其漫长的发展过程中，受到各种客观条件的束缚和限制，又屡屡遭受天灾、人祸的洗劫，使得传世文献早就远远不能反映其本来的面貌，因而就使得依据传世文献的研究受到很大的限制。人们不得不祈望通过考古发掘的新文献，来弥补传世文献之缺憾。而考古文献的陆续发掘和涌现，也确实在不断弥补这方面的不足。一个世纪以来有关先秦文献的出土，特别是简、帛文献的问世，使人们不得不重新认识先秦古代史，因为简、帛中有大量不见于传世文献的佚书，且绝大部分的成书时间都比传世文献早，其所蕴涵的新的信息和资料强烈地冲击、澄清、乃至否定着许多传统观点以至“定论”。以中医药学为例，传世医籍最早者是《黄帝内经》，而简、帛医籍中有不少都比它要早，仅在湖南马王堆出土的医书中，就有不少迄今所知的最早的医药学文献，如：《足臂十一脉灸经》《阴阳十一脉灸经甲本》和《阴阳十一脉灸经乙本》，是迄今所知最早的古经脉学著作；《脉法》和《阴阳脉死候》，是迄今所知最早的古诊断学著作；而《五十二病方》则是我国现已发现的最古的医方著作。经脉学是中医学的基本学说之一，《黄帝内经》中所讲的经脉为十二条，此学说一直沿用至今，而简、帛经脉学书都只讲了十一条，较《内经》缺少一条“手厥阴脉”。这不单说明这些经脉佚书是较原始的著作，同时也说明中医经脉学说经过了一个较长的发展过程。再看军事学，以前人们对于《孙子兵法》的作者、对于“孙子”究竟指谁一直争论不休，但随着《孙膑兵法》的出土，有关这方面的争论和疑案已经被基本厘清。

可以说，以往“国学”研究中存在的许多问题，在很大程度上与所依据的文献不足或欠缺有关。考古发掘所不断推出的新文献，对于“国学”研究所起的作用越来越突出，因而理所当然越来越受到“国学”研究者的重视。

尽量利用最新的考古发掘出土文献，特别是简、帛文献等，对照传世文献，重新审视、厘清“国学”源、流的真伪、是非，尽量给予恰如其分的评介，是“国学”研究者的重任，也是鄙人研究、探释和撰写本书的要旨。

7. 探究“国学”萌发须先探究一般文化的萌发

“国学”既然以中国的传统学术为研究对象，而学术则属于精神文化之高精尖部分，但精神文化则又隶属于一般文化之范畴，所以，要说明“国学”的萌发，就要首先说明一般文化之萌发。

由于迄今国内外学界对“文化”这一概念的理解不一，所以在这里有必要先规范“文化”的含义。

按照通常的解释，“文化”有广义和狭义之分。广义的文化意谓人类在社会历史发展过程中所创造的物质财富和精神财富的总合，而狭义的文化则只涵盖精神文化。就迄今所见广义文化的分类看，不管是两分说（物质和非物质、物质和精神）、三层次说（物质、制度和精神）、四层次说（物质、制度、风俗习惯和思想与价值），还是六大子系统说（物质、社会关系、精神、艺术、语言符号、风俗习惯），都欠周延；物质和非物质、物质和精神之分也似嫌过于简单、笼统，而其他则似又存在逻辑和层次上的混乱。

有鉴于此，我于是冒昧地提出“物质文化”、“形神文化”和“精神文化”三分说。

所谓“物质文化”和“精神文化”人们已经熟知，故不再赘释，而只对“形神文化”加以说明。

所谓“形神文化”，是指介于“物质文化”与“精神文化”之间的，兼有物质和精神两种文化特征的文化，是在物质文化产生之后，先于精神文化产生的一种文化形态，是以特定的有形的物质或物质性的活动、组织、约定等为载体的精神文化。比如，最初的舞蹈、音乐、绘画等，和后来的书法雕塑、图书报刊、影视作品，以及国家、民族、家庭、制度、组织，民风、民俗等等，均可归入“形神文化”的范畴。

由于“形神”这个概念早为人们所熟知、熟用，其涵义自然也早为人们所熟悉，在这里姑且使用，是因为觉得没有比它更准确的概念来表达。所以，对于这个提法是否必要？是否妥帖？真诚地期待读者诸君和学界师友的指正，或共同研磨、推敲，如能用更为确切的概念来取代之，则更好。

从一般意义上讲，人总是同时具有物质和精神两种需要，这是人之所以为人而区别于其他高等动物的根本之点。由此，由无数人的个体所促成的人类社会自然也是如此。但由于原始的人类生活能力极低，不得不为生存而挣扎、抗争。这样，就使得物质和精神两种文化的需要不能同时获得满足，而是先寻求物质文化的满足，因而自然就使得物质文化的产生和发展在先，继而是形神文化，然后是精神文化；而在精神文化的产生和发展中，又是一般的精神文化在先，学术文化居后。就是说，作为精神文化的高精尖或核心部分的学术文化，是在一般精神文化发展到一定阶段之后，经过进一步的加工和提炼才产生的。

从一般意义上讲，学术作为系统化的专门知识，是在人类精神文化发展到一定阶段才出现的。而在此之前，伴随人类社会的产生所出现的只是一般意义上的精神文化。起初，显得非常原始和粗野，并且与人类为了生存、繁衍所进行的挣扎、斗争紧密地联系在一起。比如，关于拣拾、采集、狩猎和抗争的观念、意识、方式、方法的交流和传播，就是一种初始的精神文化。所以，从人作为有意识、有目的生存和活动的高等动物，人的一切活动和创造都是在其一定的观念、意识的指导下来进行的角度讲，人类社会的物质文化、形神文化和一般精神文化实际上是交互作用、同时产生，分不出先后的。三者之间没有绝对的界限。但是，由于精神文化只有通过一定的物质载体，才能保存和流传下来，为后人所了解，而在数千年的历史长河中，最基本的物质载体就是文字，致使我们今天所了解的精神文化，实际上主要是有文字记载之部分。从迄今所见到的传世文献和考古发掘的资料来看，有文字记载的精神文化远远落后于物质文化和形神文化。也只是在这个意义上，我们才把它列于物质文化和形神文化之后。因此，我们应在相对的意义上来理解这样的区分，而切勿绝对化。

人猿相揖别，开创了由人主宰的世界。从人类告别动物界起，文化就伴随人类社会的出现而诞生了。从这个意义上讲，所谓“文化”也就是“人化”，人类社会就是“人化”了的动物世界。正如满足最基本的衣食住行所需要的产品的劳动，是人类一切生产活动的基础一样，与此相应的物质文化自然也就成为人类一切文化的发端和基础。

物质文化在先，形神文化其后，再到精神文化。物质文化中与衣食住行直接相关的部分在先，而其他间接的东西在后。从物质文化到形神文化，再到精神文化；从粗野的精神文化到简单的学术萌芽，再到系统化、形态化了的学术文化，人类经历了漫长的充满血与火的历程。中国人也是如此。

人类物质文化、形神文化和精神文化的创造和演进过程，在幼儿的成长、发育过程中，大体可演示其轨迹——小孩儿在吃不饱的时候，总是哇哇要食，稍大点的就自己觅食，而一当吃饱后，就要玩耍了。从利用现成的玩具或物品，到自己摆弄、创造些玩具等等。孩童所历经的成长过程，在很大程度上演绎了人类在物质文化、形神文化和精神文化上的求索、创造轨迹。而越是家境贫寒的孩童，其所演示出来的这种轨迹就越明显。而在“饭来张口、衣来伸手”的富家子女中，则难于完整、清晰地观察到这个轨迹了。

8. 物质文化的萌发与人类的起源同步

物质文化的萌发与人类的起源同步。不论对整个人类还是对其中的各个地域、种族和民族来说，都是如此。中国自然也不例外，至于具体年代，则是正在探究，但还没有足够的史实和资料最终作出准确回答的问题。

（1）中国人的始祖及物质文化到底何时发端？

关于这个问题，传世文献不能为我们提供确凿的答案，只有依靠考古发掘所提供的文物来证明。而迄今为止的考古发掘所提供的文物，还不能准确地最后断定中国人的始祖到底起源于何时。几十年前，人们曾经根据考古发掘判断我们的始祖诞生在几十万年前，尔后伴随考古发掘所提供文物的不断翻新，已经上溯到300万年前。这是不是就是我们始祖起源之上限呢？目前还是不能断定。

许多人热衷于讨论关于中国人始祖的起源和其他种族是否同期、同源的问题，且分歧很大。我认为提出这样的问题本身就很可笑。从地球人类沿袭下来的不同种族的特征看，地球人类中的各大种族尤其是黄种、棕种、黑种和白种之间，不可能同源。撇开进化论是否确实具有普遍的真理性，是否是人类产生和发展的唯一科学理论姑且不说，即便从进化论的角度讲，人类各种族也不可能同源，不可能同出于一个始祖。

因为，第一，单是从各种族的人的体表特征之间的巨大差异看，就不可能由同一始祖进化而来；第二，地球上各种物种的纷繁复杂和同一物种的千姿百态，也证明了“同源论”的荒谬。

按照进化论的观点，最初的类猿人是由类人猿进化而来的，那么，由于类人猿自身种类上的差别，自然也就导致了它们进化成类猿人之间的差别。由此继进，从而导致了人类各种族之间的差异。硬把人类的不同种族说成由同一种类人猿进化而来，如同把不同的物种和同一物种的不同类别譬如猴种中各类猴子，硬说成是由同一个猴种进化而来一样可笑。宣传并企求证明人类各个种族同源的人，不管有意无意，都有偷运“上帝造人说”之嫌。

至于中华民族中的各个民族是否同源，由于我国民族大家庭中的五十多个民族中的绝大多数，总体上不存在种族上的差异，则是可以探究的。但因为个别少数民族同绝大多数民族之间，也确实存在着类似种族之间的差异，所以，也不能轻易地作出中华民族中的各个民族都同源的结论。我们这里探究的是科学问题，不能因为政治上的需要，就不讲科学、不顾史实地把中华民族的各个成员硬说成同源；以为这样才有利于民族大团结，则是幼稚或对科学的戏弄。即使各个民族之间存在这样那样的差异，也并不影响它们组成中华民族大家庭的团结，并共同创造中华文明。许多少数民族在服饰等文化方面至今保持各自的特色，而并未影响中华各民族之间的大团结，就是最具说服力的证明。

在探究中华民族物质文化的萌发时，之所以提出这样的问题，是因为我们必须把中华民族大家庭中的成员一视同仁地看待。由于一个民族的物质文化的萌发与其起源同步，因此，中华民族中哪个民族起源在先，其物质文化的萌发就在先，那我们就应以它作为起点。

但这仅仅是从理论的逻辑起点上提出问题的，而事实上，由于中华各民族是活动在中华大地上的人群，历经至少上百万年的繁衍生息，才开始形成的。即使海内外华人所公认的“炎黄子孙”所涉及的炎、黄二帝，比我们要探究问题的时间也要晚得多。因此，我们在探究我国物质文化的萌发时，还涉及不到民族问题。

人类告别动物群体伊始，由于生活能力的低下，“人祸”即人与人间的相残起初虽间或发生，或在不同群体之间爆发，但在强大的天灾兽祸面前，一般还居于次要地位，只有当人类在对付兽祸方面获得一定的优势之后，人祸才取代兽祸而跃居首位。面对天灾兽祸的袭扰，先民不得不为生存而挣扎、抗争。在科学技术和思想文化未萌的原始时期，人类为生存、繁衍所进行的挣扎、抗争是极其艰难的，但正是在为最基本的生活资料而劳作、抗争和奋斗的过程中，人类才逐渐学会发明制造各种工具，而最初的物质文化则正是在这样的过程中萌发的。

从逻辑思维和考古发掘的事实看，人类最初的发明创造都是直接围绕衣食住行进行的。

从赤身裸体到穿兽皮和编制简单的草衣，再到养蚕抽丝和纺织，反映了人类在服饰文化上的演进；从生吞活剥、饮血茹毛到火烧汤煮，再到使用木器、陶器、铜器、铁器等加以蒸煮、烹饪，反映了人类在饮食文化上的演进；

从岩居穴处到挖洞凿室，再到盖房架屋，反映了人类在居住文化上的演进；从徒步跋涉到训畜乘车，则反映了人类在交通文化上的演进。而这一切都离不开工具：从利用自然物品到粗糙地加工自然物品，再到创造出自然界原来没有的崭新的工具，具体说从使用木器、骨器、石器（玉器），到使用陶器、铜器、铁器等等，反映了人类在工具文化上的演进。

一部人类文化史昭示：人类衣食住行的基本生活需要，是人类社会物质文化、形神文化和精神文化产生和发展的原动力。这是为不论哪个地域、国度或民族的历史都证明了的事实。不断延续、刷新着的考古发掘一再证明，我们的先人最早发明使用的是各种工具。因为在解决人所必需的最基本的生活必需品的过程中，肢体显得力不从心、乃至无能为力，于是逼迫人们想方设法地扩大肢体首先是手的作用。而最初的工具，就是作为人的手的作用的扩展和提高，为解决衣食住行最基本的生活需要所发明、创造的。

（2）在“石器时代”之前应该有个“木器时代”

早在人类的始祖从动物演化成人类之前，即所谓“猿人（类猿人）”时期，就已经学会了使用从自然界拣来的尖利或简单加工的工具如木棒、石块、骨骼等等。考古学将这个时期称为“旧石器时代”。原来认为我国从距今170万年的元谋人到7千年前的四川资阳人，均处于这一时代。但是，根据最新的考古发掘，早于四川资阳人3千年前，就已经出现了新石器。

对于“石器时代”，这个根据由人类“所最初使用的工具”而对人类历史进程所作的判断和称谓，几乎未见有人质疑，而我倒要不揣冒昧地提出质疑：如果是以人类起初使用的主要工具为依据而命名的话，从人类最初的采集和狩猎活动所使用的工具的简单便利推断，石器不是最先使用的主要工具，而木器，特别是尖利、结实的竹器、树的枝杈和木棒等等，才是人类最先使用的工具。因为使用尖利、结实的竹竿、树枝和木棒等木器最为便捷。比如狩猎，它至少比石块要便捷，就是从树上采摘果实，也比石器要便利得多。况且人类的始祖是先在树木丛林中居住，而后才转移到山洞的呢！

所以，我认为，人类发展史上的第一个时代应是“木器时代”，而不是“石器时代”。考古学家和史学家们为什么没有这样界定，可能是由于木器容易腐朽，难于保留下来而不容易得到考古发掘上的证明的缘故。不过，近期的许多考古发掘已经证明了木器对于先民在创造物质文化方面的重要作用。当然，从制造工具的角度说，木器一般比不过石器，但由于木质的坚利程度不同，所以也不能否认木质坚利者同坚利的石器一样，可以作为制造某些工具的工具。况且，人类的始祖一开始最先接触的并非石头，而是木头。从进化论的角度看问题，从古猿进化成类人猿，再由类人猿进化成类猿人，应发生在他们易于生存的、靠近河泽的丛林地域，而不是山区。中国关于从“有巢氏”到“燧人氏”的转变传说，是符合历史逻辑的。

其实，关于古人首先使用木器的情况早有文字记载，如《周易・系辞下》载：“庖牺氏没，神农氏作，斫木为耜，揉木为耒，耒耨之利，以教天下，盖取诸《益》。”“耜”和“耒”都是木器农具。又如《吴越春秋》载：“古者人民朴质，饥食鸟兽，渴饮雾露，殁则裹以白茅投于中野。孝子不忍见父母为禽兽所食，故作弹以守之。歌曰‘断竹、续竹，飞土、逐肉’之谓也，于是神农弦木为弧，剡木为矢，弧矢之利，以威四方。”弓、箭这类木器的发明，不仅大大增强了狩猎的便利和效益，还成为后来的主要兵器。从这里所记载的“以威四方”，以及《易・系辞下》所记载的“弧矢之利，以威天下”，都可看出这一点。

湖北大冶铜绿山遗址是目前中国发现最早、规模最大的采炼工场，上起商代，历经西周、春秋，下至汉代，前后延续几个世纪。这个遗址长 2 公里、宽 1 公里，发现有古矿井、冶炼遗址和炼铜炉。古矿井分为竖井、斜井、水平井三种，深入地下 40 至 50 米，坑道用木架支撑，井下有排水系统和通风设施。在不同期的井内出土的开采工具中有木质的锤、铲、锹、钩，船形木斗等等。这个采炼工场虽然上起商代，但从工具文化的延续性推断，其中木质的锤、铲、锹、钩，船形木斗等等的使用自然不能以此为始。

上述文字记载和考古发掘都表明，“木器时代”是有过的。至于“木器时代”的起始年代，是个尚待讨论的问题。另外，关于“木器”的加工工具问题，也很值得探究。在没有铜器之前，木器的加工靠什么？除了坚硬锋利的木器、石器外，在纯天然的物品中，惟有金刚石最硬，而且多有天然的棱角和锋刃，是很可能被先民发现而使用的理想工具。根据最新的考古发现推断，早在 6000 多年前的新石器时代，中国先民就已经在使用金刚石和刚玉来加工玉器饰物和其他东西了。

还有“骨器”工具，也是不应无视、忽略的。因为动物的骨骼有的很尖利，所以，也同样很容易被发现而用作工具，只是“骨器”并不一定像“木器”、“石器”那样应用广泛，不宜称谓一个“骨器时代”而已。我认为“骨器”的发明和利用至少不会晚于“石器”。至于“石器时代”取代“木器时代”，不但并不意味着“木器”被淘汰，而且“木器”继续保留并向着更加实用和便利的方向发展。木质的锤、铲、锹、钩，以及船形木斗等等陆续被考古发掘出来，就是证明。不但石器可以加工木器，而且尔后的青铜器、铁器和钢更有利于对木器的加工，所以木器至今仍广泛地被应用于日常生活中。

（3）火开始使用的年代远远早于50万年前的“北京人”。

火的发明和使用，在从类猿人到人类的进化过程中具有划时代意义。尽管对于“火”起初是从自然界获取，还是无意“钻木”生热起火而偶然发明，至今仍有不同的说法，但火的开始使用，使类猿人的生活起了根本性的变化，这一点是不容置疑的。因为即使最聪明的动物，不经过人类的严格驯化，也不会自己取火、用火。而且，直到今天，几乎所有的动物都无一例外地惧怕火。类猿人在漫长的进化过程中发明和使用火，才得以从生吞活剥、饮血茹毛，过渡到火烧汤煮、熟食热饮，从而最终告别动物界。因此，火的使用标志着从类猿人到人类的质的飞跃，标志着人与动物的真正诀别。

考古学的发现证明，至迟到距今50万年前的“北京猿人”，就已经学会熟练地使用和保存火了。中国古代关于“燧人氏”“钻木取火”等有关“火”文化的传说，决非空穴来风。

我认为，火的发明和使用，是人类最终与动物界诀别的重要标志。没有火，类猿人是不可能进化成人类的。

既然50万年前的“北京猿人”已经能熟练地使用和保存火，那就表明他们已经完成了从“类猿人”到人的转化，因而就不应再称作“北京猿人”，而宜称作“北京人”。同时我还认为，火开始使用的年代远远早于50万年前的“北京人”。因为无论什么事物的发生和变化都有个由量变到质变的渐进过程，类猿人对火的发明和使用也应如此：由害怕、生疏到熟练地使用。当然，在未获得考古发掘的证明之前，这只能算作一个假说。

从距今至迟1万年起，中华先民进入新石器时代，表现在所使用的工具上，磨制的越来越精制的石器取代了打制的石器。随后，以“泥条盘筑”为主要制作方法的陶器，渐渐被广泛使用。“刀耕火种”之类的原始耕作和蓄养牲畜等，使农业、畜牧业渐渐取代原来的采集、狩猎，开始了真正意义上的生产劳动。迄今为止，我国已经发现的新石器时代的文化遗址数以千计，其中最著名的，按照中国各地出土的新石器文化遗址测定的年代，简要介绍如下：

彭头山文化（前7500~前6100年）、狮顶山文化（前7000~前6000年）、裴李岗文化（前7000~前5000年）、后李文化（前6500~前5500年）、兴隆洼文化（前6200~前5400年）、磁山文化（前6000~前5500年）、老官台和大地湾文化（前5800~前5400年）、跨湖桥文化（前6000~5000年）、左家山下层文化（前6000~前5000年）、新乐文化（前5500~前4800年）、赵宝沟文化（前5400～前4500年）、北辛文化（前5300～前4100年）、咸头岭文化（前5000～前3500年）、汤家岗文化（前5000～前3500年）、河姆渡文化（前5000～前3300年）、大溪文化（前5000～前3000年）、仰韶文化（前5000～前3000年）、马家浜文化（前5000～前3000年）、龙虬庄文化（前5000～前3000年）、北阴阳营文化（前4000～前3000年）、红山文化（前4700～前2900年）、大汶口文化（前4500～前2600年）、薛家岗文化（前3500～前2800年）、马家窑文化（前3800～前2700年）、屈家岭文化（前3100～前2700年）、左家山上层文化（前3000～前2500年）、良渚文化（前3400～前2250年）、龙山文化（前3000～前2000年）、宝墩文化（前2800～前2000年）、石家河文化（前2500～前2000年）等（宋按：以上数据依据的是《大军学堂第二课内容 中华民族的早期融合—华夏民族和文化是怎样形成的？2012年3月3日》，参见 http：//www. dajunzk. com/dierke. htm。因为相关资料年代多处相左，不知哪家权威，故仅供参考）。

人类的文化史发展表明，先是物质文化的发展重于、快于形神文化和精神文化，而一当物质文化发展到相当程度后，形神文化和精神文化的发展就后来居上了。

9. 中国物质文化萌发的具体年代尚不能确定

鉴于中国人的始祖起源于何时迄今尚不能确定，因而现在也不能确定中国物质文化萌发的具体年代。

我们现在所能做的，仅仅是根据迄今考古发掘的相关成果，推算中国物质文化萌发的大致年代，至于准确的年代，则有待于将来考古发掘的进展和相关成果了。

根据海内外考古学的最新发现推断，人类的始祖即类猿人最终摆脱类人猿的动物世界，完成从动物界到人类世界的质的跨越，大约在370万年以前。继在非洲坦桑尼亚奥杜威峡谷发现300万年前的古人类足迹后，1985年在我国发现巫山猿人遗址，测定的年代距今约201～204万年。2001年9～10月，在华北桑干盆地的泥河湾马圈沟发现距今200万年的古人类“餐厅”遗址，并发现800多件动物的骨骼和骨制品（包括用动物的骨和角制成的铲形和三棱尖状形工具），其中有围着大象骨骼摆放的骨制品，使人很自然地联想到当时刮食进餐的情景，表明200万年前我们的祖先已经在这一带繁衍生息，并具有相当的规模。另外还有距今约180万年的山西芮城西侯度文化遗址，距今约170万年前的云南元谋人遗址等等，都远远早于约50万年前的北京人，将中国人始祖出现的年代之上限大大提前，从而推翻了所谓“东亚的早期人类文化远远落后于西方”的说法，证明中国是人类始祖的重要发祥地。另外，和县人、汤山人、金牛山人、大荔人、许家窑人、丁村人、柳江人、马坝人等一系列古人类化石的发现与研究，也基本揭示出中国古人类的进化过程，及其在人类发展过程中的重要作用。

中国境内“旧石器时代”的文化遗址极为丰富，特别是旧石器晚期遗址，从喜马拉雅山至黑龙江畔，从内蒙古自治区到福建，都有发现。半个多世纪来，中国发现的重要旧石器地点已有200多处，代表了人类进化和旧石器文化发展的各个阶段。通过比较完整的南北地区旧石器文化的年代序列，利用各种手段复原古人类的生活环境，已经取得可喜的成绩，使对中国旧石器时代文化传统的探索有了一定成果。中国旧石器文化以石片工具为主要工艺传统，但从旧石器时代早期起就已出现南北两个大的区域特征，并且又都呈现出多样性，存在着不同的文化类型。到旧石器时代晚期，南、北方文化差别更明显，北方的石制品继续向着小型化方向发展，南方的石制品则除了向小型化发展外，还保留了向大型化发展的传统。

2000年在广西百色盆地发现的旧石器，经众多中外考古学家测定，已有80万年的历史。中法专家通过对郧县人的联合考古，确定郧县人至少在80万年前就使用斧，改写了长期存在于西方学术界“旧石器时代中国无手斧”的定论。三明万寿岩旧石器遗址的发现，把古人类在福建生活的历史提前了十几万年，填补了福建省考古学年代学的一段空白。山西吉县柿子滩遗址群，是中国最新发掘的距今2万到1万年间现存面积最大、堆积最厚、内涵最丰富的一处原地埋藏遗址。它的田野资料的石制品组合特征，呈现中国旧石器文化的西部风格。考古学家在世界海拔最高的青藏铁路沿线，发现距今3万年到1万年的文物，属旧石器时代晚期到新石器时代早期的细石器时代。这一重大考古发现，填补了华夏文明从内蒙古自治区的海拉尔，到西藏自治区的聂拉木之间的一个半月形文化传播带，在青海省缺失的重要一环。它说明中国人的祖先，早在3万年到1万年前，就在青藏高原生活了。

1999年在长江巫峡溶洞发现一处内容较为丰富、保存较为完好的古人类河梁人遗址，文化分期属旧石器时代后期。进一步研究发现，河梁人生活在1万5千年前。河梁人及其文化的发现，表明三峡地区在1万5千年前已留下人类的足迹。2000年6月，对丰都县井水湾旧石器时代遗址，进行二次抢救性发掘，发现了大量距今10万年的石器工具和罕见的动物化石，出土各种类型的石制品400多件，有石核、石片、砍砸器、刮削器、尖状器等。这次发掘还发现了多种动物化石，包括鹿、牛、东方剑齿象、貘化石等。这在南方旧石器时代遗址中十分罕见。

继对仰韶文化及其同时代文化遗址，大规模发掘和深入研究之后，考古学家又找到了早于仰韶文化的古代遗存，确认了距今约 1 万年左右的湖南道县玉蟾岩遗址、江西万年仙人洞遗址、河北徐水南庄头遗址，明确了中国“新石器时代”至少起源于距今 1 万年以前，而非原来说的 7 千年前。由于发现了距今 1 万年前农作物的遗址，从而确认中国是世界重要的农业起源地之一。此外，还发现了后李—北辛文化、彭头山—城背溪文化、兴隆洼文化以及距今 6 千年左右及其以后的河姆渡、崧泽、大溪、屈家岭、石家河、薛家岗等文化，基本廓清了中国史前文化的谱系。西安半坡、华县元君庙与临潼姜寨、内蒙古敖汉旗兴隆洼等聚落遗址和墓地的发现，使中国考古学界对史前聚落形态、社会组织结构的研究更为深入，对史前经济的研究也取得了很大成就。2001 年在河南舞阳贾湖遗址获得重要考古发现，9 千年前生活在淮河流域的贾湖人，已创造出相当发达的稻作文化。水稻人工驯化程度明显高于同期的长江流域的遗址。红山文化的坛、庙、冢，良渚文化的祭坛和大量的玉礼器的发现，愈发引起了海内外考古学家对中国文明起源的关注。

在长江流域和其他地区也曾发现年代较早的新石器时代遗址，其中河姆渡文化的干栏式建筑遗构和稻作遗存尤为引人注目，表明这些地方跟黄河流域一样，从久远的古代就有中华民族的祖先开发。在瞿塘峡以西发现的新石器时代遗存，年代上早、中、晚都有，使得中华文明的起源更加呈现多样化姿态。在青海民和县喇家齐家文化遗址，新发现保存颇为完整的窑洞式结构房址和分布格局，以及烤制食物的壁炉，更新了人们对先民聚落形态的认识。2001 年在浙江萧山跨湖桥遗址发现盛煮过草药的小陶釜，说明至迟在新石器时代，我们的祖先就已认识到自然物的药用价值，证明“神农尝百草”的传说决非空穴来风。在这个遗址还发现了石斧、石锛、骨锥、木簇、黑陶、彩陶和陶纺，带圈足的木盘、桨形器、苇编的畚箕残片，精巧绝伦的骨针、不同于河姆渡捆装法而使用插装法的骨耜、神秘的骨哨以及稻谷、动物残骸；以及迄今所见世界上最古老的独木舟和造船作坊。该遗址所呈现的是新的、独立的考古学文化类型，被命名为“跨湖桥文化”，年代在距今 8000 ~ 7000 年前。它的发现，与河姆渡文化、良渚文化有着同样的重大意义。各地的远古文化，既有不同的文化传统，又有密切的相互关联，共同组成丰富多彩的中华远古文化。

自 1989 年以来，相关部门对安徽蒙城尉迟寺遗址进行了多次发掘，发现红烧土排房和红烧土堆积的巨型广场，出土墓葬、器皿及陶器等文物1万余件。这是中国迄今为止所发现的最完整、最丰富、规模最大的史前建筑遗存，被称为“中国原始第一村”。属于首次发现的新石器时代规模最大、规格最高的房屋遗址。其红烧土房，每间均由墙体（主墙和隔墙）、房门、室内桩、房顶、居住面、灶址等部分组成，建造时均经过挖槽、立柱、抹泥、烧烤等工序。整个村落呈现为由3排平行主体房屋组成的“丰”字形格局，表明这个村落在建设前做过统一规划，加上村落中央的大型广场和外围大型的环形壕沟，形成一个宏大的整体格局。这些红烧土排房不但是一次性被整体建成，而且是一次性被整体遗弃，从而使遗址保存完整。红烧土房制作工艺复杂，先用粗木和泥土混合物搭建出墙体和屋顶，再用火烘烤，直至整个房屋变成红色。这样的房屋冬暖夏凉，坚固美观。红烧房可以说是原始人烧制的最大、最硬的一件陶制品。

这里出土的一只5000多年前的陶制鸟形“神器”，经复原由3部分组成，最底层为圆柱形，中间是圆锥形，圆锥大头向下反扣在圆柱上，同圆柱连为一体，在圆锥的两边还有两个酷似鸡冠的饰物，而圆锥的顶端则形似一只鸟。整个器物通高59.9厘米，底径16厘米，上径20厘米，采用手工工艺，红褐色器表有烧制时氧化的灰褐色斑块，颈部以下为空体，器形像瓶，又像一个长颈背水壶，主体的象形造型与附加的抽象造型合为一体，结构合理。经考古专家考证，此鸟形神器似非实用器具，而是一件象征性器物（可能是一种与聚落有关系的鸟图腾），是权威的象征，摆放在固定的神台上，供村民瞻仰、膜拜。鸟形神器是尉迟寺遗址出土的器物中最高档、最具代表性、最有特点、最有典型意义的一件器物，成为代表“中国原始第一村”的一个标志物。这是在大汶口文化遗址中，首次发现的最为完整的图腾。对研究早期陶器史、聚落考古史、宗教、图腾等都具有典型意义，因而被考古界称为“惊天之发现”。

在尉迟寺遗址还发现了较多的稻壳拌泥痕迹和粟类浮选标本。在遗址周围又发现了大米和小米，说明当时农作物种植已经相当发达。从遗址中出土的大量水器、容器分析，这类器物与酿酒和饮酒有关。只有在粮食有剩余的前提下才能拿粮食酿酒，尉迟寺大量酒具的存在，从一个侧面反映了当时的生产规模和生产水平。说明尉迟寺当时农业发达，人们不仅有好米吃，还有美酒喝。

西藏卡若遗址出土的半地穴房屋、彩陶及小米、家猪骨骼等，与黄河流域的原始文化惊人相似，表明卡若文化源出黄河文化，卡若人从黄河走来。

卡若文化的先民们，与中华大地的所有先民一样，胼手胝足，创造着古代文明。

1995年9月25～28日，由中国先秦史学会、中华炎黄文化研究会、河北省社会科学院、河北省炎黄文化研究会、河北省张家口市人民政府共同发起，在涿鹿矾山镇召开了“全国首届涿鹿黄、炎、蚩三祖文化学术研讨会”。来自海峡两岸的历史和考古学界的40多名专家、学者出席了会议。与会专家、学者重点考察了涿鹿县境内的黄帝城、阪泉、蚩尤城、蚩尤泉、桥山黄帝陵、“合符釜山”等遗址和地理风貌，以及北魏祭黄帝的温泉行宫等。在黄帝城出土的仰韶文化彩陶、龙山文化蓝文灰陶和扁平穿孔磨光石钺等“礼器”，格外引人注目。考古发现表明，从《逸周书》《山海经》、汉初帛书《黄帝四经》，到《史记·五帝本纪》，均揭示了这样的事实：炎、黄、蚩既是中华民族形成之初的人文三祖，又代表了几个历史时代的延续。三者在分布地域、社会构成及生活习俗上的差异和融汇，是了解中国古代文明形成及早期国家产生的关键。而涿鹿则是黄帝、炎帝和蚩尤会聚的中华文明之最初圣地，涿鹿的史迹和考古的进一步发掘，将证明黄、炎、蚩属信史，中华文明5000年以上的历史毋庸置疑。

2000年6月在山西襄汾县陶寺村首次发现了尧舜时期的古城遗址，使中国国家起源的历史提前了近千年。古城遗址是中国文明的发祥地之一，它完全体现出史学界公认的国家起源的三大标志即文字、金属器和城市。其后，在湖南宁远县九嶷山发现舜帝陵庙遗址，为“五帝”时代史断代研究提供新的考古依据。接着，在陕西“黄帝陵”桥山附近又惊现一块大陨石，对破解轩辕黄帝去世之谜（《竹书纪年》：“地裂而陡葬”昭示黄帝的埋葬方式和地点与地震有关）和揭示中华5000年以上文明史的准确起始时间有重要意义。这些考古发现，将使三皇五帝的历史被证实为信史。

这些考古发掘提供的证据表明，我们历来把黄河作为中华民族的摇篮的说法，需要反思和斟酌：黄河确实是中华民族的重要发祥地，但不是唯一的发祥地，长江、淮河、海河、黑龙江、辽河、珠江、钱塘江、闽江、澜沧江、雅鲁藏布江等流域，也同样是中华民族的发祥地。它们分属不同的文化系统，彼此又有一定的联系，共同组成丰富多彩的中华远古文化，使得中华文明的起源，呈现出更加多样化的色彩。

10. 物质文化及其萌发

为谋得生存和繁衍的物质生活资料的劳动，促进了人类智力和劳动能力的发展。伴随智力和劳动能力的逐步提高，工具的发明和制造越来越进步，从而使生产力和劳动效率不断提高，促使人类为满足物质生活资料之需要所必需的物质文化首先萌发。鉴于这一过程复杂而漫长，这里仅就其中与人类衣食住行直接相关的部分即工具文化、饮食文化、服饰文化、居室文化、交往文化和医疗文化作些探讨。

（1）工具文化

人类的劳动首先是靠自己的肢体先是双手来进行的，在劳动的实践中，渐渐感到仅仅靠双手越来越力不从心，于是便发明、制造并使用工具。劳动工具中不仅包括“死物”，而且包括“活物”即由驯养牲畜而得到的畜力。它实质上是人的体力等的延伸或替代物。劳动工具的发明、制造和使用，是人类区别于动物的根本标志，也是人类最终告别动物界而开始创造人类历史的开端。因此，在人类的物质文化中，居于首位的当是工具文化。

工具文化，在前文提及的木器、骨器、石（玉）器和火的基础上，继而是陶器、青铜器和铁器等。

需要强调的是，每种新的工具的发明和制造，不但并不意味着对先前工具的淘汰，而且总是推动先前工具的改进和更新，以便更加实用和耐用。

当然，陶器只能算作广义上的工具，因为它毕竟不同于木器、骨器和石（玉）器等，而主要用作器皿，是一种生活用具。陶器的发明和制造经历了由粗糙到精细的渐进过程，而制陶工艺（陶艺），则已经蕴涵了初始的科技和学术文化的萌芽。为了吃饭喝水，就得有盛饭、盛水的器皿。天然的物品中虽然不乏其物，比如木槽、竹筒和带凹的石头等，但毕竟难称人意。这就急需改善、更新。最初的陶器就是在这种需要的驱动下被发明和制造出来的。陶器的发明和使用，是人类第一次利用天然物，按照自己的需要创造出来的崭新器皿（请注意“崭新”二字，因为被加工的竹筒、石臼等也称得上新，但还不能与陶器相提并论）。但在不定居的生活条件下，易碎的陶器不便大量使用，直到定居以后，才有可能被大量使用。陶器取代天然的或粗制的木器、骨器和石器等，大大改善了人类的生活条件，开辟了人类发展史上的新纪元。但是其具体的发端年代，还有待于考古学的新发现。另外，把陶器的使用作为新石器时代开端之标志的传统见解是否妥当？也有待于进一步讨论。

之后，随着农业经济的发展和定居生活的需要，人们对于烹调、盛放和储存食物及汲水器皿的需要越来越迫切，从而促使人们在陶器的制造上重视原材料的选择和制造工艺的求索，于是先后出现了红陶、灰陶、黑陶，以及为防止陶器经火烧或水浸泡断裂，而在泥土中羼入砂子烧制成的泥质夹砂灰陶、夹砂红陶。尔后又制造出白陶，从而为以后原始瓷器的发明奠定了基础。

后来青铜器被发明和制造出来，自然比陶器具有耐用等优越性。一般认为，到商代，青铜器的制作成就已够辉煌，但普通人日常生活的用具仍以陶器（主要是灰陶）为主，后来白陶和印纹硬陶有很大发展，纹饰采用青铜器的艺术特点，同时，还出现了用高岭土作胎施青色釉的原始瓷器。到西周，陶器种类越加繁多，除陶制的生活器皿之外，还有砖瓦、陶俑和建筑明器等。到战国、秦汉时期，用陶俑、陶兽、陶明器随葬已成习俗。因此，制陶业更加繁荣。在西安发现的秦始皇陵兵马俑，在陕西咸阳、江苏徐州发现的西汉时期的兵马俑等，其造型之精细，阵容之宏伟，均为世界所罕有。

青铜器的出现并不意味着陶器的被淘汰。陶器的烧制为青铜器的冶炼创造了技术条件并积累了经验。而青铜器的冶炼则又反过来对陶器烧制起了促进作用，使陶器向着瓷器的方向快速迈进。从已有的考古发掘看，青铜器流行于新石器时代晚期，起初多是比较简单的小型工具或饰物。夏代开始有容器和兵器，到商代中期品种已很丰富，并出现了铭文和精细的花纹。商晚期至西周早期，是青铜器发展的鼎盛时期。不但器型多种多样，浑厚凝重，而且铭文逐渐加长，花纹繁缛富丽。

春秋晚期至战国，由于比铜器具有更广泛优越性的铁器的推广使用，铜制工具减少。到秦汉时期，随着瓷器和漆器进入日常生活，铜制容器的品种也减少了。但是，中国古代铜器，就使用规模、铸造工艺、造型艺术及品种而言，是世界上其他国家或地域均无法比拟的。因而中国古代铜器在世界艺术史上所占有的独特地位，及其所蕴含的丰富的物质文化价值，在世界上也是无与伦比的。

在木器、骨器、石（玉）器和火的基础上，从陶器到铜器、青铜器，再到铁器等工具的演变，尤其在演变过程中所蕴含的制造工艺和冶炼技术的提高等等，均昭示工具文化的发展和提高。

考古发掘的数以万计的商周青铜器中留有铭文，即一般称谓的金文。其所展示的思想底蕴，起着证史、补史的作用。从阴文到阳文，体现着技术和工艺的进步。商代和西周的铭文几乎都是铸成的，只有极个别文字是用锋利的工具镌刻的。但到西周晚期，开始出现完全刻成的铭文。再到战国中期，则大多数铭文已都是刻制的了。古人认为青铜器极其牢固，因而凡准备长期流传的事项就铸刻在青铜器上，使得铭文成为今天研究古代历史的重要材料。

到东周时，冶铸技术已经发展较高，出现了关于青铜器冶炼技术的总结性文献《考工记》。关于青铜器冶炼技术和工艺的总结，对于铁器的冶炼显然具有极其重要的推动作用。到战国时期，由于列国纷争所急需的铁制兵器的发展，使我国铁的冶炼技术和工艺突飞猛进，并传到朝鲜等国。

（2）饮食文化

饮食在人的基本需要中占据首位，因而饮食文化在人类社会的文化中自然也就居于极其重要的地位。

饮食文化主要有古代烹饪、古代酿酒、酿醋、酱清（酱油）和古代茶道等。

古代烹饪。人类从茹毛饮血到学会烹饪，历经了漫长过程，如果说火的发明和使用，标志着茹毛饮血时代结束的话，那么，它也同样标志着烹饪时代的开端。当然，对“烹饪”要辩证地看待：最初的“烹饪”跟现在我们所称谓的烹饪，其差别是很大的。严格意义上的烹饪，不仅需要相应的食料、油料、作料等的配合，而且需要相应的炊具的配合，尤其需要相应的烹饪技术，而这，就不是一朝一夕所能促成的。从已有的考古发掘来看，在距今50万年前的北京人，和距今170万年前的元谋人的遗迹中，已经有使用火的证据。此外，在距今80万年前的陕西蓝田，以及180万年前的山西芮城，也都发现了古人类用火的痕迹。但是，由于相应的其他条件（食料、油料、作料和炊具等）还不具备，或不完全具备，所以，那时的“烹饪”多限于烧烤。从简单的烧烤，演进到基本称得上“烹饪”的厨艺，所经历的过程极其漫长，应是到能制造和使用陶器时才开始出现的。根据现有的文献记载，至迟在炎帝时代就出现了。我国古代传说火的发明为燧人氏“钻燧取火”。但是，广泛的引用火、生火，把火用于原始农业“刀耕火种”，用于饮食中“以熟腥臊”，应首推炎帝神农氏。《国语·晋语》载：“炎帝以姜水成，为姜姓之祖也，火之为瑞，亦未审也。”《左传·哀公十七年》也载：“炎帝氏以火纪，故为火师而火名。”《 左传·哀公九年》云：“炎帝，火师，姜姓其后。”炎帝因以火纪，故“以火德王”，因而也被称为“赤帝”。关于炎帝把火引用在饮食上的记载有《淮南子·沦论训》：“炎帝作火，死而为灶”。高诱注：“炎帝神农，以火德王天下，死托祀于灶神。”《礼记· 礼运篇》载：炎帝用火“以炮，以蟠，以亨，以炙，以为酸酪”。《路史·后纪三》载：炎帝“受火之瑞，……以炮以得，以为酸酪”。《艺文类聚·食物部》亦称：“神农时，民方食谷，释米加烧石上而食之。”炎帝把火引用在烧煮食物方面，结束了“未有火化，食草木之实，鸟兽之肉，饮其血，茹其毛”的荒蛮时代，而进入文明饮食的时代。这不仅是“民食之无兹胃之病”，有利于疾病的预防，而且有利于增强体质、保障健康。用于烹饪的陶器，逐渐讲究材料及制作工艺，先后发明了红陶、灰陶和黑陶，后来又发明了夹砂灰陶和夹砂红陶等。陶制的烹饪炊具的出现，大大促进了烹饪技术的发展和提高，而到青铜炊具开始使用时，烹饪文化已经很可观了。以后伴随铁制炊具的发明，烹饪技术和烹饪文化更获得长足的发展。

古代酿酒（醋、酱和酱清）。如果说粮食和菜蔬是人类最基本的食品的话，那么酒这东西就算是饮食方面的消费品了。在刚学会用火煮饭烧菜，食不果腹的窘迫条件下，人类是不可能有饮酒的奢望的；即使人们在加工食物或在其他条件下偶尔嗅到了酒的异味，但在食不果腹的窘境中，也不可能有兴趣和余力去进一步琢磨这异味背后的奥秘。只有在食物得到了基本满足、保障后，这样的兴趣和余力才有可能提到日程，酒的酿造才成为可能。在我国，关于酒的发明，有“上天造酒”、“猿猴造酒”、“杜康造酒”、“仪狄造酒”、“黄帝造酒”、“神农造酒”等等传说。目前，学术界趋向一致的意见是：酒开始由食物天然发酵而成，后来慢慢发展到由人工酿制；酒是人类群体逐渐发明的，而不是依靠某个人的智慧。一般来说，有了酒，才能有酒器。所以，可以通过酒器的发现来推知酒的发明时间。已有的考古资料证明，在新石器时代中期的陶器制品中，已有了专用的酒器。说明我们的祖先早在新石器时代中期，就已经和酒发生了关系。仰韶遗址（公元前 5000 ~ 前 3000 年）出土的小口圆肩小底瓮、尖底瓶、细颈壶，大汶口文化（公元前 4500 ~ 前 2600 年）遗址出土的高柄陶酒杯、滤酒缸等酒具，都是证明。

从食粮等的自然醇化发现酒的异味，到人为地把食粮等酿造成带有异香的，适合饮用的酒，这当中就已经蕴涵着相关的科学和技术的成分，而伴随各种类别和浓度的酒的酿造，有关酒的学术文化也就自然形成了。

《孟子》云：“禹恶旨酒”。可见在夏禹以前，已知酿米制酒，起初的酒浓度很低，善饮的人可喝五斗一石也不醉。

从考古发掘看，到夏代，酿酒技术有了进一步发展。如《战国策》：“帝女令仪狄造酒，进之于禹。”仪狄是大禹时代的酿酒大师，能酿制甘美的酒向禹进贡；夏朝的第七代君主少康也即杜康，也是一位酿酒大师，发明了秫酒。人们把杜康说成酒的发明者，并不确切。他顶多是“秫酒”的发明者而已。在二里头遗址随葬陶器中，所占比例最大的是酒器，其次才是炊器和食器，可见酒在夏代人生活中的地位。

到商、周，酿酒已很盛行，不但甲骨文中有许多“酒”字，而且出土的商、周青铜器及陶器中，也有许多是盛酒或煮酒用的器皿，如尊、卣、壶、爵、角、觚等，有的青铜器上还镌刻着饮酒的铭文。《书经·商书·说命篇》

记载了武丁的话："若作酒醴，尔惟麴蘖；若作和羹，尔惟盐梅"。"醴"是一种甜味的酒。

可见那时酿酒运用了今天所用的酵母，古称"麴蘖"，晋人江统在《酒诰》里载有："酒之所兴，肇自上皇……有饭不尽，委余空桑，郁积成味，久蓄气芳。本出于此，不由奇方。"说明煮熟了的谷物，丢在野外，在一定自然条件下，可自行发酵成酒。人们受这种自然发酵成酒的启示，逐渐发明了人工酿酒。

河北省藁城县台西村商代墓葬出土之酵母，在地下埋藏了三千年后，仍有发酵作用。在罗山蟒张乡天湖商代墓地，还发现了我国最早的古酒，它装在一件青铜所制的容器内，密封良好。至今还能测出成分，证明每100毫升酒内含有8239毫克甲酸乙醋，并有果香气味，说明这是一种浓郁型香酒，与相关甲骨文的记载相吻合。

周代，酿酒已发展成独立的且具相当规模的手工业作坊，并设置有专门管理酿酒的"酒正"、"酒人"、"郁人"、"浆人"、"大酋"等官职。

酒是最早的兴奋剂和麻醉剂，还有通血脉、养脾气、厚肠胃、润皮肤、去寒气、制药剂、消毒杀菌等功效，因而酒的发明和应用，对中医药学起了巨大促进作用。《黄帝内经》指出古人作"汤液醪醴"，其医疗作用是"邪气时至服之万全"。

古代医生治病时常借助于酒力，使药物取效。所谓"酒为百药之长"，即反映了这一历史事实。

从"醫"字的结构可以看出："醫"字用病声和酒二者会意组成，说明古代医疗与酒关系甚密，体现了酒在医药发展史上的重要地位。汉代许慎《说文解字》说："醫治病工也……从酉"。"醫，病声，酒所以治病也。"又说："酉，八月黍成，可以酎酒。"在商代至周初文字凡是"飨酒"之酒都"酉"，甲骨文酉表示以罐储粮，发酵成酒，形似酒坛，形象地反映了当时真实的历史文化。

随着所用原料及酿造方法的不同，出现了各种不同类的酒。到周代，已有了"酒正"、"酒人"等专门掌管各种酒曲和酒品的生产。《礼记·月令》中更记录了造酒时的六个必须注意的事项："秫稻必齐，曲蘖必时，湛炽必洁，水泉必香，陶器必良，火齐必得"。把从原料选择，到制曲、渍料、蒸煮、用水、掌握火候和挑选设备等酿酒的重要步骤，都写出来了，体现了古代劳动人民在酿酒过程中，所积累起来的技术和经验。特别值得一提的是，当时已经探索出来，用某种微生物霉菌通过（生物化学作用）先使少量谷物发霉成“曲”，再用曲使更多的谷物糖化、酒化而酿造出酒，这是个既经济又有效的方法。

在我国一些少数民族地区，也从很早以来就会酿各种酒类，例如新疆地区的葡萄酒就起源很早。葡萄，古书中又作“蒲桃”，在先秦汉初就已种植，并用于酿酒。

在酿酒的过程中，人们还发现了醋、酱和酱清（酱油）及其酿造方法，从此为食物增加了作料。醋古代称“醯”、“酢”或“苦酒”，在春秋、战国时的文献中已有记载，如《周礼·天官》中的醯人，掌共五齐七菹，是管理酿醋的官员。《论语》中也有“或乞醯焉”之语。除酒、醋以外，酱及酱清（酱油）也相继酿造出来，为饮食文化增加了新的内容。从前的史书中常把酿酒术的发明归之于某一个人，如所谓“仪狄造酒”、“杜康作酒”等等，其实这项古老的化学工艺像其他古代工艺一样，从来就不是某一个人所能发明出来的，而是广大劳动人民在长期实践过程中发现的。杜康、仪狄等，不过是其中的杰出代表而已。

古代茶道。传说“神农尝百草”的过程中遇到了天然的茶，经饮用发现味道苦香，不但解渴，而且有助于消化——这在茹毛饮血的时代显然意义重大，于是渐渐人工培植，采摘和加工，逐渐形成茶文化。

从发现天然的茶叶可以饮用，到人工种植和加工、炮制，也展示着先民对茶的相关认识和科技的萌发，而从简单的饮用到讲究炮制和饮用方法，并逐渐形成茶道，有关茶的学术文化自然也就蕴涵其中了。

（3）服饰文化

穿衣和吃喝一样重要，因为要是只解决吃喝问题而不能解决穿衣问题，人照样不能生存下去，所以，服饰文化与饮食文化必然同时孕育、发展。“衣食父母”、“衣食之谋”等成语把“衣”和“食”相提并论，准确反映了“衣”和“食”是人的最基本的生活需要的事实。

服饰文化的发展与纺织技艺的发展密切相关。在人类社会的初始阶段，人们多是赤身裸体，为了防风御寒，顶多不过是披挂些兽皮和简单编织的茅草之类的东西而已。起初的兽皮，也不过是从野兽身上直接剥下后略加晾晒就使用罢了。之后，在求生和繁衍这些科学和技术原动力的巨大推动下，人们渐渐开动脑筋，于是，对兽皮之类的毛皮渐渐摸索、学会了加工，并开始用野麻做原料，纺织成粗麻布，再做成简单的衣服。随着人们的聪明才智和科学技术的不断提高和进步，人类不仅发现、开辟出越来越多的用以穿戴的原材料，而且在加工方面也逐渐从简单的防风御寒，逐步过渡到追求打扮和美观，不仅越来越讲究质料，而且越来越追求服饰了。生活的需要进一步推动着生产的发展和进步。尔后伴随丝绸的发明、创造和使用，使古代纺织业发展到一个崭新阶段。这首先表现在纺织技术的进步上。

我国古代纺织技术可以分为原始手工纺织时期和手工机器纺织时期两个基本阶段。纺轮是最早的纺纱工具，大约出现在旧石器时代晚期。据考古报告，在迄今全国三十个省、市所发现的较早的，规模较大的居民遗址中，几乎都有纺轮出土。纺轮使用时需加一根插杆，合称纺坠。纺坠是利用其本身自重和连续旋转而工作的。人们利用原始的纺坠纺纱，用腰机织布，虽然笨拙，但足可看出人们为了解决穿衣问题，所进行的艰苦探索及为此所耗费的聪明才智。这种生产形态，不但可以从已出土的大量文物得到证实，而且从某些地区至今所沿用的纺织手段，仍可看到蛛丝马迹。正是在这样的基础上，经过历代劳动者的不懈努力和辛勤探索，才逐步创造出竹笼机、大花楼机、多锭大纺车等，从而进步到手工机器纺织。像竹笼机、大花楼机、多锭大纺车等，都代表着当时世界纺织生产的最高水平。

随着纺织业的发展，新颖的织造技术层出不穷，各式各样的织造机具也应运而生。秦汉时期，手摇缫丝车逐步普及。在汉代，河北有一位纺织专家陈宝光，专门研究纺机。在他的影响和帮助下，其妻发明了一种织机，叫提花机，用 120 根经线，60 天可织一匹既美观又结实的花绫，工效提高了许多。在此后几百年中，人们一直采用这种织机。

三国时期的魏国马钧，设计出了一种新的绫机，他把流行的 50 根经线、50 个蹑，与 60 根经线、60 个蹑的两种绫机，都改造成了 12 个蹑，大大降低了劳动强度，同时使工效提高几倍，于是很快在中原大地广泛运用。

在宋朝以前，我国的纺织业主要生产丝麻织品，而棉织品除在闽广、云南、新疆边远少数民族地区有所发展外，在内地则很少有棉纺织业。北宋时期，棉纺织业才从南北两路传到黄河、长江流域。当时，海南崖州地区是我国棉纺织业最发达的地区。宋末元初，著名的纺织专家黄道婆，对棉纺工具加以革新、创造，使我国古代的纺织业有了很大的发展。她的革新和发明主要表现在以下几个方面：在扎棉去籽方面，在海南黎族人所用踏车的基础上，创造了一种扎棉用的搅车，使二轴相轧，籽落于内，棉出于外，大大提高了工效；在弹花方面，将原来长 1 尺的小弓，改为长 4 尺的强而有力的大弓，这样既提高了弹花的效率又保证了纺纱的质量；在纺纱方面，她把只有一个锭子、只能纺一根纱的纺车，改造成一种有三个锭子、同时可以纺三根纱的脚踏纺车。该发明比欧洲人发明的纺两根纱的纺机，早了近 500 年。另外，在整经和织布方面，她也创造性地利用并改进了传统丝织机，织出了各种美丽的棉布。元代中期王祯（1271 ~ 1368 年）所著《农书》，记载了这位对中国古代纺织业的发展，作出重大贡献的纺织专家的事迹。

我国古代的纺织技术和机械，直到今天仍在部分地区使用，所谓“家织布”或“土布”，就是用这样的纺织机械生产出来的。据我所知，直到 20 世纪 70 年代，纺车和织布机至少在华北农村还相当普遍地使用。我 1962 年上大学时穿的衣服，多是母亲用纺车纺线后，经过浆洗，又用织布机织成花格布，用手工缝制的。

在纺织技术的发展中，与之相关的印染技术和刺绣工艺等，也逐渐发展起来。

（4）居室文化

居室文化也是与衣食文化同时起步的。

像鸟在树上筑巢一样搭建窝棚，应算作人类最原始的古代建筑。由于巢居不能有效地防御天灾兽祸的侵袭，人类才选择岩居穴处。从利用天然的洞穴居住到对天然洞穴加以改造，已经蕴涵建筑文化的萌芽。当人们开始学会利用石块、泥土、茅草和树枝等盖房架屋时，最初的建筑学也就开始萌发了。土坯的制造，刀锯的发明以及对木材的砍伐和加工等等，有力地推动了建筑技术的发展，使建筑从起初的防风御寒向坚固、舒适、美观方面发展，建筑艺术也就自然形成了。最初的建筑艺术是与当时的文化观念相契合的，比如在西安半坡村发掘的圆形住房和大方形屋宇，就显然与当时“天圆地方”的观念相联系。

早于仰韶文化古代遗址的陆续发现，确认了距今约 1 万年左右的湖南道县玉蟾岩遗址、江西万年仙人洞遗址、河北徐水南庄头遗址，明确了中国新石器时代至少起源于距今 1 万年以前。此外，后李—北辛文化、彭头山—城背溪文化、兴隆洼文化以及距今 6000 年左右及其以后的河姆渡、崧泽、大溪、屈家岭、石家河、薛家岗等文化遗迹的发现，更基本廓清了中国史前文化的谱系。西安半坡、华县元君庙与临潼姜寨、内蒙古敖汉旗兴隆洼等聚落遗址和墓地的发现，使中国考古学界对史前聚落形态、社会组织结构和古代建筑的研究更加深入。在长江流域和其他地区也曾发现年代较早的新石器时代遗址，其中河姆渡文化的干栏式建筑遗构尤为引人注目。在瞿塘峡以西发现的新石器时代遗存，早、中、晚期都有。而在青海民和县喇家齐家文化遗址，则发现了保存颇为完整的窑洞式结构房址和分布格局，以及烤制食物的壁炉，为研究古代建筑又提供了新的资料。

前文提及，单就城市而言，除了河南二里头、山西陶寺外，湖南城头山、河北郧城、安徽凌家滩和陕西杨官寨等地，也都发现早期城市遗址。时间距今约5500～6000年。这些，都推翻了以前依据文字记载，中国古代城市的出现始于夏启时期，“筑城以卫生君，造廓以守民”之说。

2004年10月，在周公庙遗址发掘中，证明西周已经有了砖瓦，纠正了传习已久的“秦砖汉瓦”的说法，把中国砖瓦使用的历史前推了800年。

春秋时期编写成书的《周礼·考工记》，在谈到帝王之都的设计时说，“匠人营国，方九里，旁三门，国中九经九纬”，“左祖右社，面朝后市”。认为国都应是一个正方形的大城，四面各有3个城门，门内有九条大道纵横交错；左面是太庙，右侧是社稷坛；朝南的是朝廷的宫殿，后面是市场。考古发现表明，这种建筑格局对中国历代帝王都城的建设，影响深远。宫殿建筑面北朝南，成为我国中原王朝历代都城规划建设上的一大特色。春秋战国时期，城市数量和规模有了更大发展，出现赵国的邯郸、齐国的临淄、楚国的郢都、魏国的大梁等，盛极一时的都城。山东临淄齐都故城遗址，曲阜鲁都故城遗址，易县燕国下都遗址，河南新郑韩都故城遗址、洛阳东周城遗址，湖北江陵楚都纪南城遗址，陕西凤翔秦都雍城遗址、临潼秦栎阳城遗址，和咸阳秦都城遗址等等东周列国都城的考古勘探与发掘表明，这一时期的都城都有城墙包围，由宫城和郭城两大部分组成，主要宫殿都设于制高点，便于控制全城，形成一种封闭式的城市规划。2000年发掘的湖北潜江龙湾楚宫殿遗址，发现春秋晚期夯土台基19座，包括一处宫殿基址。除呈现规模大、建筑规格高的特点外，建筑风格也颇为奇特，突破了我国古建的传统模式即以南北为中轴线、东西对称、前堂后室等规矩，而是讲究东西高低错落，北高南低，贝壳路及长廊环绕，回廊、庭院交错，呈现出一派离宫别馆风光。北京房山琉璃河西周燕国早期都邑的发现，对研究周初分封制有重要意义。2004年7月湖南龙山县里耶古城的发掘，规模在2万平方米以上，有城、三眼井及相关建筑等成组的遗迹。它的发现，填补了我国秦汉古城考古的空白，具有极高的历史、科学和文化价值。

砖瓦石灰的发明和制造，使古代建筑发生了变革似的飞跃。促成了以帝王为核心的宫室、园囿、庙社、陵墓等等一整套宫廷建筑体系的发展和日臻完善。这些都不断得到考古发掘的证明。

在湖北丹江口水库库区，发掘出古文化遗址23处、古墓葬15处，清理发掘各个时期的古墓200余座，其中包括大型楚国贵族墓地。在为配合黄河小浪底水利枢纽工程建设所进行文物考察和发掘中，发现山西恒曲商城是中国现已发现的第五座商代前期城址，对研究当时的社会历史和人文地理等意义重大。在为配合基本建设而对虢都上阳城宫城内北部进行较大规模的钻探和发掘中，发现大面积的夯土遗迹，是目前虢都上阳城发掘的面积最大的建筑基址，也是在西周考古中与城址及宫城结合在一起发掘出的罕见的同类基址，更加丰富了周代虢国都城的城址内涵。

中国古代建筑的特点主要有二：一是木结构。其特点是承重与围护结构分工明确，立柱和纵横的梁枋组合成的各种形式的梁架，使建筑上部荷载均经由梁架、立柱传递到基础。而墙壁则只起围护和分割的作用，不承受荷载，所以门窗等的配置，不受墙壁承重力的限制，具有“墙倒屋不塌”之妙。现代的钢筋混凝土框架结构的基本原则依然和古代建筑的基本原则相同。二是庭院式的组织布群。古代的主要建筑都是以群的形式组成院落。除园林外，一般都采用均衡对称的格局，沿纵横两条轴线布局，比较重要的建筑都安排在纵轴线上。这种建筑是与中国古代宗法和礼教制度相适应的。如北京的四合院，堪称其典型的代表作。

园林，也是中国古代建筑的一大特点，早在西周就有苑囿合池即“囿园”。其特点是突出自然又改造自然，把人工美和自然美结合了起来，创造了独树一帜的自然山水式园林，充满人文气息和诗情画意。诗情画意是我国古代园林的精髓，也是园林艺术所追求的最高艺术境界。其代表作当属苏州园林。

雕塑艺术是伴随建筑而产生和发展的，或者与建筑艺术不可分，也可以说是建筑艺术的一部分。石雕、木雕、塑像、浮雕等等，都与建筑融为一体，所谓“雕梁画栋”即说明了古代建筑与雕塑和绘画的结合。

（5）交往文化

人一开始从动物界分离出来，就是社会的人。人与人组成了社会之网，每个人都是社会之网上的一个纽结。在天灾兽祸肆虐而人的自卫能力极其有限的远古时代，人与人的交流、联系，显得越发重要和紧迫，因为单独的个人根本无法生存。因此，交往文化也伴随衣食和居室文化的出现而出现了。

哼嗨、手势、表情、符号。语言和文字是人与人交往的最基本工具，但是，在遥远的古代，人类的语言不发达，文字还没有发明，人们的交往十分困难和不便。那时，直接的交流只能依靠哼嗨、手势、眼神和其他表情等，而间接的交流则更加困难，起初则只能靠各种各样的符号。但是，正是手势和符号交流，成为催发语言和文字产生的酵母。语言就是在人与人无数次地用哼嗨、手势和表情等的交流和激发下，得以创造、发明，并发展起来的；

而文字则是人们在运用符号反复相互交流的过程中，才被创造、发明出来的。

烽火、驿道。伴随社会的发展，人类活动的领域和范围越来越拓展，因而交往的渠道也随之扩大。当处于统一部落的不同人群之间，或不同的部落之间需要交往时，特别是当国家出现后需要传递情报、信息时，相应的交往方式也就自然出现了。在山头或某个高处点燃烽火，曾经是作为紧急情报传递的主要方式，而专门修建的驿道、驿站，则为通常的交往提供了便捷条件。

车马、舟楫。当先民学会制造和使用工具时，就在狩猎和种植、栽培农作物的活动中，开始了有目的的物品运输和信息传递活动。最原始的运输物品的方式是手提、头顶、肩挑、背扛；最原始的传递信息方式则是呼叫、打手势等。往后，通过蓄养动物而开始使用畜力，并渐渐发明了车船等交通工具。伴随社会生产力的发展，畜牧业和农业分工，开始产品交换，催生局部范围内的小量运输，使得车船等运输工具进一步改进和发展。后来伴随手工业和农业的分工，产生了货币，商品交换量迅速增加，运输的范围和数量也相应地不断扩大和增加。交通工具于是也发达起来。以后社会分工越来越细，逐渐形成了专门运输货物的运输业和专门传递信息的邮递业。

当交通成为相对独立的专门行业之后，古代运输业、邮递业的内容和方式，伴随社会生产力的发展和科学技术的进步，也不断获得发展和进步。在人类历史的长河中，运输业从古代的人力拖拽到今天的航空运输，邮递业从古代的烽火报警到今天的卫星通信，经历了几千年的漫长岁月。

早在3000多年前的商朝，我国古代交通已有所发展。根据甲骨文、金文、出土实物及古籍记载，商朝不仅有了“车马”、“步辇”和“舟船”等交通工具，而且开始建立“驲［rì 日］传”制度，进行有组织的通信活动。到了春秋战国时期，战争频繁，又修筑了许多通行战车的道路。在河道上则修建了许多桥梁。中原各国陆路交通纵横交错，还沿途设立了“驲置”，即驿站。水路交通不仅利用江、河等天然河道，而且相继开凿了胥河、邗［hán 寒］沟、菏水和鸿沟等人工运河。

一些古籍为研究古代交通史提供了重要的史料。《山海经》，记载了远古的交通状况；《大唐西域记》则为我们讲述了唐代中西交通的繁盛；通过《马可波罗游记》，我们得以了解元代交通十分发达；而《徐霞客游记》和《天下水陆路程》，则把明代的交通实况重现在我们眼前。这些交通史籍几乎都是作者足迹的见证，是他们实地考察的结果。其中不仅记录了水路、陆路等主要交通干道，还介绍了桥梁、船舶等各方面的交通具体情况。

鉴于我国版图庞大，不同的民族和区域文化分布于各地，因此，对于一个完善的政治体系来说，建立一个完善的交通系统，将各民族、各区域的文化联系起来是非常重要的。自秦始皇统一中国以后，交通网的不断发展，促进了国内各民族和区域文化的交流。单是贯通南北的京杭大运河，在促进国内南北各种商业活动和文化发展中的作用，就足见一斑。而对外的交通网络的发展，亦有助于中外文化的沟通和交流。单是南北“丝绸之路”的开通，在促进国中外各种商业活动和文化发展中的作用，就令世人刮目相看。

中国古代经济文化之所以发达，与交通的发达特别是国内外交通网的开辟、建立和完善，关系极大。

语言、文字。语言和文字是人与人交流感情和思想的最基本的工具。从聋哑人和盲人那里在这方面所遭遇的困难，我们看到语言和文字对于人际交往是多么必要和迫切。正是必要而迫切的交往需要，驱使我们的先人发明创造了语言和文字。语言既是孕化文字的酵母，又是文字在音响上的表达，而文字则是语言的载体、记录符号。语言的形成，跨越了悠远的洪荒岁月，而文字的形成，也经历了漫长的历史过程。

中国文字历史之悠久，是世界其他各国无与伦比的。从现有的考古发掘看，中国最早的文字距今至少在七千年以上。譬如，距今8000年至9000年河南舞阳贾湖出土的龟甲上的契刻符号，与殷墟甲骨文有很多类同的因素，尤其是M344墓出土龟腹甲上的眼形符号，和殷墟甲骨文的相似程度，使人很自然去联想两者之间的联系。它们与现行汉字一样，在书写时遵循先横后竖、先左后右、先上后下、先里后外的原则，其基本结构与现行汉字结构也有着惊人的相似，而且贾湖契刻和殷墟甲骨文都是用来记载占卜内容的，所以，有学者将贾湖龟甲契刻符号视为中国最早的文字符号。

但是，这种观点值得商榷。因为从相关文献所记载的“结绳记事”和“契木为文”等资料看，中国文字的起源，其实比这要早得多。

从“结绳记事”到“契木为文”即刻画文字符号，再由刻画文字符号到象形绘图并形成象形文字，其演变过程的漫长而艰辛，是可以想见的。由于“结绳记事”和“契木为文”之载体都难于抵御历史岁月的侵蚀，难于留下痕迹，迄今所发现的关于原始文字的有关资料，主要是在岩石、陶器等上面所遗留下来的图画符号。许多文字学家认为它们还不是文字，只是对原始文字的产生起了引发、催化的作用。但我认为，它们是在结绳记事和“契木为文”的基础上，向文字的演进，是从记数到记事的演进，抑或说就是一种最初的文字图画符号。因为结绳记事只能记载所发生的事件的数量，却不能记述事件的内容，而要记载事件的内容，就必须有相应的文字，而在最初的文字发明之前，用图画把事件刻画出来，就是很自然的了。记事的需要应是图画产生的最初的、也是最根本的动因。用图画来记事，从笨拙地尝试性地线条刻画，到形成与所要记事的物象比较符合的图形；从记事到达意，从不规范到规范，再从个体明白到群体公认，而形成最初的象形文字。"文字乃图画之精"。一系列的考古发现证明：几乎世界上的所有文字，都起源于象形文字，而象形文字则是在原始图画的基础上精练而成的。这期间不仅经历的过程相当漫长，而且凝聚着无数代人的智慧和心血。

流传在云南省富宁县壮族坡芽山村的"坡芽歌书"，据考证，就是以原始的图画文字将壮族民歌记录于土布上的民歌集。它是迄今为止所发现的唯一用图画文字记录民歌的文献。它共由 81 个图画文字构成，笔法简洁、形象，每一个图画文字代表一首歌；集中了壮族民歌的精华，承载着壮乡儿女天籁欢歌般的情爱密码。2006 年由学者发现整理成《中国富宁壮族坡芽歌书》，并于 2009 年正式出版发行。

"坡芽歌书"可以说是不同于汉字前身的又一种象形文字，是中国活着的图画文字之一。虽然由于历史的原因，它未能像"汉字"那样进一步演化、升华，但再次证明了象形文字在各民族文字发展史上的客观存在。

就"汉字"而言，交流和记事的需要使人们感到象形文字越来越不能满足需要，于是又在"象形"的基础上，使文字向着"会意、形声、指事、转注、假借"的方向继续发展，使中华文字的创造和发明得以在质和量上都发生巨大变化和飞跃，人们所经历的凡需要记载的事件，都可以通过原有的和新创造的文字来实现。大多数文字学家认为"汉字的形成时代大概不会早于夏代"，并在"夏商之际（约在公元前 17 世纪）形成完整的文字体系"（参见裘锡圭《文字学概要》，商务印书馆 1999 年版）。

这种说法值得商榷：所谓"汉字的形成"，是指个别汉字的形成，还是指比较系统的汉字的形成？要是指前者，这种说法不符合个别汉字形成的史实；要是指后者，那么其"系统"又有个含义广、狭，即"系统"到什么范围、程度的问题。这些，都需要具体分析，不能泛泛而谈。譬如《周易》的"易"字，自古以来，对于它的产生及其蕴义，众说纷纭，莫衷一是。经过我认真地研究、考证，认为"易"字是一个很特殊的文字，它的产生，不同于一般汉字的方法，即"象形、会意、形声、指事、转注、假借"等六种方法，都不适合于它。它只是对于烧灼龟甲占卜时，所出现的裂纹的形象真实的仿照刻画，或者说，它的最初写法源于烧灼龟甲占卜时，所出现的裂纹。要是硬说它是"象形"的话，那它也不是一般意义即对于某种自然物的"象形"，而只是对于“烧灼龟甲占卜时，所出现的裂纹”的形象之“象形”，即真实地仿照刻画而已（详见拙著《周易解谜》，首都师范大学出版社 2013 年版）。“结绳记事”、“契木为文”是早期记事常用的方法，可惜“绳”和“木”这些物质载体经不住岁月烟尘的剥蚀，难于保存下来，所以当时的“记事”和“为文”的踪迹，已很难寻觅、求证到了。

中国先民早在距今七、八千年前就在龟甲上刻划符号了。这已经得到考古学的证明。在我看来，传为伏羲所画的表征阴阳观念的符号“—”和“- -”，实质上就是一种符号文字。关于其产生的确切时间，至少也在距今七千多年前。而在距今四五千年前的仰韶文化、大汶口文化遗迹中，发现了在陶器上刻划的符号有数十种之多，其中有些与甲骨上所见的字类似，因而有人认为它们就是早期文字。至于在龙山文化早期的陶罐上发现的朱书，可以肯定是文字，充分表明中国的汉字至少已有四千余年的历史。

文字的出现既然是人们在长期的社会生活中不断积累、不断总结的结果，那么，传说中“造字”的仓颉，很可能是在总结、整理前代文字的基础上，为汉字的形成做出了突出贡献的一个代表人物。

迄今为学界公认的我国最早的文字资料，是商代中后期（约公元前 14 ~ 前 11 世纪）的甲骨文和金文。甲骨文是殷商时代刻在龟甲和兽骨上的一种古文字，大多是殷人占卜的记录。它最早出土于商代后期都城河南安阳小屯村的殷墟，有十五万片甲骨卜辞，从其中在龟甲与牛胛骨上所刻的、保存相当完好的、总数达 3500 个左右的文字结构来看，除了象形以外，已具备了我国古文字学家所界定的“象形、会意、形声、指事、转注、假借”等六书的特点，是一种成熟、古老的象形文字，具有完整精密的体系。以甲骨文为成型的中国文字，成了维系中华民族文化生生不息的纽带。直到今天，“汉字”仍然是世界上使用人口最多的文字。它不仅带动了中华民族的文明，也影响到东亚和东南亚地区的文明。从文法组织上讲，甲骨文已能完整地记录史实及其发生的时间、地点，成为信史的确凿证据。甲骨文大部分卜辞中无不流露出我国早期诗歌、散文的古朴与简洁之风，成为历代史官写作的典范，为后世典册文献的产生奠定了扎实基础。另外，殷墟甲骨文都是用铜刀契刻而成的，后人称之为“殷人刀笔文字”。其契刻规整而美观，字大者径逾半寸，小者微如芝麻。不论字的结构，还是笔画都整洁流畅，或雄浑豪放或秀丽整齐，成为中国“书法之祖”。

司马迁（前 145 或前 135 ~ 前 87?）在《史记 · 殷本记》中，列出了商代三十位帝王的姓名。世界各国的历史学家对此纷纷质疑：司马迁如何能够了解距他两千年前商代的历史？但从已经出土的甲骨文中查到的二十三位商代帝王的姓名与年代看，与司马迁的记载基本相符。司马迁的记载当时所依据的是什么？是传说？这不大可能，因为传说提供不了那么确切的内容。那么，唯一的可能就是司马迁看到过相关记载，可他是从哪儿看到的呢？难道他也看到过我们好不容易从地下发掘出土的这些甲骨文吗？这仍是个值得探究的问题。

从汉字的形体发展来看，可以分为古文与今文两大类。古文是指从甲骨文到小篆，今文是指从隶书到楷书。甲骨文是中国已知最早的比较系统化了的文字，它与古埃及的“纸草文字”和“泥版文书”，同为世界上最古老的文字体系。经过数千年的沉淀，“纸草文字”和“泥版文书”已经逐渐消失了，而甲骨文则由于具备了后世汉字结构的基本形式，成为今天中、日、韩等国正在使用的文字的鼻祖。

语言和文字是学术文化的载体，中国文字的成熟，为学术文化的形成和发展奠定了物质基础。

文字的演变也应是渐进的过程，可是我们依照传统的说法和记载所看到的情况却是：春秋战国时期的书籍大量涌现，而此前的著述却很少，从殷商用甲骨文和金文所作的简要记载，到春秋时期成熟的文字记载之间，应有一个渐进的过程。然而，不论从文字本身之演变，还是从所留存的文献之演变来看，其由简单扼要到成熟完备，都显得太突然。这到底是怎么回事？是传世文献的记载有误，还是考古发掘的缺失所导致的真相未明？

这个疑问，一直在我心里翻滚，奔突。

（6）医疗文化

古代医药。疾病和人类一直相伴，除了脏腑疾患和风寒暑热侵扰外，还常有肢体的创伤。为了生存和繁衍，人类很自然地要同这些内外疾患做斗争。“药食同源”。人类在本能地向大自然觅寻、索取食物的过程中，起初对接触到的动植物缺乏认识，不知道什么能吃，什么不能吃，所以不得不先品尝。这种尝试，在食不果腹而饥不择食的情况下，经常会误食某些有毒之物而引起中毒，而有时又会在食用另一些食物后，使中毒现象缓解乃至消除，还会使某些病痛好转、痊愈。与此同时，在发生外伤的时候，偶然地或尝试性地把某些植物的根茎和枝叶等捣烂或榨汁，涂敷、包扎患处，有时能使伤口愈合。在漫长的无数次地偶然性地重复或反复尝试过程中，以及通过对某些动物的类似活动的观察，逐步认识、掌握了某些动植物内服和外用的一些知识，发现一些动植物既可做食物，又可做药物，因而想法总结并流传下来。“神农尝百草”的传说便由此而生。

但是，要是像人们传说的那样，“神农”就是距今约5千多年前的炎帝的话，那么，这与先民对于药物探索的实际年代，实在相距太远了！“尝百草”应与先民的起始一样遥远。当人们第一次采集天然的食物时，就开始了尝试，尽管没有相应的文字记载，而顶多口传，但因为涉及自身的生存、安全，还是能流传和积累下来的。就连动物都能通过尝试辨认并记住可食与不可食以及某些疗伤治病的东西，况且人类呢！至于在《诗经》中，有采葛、采苓、采苍耳等记载，只是表明人们在采食之际，已经发现了许多药用植物，证实了药食同源的说法。一方面人们从动植物的药用价值中得到启示，另一方面，伴随农业和畜牧业的发展，人们在栽培和畜养动植物的过程中，发现了更多的药用动植物，积累了更为丰富的药物知识。在这样的经验的基础上，伴随之后采矿业和金属冶炼的兴起及炼丹术的盛行，人们又发现和掌握了许多矿物的药用价值。

在《山海经》等古籍中，就有关于许多药物及疗效的记载。这些药物知识和经验的积累不断丰富，为后世中医药专著的形成提供了丰富的素材。

在应用药物疗疾治伤过程中，经历了从单味药到多味药混用，即从“药”到“方”的过程，并从不太讲究的简单食用到按一定时间熬制成“汤液”，对熬药用的器皿也提出一定要求。

20世纪70年代初，在甘肃武威和湖南长沙先后出土的简牍《治百病方》和帛书《五十二病方》，是迄今发现的最早的方剂。特别是属于先秦典籍的《五十二病方》的出土，填补了先秦时期医方的空白。经相关专家对其中283个医方的药物配伍、剂型、方剂用法的分析，确认有理论指导和实践意义的方剂体系，在先秦已初步形成。

古代针砭。与此同时，先民在无意识的触摸和碰撞中，发现了肢体某些接触点对于某些疾病有医疗作用，于是加以摸索和积累，逐渐发现了穴位和经络，及用以按摩和点触的“针砭”。“针砭”原作“箴砭”，是经过打磨的石料、动物骨角等，原用来“缀衣”，当发现针刺穴位可以疗疾的作用后，便用作针刺的器具。《黄帝内经》备述的“九针”，就是在起初“针砭”的基础上发展和改进而来的。由针砭发展到针灸，是以经络穴位的发现为基础的。经今人借助于先进的科学仪器的实验证明，产生于先秦时期的经络学著述（《黄帝内经》等）所载经络走向和分布，与事实完全相符。那么，古人到底是如何发现经络、穴位的呢？长期的摸索和积累当然是其中一个重要原因，但有没有其他原因，譬如古人感官优于今人的“透视功能”等等，是个有待探究的问题：因为古代文化中的许多“神秘”东西，并不是完全用“迷信”所能简单解释得了的。

11. 形神文化及其萌发

形神文化大量存在于我们今天的现实生活中，如书刊光盘、影视作品等等。在古代，除了舞蹈外，还有音乐、绘画、书法等。联合国把文化通通按两分法即“物质文化”和“非物质文化”来归类，显然太笼统，正是这样的笼统划分，导致形神文化被忽略了。

在死亡的威胁面前，人们首先想到的肯定是活，是生存。而为了生存，就要先有吃，有喝，有穿，有住。为了得到吃喝穿住所必需的东西，就得劳动。最初的、简单的采集大自然恩赐的基本生活必需品，就已经是劳动的开始。当通过自己的双手等肢体采集不到或遇到困难时，人们很自然地就要想法通过其他手段来达到目的，而从攀折树枝或利用木棒采摘，以及利用尖利的树杈、石块等捕鱼、狩猎开始，最初的发明、创造也就开始了。而最初的物质文化也就在这样的过程中开始形成。但任何发明、创造都离不开思维的开发、思想的磨练，而学术文化也就在这样的过程中渐渐萌发。从打制和磨制石器、削折树枝到发现和使用火，烧制陶器和锻造铜器等，即孕育了科学技术的萌芽。在起码的生活必需品有所保障，或某次较顺利的劳动获得之后，人们很自然地手舞足蹈、吟诵歌唱，于是最初的形神文化便也随之萌发。

形神文化的萌发可大致区分为两种情形：一是伴随物质文化发展而自然产生的；一是当物质文化发展到一定阶段才产生的。前者如饮食文化所蕴涵的烹饪术、酿酒术，建筑文化所蕴涵的建筑术，医疗文化所蕴涵的药物知识和针砭术、医术等等，因为直接涉及人的生存的第一需要，所以其产生和发展自然就早。后者如舞蹈、音乐、绘画等，是人在基本物质生活必需品得到起码满足后才有可能提到日程的。因为在最基本的衣食住行所必需的生活用品没有获得起码满足（维持生存）之前，人类，不管哪个种族或民族，都不可能有享受此类文化的追求；即使偶尔会有，但在死亡的威胁面前，也不可能持久。除了维护生存之外，没有别的追求，缺乏相应的条件，自然也就谈不上创造。与物质性的追求相连的形神文化产生在前，而与精神性的追求相连的形神文化出现在后。这应是一般规律。但是，由于精神文化的创造还需要相应的智慧和语言、文字等其他条件，所以，从总体上讲，只有当最基本的生活必需品得到起码满足即能生存下来后，人类才有可能产生持续的精神文化的欲求，而整个精神文化的创造也只有在生存问题得到起码解决的前提下，才得以提到日程。正是在这个意义上，我们把形神文化视为，由物质文化到精神文化之间的“过渡性文化”，或“中介文化”。在形神文化当中，除了与饮食和保健直接相关的文化外，舞蹈和音乐这种人类最基本的、类乎本能的精神欲求，也显得最自然和迫切。

“饱暖思音娱”。人们在基本的生存和饱暖问题解决后，很自然地会蹦蹦跳跳、哼哼唱唱。当然，在某次狩猎、采集获得满意或意外的收获之际，人们也会情不自禁地手舞足蹈、哼哼唱唱，但这只是偶然或例外，不能作为规律性的东西来概括；值得作为规律性的东西来概括的是人们在基本的饱暖问题解决之后，所自然产生的舞蹈和音乐欲求及创作。舞蹈和音乐等文化，可以说是人类本能所使然。起初自然是很简单、笨拙的，主要是模仿自然，如风摇林木和飞禽走兽的态势及声响等，而一当物质文化能基本满足生活必需品的需求时，为满足精神文化需求的形神文化的开发和创造便跨上一个新的台阶，使得越来越专业性的舞蹈和音乐脱颖而出。随之，用于舞蹈、歌唱等娱乐活动所需要的专门器械、工具即乐器也相继出现。舞蹈和音乐起初是在民间产生和传播的，即所谓民俗舞蹈和音乐，但到私有制产生之后，它们就被“饱暖思淫欲”的统治阶级，作为享乐的艺术而由专业的队伍操练，从而获得长足的发展，并同时追求、开发、创造更多的精神文化产品。所谓“文明史”，便由此开始。

（1）古代舞蹈

侍奉过小孩的人想必都有这样的体验：连话都不大会说的小孩儿，在高兴的时候，会有手舞足蹈的动作；尽管显得十分笨拙，甚至幼稚得可爱。这跟人类起初舞蹈的产生很相仿。

人类最初的舞蹈也是由于高兴而情不自禁地手舞足蹈才发展来的，开始是模仿大自然中的景象和动物的姿态，而后才渐渐发展成一门越来越专精的艺术。但直到今天，我们仍可从模仿动物的舞蹈（比如中国的“孔雀舞”和风靡于世的俄罗斯芭蕾舞“天鹅湖”等）的优美姿态和旋律，窥知其始源。

关于中国舞蹈的产生和演变已经有许多相关的专著论及，这里不去谈论。我要谈的问题是：中国舞蹈在我国古代被称为“乐”的重要部分，而乐则是一种将诗歌与舞乐融为一体的综合艺术。后人所说的诗歌、音乐、舞蹈，是在经历了漫长的发展过程之后，才逐步从“乐”中分化、演变而成的。

中国古代舞蹈大体经历了原始舞蹈、雅乐舞蹈、伎乐舞蹈、民俗舞蹈和宗教及石窟舞蹈等阶段。

原始舞蹈的萌芽和形成时间，可以远溯到人类发展的洪荒时期。我国古籍记载了不少关于乐舞起源的神话和传说，例如《吕氏春秋·仲夏记·古乐》记载：古帝颛顼在登上帝位的时候，听到四面八方熙熙锵锵的风声很好听，就令人躺在地上，用尾巴（一种尾饰）敲打自己的肚子，发出嘤嘤的声音；帝喾命令臣下“咸黑”创作歌曲并制作乐器，吹打起来，招引得凤鸟锦雉随着乐声跳起舞来；尧命人作乐舞，这人便模仿山林溪谷的天籁音响制作了乐歌；又用麋鹿的皮蒙在土缶上做成鼓敲打起来，还重击轻打石刀石斧，模仿天帝玉磬的声音，于是百兽都跳起舞来了。

这些神话和传说，反映了原始乐舞是模仿天地自然和飞禽走兽的动作创造出来的，说明原始舞蹈的起源与自然、鸟兽、祭祀相关。

原始舞蹈历经漫长的萌芽形成期，随着原始信仰的出现而形成了图腾舞蹈、巫术舞蹈、祭祀舞蹈。从起初的完全模仿到加工、创造，逐渐趋于成熟。在六、七千年前的新石器时代遗址中，已有不少陶埙、陶哨、骨笛、石磬等乐器出土。1973 年秋在青海大通县上孙家寨发掘出土的舞蹈纹彩陶盆，展示出大约五千年前舞蹈艺术的直观形象。舞蹈纹位于陶盆内壁的上部，一共描绘了十五位舞人，分为三组，组与组之间以弧线纹相隔。各组人牵手共舞，服饰划一，动作相同，头饰（或为发辫）摆向一致，尾饰（臀部翘起的尖状物）也均朝向一个方向，说明舞者的动作、节奏、韵律都是很统一的。1982 年 10 月，在略早于马家窑文化的甘肃秦安大地湾仰韶文化晚期一处房基遗迹中，发现一幅男女共舞图，描绘的是举行丧舞的场面。1991 年，甘肃武威一处新石器时代墓葬中也发现了舞蹈纹彩陶盆，也是在盆的内壁上部绘制了两组舞队，每组九人，携手而舞，下肢均画作三道细线，似为尾饰，但也可能是描绘脚步的移动轨迹。1995 年，青海另一处墓葬中又出土了一件舞蹈纹彩陶盆，形状构图与大通彩陶盆约略相似，只是舞队人数更多，场面更加壮观。

此外，考古工作者还在新疆、内蒙古、西藏、黑龙江、宁夏和广东、广西、云南、福建、江苏等地发现了大批岩画点。大多描绘各族先民们在原始社会中劳动、生活、宗教活动的情况，其中几乎普遍都有舞蹈的生动画面。

舞蹈经历了漫长的路程，当发展到新石器时代，特别是到父系氏族社会时，我国的舞蹈艺术体系已经基本构建形成。

原始舞蹈在走出蛮荒，进入文明社会以后，便加快了发展步伐，到西周初年制定的雅乐体系，可视为我国乐舞文化进入成熟期的里程碑。

史载武王伐纣灭商建立周朝后，就命周公（姬旦）制礼作乐，作为一种礼乐教化的统治工具，乐舞艺术的地位和作用也被提到了前所未有的高度。这一部分乐舞就是所谓的“雅乐”、“雅舞”，以后一直是我国乐舞文化的重要组成部分，虽几经兴衰，但在几千年封建社会中，始终居于乐舞的正统地位。

雅乐舞蹈的主要内容是“六大舞”，也称“六代舞”，代表六个朝代。为首的据传是起自黄帝的《云门》（又称《云门大卷》《咸池》和《承云》），依次是尧帝传下的《大章》（又名《大咸》），舜帝的《大韶》，夏禹的《大夏》（又称《夏龠》），商汤的《桑林》，然后是现实题材——反映武王伐纣功绩的《大武》。

周公将这六部乐舞加以集中、整理、规范成一个整体，作为国家的礼制，用于祭祀、庆典等活动。并对它们的演出仪制、祭祀对象、服饰道具、乐歌宫调和舞者身份、演出场合等都作了明确的规定。

周代雅乐除上述六大舞外，还有《羽舞》等“六小舞”。这些舞蹈和六大舞一样，也是用作教育贵族子弟的教材，成为乐教的重要内容。

原始舞蹈在氏族社会中不仅是娱乐工具，也是宗教工具、教育工具，承担着社会生活中的多种功能，具有极强的功利性。作为娱乐工具，它既能自娱，也能娱人；作为宗教工具，它出现在宗教活动场合；作为教育工具，它包含的内容则更多，例如氏族历史、生产劳动、战斗技能、伦理道德、强身健体，甚至性知识等等。但它毕竟是一项审美活动，在履行多种职能的同时，都使人（包括舞者自身）得到愉娱。而雅乐舞蹈由于单纯强调乐与礼的结合，使之和表现社会伦理的政治观念、典章仪制紧密联系在一起，从而成为一种重要的统治工具，被抬举到了神圣不可侵犯的高度。雅乐舞蹈的礼乐教化思想在后世儒家学说中得到了充分的表述。

与雅乐舞蹈相对称的是伎乐舞蹈，二者构成我国乐舞艺术的两翼。伎乐舞蹈是一个很宽泛的概念，大凡古代除雅乐舞蹈之外，种种由专业艺人表演的观赏舞蹈，包括以后秦汉的甬抵百戏、散乐杂伎，隋唐的九、十部伎，坐、立部伎，宋代的队舞等等，都可以归纳在这个范畴之内。

伎乐舞蹈由专职的乐工舞伎表演，由于所表演的主要是供人观赏的娱乐性舞蹈，因此尽管在乐舞文化发展历程中起着难以低估的作用，代表了我国古代舞蹈所达到的艺术高度，而且事实上在很长一段历史时期内居于我国乐舞的主流地位，但它一直受到社会的歧视、贱视，表演这类舞蹈的伎工被鄙视为杂户、贱民，而处于被奴役、受压迫的地位。

伎乐渊源于乐舞奴隶，她们是继“巫”而起的真正的专业歌舞艺人。据说夏朝开国之君启，即已在宫殿中“万舞翼翼”，末代统治者桀已有“女乐三万人”。到殷商末世，乐舞规模更大，女乐充盈宫室，经常在“酒池肉林”

中，作“北里之舞，靡靡之音”。正是这些专事歌舞的女乐，创造了灿烂的舞蹈艺术，使舞蹈摆脱了原始状态而日趋完整精美。但她们是处于社会最底层的奴隶，和其他奴隶一样被奴隶主任意买卖、馈赠、甚至处死、殉葬。现已发现的殷商奴隶主大墓中，常有精美的乐器、舞具和随之殉葬的乐舞奴隶尸骨。累累白骨昭示了女乐们的悲惨命运。

到周代，女乐活动更加普遍。东周时的礼崩乐坏，周王室的政治势力衰微固然是主要因素，但在审美领域里，与雅乐相对立的女乐（与古乐相对又称“新乐”）的兴起，实在是起了摧枯拉朽的作用。当时，据史书所载，女乐倡优已遍及诸侯后宫，占据了表演舞台的中心。墨子揭露当时社会王公贵族们为了乐舞享受，不惜加重盘剥万民，“以为大钟、鸣鼓、琴琵、竽笙之声”。宫廷豪门内供养着大批不穿粗衣不吃粗粮的乐工女伎，从另一侧面反映出当时女乐之兴盛。（见《墨子·非乐》）

在一件传世的战国画像铜壶盖上雕有一位扬袖起舞的女乐形象，她高髻长袖，情意绵绵，大有乘风欲去之势。另一件燕乐渔猎纹铜壶上雕有一位正在击磬表演的女乐，两袖轻举，体态婀娜，极为生动。这些使我们管窥到三千多年前女乐的美妙舞态。

民俗舞蹈是我国舞蹈系列中数量最多，介入生活领域最广泛最深入，和每个人的生活道路联系最紧密的分支。

民俗舞蹈范围很广，大凡依附于各民族传统风俗活动的舞蹈，如生产劳动、岁时节令、婚丧礼仪、信仰崇拜等等民俗活动中的舞蹈都属于民俗舞蹈。这类舞蹈源于舞蹈艺术的萌芽期，至今仍大量存在，构成我们今天习惯称之为民间舞蹈的一大门类。当然，今天的民间舞蹈已大多用于节日文化娱乐，原有的意蕴已经淡化甚至消失，但追索这些舞蹈的根底，则大多离不开民族生活中曾经盛行过的民俗活动。

民俗舞蹈一般都含有宗教信仰、祭祀礼仪的因素，这是由于它直接来自原始巫舞之故。巫舞发展到一定阶段，其原有的祭祀礼仪功能逐步向两端分化，一部分堂而皇之地进入宗庙殿堂，形成上层社会的礼仪乐制（以雅乐舞蹈为代表）。另一部分则走向广阔的民间，紧贴生活，形成面向全社会的民俗舞蹈。种种情感和信仰通过感性形式展现出来，造就了民俗舞蹈的色彩斑斓、千姿百态。

我国乐舞文化的另一重要组成部分就是宗教舞蹈。宗教舞蹈直接渊源于原始社会的巫舞。基于原始信仰的“巫”，从它诞生之日起，就和舞蹈结下了不解之缘。《说文解字》解释“巫”字的原型，就是模拟一个人两袖作舞的样子，意思就是以舞蹈沟通人神的人。巫舞一体，由来如此。随着人类宗教意识的成熟，原始巫术逐步衍化为有较固定仪轨的原始宗教，舞蹈就成为宗教仪轨的组成因素，这在我国各族传统宗教发展过程中是一种普遍现象。

巫舞历史悠远，影响深广，在历史上曾发展到相当高的水平。大量巫舞一直流传到今天，在各民族传统舞蹈中几乎都能发现它们的踪迹。如北方各族的萨满舞蹈，藏族的本教舞蹈，汉族的傩舞、跳神，壮族的师公舞，都由巫舞发展而来。纳西族的东巴舞蹈，不仅古老且有很高的技巧，更为难能可贵的是，遗存的东巴经中还有一种有用古代形象文字（东巴文）记录的舞谱。由于这是一种接近于图画的文字，所以有关舞蹈的文字就像一幅幅当时舞蹈的图录，直观而形象。东巴舞蹈品种繁多，有描述神的经历、塑造神的崇高形象的“神舞”，有表现法具和武器威力的“器械舞”，有描绘各种鸟兽的“拟兽舞”，以及降魔护法的“战斗舞”等等，基本上囊括了巫舞的常见内容。这些舞蹈至今犹存，健在的老东巴尚能按谱起舞，成为我国乐舞文化史上的珍贵遗产。

佛、道二教兴起后，在他们的法事活动中，吸收了不少本土舞蹈，尤其巫舞的成分，成为我国宗教舞蹈的又一重要门类。尤其是佛教舞蹈活动，对我国舞蹈艺术的发展曾起过重大的作用。我国某些地区至今还在举行的香会、走会、花会等等庙会活动，即来源于佛教的“行像”仪式。

除行像外，当时寺庙中还有在各种法事、斋日活动中表演的乐舞。另外还有“法乐童子伎”“童子倚歌梵呗”，每逢盛大的佛事活动就进行演出。在笃信佛教的统治者倡导下，佛教歌舞愈演愈盛。佛教在本土化的过程中，吸收了不少各民族、各地区的传统乐舞。如在藏族寺庙中形成的“羌姆”，盛行于蒙古族寺庙的“查玛”，傣族寺庙和宗教节日中的孔雀舞、大鼓舞，以及汉族各种庙会中表演的歌舞，大都是土生土长的。

佛教文化对我国乐舞发展影响尤为深远的一项贡献，是所到之处留下了大量石窟舞蹈形象。

石窟艺术是南北朝随佛教东传而兴起的，它首先在丝绸之路西端出现，由西而东，从西域发展到中原，沿路留下了众多的石窟寺。这些石窟的壁画和雕刻中，乐舞形象几乎随处可见。

人间不能没有歌舞，“极乐世界”尤其少不了音乐。佛说在极乐世界里时刻都响彻“天乐”，“一切诸天皆赍百千华香，万种伎乐，供养彼佛及诸菩萨”（《佛说大乘无量寿庄严清净平等觉经》）。佛和菩萨都要香花和伎乐的供养。因而在竭力表现佛国极乐美景的洞窟壁画和雕刻中，就少不了乐舞的场面。除了依据佛经传说中专职伎乐供养的乐神“紧那罗”、“乾闼婆”形象塑造的飞天、天宫伎乐外，洞窟艺术中还刻画了不少歌舞表演的情景，它们和人间的演出如出一辙。

石窟舞蹈形象各地不同，各个时期有别，其中除了美术制作的技法、风格的差异外，与各地流传的佛教门派有关，而与各地乐舞的传统特色及审美习惯的关系更大。佛国的伎乐原本来自人间，包括寺庙和世俗的歌舞艺术。

新疆古龟兹石窟群中规模最大、保存较好的克孜尔石窟，是我国早期开凿的石窟之一。经科学测定，约开始于公元三世纪，终止于九世纪，延续长达六百年。云冈石窟也是我国著名的石窟群之一，始凿于北魏（约公元五世纪），至五世纪末因北魏迁都而日渐衰落。著名的龙门石窟群开凿于北魏太和十七年（公元493年）。丝路明珠敦煌莫高窟，始建于十六国时期（公元四世纪中叶），绵延时间很长，至清代还有人在此修窟。据统计，现存彩塑二千四百余身，壁画约四万五千平方米，荟萃了东西方文化的精华，堪称世界级的艺术宝库。其中乐舞形象自成体系，琳琅满目，自北魏至元代，均有乐舞形象留存，从中可以约略看出各时代乐舞不同的神采风貌，是舞蹈史上罕见的史料宝藏，而其丰富的内容和优美的艺术造型，更是堪称瑰宝。

（2）古代音乐

最初的音乐是人在兴奋时自然感情的流露和表达，从情不自禁的哼哼嗨嗨，到发展成有一定的节奏和旋律，并分化出声乐和器乐，经历了漫长的过程。

中国音乐历史文献以前一般追溯到黄帝。但已有的考古发现表明，其历史要远比黄帝时代古老得多。

1986年至1987年，在河南省舞阳县贾湖村新石器遗址发掘出了随葬的至少16支骨笛，据碳14测定，这些骨笛距今已有8000～9000年之久，用鹤类尺骨制成，大多钻有7个孔，在有的音孔旁还遗留着钻孔前刻划的等分标记，个别音孔旁边另钻一个小孔，应是调整音高用的。这些情况起码说明，那时人们已经对音高的准确度有了一定要求，对音高与管长的关系也已具备初步认识。经音乐工作者对其中最完整的一支所作的测音可知，号称以五声音阶为主的中国，其实早在七八千年之前，就已具备了有着稳定结构、超出五声的音阶形态了。这也证明当时的音乐已发展到了相当高的程度，远远超出了人们的想象。在这之前，中国音乐一定还存在一个漫长的发展时期，这段时间以千年还是以万年计算，现在还难以知晓。

除骨笛外，新石器时期的乐器还发现有骨哨、埙、陶钟、磬、鼓等。这些乐器在中国不仅分布地域很广，而且时间跨度也很大。其中钟、磬、鼓在后世得到了极大的发展，至于埙和哨，还有与骨笛形制、原理相同（今天称为“箫”）的乐器，甚至直到今天仍存活于民间。

埙是一种很有特点的乐器，用土烧制而成，其大小近似常人的拳头，中空，顶端开一吹孔，胸腹部开一个或数个指孔。埙是除骨笛之外，已发现的原始乐器中唯一能确定的发一个以上乐音的乐器。它在一定程度上体现了中国音阶发展的进程，尤其是能揭示出在中国音阶的发展进程中，占有重要地位的音程关系；有学者指出，那就是从只能发两个音的一音孔埙起，便一再被强调的小三度音程。这一观点对于认识中国音阶的发展，音阶音之间的律学关系，乃至中国的七声音阶仍以五声为骨干现象的内在机理，无疑有着重要的指导意义。

原始时期的音乐和舞蹈密不可分。最迟在公元前 11 世纪，中国已称这种音乐舞蹈结合的艺术形式为“乐”，甚至在音乐舞蹈各自成为独立的艺术形式之后，“乐”仍既可以指舞蹈，也可以指音乐。

由于原始乐舞与原始巫术、祭祀等活动结合紧密的缘故，人们对乐舞乃至一些乐器所抱有的神秘思想产生得很早。国家产生以后，统治者便利用和加强音乐的神秘观，以便操纵、控制乐舞，用来加强其统治。保存下来的一些音乐神话故事便是在这样的社会背景下产生的。传说分为章节的大型乐舞《九辩》《九歌》，都是夏代国君启从天上得来的。我们从出土的战国初年（公元前 5 世纪）的乐器上，还能看到启的图像，似乎他那时已具有司音乐之神的地位了。又传说黄帝得到一种长得像牛，名字叫夔（kuí）的动物，便用它的皮蒙鼓，用雷兽的骨头作鼓槌，敲打起来，“声闻五百里”，黄帝用这面鼓扬威天下。夔和雷兽都是想象中的神奇动物。那时的鼓，实际上和后世一样，多蒙牛皮，但也不乏用鳄（今称扬子鳄）皮的，因此也成了神话材料。后来，夔转化成为主管音乐的“人”（神）。蒙鼓的夔成为主管音乐的神，应看做是支配节奏的鼓这件乐器在乐舞中具有主宰作用的曲折反映。

贾湖骨笛的出土地点，靠近传说中夏代的夏台。那正是中国音乐高水平发展的地区。传说中夏代乐舞明显超越前代，是完全可以理解的。如果我们剥去上述《九辩》《九歌》是启从天上得来的神话成分，那么，就只剩下现实中的《九辩》《九歌》确实无比瑰丽优美这一点了。惟其如此，才足以引发人们产生“此曲只应天上有”的遐想，并由此而进一步创造出神话来。

最为常见的是钟鼓之乐。从公元前 16 世纪到公元前 221 年，钟鼓之乐的演奏跨越商、西周、春秋、战国，直至秦统一中国。

商代活动的区域比夏代大得多，但中心地区仍在今河南一带，和夏代一样。所以商直接继承了夏的音乐，并不断地向前发展，从而把它推到令人瞩目的高度。

商代社会一个最突出的特点是尊事鬼神。虽说是“殷因于夏礼”（《论语·为政》），但祭祀等巫术活动的繁缛，却大大超过夏代，所以史家对之有“巫文化”之称。凡祭祀等“礼”，举行时必然要伴以歌舞，这是原始时期以来的传统，古人所谓“礼无乐伴随便不能施行”一说，正是对于这种传统的总结。即使晚至西汉中期（公元前2世纪），哪怕是穷荒之地，在祭祀当地的土地神时，依然要敲打起瓦瓶瓦盆伴奏，齐声歌唱。在商代就更不用说，祭祀等巫术活动是一定要伴有隆重的乐舞的。商代的另一个社会特点恰恰是崇尚乐舞。商人以音乐与神鬼对话，是认认真真唱给神鬼听的。乐舞成为人们进献、事奉、娱乐神鬼，以使人神沟通的重要手段。

在我国音乐史上，有不计其数优秀的音乐家。其中夔称得上是我国历史上有书可寻的最早的音乐家。夔的活动时期（在公元前2179年左右,）相当于我国传说中黄帝和尧舜禹时代的后期。

夔生活在荒僻边缘的地方，具有非凡的音乐才能，后受到舜的赏识提拔为乐官，主理乐舞之事。

《尚书》记载舜帝让夔掌管乐舞，教导年轻人。夔就敲起石磬，让大家扮成百兽边歌边舞。夔不但是氏族乐舞的组织者和指挥者，而且有高超的音乐演奏才能，编导了当时最高水平的乐舞《箫韶》。

相传这部乐舞一直流传到1000多年后春秋战国时期的齐国，孔子听后赞叹曰“韶尽美矣，又尽善也”。由此可见，夔的音乐才华非比寻常。

（3）古代歌谣（诗歌）

与古代音乐、古代舞蹈相联系并生的，还有古代歌谣。

人类最早的文学样式是诗歌，而诗歌的前身则是歌谣。最初的歌谣起源于人类早期的生活实践，特别是与人们的劳动密切相关。思维和语言功能的发展，是歌谣赖以产生的生理基础。原始人群在集体劳动中，产生了交往和抒发感情的需要，除了借助语言之外，还为了减轻疲劳、协调动作，经常要发出一些长短不齐、抑扬顿挫的呼声。这种呼声就是歌谣的前身。伴随语言的发展，当表现情感的某些劳动呼声被相适应的语言所代替时，语言和劳动呼声便融为一体：语言有了它的歌唱形式，呼声有了它的确切含意。劳动呼声的发展与提高，使语言渐渐被强化而带有一定的节奏性和音乐性，从而形成了原始人们抒发感情的一种艺术样式——歌谣。因生产力极其低下，人们必须通过集体劳作来维持生命，因而带有一定节奏性和音乐性的语言对劳动呼声的替代，最初只能发生在集体劳动中，这样劳动内容也就很自然地成为原始歌谣的内容。所以，原始劳动歌谣是集体智慧的结晶。《淮南子·道应训》中说："今夫举大木者，前呼'邪许'，后亦应之，此举重劝力之歌也。"《礼记》中也有"邻有丧，舂不相"的记载。"相"即送杵声，它与"邪许"都是为了减轻疲劳，提高效率而呼喊的劳动号子。当然这种简单的劳动呼声还不是真正的歌谣。当人们在有声无义的呼声中加入简单的语言，就形成了最简单的歌谣。如《吕氏春秋·音初篇》中记载的《候人歌》中的"候人兮猗"，就是在"兮"，"猗"两个语气词上加上"候人"二字。据说这是禹治水时其妻涂山氏之女派人等候禹时所作。其说虽不一定可信，但从它的极为简朴的形式可以断定为早期歌谣，从中不难看出原始歌谣与那些有声无义的呼声的联系。又如《吴越春秋》中记载的《弹歌》载：

"断竹，续竹，飞土，逐宍（肉）。"

短短的四句八字，写出了人们砍削竹子，制造弹弓，射出弹丸，投击野兽的整个劳动过程，是一种质朴简略的原始猎歌。

但并非所有的原始歌谣都直接产生于劳动过程，当原始的祭祀和宗教仪式产生之后，又成为催生原始歌谣的另外动力，所以一些原始歌谣往往与原始的祭祀和宗教仪式有关。如《吕氏春秋·古乐篇》中记载的"葛天氏之乐"，就是原始部落的人们祈祷或庆祝丰收的歌舞：

"昔葛天氏之乐，三人操牛尾，投足以歌八阙：一曰'载民'，二曰'玄鸟'，三曰'遂草木'，四曰'奋五谷'，五曰'敬天常'，六曰'达帝功'，七曰'依地德'，八曰'总禽兽之极'。"

这是说，三个人手拿牛尾，活动脚步跳着舞，口中唱着歌，乐歌分八阙，每一阙都有中心内容，很可能是一部与农牧业生产有关的祭歌。

又如《礼记·郊特牲》中保存的相传为伊耆氏的《蜡辞》：

"土反其宅，水归其壑，昆虫毋作，草木归其泽。"

这是腊祭的祝辞，实际上具有咒语的性质。作者相信自己的歌谣具有某种魔力，能够对自然界产生影响，因而喝令水土草木各归其所，昆虫不兴。它表达了战胜自然灾害，夺取丰收的愿望。在《山海经·大荒北经》中还有一篇命令旱魃北行的诗：

"神北行，先除水道，决通沟渎。"

这首歌谣可能是与原始巫术结合在一起的。在大旱之后，人的生存受到严重威胁，他们认为这是旱魃在作怪，企图通过这种咒语式的歌谣，驱逐旱魃，解除灾害。歌谣被他们当成了向自然作斗争的武器。

进入阶级社会之后，在人们口头流传的歌谣并没有消失，但不少作品染上了阶级对立的色彩。在《尚书·汤逝》中有一首夏桀时的民谣：

“时日曷丧，予及汝偕亡。”

这是人们不堪忍受夏桀的暴政而对他发出的诅咒，带有强烈的反抗情绪。简短的文字运用了比喻来形象地表达感情，已不像原始歌谣那样只是简单的直抒胸臆。

它表明古代歌谣正在向较为成熟的诗歌演进。

原始歌谣一般具有两大特征：一是节奏简单，是原始集体劳动呼声的反映和凝结。劳动的动作一般由一来一往两个行动组成。以打制石器为例，举锤时用力轻而无声，打下去时则用力重而有音响；音响发生于第二行动之尾，也就是劳动节奏的二拍子之尾。与此相适应，最初的劳动歌谣大多是二节拍（四言）之尾押韵。如：《吴越春秋·勾践阴谋外传》载《弹歌》：“断竹，续竹，飞土，逐宍。”《诗经·小雅·伐木》载：“伐木丁丁，鸟鸣嘤嘤。”二是歌、乐、舞三者相结合。《尚书·益稷》云：“夔曰：‘戛击鸣球、博拊、琴、瑟以咏。’……夔曰：‘於！予击石拊石，百兽率舞，庶尹允谐。’”这是说，夔让大家敲起玉磬，打起博拊，弹起琴瑟，唱起歌。又说他自己敲击石磬，让扮演百兽的舞队都跳起舞来，各位官长也合着乐曲一同跳起来。它和上面提到的《吕氏春秋·古乐篇》，都是歌、乐、舞三位一体的。原始歌谣之所以与乐、舞结合在一起，是因为当时人们的艺术活动仅仅是对劳动和祭祀等简单生活过程的回忆、再现。

至于原始劳动呼声中的“邪许”之类的虚词，本有声无义，但在与有意义的词语结合时，便成为诗歌的组成部分，并起到调节语气和抒发感情的作用。《淮南子·道应训》中说：“今夫举大木者，前呼‘邪许’，后亦应之，此举重劝力之歌也。”《礼记》中也有“邻有丧，舂不相”的记载。“相”即送杵声，它与“邪许”都是为了减轻疲劳，提高效率而呼喊的劳动号子。《吕氏春秋·音初》也有：“禹行功，见涂山之女，禹未之遇，而巡省南土。涂山之女乃令其妾候禹于涂山之阳，女乃作歌，歌曰：‘候人兮猗！’始为南音。”“候人兮猗”中的“兮猗”，虽无实义，但却具有叹婉的意味，增强了抒情色彩。

现存的原始歌谣很少，都是口头流传到后代，在文字产生后被记载下来的，这些追记虽未必完全可靠，但仍可窥见原始歌谣的一般风貌。如较为可靠的，除前边提到的《弹歌》外，《礼记·郊特牲》中的《蜡辞》，相传是伊耆氏（神农氏或帝尧）时代的作品，也较为可信：“土反其宅，水归其壑！昆虫毋作，草木归其泽！”

《诗经》已经是成熟的诗歌了，但其中的诗不少带有虚词，如“于嗟麟兮”（《周南·麟之趾》），“猗嗟昌兮”（《齐风·猗嗟》），仍明显带有原始歌谣的遗迹。

（4）古代绘画

最初的绘画是当人们有了一定的闲情逸致的时候，为了表达内心的情感而对自然景物的描绘和刻画。从随便拿个东西在不论什么地方描描画画，到发明和使用比较专门的工具，并选择适宜的地方描绘刻画，经历的时间十分漫长。这从大量的岩画，从考古发掘的陶器和青铜器等器物上的花纹，以及大量帛画、壁画中都可见一斑。

“中国画，起源古，象形字，奠基础；文与画，在当初，无歧异，本一途。”

这是说中国的书与画同源。从最初的象形文字，就奠定了绘画的基础。

我以为这是从笼统的意义上来说的，从“结绳记事”到起初最简单的描描、画画，可以说既是原始象形文字的开端，也是原始绘画的开端。但严格地推究起来，绘画应比文字产生的时间要早。因为从象形文字发展为成型的文字，必然经历一个反复筛选、洗练的过程，必然有许多起初的象形文字在这个过程中被淘汰，而它们却仍不失为原始的绘画。所以，绘画的历史自然比我们所能辨认的象形文字要早得多。生活常识也昭示：儿童在未学会认字之前，一般都会画画了。以此推断，绘画的历史也应比文字更为久远。传说中的伏羲画卦在前、苍颉造字于后，也反映了两者之间的先后关系。

在已经发现的原始绘画中，岩画是最早的。在宁夏、新疆、广西、云南等18个省市自治区，都有岩画发现，而且年代久远。

据2004年10月21日《新华每日电讯》报道：在宁夏贺兰山发现的一幅岩画，图像是孕妇，乳房硕大、鲜明，经专家鉴定，迄今至少已有17000年的历史，按习定的历史分期，当属于旧石器时代后期。这就把岩画在我国产生的历史年代（原认为产生在公元前5000～前4000年）又大大提前了。对于该画的创造，虽然众说纷纭，但不管是“劳动说”，“巫术说”，还是“图腾说”，都蕴涵着一定学术文化思想的萌芽，则是无疑的。但仍有问题值得探究：譬如岩画是单用涂料还是掺杂了其他东西？它为什么能保留这样久远？有些岩画位于山崖上，人们是怎么攀援上去作画的？其攀缘的工具又是什么？一些非平涂的岩画是用什么工具加涂料镌刻的？骨器、木器、陶器和一般石器显然都不能，那时还没有铜器，唯一的可能就是使用了金刚石这种天然的质地坚硬的东西。

又如，在广西宁明县明江岸边，耸立着一座巨大陡峭的岩壁，在数千平方米的石灰石岩壁上，绘满了各种图像的岩画。其中大多数都是赤裸身体的人物形象，他们双臂曲举，或侧、或正，两腿屈膝下蹲，似乎在应和着隆隆的铜鼓声和震撼山谷的号子声跺步起舞。在富有活力的人群中，一个个身材格外高大魁伟的人物，头上插着装饰物，兽马相随穿插其间。使人仿佛听到人群的呼喊声、震耳且富有节奏的铜鼓的隆隆声回荡在山谷中。

关于这一岩画所描绘的内容有的称之为“庆典活动”，有的则认为是军事演练的“战争图”，但更多的人则认为是先民们祭神时的舞蹈场面，近年又有人认为是一群人在练导引术之类的气功。

岩壁上所绘的各种图像均为红色，平涂于岩面且偏爱红色几乎是所有原始人类的共同特点。这很可能与在特定社会条件下，人们的某种心理感觉不断被强化有关。当人们每每望见天际那朝夕可见的红色预示着一次次光明的开始，或一次次黑暗的降临时，便每每刺激着人们对光明的渴求，或对黑暗的畏惧；而每每见到所捕杀的猎物的鲜红血液，也同样震撼着先民的心灵。所以，不管其具体内容到底是什么，其都蕴含、昭示着先民特有的情感和思想观念。

对于岩画的起源年代，历来说法不一。有的认为是在三百万年前，有的则认为是在几十万年前。我认为最保守的估计也是在旧石器时代晚期。因为它们完全可以运用天然的原料和天然的石器，特别是像金刚石那样坚硬而锋利的天然物来完成。

根据已有的考古发掘来看，到新石器时代，绘画已经相当广泛了。这从出土的彩陶可以得到证明。陶器是新石器时代的产物，分黑陶、白陶和彩陶。在新石器时代的重要遗址西安半坡村出土的彩陶上，就有互相追逐的鱼、跳跃的鹿等画面。国家博物馆里就展示着在半坡村出土的“人鱼纹彩陶盆”，甘肃永靖出土的一件摹拟船形的陶壶，和青海大通上孙家寨发现的舞蹈彩盆。另外，出土的陶器上还见有青蛙、蜥蜴、鹿群等动物和树木枝叶摇曳等画面，形象逼真，富有活力。

在新石器时代晚期的辛店和龙山诸文化遗址中，发现了我国最早的青铜器，上面多有饰纹，如晏吞纹、云雷纹、夔纹、龙纹、虎纹等，也有用人体作为装饰的花纹。在商代的青铜器上，有两个比较鲜明的主题：一是描写贵族生活中的礼仪活动，如宴乐、射札、表祭等；一是描写水陆攻战等战争场面。描绘战争场面的攻战图有构思佳、人数多的水陆战，也有表现格斗、射杀、擂战鼓、划战船等多达近300人的画面。

铜器物上另外还有装饰画，表现手法也很丰富。对人物动作的刻画，比如射箭、执戈、划船、击钟、舞蹈等，都给人以动态的舞蹈化的感觉。对人物形体的刻画也十分简练。一般人体态修长，富有“线条美”的特征，而武士则膀大腰宽，四肢结构强悍，“力”的感觉很明显。翩翩起舞者则腰细，舞姿鲜明而富美感。栩栩如生的人物、形象生动的情景，真实地反映了先民当时生活的景象。这些艺术手法，对后世的汉画石刻、砖刻等等，给以很大的启发和影响。

中国古代绘画，在最初的象形文字从它那里脱胎出来之前，是先民表达、交流和传递思想感情的工具。当最初的象形文字从它那里脱颖而出，并向着发明和创造文字的方向专门发展之后，它也便向着专门的绘画艺术方向发展，并伴随原材料和工具等的不断演进和革新，而不断进步。经过周代及其春秋战国时期的争鸣、锤炼，绘画得到进一步发展。《周礼·考工记》记载，用五种杂色，以象山水、鸟兽，可证明当时绘画的情形。《孔子家语》载：“孔子观乎明堂，睹四门墉，有尧舜之容，桀纣之像，而各有善恶之状，兴废之诫焉。”王逸《楚辞章句》说：“楚有先王之庙及公卿祠堂，图画天地山川、神灵、琦纬、异诡及古贤圣、怪物行事。”明堂四门，图画圣贤之君尧和舜的容貌，是美的形象；图画暴君桀和纣的形象，是凶恶的代表，以示人们区别善恶，以之鉴戒。许多史料可证明，周代的山水、人物、鸟兽等均已入画，而钟、鼓、鼎、彝、旗、常、衣、裳等亦用绘画记录下来，可见画艺已经比较发达了。韩非子在《夕储说左上》中记载了一个齐王与客论画的故事：“容有为齐王画者。齐王问曰：‘画孰最难者?’曰：‘犬马最难。’‘孰最易者?’曰：‘鬼魅最易。夫犬马，人所知也，旦暮罄（见）于前，不可类（完全像）之，故难。鬼魅，无形者，不罄于前，故易之也。’”

春秋战国时代，作画的原材料和场所扩大了许多。先王庙、公卿祠堂，多画天地、山川之神，古代圣贤之像。伴随丝绸的发展，帛画大兴。目前保存下来的战国时期的帛画，如1949年在长沙城东于弹库楚墓发现的《凤夔美女》，1973年再次清理发掘子弹库楚墓中时出土的《人物御龙》帛画，都堪称当时的代表作。

到秦汉，中国绘画不论题材、品种、原材料和工具等等，都步入一个更高的台阶。专门作画的阶层出现，涌现了许多画家。至此，中国绘画终于成为世界画林中独树一帜的中国画。

（5）古代书法

中国文字在世界文字中具有特殊性，而书法则是中国特有的艺术。文字是书法的根基，有文字才有书法；书法则是文字的书写艺术。虽然书法艺术的自觉化至东汉末才发生，但书法艺术当与汉字同时萌生。书画同源，当先民刻画象形文字时，既是原始书法的开始，也是原始绘画的开始。也许由于绘画本身所蕴含的天然的艺术性的原因，使得最初的象形文字，一开始就展露出书法艺术的蓓蕾特质。与现行的世界上的主要文字相比，这是中国文字发明和创始独具的特色；因为任何抽象字母的发明和创造都不可能像象形文字这样，一开始就孕育了书法的魅力。直到现在，专门以象形文字见长的人才队伍依然庞大，足见象形文字作为书法艺术的魅力是何等深远了！

迄今所发现的我国与原始文字有关的资料，主要是在陶器上遗留下来的刻画符号，但许多文字学家认为，它们还不是文字，只是对原始文字的产生起了引发或发酵的作用。为学术界公认的我国最早的古文字资料，是商代中后期的甲骨文和金文。从书法的角度审察，这些最早的象形文字已经具有了书法形式美的众多因素，如线条美，单字造型的对称美，变化美以及章法美和风格美等等。从商代后期到秦统一中国，象形文字演变的总趋势是由繁到简，并具体反映在字体和字形的演变之中。西周晚期的金文趋向线条化，战国时代民间草篆向古隶的发展，都大大削弱了文字的象形性。然而书法的艺术性却随着书体的演变而愈加丰富起来。

研究我国古代书法不得不提到殷商甲骨文《祭祀狩猎涂朱牛骨刻辞》、西周《大盂鼎铭文》、西周《毛公鼎铭文》、西周《散氏盘》和东周《石鼓文》等。

《祭祀狩猎涂朱牛骨刻辞》甲骨文是殷商时期刻写在龟骨、兽骨、人骨上记载占卜、祭祀等活动的文字，是经过巫史加工过的古字。甲骨文已具备了中国书法的三个基本要素：用笔，结字，章法。而此前的图画符号并不完全具有这三种要素。所以，一般把甲骨文视为中国书法的开端。《祭祀狩猎涂朱牛骨刻辞》，系商代武丁时期的作品，字体风格豪放，字形大小错落，生动、形象，富有变化而又自然潇洒，不愧为甲骨文书法中的杰作。

西周《大盂鼎铭文》，是西周康王时期的著名青铜器大盂鼎上的内壁铭文，长达291字，为西周青铜器中所少有。其内容为周王告诫盂（人名），殷代以酗酒而亡，周代则忌酒而兴，命盂一定要尽力地辅佐自己，敬承文王、武王的德政。其书法体势严谨，字形布局都十分质朴平实，用笔方圆兼备，具有端严凝重的艺术效果，是西周早期金文书法的代表作。

西周《毛公鼎铭文》，则是西周青铜器中赫赫有名的重器之一——毛公鼎的内壁铭文，多达 498 字，制作于西周晚期的宣王时期。其内容是周王为中兴周室，革除积弊，策命重臣毛公，要他忠心辅佐周王，以免遭丧国之祸，并赐给他大量物品，毛公为感谢周王，特铸鼎记其事。其书法是成熟的西周金文风格，结构匀称准确，线条遒劲稳健，布局妥帖，充满了理性色彩，显示出金文已发展到极其成熟的境地。

西周《散氏盘》为西周后期厉王时代的青铜器作品。其铭文结构奇古，线条圆润而凝练，因取横势而重心偏低，故愈显朴厚。其“浇铸”感很强烈，表现了浓重的“金味”，因此在碑学体系中，占有重要的位置。

东周《石鼓文》为战国时代秦国刻石。石鼓共有十枚，形似鼓状，每件石鼓上以籀文刻四言诗一首，共十首，其内容为记述秦王游猎之事，故石鼓又称为猎碣。字迹磨损很多，今藏于北京故宫博物院。《石鼓文》在书法史上有承前启后的重要地位。它的字体是典型的秦国书风，并对后来秦朝小篆的出现产生了很大影响。同时其本身的艺术成就也很高，它的结体方正匀整，舒展大方，线条饱满圆润，笔意浓厚，在《石鼓文》字里行间已经找不出象形图画的痕迹，完全是由线条组成的符号结构。

春秋战国时期，各国文字差异很大，书法也参差不齐。秦始皇兼并天下后，由宰相李斯主持统一全国文字，称为秦篆，又叫小篆，是在金文和石鼓文的基础上删繁就简而成。李斯的《泰山刻石》，是秦统一文字后的标准小篆体，其结构直接继承了《石鼓文》，却又比《石鼓文》更加简化和方整，并呈长方形，线条圆润流畅，疏密匀停，给人以端庄稳重的感受。历代书法界对之都有很高的评价。唐张怀瓘称颂李斯的小篆是：“画如铁石，字若飞动”，“骨气丰匀，方圆妙绝”。

1975 年 12 月在湖北出土的《云梦睡虎地秦简》，为书法史研究提供了真实的秦隶资料。秦隶既有后世隶书的特征，又有篆书的特点。所谓“篆之捷隶也”，不无道理。《云梦睡虎地秦简》为毛笔墨书，从便捷的意义上说，只有毛笔的运用，篆书的快写，才真正把中国书法向隶书的方向大大推进。故有秦代书法开创中国书法之先河之说。“秦书有八体，一曰大篆，二曰小篆，三曰刻符，四曰虫书，五曰摹印，六曰署书，七曰书，八曰隶书。”（《说文解字序》）基本概括了秦代书法的特殊风貌。

隶书的出现是中文书写的一大进步，是书法史上的一次革命，不但使中文趋于方正楷模，而且在笔法上也突破了单一的中锋运笔，为以后各种书体流派奠定了基础。秦代除以上书法杰作外，尚有见于诏版、权量、瓦当、货币等之上文字，风格各异。秦代书法，在我国书法史上留下了辉煌的一页。

汉代是中国书法发展史上关键性的朝代。由籀篆变隶分，由隶分变为章草、真书（楷书）、行书，至汉末，中文书体已基本齐备。因此，两汉是书法史上继往开来，由不断变革而趋于定型的关键时期。隶书是汉代普遍使用的书体。汉代隶书又称“分书”或“八分”，笔法不但日臻纯熟，而且书体风格多样。刘勰撰《文心雕龙·碑》云：“自后汉以来，碑碣云起。”因此，东汉隶书进入了形体娴熟，流派纷呈的阶段，目前所留下的百余种汉碑中，表现出琳琅满目，辉煌竞秀的风貌。在隶书成熟的同时，又出现了破体的隶变，发展而成为章草，行书，楷书也已萌芽。汉代书法艺术的不断变化发展，为以后晋代流畅的行草及笔势飞动的狂草开辟了道路。另外，金文、小篆因为实用面越来越小而渐趋衰微，但在两汉玺印、瓦当和嘉量上还使用，并使篆书别开生面。康有为曾说：“秦汉瓦当文，皆廉劲方折，体亦稍扁，学者得其笔意，亦足成家。”

1973 年在长沙马王堆三号汉墓出土的《马王堆帛书》，属秦末和汉初的墨书手迹。包括《战国策纵横家书》《老子》甲、乙本等。它使前人所谓西汉无隶书，西汉无分书等说法不攻自破。《马王堆帛书》用笔沉着、遒健，给人以含蕴、圆厚之感。其章法也独具特色，既不同于简书，也不同于石刻，纵有行、横无格，长度非常自由。有强烈的跳跃节奏感。总体反映了由篆至隶的隶变阶段的文字特征。

其他隶书代表作有《西狭颂》《埔阁颂》《张迁碑》《鲜于璜碑》《礼器碑》《曹全碑》《华山碑》《史晨碑》《石门颂》等。

从中文书法的发展上看，魏晋是完成书体演变的承上启下的重要历史阶段，是篆隶真行草诸体咸备俱臻完善的一代。汉隶定型化了中文“方块字”的基本形态。隶书产生、发展和成熟的过程就孕育着楷书的产生，而行、草书几乎是在隶书产生的同时就已经萌芽了。楷书、行书、草书的定型是在魏晋二百年间。它们的定型、美化无疑是中文书法史上的又一巨大变革。

在这一书法史上了不起的时代，造就了两位承前启后、巍然卓立的大书法革新家即钟繇和王羲之，揭开中国书法发展史上崭新的一页，树立了楷、行、草书的优美典范，影响深远，以至尔后海内外学中国书法者，莫不宗“钟王”，甚至尊王羲之为“书圣”。

12. 一般精神文化与学术文化

我把不能通过感官直接观察到的文化现象，称为无形文化或精神文化。

精神文化又分为一般精神文化和学术精神文化。一般精神文化主要指散见于人们当中的一般观念、知识、习俗、希求、愿望、情绪等，也包括一般的文学如诗歌、散文、小说、故事和戏曲等；而学术文化则是指比较系统的、专门化的学问，如中国古代的诸子百家之学，当今包括自然、社会和思维诸方面的各种理论和学说等。

13. 一般精神文化的萌发

从本源上讲，精神现象是对物质现象的反映。当人类的始祖一开始接触外部世界，并通过共同劳动谋求满足最基本的生活需要时，外部世界的景象和他们的活动，包括彼此之间的沟通和交流等等，很自然地反映在其头脑之中，形成相应的、开始时比较零散的知识、观念、希求、愿望等等。伴随共同劳动所促成的他们同外部世界打交道的扩大和深入，彼此之间沟通和交流的增多，使得原来零散的知识、观念、希求、愿望等等，像滚雪球似地传动、积淀，从而形成最初的一般精神文化。在没有创造出文字之前，甚至连语言也很不发达的时代，这样的精神文化早已存在了。只是因为缺乏文字上的交流和保存，甚至存在语言上的障碍，因而使得一般的精神文化长期处于零散、粗糙和自然留失的状态。尽管如此，它也使人类得以与其他高等动物区别开来。正是在这种一般精神文化的指导下，人类在从外界谋求最基本的生活必需品的共同劳动中，从直接、简单地接受大自然的恩赐（如拣拾野果等）过度到主动、积极地向大自然索取（如采集、狩猎等），并渐渐学会创造了物质文化、形神文化。

物质文化和形神文化的创造，特别是语言的完善和文字的发明及其进步，又反过来促进了一般精神文化的发展，不但使其加快传动和积累，改变其零散、粗糙和自然留失的状态，而且使其陆续向着学术文化的高度升华和迸发。

前文不是说一般精神文化是在物质文化和形神文化之后才产生的吗？这里怎么又说它是在物质文化之前产生的了呢？不是自相矛盾吗？

从哲学的角度讲，物质和意识的关系问题及由此所涉及的许多具体问题，历来是哲学家们争论不休的大问题。是先有房屋的观念和意识还是先有房屋的实物？从人的任何活动和创造都是在相应的思想观念的支配下才能进行这一事实看，当然是先有房屋的观念和意识。那么，房屋的观念和意识又是怎么产生的呢？当然是从客观世界中类似房屋的自然物感知并联想而创造出来的；没有自然物中类似房屋的东西，人的头脑中就绝不会有房屋的观念和意识，只是在看到自然物中类似房屋的东西后，人才产生相应的观念，并根据自己的需要创造了房屋。人所创造的房屋之所以比原来所看到并模仿的自然物要好，那正是人的聪明、智慧和劳动创造的体现，也是人比所有其他动物的高明之处。

这个简单的事例昭示：是客观的类似房屋的自然物在先，而人关于房屋的观念和意识在后；而人起初正是在这样的观念和意识的指导下，才创造了比类似房屋的自然物更适合于居住需要的房屋。要是把一般的观念和意识也当做文化现象的话，那么，显然是一般的精神文化在先，而物质文化在后。这是再简单明了不过的事实。

那么，为什么我在前文中反把物质文化说成是先精神文化而出现的呢？

这是从更严格的意义上，即把有文字记载的精神文化才算作精神文化这样的意义上，才这样说的。当然，我这样来处理是否妥帖？仍是可以讨论和探究的。

14.“国学”的萌发

“国学”即中国学术文化是在一般精神文化的基础上，经过复制、加工和再创造，而逐步形成的。以下试从神话、传说到巫术的演进来探讨这一过程。

（1）神话

作为古人对世界起源、自然现象和社会生活的原始理解，神话并非对现实生活的科学反映，而是由于人类社会初始的生产力水平极低，认识和知识有限，因而不能科学地解释世界起源、自然现象和社会生活的矛盾、变化，于是借助想象、幻想把自然力拟人化的产物。神话往往表现古人对自然力的斗争和对理想的追求。正如马克思所指出的：“过去的现实又反映在荒诞的神话形式中”。传说中的氏族和部落一般都是从神话中引申而来。中国自古多神话，并记载于多种典籍之中，如《山海经》《淮南子》等。不管神话中出现的是神仙还是古代英雄，也不管其情节和故事多么神奇怪异和荒诞不经，它们都代表了古人对自然现象和社会生活的天真诠释和美好憧憬，蕴涵着丰富的学术思想的蓓蕾。譬如，《盘古开天地》《女娲补天》《夸父追日》和《翌射九日》等神话，就反映了古人对自然力的抗争、改造和驾驭等等学术思想的萌芽。

（2）传说

作为民间长期流传下来的对过去事迹的记述和评价，传说在我国有着悠久的历史。多以特定的历史事件为基础，在辗转传述中附会了揣度、幻想的成分，在不同程度上反映了人民群众的期盼和愿景。传说在中国古代的史书、民歌、民间故事中多有记载，也有大量口头传说流传至今。其中关于古代史迹的传说，譬如关于“三皇五帝”、“神农尝百草”、“伏羲画卦”、“钻木取火”、“结绳记事”、“仓颉造字”、“尧舜禅让”、“大禹治水”等等，有的正陆续被考古发掘所证实；当然，证实的程度与传说本身参差不齐。不管传说在多大范围、多大程度上正在被证实，也不管传说在多大程度上被渲染和扩大了，它们所蕴涵的学术思想、观点和学说，却不容置疑。比如，关于“神农尝百草”的传说，就蕴涵着认知有赖于实验和实践，实践出真知、长见识的学术思想；而“伏羲画卦”的传说则蕴涵着观物取象，及根据事实和征兆进行预测的学术观点；“钻燧取火”和“结绳记事”、“苍颉造字”等传说，也昭示着根据实践的需要和启示进行创造、发明的行迹和思路。

（3）巫术

如果说神话和传说还仅仅表现为人类的始祖，对超自然力和某些史迹的神往及追述的话，那么，巫术，则体现出人类由对超自然力和史迹的神往、追述，转化为实实在在的行动了。当然，这种转化所历经的过程是漫长而曲折的。

这种漫长而曲折不单体现在学术文化的演变和升华上，而且体现在“专门家”自身的演化上。人们也许不敢设想：

我们今天的学术专家和经由他们创造的学术，却是由最初的“巫者”及其“巫术”演变而来的！

当人类对自身和周围的一切都缺乏起码的正确认识，对自身的生死，对天地及风雨雷电等自然现象都感到扑朔迷离而无法解释，从而时常为无奈、迷茫、困惑、恐惧等情绪所困扰时，渐渐地幻觉到有一种神秘的力量在支配一切。为了生存和繁衍，便要寻求自我解脱的办法，于是便虚构出“超自然的力量”来帮助自己实现愿望，祷告、祭祀及占卜之类的活动于是应运而生。可以想象，在未开化的蒙昧时代，这类活动起初是很简单、随意和没有什么仪式及程序的，并且是谁都可以按照自己的心愿来表达、参与的。同人类的其他活动一样，只要这样的活动延续下去，就一定渐渐伴随人们对它认识的深化而渐渐地走向“正规”，即走向“程序化”、“规范化”，并从大众中分化出“专业”的人员来专门做这种事。

就祷告、祭祀及占卜而言，起初的“专业”人员出现，并不一定出自有意识的分工（那时分工可能还没出现），很可能带有自发、自愿或公推的性质。比如，由于为衣食所迫的采集、出猎或躲避天灾兽祸而使多数人无暇顾及，或由于某些人在智力、阅历和经验等方面的出众，或由于某些人例如年迈体弱者不便于再从事采集、出猎之类的较重的体力活动等等，因而被推举出来，产生了祷告、祭祀及占卜这种与一般体力劳动无关的，即以脑力劳动为主的职业。这些专司祷告、祭祀和占卜等的人员，便是人类历史进程中的第一批文化人，被后人称为“巫者”。代代相传的巫者在向天祷告、向亡灵祭祀及用龟甲占卜的过程中，渐渐发明并积累了一些念念有词的咒语和手舞足蹈之类的动作。这些咒语和动作就是最初的“巫术”。

巫术既代表了原始人的信仰，又表现了原始人追求信仰的特殊方式。它曾经是人类为了生存所必需的，因而几乎普遍存在于各种族、各民族的发展进程之中。考古发掘已经并仍在证明这一点。

人类不同于动物的根本之处在于有信仰，而在正确的知识和科学技术几乎等于零的时代，人类的信仰就不能不建筑在对超自然力量的迷信、祈求和幻想上，而巫术则正是这样的产物。

对超自然力量的迷信、祈求和幻想，代表了一种信仰。任何信仰的实质都是对某种事物的极度相信和虔诚尊崇，都渗透、积淀着某种思想观念，而这些思想观念又被巫者记录下来，被后世称作“史”，因而“巫”和“史”在某些“巫者”那里，自然融合，一度不分。《周礼·天官》所记载的“掌官书以赞治”的“史”，就是从事占卜的“巫”。所以，在巫术中很自然地就蕴涵了原始的“学术”。也正是在这个意义上，可以说，“巫者”就是最原始的“学者”，巫术则是最原始的“学术”。人的任何活动都受其思想的支配，巫者的活动自然也不例外。因此，原始的巫术和“学术”没法区分先后。当然，原始的“学术”与后来我们所称谓的“学术”，是有着本质区别的。

巫术既然伴随信仰而生，自然也就伴随信仰而发展演变。在中国古代，信仰的对象经历了从天到地、从物到人、从死人到活人的漫长的演化过程。在中国古代，巫者的权力一度很大，主要的职司除了奉祀天帝鬼神及为人祁福禳灾，并兼事占卜、星历之术外，还有“作册”、“史”等。在祁福禳灾当中，还包括了疗疾祛病，所谓“祝由”就是由巫术而来，也可以说就是专门用来祛病的巫术。因此，“巫医不分”的说法至少体现在中医发展的某个初始阶段。伴随时代的进步，巫者的职权逐渐缩小，演变成为旧社会中以装神弄鬼替人祈祷为职业的“巫师”。在21世纪初的今天，在某些落后的地区和人群中，巫术仍还很流行。

在巫术和宗教产生的先后上，学界基本上有两种意见：一是认为宗教先于巫术，一是认为巫术先于宗教。我认为，宗教作为理论化和系统化了的信仰及仪式系统，其理应产生在巫术之后；因为巫术的产生并不需要理论化和系统化的信仰和仪式系统。当然，把发展到一定阶段的巫术称为“原始宗教”，则另当别论。

中外学术文化史都昭示：“巫者”是最早的“学者”，“巫术”是最早的“学术”。或者说，最初的学者和学术是从起初的“巫者”、“巫术”衍生、分化而来的。这是与人类对自身和自身之外的客观事物的认识进程分不开的。正如没有炼丹术就没有化学的发现和应用一样，没有巫术，也就没有学术乃至一切科学的萌发和进步。

巫术由最初的简单祈祷渐渐演化为一套颇有讲究、富有礼仪的活动，很自然地将人类对自身和周围世界的认识的每一点滴进步都囊括其中，这样，巫术成为“史前史”的记录也就不足为怪了。也正因如此，巫术便很自然地成为一切学术文化和科学技术的酵母。这突出表现在下述与人类生存和繁衍最直接的五个方面：

其一，“巫史同源”。因为“巫者”曾经同时就是“史者”，所以，有关巫术的记载自然也就蕴涵历史；同时，伴随历史的前进，特别是文明史的到来，史者从“巫者”中分化出来，笔录史实，主要记载“王”者的行迹，因而也就有了纯粹的史学。

其二，中医药学术与巫术一度不分。巫者在对人自身的生死祈求、祷告的过程中，当为病人的祈求不能见效时，自然就会增加一些动作，而当仍然无效时，便又或根据人们日常积累的经验，或尝试地搜寻一些动植物让病人吃喝，在一旦见效时便记录下来，并从这种特殊和偶然性中窥知一般和必然，从而越加主动地借鉴前人和众人所积累的日常医疗经验，从更多的动植物中尝试、探寻、发现和总结更多的药物，并由动植物扩展到矿物，大量的医药于是陆续被发现出来。“神农尝百草”的传说，所反映的正是这样的过程。与此同时，先民也从偶尔见效的医术，比如从偶然使用尖利的石块按摩病痛之处感到症状缓解，而发现针砭术的过程中，发现规律性的东西，并继续探寻、总结出更多的医术。《山海经·海内西经》载，黄帝时代已经有“操不死之药以距之”的“巫彭、巫抵、巫阳、巫履、巫凡、巫相”等。《山海经·大荒西经》还载有“灵山”，说巫咸、巫彭等“十巫”常到灵山采药，可见巫师也兼用药草治病。殷墟卜辞中也多见“风疾”、“痛疾”的记载。而从史料和考古发现看，古代巫师许多都兼通“降神”与针药两种治疗知识。所谓“巫医不分”只是历史进程中的某个阶段，因为本质上以真实的疗效为根据的医学，与本质上以迷信和盲目崇拜为依托的“巫”，根本相悖，因而终究不可能相伴到底，一当人类文明进展到“巫医相分”时，真正的中医药学术便脱颖而出了。

其三，历算之学与巫术不可分。巫者用龟甲等对天祷告、占卜本身就蕴涵着对天（“帝”）、风雨雷电及洪涝灾害等自然现象的认识和了解。伴随天干地支、四季、十二个月及置闰，以及对日月星辰等的越来越深入的认识，古代的天文历法也就自然脱颖而出了。

其四，礼仪脱颖于巫术。巫者在祷告和占卜时，从动作简单到复杂，到渐渐摸索、积累出一套比较规范化的活动仪式，并配之以乐曲，“礼乐”之学便由此萌发了。（参见葛兆光著《中国思想史》第一卷，复旦大学出版社2001年12月版）

其五，宗教起源于巫术。巫术的迷信色彩和祷告、朝拜动作等，被后来的宗教所继承，加工并系统化为某种理论和崇拜系统，因此，在某种意义上说，宗教可以说是一种精致化了的巫术。

回顾巫术的发展历史，就会看到它基本上沿着两个方向演化和发展：一是由迷信超自然的力量到逐步探察、揭示超自然力量背后的奥秘，于是演化和发展出学术文化、科学技术和人际交往中的礼仪规范等，由于医术直接与人体的生存和健康相联系，掺假无济于事，最易得到验证，所以，医术最早同巫术分离并脱颖而出；一是继续沉迷于超自然的力量，并通过臆断、幻想而将其进一步神秘化，并进而理论化和系统化，于是演化成宗教和各种荒诞不经的求签算命、装神弄鬼等等。伴随人类智能的发展和科学技术的进步，按说那种向着宗教和迷信方向演化和发展的趋势应改向易辙，但事实并非如此，这两个方向的演化和发展不但未能合流，反而越来越加重分化，在科学技术和学术文化获得长足发展的同时，宗教和迷信也同样获得了越来越快的发展，其理论越来越精致，方法和手段越来越讲究，科学技术和学术文化上的点滴进步，几乎都被它们及时不断地吸纳和利用。

需要指出的是，即使在科学技术和学术文化业已并日趋昌明的今天，即使在标榜和倡导无神论的党派和人群中，我们依然很容易地观察到巫术不散的阴魂。最为司空见惯的事例就是人们在突如其来的灾害和病魔面前，所表现出来的不一定规范的祷告：如中国人的“托老天保佑”，外国人的“托上帝保佑”等等；最为典型的事件就是“文革”中人们对“伟大领袖”和“最高指示”的顶礼膜拜和迷信盲从——“伟大领袖”成为十亿中华儿女唯一的至高无上的“神灵”，即使资深望重的老革命，也必须毕恭毕敬地在他面前垂头膜拜；而“最高指示”则成为灵验无比的符咒，即使最精通马克思主义的“彻底的唯物主义者”，也必须诚惶诚恐地反复背诵！在20世纪的六七十年代，最古老、原始的巫术在中华大地普遍公演，给人们留下的教训之深刻、惨痛，是空前的。而要完全根除这样的闹剧重演，恐怕还要经过漫长的路程。因为即便撇开类似“文革”中的“造神运动”那样极端的事例，单从人们至今依然习以为常的烧香拜佛和祭奠亡灵等等活动中，依然可以明显地看到从古代流传下来的巫术的阴影。

神话、传说和巫术，反映了人类在其漫长的发展途中对客观世界的认识和改造的曲折、坎坷历程，不管现在看来它们充满了多少稚幼、天真、无知、愚昧，寄托了多少祈求、渴望、幻想和梦想，但它们却是人类社会所独有，而在动物世界所没有、也不可能有的。它们无疑都是人类认识和智慧的结晶，而人类后来的开化和文明，却正是由这种状态渐渐演化而来，我们今天所谈论的学术文化，也正是从它们逐渐演进和升华而来的。

四 “国学”之源头著作

15. “国学”源头著作至迟形成于殷周之际

人们一直把“诸子百家”的著作视为“国学”的源头著作，并把其产生的社会历史背景定位于春秋战国时期。其实，这并不符合史实。

学术是精神文化中的核心部分，是专门化或专业化了的文化知识，先有精神文化而后才有学术。“国学”即中国学术是中国精神文化发展到一定阶段的产物，是中国精神文化发展过程中所逐渐形成的某个领域、方面的专门知识的积淀、升华和凝聚。这一过程相当漫长。如果说中国精神文化的开端至迟在黄帝时期（约公元前26世纪）已经起步的话，那么到商代，中国学术文化的某些领域、方面，则已开始形成。

这期间，伴随生产力的发展所创造的剩余产品的积累而出现私有制，脱离体力劳动而专门从事脑力劳动即精神产品生产的阶层出现。与此同时，用于精神产品生产的文字和由此所表达的书面语言日趋成熟和规范化，又为精神产品的生产创造了物质条件，促使精神文化的建设和创造发生质的飞跃。于是，专门研究某一文化领域、方面的知识开始从混沌的精神文化中分离出来，并逐渐积淀、升华、凝聚，形成某一专门领域、方面的学术思想。

已有的考古发现证明，中国至迟到商代就已经步入这样的历史阶段，到殷周之际，中国学术文化即我们称之为“国学”的源头著作已经出现，而到战国时期，“国学”则已经基本成型。其依据主要是：一是作为统一的“中华民族”，此时已经基本形成；二是作为“国学”之灵魂即“国学”所蕴涵的基本精神，此时业已铸就。

16. 当列为“国学”之源的主要典籍

《六经》一向被说成是“儒家经典”，尽管有人对此提出质疑，但迄今没有引起应有的关注，更没有权威的机构予以澄清、矫正，以至在相关的讲堂、教科书等相关出版物以及各种媒体上，目前依然通行着这样的说法。譬如，在越来越时兴的“国学”的教育和宣传中，尤其是对儿童的所谓“开蒙”教育中，《五经》（因作为《六经》之一的《艺》，在秦汉以后失传，只剩《五经》）就仍被当做“儒家经典”向孩子们灌输。

把《六经》说成是“儒家经典”，虽是汉代以后就一直延续的史实，但并不符合《六经》本身的原貌，不符合它们与儒家原初关系的史实。

因为单就儒家而言，且不说被视为其创始人的孔子（公元前 551 ~ 前 479 年），只是活动在春秋末年，他并没有自称“儒家”，也并未把自己的学说冠之于“儒学”。“儒家”、“儒学”之称呼，是孔子去世多年以后才有的事，即便把“儒家”从孔子算起，因为在孔子之前，《六经》已经存在，怎么能把在他之前已有的《六经》算作“儒家经典”呢？由于“焚书坑儒”和战乱等原因所导致的古代文献的毁坏、亡佚，后人所说的《六经》与孔子见到的《六经》是否完全一致，也有待探究。譬如，既然有人认为《书》和《礼》，是在孔子之后的战国末期甚至更晚才成书的，那么，此说要是成立的话，现在人们所看到的《书》和《礼》，就很大可能不是孔子所见到的原本；《礼》应是《周礼》而非《礼仪》或《礼记》。当然，现在看到的《书》和《礼》都在不同程度上参考了原来的文献，因而在不同程度上反映了其原貌，则是无疑的。

把《六经》当成“儒家经典”，不仅有违史实，而且无形之中，把中国学术产生的历史人为地大大后推了。因为包括儒家在内的诸子百家，确实产生于战国时期，而中国学术的萌发和成熟，要比这早得多。

已有的考古发现证明，中国学术即我们所称之为“国学”的源头典籍，至迟到殷周之际已经出现。

从文法结构上讲，在商代甲骨文的大部分卜辞中，无不流露出我国早期诗歌、散文的古朴与简洁之风，而周代的文字及其记载无论在内容和形式上，理应比商代都获得更大发展，但是，要是按照传统的说法把《六经》归入“儒家经典”，即春秋战国时期的作品的话，再联系其他各家的著述，却看不到这样的进步了！因为从迄今所见到的商代的甲骨文，到诸子百家的大量著述之间，其文笔从简练到长篇大论，从生涩到娴熟，其跳跃式的跨度太大，太不符合事物由量变到质变的规律了！

人们一谈论中国学术，总是从春秋战国时期的“诸子百家”谈起，而忽略“诸子百家”所赖以产生的活水源头。这样，实际上就把诸子百家当成了无源之水、无本之木。

而事实决非如此，在诸子百家出现之前，早就有学术著作存在了。它们是诸子百家赖以产生的源头活水，是当列为中国学术源头的主要典籍。

关于中国文明的起源问题，我们在前文已经谈及。尽管分歧仍大，但至迟大约在公元前26世纪的黄帝时期开端，却渐为学界所公认。至于中国文字的成型与使用到底起于何时，虽然迄无定论，但据《左传·昭公十二年》记载，王曰："是良史也，子善视之！是能读《三坟》《五典》《八索》《九丘》。"据考证，这里所提到的《三坟》，系关于伏羲、唐尧、虞舜之书；《八索》，系有关八卦的最早之书；而《九丘》则系涉及九州土地、风气之书。

由于这些书迄今均未被发现，故对其具体内容及其所产生的具体历史年代，尚无从知晓和确认。然而，它至少向我们昭示：中国古代典籍起源很早，而且有些确实流传到孔子时代，从而为孔子研究和整理古典文献提供了可能与条件。

就迄今所见，流传到孔子时代的古典文献，主要就是《六经》。所以，《六经》就是当列为中国学术源头的主要典籍。按照它们的成书年代先后，其排列顺序应是《易》《书》《诗》《礼》《乐》和《春秋》。以前按《诗》《书》《礼》《乐》《易》《春秋》排列，是儒家把它们当做儒家典籍所为；因为儒家作《十翼》即《易传》而加以揆发、阐释，所以《易》被放在了孔子重点修订的《春秋》之前。

17.《易》乃中国学术之总源而绝不止是儒家经典

与《书》《诗》《礼》《乐》和《春秋》相比，《易》产生的时间最早，在中国学术即"国学"中的地位和意义，尤其重要。

班固（32～92年）在《汉书·艺文志》中云："《乐》以和神，仁之表也；《诗》以正言，义之用也；《礼》以明体，明者著见，故无训也；《书》以广听，知之术也；《春秋》以断事，信之符也。五者，盖五常之道，相须而备，而《易》为之原。"又云"故曰'《易》不可见，则乾坤或几乎息矣'，言与天地为终始也。至于五学，世有变改，犹五行之更用事焉。"

班固把《易》视为"与天地为终始"，为"五学"之"原"（源），并将其置于"五学"之首，是很有见地、也是符合迄今所见的史实的。

从商代的甲骨文的简练文法，到春秋战国时期的长篇大论的大量著述之间，应有介于两者之间的作品或文字著述。在迄无其他新的发现之前，我认为一向被掺杂在《六经》中的《易》，当首先是这样的著述。另外，从《易》所赖以存在的八卦符号来看，其产生的时间更早，演变过程更长、更复杂。

《易》本是一部记载占筮的书，在《左传》中已有记载，说明它最迟在春秋时期已经流传，并被孔子研修过。对于其成书的年代，学界迄无定论，但多数学者认定在殷周之际，或西周前期，认可司马迁“盖西伯（文王）拘而演《周易》”之说。尽管在今天看来《周易》与《易》并非一回事，但司马迁这句话中的《周易》，显然就是《易》，而不可能是包括《易传》在内的《周易》；因为包括《易传》在内的《周易》，是在孔子之后才产生的，周文王当然不可能看到。（参见拙著《周易解谜》之《文王演易》一节。）秦始皇焚书，《易》因系占筮之书得以幸免。到西汉，儒家将《易》与《诗》《书》《礼》《乐》和《春秋》等奉为“经典”，统称《六经》，于是《易》又被称为《易经》。

《易》既然早在儒家出现之前就已经产生并流传，因此把它归入儒家经典，是后世儒家的一厢情愿。从《易》历经三代来看，其起初只通过画卦即使用符号表达意思，实际上是介于结绳记事与象形文字之间的一种文字创造，再到周文王推演六十四卦，并作卦爻辞（其子周公也参与）。《易》之演变过程与中国文字的演变过程相结合，既标志着先人“仰观俯察”、“弥纶天地之道”之意图的渐进，又体现着中国古代学术伴随文字的发明、演进和成熟而不断发展的过程。当然，如果说伏羲始画八卦意味着在文字尚未发明的条件下，先人力图通过某些符号而表达思想意识的话，那么，到周文王依据八卦符号而完成六十四卦之推演，并运用业已成熟的文字来诠释卦爻辞时，八卦和六十四卦符号的文字意义则不复存在，而只具有“符号学”的意义了。

从迄今已有的传世文献和考古资料看，《易》是迄今所见中国最早的一部著作，把它视为中国学术文化的总源，至少至今仍站得住脚。

《易》广泛记录了西周社会各方面的相关情况，具有丰富的史料价值和思想价值等。

说《易》基本成型于殷周之际，并不意味着否认其在此后的岁月中没有增饰和修改。因为既然《易》主要用于占卦，故当其由八卦推演为六十四卦之后，不可能不经过更多人的运用与检验，《易》卦爻辞中所记载的某些出自文王、周公之后的事，盖与此有关。但综合各方面的资料和信息看，《易》早在孔子之前就存在，而且可能有多种诠释本，自然都成为孔子整理《易》的参考素材。不管《易》在内容和形式上与其他五种典籍有怎样的不同，既然统统经过孔子整理过，便决定了作为《六经》之首的《易》，在孔子那里与其他五种典籍的某些相似之处。

孔子对于《易传》的贡献，正越来越多地得到考古学上的证明。马王堆出土的帛书《易传》之《要》篇指出：“夫子老而好《易》，居则在席，行则在橐。”“孔子《易》，至于《损》《易》二卦，未尝不废书而叹……”其中还记载着孔子对于一度不理解自己对于《易》的态度的子赣（贡）等门徒解释："《易》，我后其祝卜矣，我观其德义耳也。幽赞而达乎数，明数而达乎德，又仁［守］者而义行之耳。赞而不达于数，则其为之巫；数而不达于德，则其为之史。史巫之筮，向之而未也，好之而非也。后世之士疑丘者，或以《易》乎？吾求其德而已，吾与史巫同途而殊归者也。君子德行焉求福，故祭祀而寡也；仁义焉求吉，故卜筮而希也。祝巫卜筮其后乎？"这番话，表明了孔子当时对卜筮的理性态度：注重德行和仁义之修养而不大讲究祭祀和卜筮，认为有德不必祭祀求福，行义不必卜筮求吉。帛书《易传》的《二三子》《易之义》《要》《系辞》《缪和》《昭力》等所大量记载的孔子言论，基本上亦是今本《易传》的内容。从帛书《易传》中，可以理解孔子对《易》的创造性诠释，说明孔子晚年与《易》关系紧密，尤其抒发了《易》的哲理，并被其弟子加以总结而撰为《易传》。诚如李学勤先生所说："孔子之于《周易》不仅是读者，而且是某种意义上的作者。他所撰作的，就是《易传》。""孔子晚年好《易》，《易传》或出其手，或为门弟子所记，成书约与《论语》同时。自子思以至荀子等人都曾引用，绝非晚出之书。当然，那时《易传》的面貌，不一定和今传本完全相同，这是古书通例，不足为异。研究孔子，不能撇开《周易》经传。"（李学勤：《缀古集》，上海古籍出版社 1998 年 10 月版）因此，要是把《周易》分为《易经》和《易传》的话，《易传》确实系儒家的经典之作，但《易经》则不是，它只是被儒家当成了"经典"而已。

要是从儒家笼统地把《周易》（而不是只把《易传》）当成自己的"经典"来理解的话，那么，《周易》就绝不止是儒家经典。只要仔细分析其内容，就会发现它远远不是儒家学说所能涵盖得了的。《周易》除了涉及"道"、"法"、"阴阳"、"农"、"医"、"兵"、"纵横"等大致与儒家同期的各家学说外，还蕴涵了"天文"、"地理"、"数学"、"领导"、"决策"、"经营"、"管理"、"用人"、"教育"、"改革"和"养生"，以及"信息论"、"系统论"和"控制论"等思想。其关于天、地、人（或天道、地道、人道）"三才之道"、"三才共建"的原理，在今天 21 世纪地球人类所面临的自然生态危机和人文生态危机面前，越来越具有借鉴意义。《周易》的领导、管理智慧和思想，对现在的行政管理、企业管理和社会其他方面的领导、管理，及决策的运筹和应用等等，均具有启迪作用。《周易》重整体、系统、结构、平衡的宇宙观念和思维方式，对于现代思维观念和现代科学技术发展之重要性，已越来越备受海内外学术界和实业界注重。《周易》所蕴涵的伦理思想，对当今越来越备受重视的基因伦理、生命伦理、环境伦理、社群伦理、家庭伦理、企业伦理、网络伦理，乃至全球伦理和空间伦理的建构和发展，都显示出现实而深远的意义。

总之，从迄今为止的传世文献和考古发掘资料来看，说《周易》乃迄今所见“中国学术文化之总源”，一点儿也不为过。

20世纪80年代中期以来，在文化热中，易学的研究异军突起，风靡全国，其热度至今不衰。参与易学研究的除学者外，尚有不少民间人士，这也说明易学是具有民间性的。相继出版的有关研究论著可谓汗牛充栋。其讨论的范围，既涉及古代，又涉及现代；既有研究象数的，又有研究义理的；既有易学史个案的推究，又有易学理论的融通；既重视社会民俗，又重视思维方法；既有人文易的维度，又有科学易的视域；既有儒家的易学，又有道家、佛家的易学。总之，洋洋大观，五花八门。当然，毋庸讳言，同历代一样，借“研究”之名而实则把历代易学研究中的糟粕、垃圾，尤其是专为谋生、敛财而编造、杜撰的算命之类的东西等等，改头换面地汇集起来，打起“预测学”等时髦旗号，而招摇撞骗、唯利是图者也不少。这类易学研究中的逆流，作为社会文化垃圾在改革大潮中的沉渣泛起，是有着深刻的社会历史和思想根源的。

18. 所谓《五经》也都不止是儒家经典

《书》《诗》《礼》《乐》《春秋》其实也都先于儒家而存在，因而原本也都不是儒家经典。从一般的学术文化渊源和传承关系上讲，儒家将其作为经典也未尝不可，但它们也同样可以被其他学派列为经典。它们都是因被汉儒列为经典，才分别被称作《诗经》《书经》《礼经》和《乐经》的。儒家将它们列为经典盖与孔子曾对它们作过编辑有关。如司马迁云：“古者《诗》三千余篇，及于孔子，去其重……”（《史记·孔子世家》）；又说：“孔子曰：‘六艺于治一也，《礼》以节人，《乐》以发和，《书》以道事，《诗》以达意，《易》以神化，《春秋》以道义。’”（《史记·滑稽列传》）郭店楚简《性自命出》，有孔子关于诗书礼乐之教的记载：“《诗》《书》《礼》《乐》，其始出皆生于人。《诗》，有为为之也；《书》，有为言之也；《礼》《乐》，有为举之也。圣人比其类而论会之，观其先后而逆训之，体其义而即度之，理其情而出入之，然后复以教。教，所以生德于中者也。”在世传文献中，有关孔子与《六艺》的相关资料首见于《庄子·天运》：“孔子谓老聃曰：‘丘治《诗》《书》《礼》《乐》《易》《春秋》六经，自以为久矣，孰知其故矣。’”《庄子·天运》显然不是庄子本人的作品，也不大可能是战国时期的作品，因为《六经》的提法是汉代才出现的。而且该篇关于老子和孔子交谈时竟提及“儒墨”，也太违背史实：老子和孔子怎么能谈论在他们去世后才出生的墨子呢！尽管有这些差错，但联系其他史料，孔子治《诗》《书》《礼》《乐》《易》《春秋》的史实却不无根据。另《庄子·天下》说：“《诗》以道志，《书》以道事，《礼》以道行，《乐》以道和，《易》以道阴阳，《春秋》以道名分。”尽管《庄子·天下》也不是庄子本人的作品，但司马迁的《史记·滑稽列传》显然参考了该篇。这些均说明孔子与《诗》《书》《礼》《乐》关系密切，并加以编辑过。当然，学界对此迄未达成共识，然而，即使孔子对《诗》《书》《礼》《乐》作过编辑或加工，也不能因此而把它们归入儒家经典。

以《书》来看，它本是古代最早的一部历史文献汇编，时间上起尧舜下至春秋中期，约1500多年。基本内容是古代帝王的文告和君臣谈话内容的记录。《史记·孔子世家》称孔子“序《书传》，上纪唐虞之际，下至秦缪，编次其事”。对此历代都有争议。我认为，尽管《书》中有些篇章如《尧典》《皋陶谟》《禹贡》《洪范》经考证系后人所作，孔子自己也表白“述而不作”，但孔子阅读、编辑以前的书籍并为之作序也是可能的。《书》不仅记载了许多上古时期的传说，而且保存了商、周特别是西周初的一些重要史料。不论传说还是史料，其中都蕴涵着丰富的学术见解。古人常津津乐道的“饱读诗书”之“诗书”，即分别指《诗》和《书》。

从《书》的内容所反映的史实看，其应出自几代史官之手，其确切的成书年代虽然还有待于考古学的验证，但至少基本思想在孔子以前已经存在，所以它本不是儒家经典。

再看《诗》，它汇集了从西周初年到春秋中期五百多年的诗歌共305篇，是西周初至春秋中期的诗歌总集。其“风”为土风歌谣，“雅”为西周王畿的正声雅乐，“颂”为上层社会宗庙祭祀的舞曲歌辞。广泛地反映了西周至春秋中期社会生活的各个方面，含有珍贵的史料价值。其不少篇章是民歌，对统治者的压迫和剥削、黑暗和昏庸等加以揭露抨击，而对劳动者的勤劳和爱情则热情歌颂；也有不少暴露时政黑暗的作品，表现了对周王室衰落的忧虑和惆怅；还有一些祀神祭祖的篇章，记载了周初的经济制度和生产等方面的情况，但多系歌功颂德，宣扬统治者承天受命的思想。

我认为，《诗》产生在孔子前，即使孔子对其编辑过，也不能据此就把它作为儒家经典。《礼》，即《周礼》，是反映周代礼仪和制度的作品，传为周公姬旦所作，孔子所见并编定的应是原书，因而自然不能算作儒家经典。但现在所流传的则不是原本了，而且对其成书年代和作者一直有争议。现在所见到的《周礼》含《天官冢宰》《地官司徒》《春官宗伯》《夏官司马》《秋官司寇》和《冬官司空》等六篇。《冬官司空》早佚，汉时补以《考工记》。

《乐》失传已久而迄无发现，故不便具体论及。但其先于孔子而存在则可肯定，故也不能算作儒家经典。

至于《春秋》，传为孔子据鲁国史官所编《春秋》加以整理、修订而成。司马迁称“仲尼厄而作《春秋》。”历代对此说表示怀疑。从《春秋》的记事年代（公元前722～前481年）和孔子的生卒年代（公元前551～前479年）看，孔子见而编之倒有可能，但鉴于孔子“述而不作”的自白，又没有专著留下，就连《论语》也是其弟子所编著，所以“仲尼厄而作《春秋》”之说难以成立，因而《春秋》也本来不是儒家经典。

总之《易》是迄今所见中国学术文化之总源的最早著作，而《诗》《书》《礼》《春秋》和失传的《乐》，也当列入中国学术源头的主要典籍，虽然对其中有的成书年代尚有待于考古发掘文献的确认，但就其主要的部分和内容看，则无疑是迄今最古老的著作，而不止是“儒家经典”。

五 “国学”之基本形态

19.“国学”基本形态产生的社会历史条件

“国学”从初始的意义上说，是一国固有之学，那么，其基本形态产生的前提自然就是“一国”的出现或确立。

在春秋战国时期，虽然原本一统的东周已经名存实亡，诸侯、列国竞相争霸、相互侵伐，仅春秋300年间，“弑君三十六，亡国五十二，诸侯奔走不得保其社稷者不可胜数”（《史记·太史公自序》）。战国时期的250年间，大小战争约计220余次，“争地以战，杀人盈野；争城以战，杀人盈城。”（《孟子·离娄上》）这种充满战乱与血腥的动荡时代，不仅铸就了特殊的文化背景，创造了文化“轴心时代”的辉煌，而且由于诸侯的攻伐兼并战争，还使中原地区各个古老部族，统一到少数几个大国的版图之中，促进了原有华夏各族与其他各部族的融合。如北方的狄族多并入晋国，西方的戎族多并入秦国，东方的夷族多并入齐国或鲁国，南方的苗蛮及诸多小国，则为楚国所统一。经过春秋三百年的分化、融合，以前被华夏各国视为蛮夷的秦、楚等国，已经实现华夏化，在语言文字、生活方式、政治制度和礼仪文明等方面趋于一致，从而在北起桑干河流域，中跨黄淮，南至长江流域的广大地区的居民，基本融合成一个统一的民族，即中华民族，而不再有华夏与蛮夷狄戎等等的区分。我们正是在把“中华民族”视为“一国”的意义上，才称谓先秦诸子百家之学为“国学”的。在这样的意义上称“国”，比在具体的“国域”或名称上称呼，更为妥帖；因为尔后尽管中华民族改朝换代不断，一统与分裂交替，但“国学”却一直延续和发展。

20.“国学”基本形态产生的特殊文化环境

第一，相对宽松的学术文化氛围。史界从周平王迁都洛邑后所称谓的“东周”王室，由于其统治渐趋衰落，促使诸侯各国各自为政而又你争我夺的局面日趋严重，从而引发社会的剧烈动荡、转型，使得原有的社会秩序和礼仪陷于崩溃、混乱状态。所谓“礼崩乐坏”就是对这种局面的形象写照。这种局面固然给天下百姓带来深重的苦难，但其所促成的政治、军事冲突加剧，则不但使得统治者对于学术文化思想领域的统治趋弱，并且由于彼此对人才的渴求和争夺，从而促成了相对宽松的学术文化氛围，促成了一个在一定意义上可以称得上“学本位”时代的到来。这主要表现在：依靠世袭制度掌握诸侯权力的君王，尽管良莠不齐，但以不学无术和怠于思考而依靠幕僚出谋划策者居多，从而使得想方设法通过招聘、竞争而网罗人才的局面逐渐形成。统治者对社会各种人才的渴求，虽然多体现在治国方略、外交谋划、军事运筹上，但在某种程度上也呈现出政治对学术文化的祈求、依赖的新趋向。这种氛围客观上固然为投机钻营之辈提供了空子，但一般而论，也为真才实学者的涌现创造了条件，使得清醇的学风一度成为主流，适应诸侯争斗需要的各种学说渐渐涌现，并彼此竞长争高，逐渐促成了被后世所称誉的“百家争鸣”局面的出现。

第二，自由争辩的学术风尚。社会秩序的巨变和混乱，很自然地导致原有思想观念的动摇、混乱和瓦解，但也促使新的观念和思想产生。这从《庄子·天下》所描述的史实便可窥见一斑：“天下大乱，圣贤不明，道德不一，天下多得一察焉以自好，譬如耳目口鼻，皆有所明，不能相通……天下之人，各为其所欲焉以自为方。悲夫，百家往而不返，必不合矣。后世之学，不幸不见天地之纯，古人之大体，道术将为天下裂。”

“道术将为天下裂”的局面，恰恰为被后世所称道的“百家争鸣”时代的到来，及由此所促成的“诸子百家”的出现创造了条件。没有原有“道术”的“天下裂”，就不会有“百家争鸣”学术风尚的形成，因而也就不会有“诸子百家”的涌现。因为，任何思想混乱客观上必为长于、善于思考的人提供“用武之地”：既为他们提出思考的课题，又为他们解答课题提供可能。就当时而论，承担起这种使命的首先是从王室和诸侯营垒中分化出来，即“从上面掉下来的”，以及从平民中涌现，即“从下面长出来的”一批知识分子。这批人到春秋末期，被统称为“士”。“天子失官，学在四夷”，他们或由于在政治上脱离了王、侯的羁绊，或本来就没有什么约束，因而在人格和思想上，表现出相当独立、自由的发展空间，竞相聚徒讲学、谈经论道、针砭时弊、著书立说，涌现出一大批独树一帜的学者。

第三，自由施展才干的广阔的舞台。诸侯的争霸和列国的割据，为各派学说的创造者提供了相对自由而广阔的施展才干的空间和舞台。就学术交流和争鸣而言，尤以战国田齐所辟建的长达150年左右的“稷下学宫”为最盛。学者们踌躇满志，“天马行空，独往独来”，凭借满腹经纶，文韬武略，游说天下，此国不用到别国。“八仙过海，各显神通。”阴阳家以其“阴阳五行”学说，论说国家兴衰，鼓吹“五德终始”、“五德转移”；道家宣扬“道法自然”，主张“无为而无不为”；儒家倡导“修、齐、治、平”，强调“民为邦本”，以“仁”治国；墨家主张“兼爱非攻”，尚“利”、贵“义”，强调仁义治国；法家鼓吹严刑峻法，强调以法治国；兵家则主张“以战养战”，“不战而屈人之兵”；纵横家则以合纵、连横之策，奔走呼号于列国之间……当时的列国纷争为诸子百家提供了施展抱负和才能的舞台。尽管“凡诸子百八十九家……蜂出并作，各引一端，崇其所善，以此驰说，取合诸侯。”（《汉书·艺文志·诸子略》）即百家诸子要靠“取合诸侯”才能施展其抱负，但那时的学术还是具有相对独立性的，因此，从某种意义上说，并不纯粹是“官本位”，而多少有点儿“学本位”的意味；学术并不一定听命于政治，而政治却往往要听命于学术；不是学者一定要为政治家（君王）所摆布，而是政治家往往为学者所左右。所有这些，都为“国学”基本形态的产生创造了条件，为所谓“轴心时代”的确立提供了契机。

21.“诸子百家”是“国学”的基本形态

一定的学术文化形态，是一定社会的物质文化形态（经济、政治、军事等）在意识形态上的反映，是一般精神文化形态的提炼、升华和凝聚。春秋战国时期所出现的“百家争鸣”及其所促成的“诸子百家”的涌现，是当时列国纷争所导致的社会剧烈动荡和变动在文化领域的必然反映。诸侯争霸和列国纷争所引起的社会政治、军事、经济和文化思想等方面的剧烈动荡和混乱，为各派学说的创立提出要求、创造了条件，而各派学说的形成和争鸣，也为诸侯争霸和列国纷争提供了理论武器。就是说，当时所出现的“百家争鸣”并由此促成的“诸子百家”的诞生，完全是社会历史的产物，是应运而生的。

因此，“诸子百家”成为“国学”的基本形态。

六 诸子百家

22. 以往对“诸子百家”之划分欠妥

“诸子”是指春秋战国时期的思想家或著作，也是先秦至汉各种学派的总称，属春秋后才产生的私学。“百家”则是指创立各种学派的思想家，“百”是一种通行的概说。主要代表人物有史墨、管子、晏子、老子、孔子、曾子、子思、墨子、杨子、列子、告子、申子、商鞅、范蠡、孙武、孙膑、吴起、乐毅、许行、惠子、公孙龙、鬼谷子、张仪、苏秦、田骈、慎子、宋子、孟子、庄子、甘德、石申、孙叔敖、夫差、西门豹、姬罃（魏惠王）、李冰、医缓、医和、医呴、文挚、扁鹊（秦越人）、荀子、屈原、宋玉、尹文、邹衍、韩非子、吕不韦等。

关于对诸子百家的划分，司马谈列举了六家，“乃论六家之要指曰：易大传：‘天下一致而百虑，同归而殊途。’夫阴阳、儒、墨、名、法、道德，此务为治者也”（《史记·太史公自序》）。刘向、刘歆父子为编制我国第一部图书分类目录而撰有《七略》，可惜因失传未见其貌，但班固《汉书·艺文志·诸子略》系据《七略》撰成，故可窥知《七略》之一斑。《艺文志》总括为《辑略》《六艺略》《诸子略》《诗赋略》《兵书略》《数术略》《方技略》。其中《诸子略》将“诸子”分为儒、道、阴阳、法、名、墨、纵横、杂、农、小说等十家，并认为“诸子十家，其可观者九家而已。皆起于王道既微，诸侯力政，时君世主，好恶殊方，是以九家之术蜂出并作，各引一端，崇其所善，以此驰说，取合诸侯”，把小说家排除在外，故有“九流十家”之说。

“百家”虽为一种概说，但绝不止司马谈所概括的“六家”，班固虽总括为“百八十九家”，但又认为“诸子十家，其可观者九家而已”。但班固在“兵书略”、“数术略”和“方技略”中又提及兵家、天文家、占卜家、医家，这样他所涉及的实际上主要有十三家。

对于“诸子百家”的划分，自20世纪末叶以来多有学者提出质疑，如孙景坛先生就提出：传统“百家争鸣”研究对百家的划分，无论是在标准上还是在对百家的具体说法上，都欠妥。百家争鸣实质上是我国古代各学派因政治思想上的分歧而展开的学术论争。百家的划分应以政治思想为标准。百家应划为德、礼、法、儒、孝、墨、术、义、绝对平等观、无君论等十家。百家争鸣的性质是中国古代封建领主制向统一中央集权制的过渡。百家争鸣始于春秋后期孔子创办私学，迄于汉武帝采纳田蚡的“绌抑黄老，崇尚儒学”。探索百家争鸣时不要忽略百家合流。（参见孙景坛网络稿：《百家争鸣新论(修改稿)》）

细读《百家争鸣新论（修改稿)》，觉得作者所阐述的观点不无道理，特别是历代所沿袭的对于百家的划分标准上，的确显得驳杂、混乱。比如司马谈所划分的“阴阳、儒、墨、名、法、道德”六家，班固在《诸子略》中所划分的“儒、道、阴阳、法、名、墨、纵横、杂、农、小说等十家”，其中惟独“墨”家以姓氏为代表，显然与其他各家的称谓都不相称、不协调，欠规范。而在这方面，战国时期的某些当事者却比较注意。比如荀子，在其《荀子·成相》中说：“复慎、墨、季、惠，百家之说诚不详。”就是以其代表人物称谓各家的。又如《庄子·则阳》借少知之口说：“季真之‘莫为’，接子之‘或使’，二家之议，孰正于其情？孰偏于其理?”《韩非子·定法》也载：“问者曰：‘申不害、公孙鞅，此二家之言孰急于国?’”“故曰：二子之于法术，皆未尽善也。”都是以其代表人物称谓各家的。还有，班固所称谓的“道家”，到底是对司马谈所称谓的“道德家”的简称，还是另有所指，譬如是对汉初“黄老之学”的概括？若是对司马谈所称谓的“道德家”之简称的话，那就很可能是个贻误深远的历史性错误，因为从新近考古发掘的《老子》汉帛和楚简版本看，都是《德》在前，而《道》在后，使人们不得不对传世本所称谓的“道德经”产生疑问：这种排序上的颠倒到底是偶然的疏忽还是必然的提炼？已经为后世所认可的班固所称谓的“道家”，与司马谈称谓的“道德家”真的就是一个意思吗？要是按照新发现的《老子》汉帛和楚简版本把传世本的《道德经》复原为《德道经》的话，那又应怎么诠释《老子》呢?

我仔细琢磨过，这个错误要么本来像“脑想”被习惯地说成“心想”一样，明知不合乎科学却由于习以为常且大家都心知肚明而一直沿袭；要么比“脑想”被习惯地说成“心想”的错误要严重得多，一旦更改就会导致历来诠释《老子》的著述大都成为废纸，并由此引发一系列问题。比如“道家”的称谓合不合《老子》原意？要是不合，那么根据“道家”学说所创立的道教也就成问题了。

在这里，又提出了前面遇到的难题：要是把好长时间以来人们所祭拜的黄帝陵并非真黄帝陵的真相公布，会导致怎样的后果？人们靠传统，即使错误的传统所构建起来的物质的和精神的堤坝，一旦崩溃，会不会给一个民族带来混乱、“灾难”？这就不是简单的学术问题了！当然，若班固是根据《黄帝四经》（近年已经发掘出土）等汉初的“黄老之学”而概括的“道”家，那就另当别论了。但从班固对诸家的论述看，这种可能性很小，因为班固在论述各家时，基本上都是重复、照抄司马谈父子的观点。

就“百家”划分的标准而言，我以为似不是以政治思想，及其他具体思想观点上的分歧而定的；因为若就政治思想及其他具体思想观点上的分歧而划分的话，那么每一学派都难于完全一致，都可再划分出许多派别。所以，我以为，春秋战国时期百家的划分，主要根据的是对“天道”、“地道”和“人道”这类在当时带有根本性的问题的探索、争论和分歧上。

“天道”涉及世界的本原或本根问题，天象观测，对天地神鬼、自然灾害等等的认识和态度；“地道”涉及地理考察，水利勘测，及农耕渔牧实践等等；“人道”则涉及世道的治、乱，“礼”、“乐”纲纪等的兴衰，及人性善恶和伦理纲常、生老病死等问题。

老子和孔子，都有关于“天道”、“人道”等的言论，而且分歧显著：老子着重从宇宙本根上探察和阐述“道”，而孔子则主要从伦理上探讨和阐发“道”。

“稷下学宫”在所谓“天人之辩”、“义利之辩”、“王霸之辩”、“名实之辩”和“攻伐之辩”等等具体问题上的争鸣，都是基本围绕“天道”、“地道”和“人道”这三大问题展开的。正是在这样的争鸣中，才涌现并区分出了“诸子百家”。

至于“百家争鸣”及其所形成的诸子百家的起止时间，我以为应是起于“礼崩乐坏”的春秋之时（公元前770年前后），而止于秦始皇“焚书坑儒”之际（公元前221年前后），大约550年多的时间。

秦始皇“焚书坑儒”之后，“百家争鸣”的学术空气被窒息，“诸子百家”之说也成为历史。然而，我在研究、琢磨、体味司马谈父子、刘向父子和班固关于诸子百家的划分及其相关论述时，却总觉得他们似乎没有厘清这样的时代界限，因而当后人按照他们对先秦诸子百家的划分标准，来分析、界定“焚书坑儒”之后的各种学说时，就导致了学术文化领域的一系列混乱，并且一直延续至今。

事实上，从汉代开始，中国的学术文化即“国学”有了新的发展方向、内容和形式，先前包括儒家在内的“百家”已经不复存在，因而从司马谈父子、刘向父子至班固父子，还按照适用于先秦的老眼光，即关于区分“儒”、

“杂”等诸子百家的标准来划分汉代以来的学说，自然就欠当了。关于这方面的问题，我在下文将专门谈及。

秦始皇的文化专制和愚民政策不仅扼杀了“百家争鸣”，而且将其成果几乎毁灭殆尽。我们今天之所以不能得心应手地，从传世文献中研究和厘定“百家争鸣”的许多真相及相关问题，与秦始皇所实行的文化专制和“焚书坑儒”，所造成的难以弥补的文化典籍的破坏大有关系。

诸子百家在先秦是客观存在的史实。限于篇幅，在此不便一一论及，而仅涉及阴阳、道、儒、法、墨、名、杂、小说，诗赋、纵横、兵、农、医、算、天文、地、水、堪舆、数术、酿（造）、纺（织）、建（筑）、制（陶）、冶（炼）和交（通）等家。

23. 中国古代学术分类的历史性缺陷

前中国古代学术有两种分类法：一是按西方的学科分为哲学、历史学、社会学、政治学、经济学、法学、文学等等；二是按中国自有的分类法，先是汉刘歆《七略》分《辑略》《六艺略》《诸子略》《诗赋略》《兵书略》《术数略》《方技略》等七部分，后晋人荀勖在《中经》中始立经、史、子、集四部，到清代《四库全书》编目时，效法荀勖立经、史、子、集四大部，每一部中又有少则几个多则十几个门类。

我认为，这两种分类法都有缺陷，既不能全面概括中国古代学术的真实情况，也不能适应当今读者、社会发展和中国学术文化发展之需要。按西方的学科分类来划分，虽已成事实和习惯，各大学早就设置了相关的院、系、科。但我以为，这些院系科对于学习、研究西方相应的学科和知识完全有必要，但对于学习和研究中国古代学术却欠妥。因为西学与中（国）学的不同，如同西药与中药之相异。近百年来，不管人们怎样试图用西药的分类方法来分类中药，但迄未成功。因为中药的每味药都包括西药中的许多药素成分，有些是难于像西药那样完全分解、提取出来的。况且中药的辩证论治则恰恰与中药的特殊形态和性能相适应呢！

即使科学技术再发达，足以将每味中药的成分检测和提取出来，中医也不可能像西医那样开具药方，中医药的诊断和用药特点是永远不可能被取代的。这从中医药较之西医药越来越显现的优越性可以窥知。

也许学科上的分类不像医药这样难，所以，大多数人迄今对按西方学科来分割中国古代学术的做法已经习以为常。然而，由此引发的问题已经并正在引起越来越多的学者的关注。当这样分割的时候，中国古代学术中的许多知识实际上被漏掉了；因为按西方学科划分的哲学、历史学、社会学、政治学、经济学、法学、文学等等，并不足以把中国学术涵盖、囊括殆尽，因而中国古代学术的整体性、特殊性等便被阉割了。同时，也导致了有目共睹的重复和交叉。比如《中国哲学史》《中国思想史》，甚至《中国法制思想史》等等，均大同小异，其内容重复和交叉的情况很多。

总之，按西学来划分"国学"，或漏或重，既损害了"国学"的特性和长处，又不能做到像西学那样严谨和分明，实为徒劳无益之举，当予以改革和创新。

同样，按传统的"经、史、子、集"四分法，或再加上"类书"和"丛书"的六分法，也同样存在着内容上的交叉和重复，而且更主要的是很不规范，不能适应当今读者、社会发展和中国学术文化发展之需要，所以也同样应加以改革和创新。

我认为，根据中国古代学术自身的传统、特点，及时代之需要，宜在诸子百家的基础上，加以厘清和划分，这样可将中国古代学术相对地分为"虚学"和"实学"两类。虚学偏重于理论，即"务虚"（虚谈高论）之特点明显；而"实学"则偏重于实践，即"务实"（实际应用）之特点明显。由于这两个概念在以往都被使用过，并且具有不同的意味，所以在使用时，必须首先明确其确切的含义。比如"实学"，既不是宋代理学家讲的那种"实学"，也不是人们通常理解的"经世致用"之学，更不是20世纪80年代有些学子所一度称道的那种"实学"。当然，由于中国古代学术，尤其是儒家学说所一再强调的"经世致用"的特点，所以，"虚学"与"实学"的区分只具有相对的意义，并没有绝对的界限。

在对"虚学"和"实学"两个概念加以明确界定后，我们可把中国古代的阴阳、道、儒、墨、法、名、杂、小说、诗赋等九家归入"虚学"之类；而把纵横、兵、农、医、算、天文、地、水、堪舆、数术、酿（造）、纺（织）、建（筑）、制（陶）、冶（炼）和交（通）等十六家列为"实学"之列。

24. 不宜随意给诸子"定出身"、"划成分"

列宁指出："马克思主义给我们指出了一条指导性线索，使我们能在这种看似迷离混沌的状态中发现规律性。这条线索就是阶级斗争的理论。"

用阶级和阶级斗争的理论观察社会历史现象，就是阶级分析方法。

马克思主义传入中国，特别是当它被确定为指导党和国家"思想的理论基础”之后，阶级分析方法渐渐被贯彻到社会各个领域。学者们或迫于形势，或出于自愿等原因，在研究诸子百家时，竞相运用“阶级分析”的方法给诸子“定出身”、“划成分”，这在相当长的时期内成为“时髦”，于是诸子被分别戴上了“没落奴隶主阶级”、“新兴地主阶级”或“手工业者阶层”等“代表人物”的帽子。当连绵不断的急风暴雨式的政治斗争过去之后，再冷静地翻阅这个时期的著作，就禁不住让人哑然失笑：

其一，在连春秋战国时期的社会性质迄今尚争论不休，难于统一认识的情况下，给诸子“定出身”、“划成分”岂不是乱弹琴；

其二，人们的言论与其出身和成分之间的联系，决不像“种瓜得瓜，种豆得豆”那样的简单而必然。无数的事实证明“什么阶级说什么话”并不是定律：同一个阶级的人不可能都说同样的话，说同样的话的人也不一定都属于同一个阶级。因为人的言谈举止受各种内外因素的左右，往往表现得很复杂，心口如一、言为心声者按说应该是常态，但言不由衷、口是心非、花言巧语、信口雌黄、瞎话连篇者等等，却比比皆是。尤其是在经历了连绵不断的政治运动的浩劫之后，更是如此。一些掌握一定实权的官员对着“焦点访谈”记者的镜头，尚且在确凿的事实面前一本正经地公开撒谎，就更别说在其他场合了！所以，仅仅根据人们的言论来给人“定出身”、“划成分”欠妥。非要那样做的话，就非制造冤假错案或导致类似的谬误不可！凡是从“文革”过来的人，想必对此都会有深刻的体会。

马克思主义的阶级分析方法，之所以在实践中难于真正科学地加以实施和贯彻，其缘由固然极其复杂，但根据思想言论来划“成分”，我认为是个根本性的错误。因为一个人的“成分”应该也只能根据他的具体的经济地位、经济状况来判定。即使如此，由于一个人一生所经历和扮演的角色的变化，要真正科学地给其“定出身”、“划成分”，也并不那么容易。

愚以为，古代的“士”也好，现在的知识分子也好，是个非常特殊的人群。不管他们“出身”如何，“成分”如何，只要他们确实而严谨地从事学术研究和著述的话，他们就会既尊重事实，更注重个人人格、良知、气节和风骨的恪守，因而总是探疑求真，秉笔直书。“士可杀而不可辱!”道出了中国学人的本质。这与他们的具体“出身”和“成分”并无多大关系。尤其是产生于两千多年前的春秋战国时期的诸子百家，更是如此。所以，给他们“定出身”、“划成分”是很不妥当的。

先拿“老子”来说吧！他果真是有人给定的“没落奴隶主阶级代表人物”吗？单就他所提倡的“无为而无不为”，呼吁统治者不与民争利，才能得到民众的拥戴："江海所以为百谷王，以其能为百谷下，是以能为百谷王。圣人之在民前也，以身后之；其在民上也，以言下之。其在民上也，民弗厚也；其在民前也，民弗害也。天下乐进而弗詀。以其不争也，故天下莫能与之争"；"我无事而民自富，我无为而民自化，我好静而民自正，我欲不欲而民自朴"，统治者要让民"自富"、"自化"、"自正"、"自朴"，就要以"知足"、"无事"、"无为"、"好静"、"欲不欲"的姿态管理国家；要重视"修之身"、"重积德"，为此就要"爱以身为天下"，"损之又损，以至无为也，无为而无不为。"强调让人民好好休养生息，就绝不是"没落奴隶主阶级'代表人物'所能做、肯做的！"

再看孔子！他果真也是人们给定的"没落奴隶主阶级代表人物"吗？单就他提倡人道主义（"仁者爱人"、"泛爱众"、"己欲立而立人，己欲达而达人"）、重视和发展教育并提倡因材施教，学而不厌，诲人不倦等等，我看就绝不是"没落奴隶主阶级"的"代表人物"所能做、肯做的！

又如墨子，他通常被定为"手工业者"阶层的代表，大概是诸子中"成分"最好的一位了。可是，难道他的"兼爱"、"非功"的人道主义与和平主义，还有他相信鬼神的思想等等，与他这样的出身真的有必然的联系吗？

当然，阶级分析不能不要，但这要看在什么时代、时期。在统一的国家遭受侵略，国家和民族处于危亡的关头，或类似的全国性的政权更迭的时期，就必须作阶级分析。而在诸侯争霸的春秋和列国纷争的战国，对因"百家争鸣"而涌现的"诸子百家"，则不宜、也没有必要去作什么阶级分析；因为我们要研究的是其学术的思想观点，只要根据他们的著述（文字）去研究就是了，与他们的出身何干?！要是非要给他们作阶级分析的话，那就必须根据翔实的史料，在厘清他们所处的具体的时代环境，特别是个人的经济状况及其一生变化的前提下，才能作出科学的结论。但即使把他们的"出身"、"成分"真的搞准了，还得注意不能"唯成分论"，断不能把"什么阶级说什么话"理解为"什么出身说什么话"，或反过来，机械地根据"说什么话"，就去简单地断定他们的"出身"和"成分"！

下面，仅就诸子百家之中的一些主要派别所存在的疑问，做一说明。

需要明确的是：在此不是全面地评介它们，而是遵循本书的主旨，仅就其涉及的某些疑难问题，加以说明。

（一）阴阳家

25. 关于阴阳家起源等方面的误解

司马谈把阴阳家列为六家之首而未说缘由，令许多人不解，而有人则认为盖与其自身崇尚阴阳学说有关。即使这话说的是事实，也并未触及问题的实质。以前人们一提到“阴阳”，总把《老子》和《易传》涉及“阴阳”的文字，作为阴阳概念的发端。而一提起阴阳家，则又总把邹衍视为其主要代表人物。据我考证，这是有违史实的误断。

《汉书·艺文志·诸子略》称：“阴阳家者流，盖出于羲和之官，敬顺昊天，历象日月星辰，敬授民时，此其所长也。”

羲和之官系传说中掌管天文历法的官吏。《史记·历书》“索引”引《系本》称：黄帝命羲和占日；《尚书·尧典》载：尧曾派羲仲、羲叔、和仲、和叔四人分驻东、南、西、北四地，观测星象，判定季节，制定历法；《尚书·胤征》载：夏朝仲康时代的羲和因沉湎于酒，昏迷天象，未能预报日食，仲康命人征伐治罪。

可见班固之说是有据的。

众所周知，阴阳观念的产生，与日常生活密切相关（详见《国学览胜》有关部分）。人们日常生活接触最多的事物，像人自身的男女性别和鸟兽的雄雌，日光的向背，白天和黑夜，光明和黑暗等等，是最容易引起人们关注和思考的。尤其是伴随人类出现就有的男女性别之区分，是最容易、最直接引发人类的好奇和思考的问题，由此而联想到动物，联想到天地万物，经过无数次的体验、观察、思考和联想，从具体到抽象，于是就产生了“阴阳”观念。传为伏羲所始创的八卦之基础符号“—”和“- -”，实际上就是用来表征阴阳现象的。伏羲画八卦并以此说明和推演天地万物，是中国文字由结绳记事过渡到象形文字过程中的一个重要阶段，而表征阴阳现象的符号“—”和“- -”，实质上就是当时的符号文字。联系到《易经》《连山》《归藏》《周易》三阶段之说，那么，阴阳观念当是中华民族最具代表性的古老观念之一，因而具有广泛而深远的影响。且不说伏羲、黄帝、姬昌（周文王）、姬旦（周公）等等参与《易》之八卦及其卦、爻辞创作的主要代表人物，就是春秋战国时期的各家学说的代表人物，也几乎无不涉及阴阳问题。因此，把阴阳学说说成是战国时期才出现的，不符合史实；而把邹衍说成是阴阳家的主要代表人物，同样有违史实。

伴随金属（迄今所公认的人类最早使用的是铜器）的被发现和使用，“五行”概念又被提出，于是和阴阳观念一起统称为“阴阳五行”学说，开始流行起来。

“阴阳”概念的明确提出，决非迄今习惯认为的始于《老子》和《易传》，而应早得多。如《国语·周语》载：西周末年的伯阳父就认为“阳伏而不能出，阴迫而不能蒸，于是有地震”，就比《老子》谈论阴阳的年代要早得多。至于更早的记载，还需要未来考古学的证明。“五行”概念的提出，也决非始于战国。迄今所知首先明确提出“五行”学说的《尚书·洪范》，虽被近人疑为战国时期的作品，但就其思想内容来看，当至迟在西周，其中的“五行”观念就流行了，而旧传《尚书·洪范》为商末箕子向周武王陈述的“天地之大法”之说，在没有更为充分的证据发现之前，也不能断然否定。所有疑案都有待于考古新发现的证明。有一点还要特别注意：口头上的表述与文字的记载并不完全一致，尤其是在古代，后者比前者要落后得多。我认为，与区分男女性别等相联系的阴阳观念，是体现人类本能的东西，早在中华民族之初的最蒙昧时代应已萌生，而到伏羲用“—”和“- -”来表征之时，当是“符号文字”记载的开始；至于“五行”观念，则是发现金属才产生的，当至迟在黄帝战蚩尤的时期。至于整个“阴阳五行”学说的萌发，当至迟在商代。

要是谈论战国时期的阴阳家的话，自然当以邹衍（约公元前340～前260，或公元前305～前240年）为其主要代表人物。而要是一般的谈论阴阳家，那么伏羲、黄帝、姬昌（周文王）、姬旦（周公）等，都应是杰出的代表人物。从这个意义上说，司马谈把阴阳家作为百家之首，不是很顺理成章了吗？

有个问题我一直不明白：既然人们公认《易传》在总结前人的基础上，提出“一阴一阳之谓道”，把阴阳上升为“范围天地”、“曲成万物”的最高哲学范畴，比《老子》等在更高水平上丰富、发展了阴阳学说，那么，为什么却对《易传》关于伏羲（包牺）始作八卦之说却多有分歧呢？“古者包牺氏之王天下也，仰则观象于天，俯则观法于地，观鸟兽之文，与地之宜，近取诸身，远取诸物，于是始作八卦，以通神明之德，以类万物之情。”（《周易·系辞下》）我认为，伏羲画八卦之说不能怀疑，而八卦之基本符号“—”和“- -”，当为伏羲所始创，也当为史实。退一步说，八卦及其基础符号“—”和“- -”，即使不是伏羲而是他人所始创，那也同样说明，阴阳观念比传统所认定的产生时间，也要早得多。

26. 班固未提及阴阳家与医官渊源关系

根据最新的考古发现证明，原来人们一直认为产生于秦汉之际的《黄帝内经》，早在春秋战国时期就已基本成书。而阴阳五行学说，则是该书最为主要的理论基础，它贯穿于中医理论体系的各个方面。“阴阳者，天地之道也，万物之纲纪，变化之父母。”（《黄帝内经·素问》）正因为它把阴阳观念提到这样的高度，所以阴阳学说在《黄帝内经》中，不仅用以确定人体脏腑组织部位的上下、前后、内外、表里，而且用以说明人体功能活动与物质基础之间对立制约、互根互用、消长平衡及相互转化的关系。五行学说则揭示了人体内部各重要脏器、组织之间，以及人体内外环境各重要因素之间递相滋生、递相克制的功能结构。而中药的形、色、味、性，以及它们与人体脏腑和疾病之间的关系等等，也都是建筑在阴阳五行学说的基础之上的。离开了阴阳五行学说，整个中医药学的建筑大厦就无从建立起来。根据事物相反相成的原则和规律，阴阳五行学说的创立和发展，自然也是与中医药学的创立和发展分不开的。在探索人类和中国文化的起源时，我们已经说明了中医药学是伴随中国先民的出现、成长而产生和发展起来的，而且起初是与巫、卜联系在一起的。因此，既然中医药学成型的整个大厦都离不开阴阳学说，那么，在其萌发的初期，催生阴阳观念，也就很自然了。所以，阴阳观念的产生除了与主管天文历法的“羲和之官”相联系之外，自然也与就主管疾病医疗的医官相联系了。班固在其《汉书·艺文志·诸子略》中追溯阴阳家之起源时，竟完全撇开医官、医学的作用，显然是个很大的失误。

27. 阴阳观念是构成“国学”大厦的基本砖瓦

其实不独阴阳家，其他各家如道、儒、墨、法、名、纵横、医、农、天文、地理、堪舆、建筑等等，也无不涉足阴阳。因此，要是把中国学术、诸子百家比作一座大厦的话，那么阴阳观念则无疑是构建这座大厦的最基本的砖瓦。

所以，阴阳家当之无愧应居于诸家之首。

（二）道家

28. 究竟是《道德经》还是《德道经》

自从1973年长沙马王堆出土帛书《老子》甲、乙本后，学界就《道德经》的称谓产生争议。因为韩非的《解老》《喻老》，与1973年长沙马王堆出土的帛书《老子》甲、乙本一样，均是《德经》在前、《道经》在后，所以，有人就认为《道德经》是《德道经》的误写。然而，《道德经》的称谓从司马谈那儿就有了，从其治学之严谨态度看，他不可能是有意将“德道”二字颠倒，那就只能有一个解释：他所依据的《老子》版本是“道”前“德”后，即通常的传世本。传世本并非原本，这是学界的共识，但1993年出土的郭店楚简《老子》，被公认为是迄今最为接近《老子》原本的版本，然而其分章较乱，难于据此断定“道”与“德”孰前孰后的问题。这就提出了一个问题：仅仅依据1973年长沙马王堆出土的帛书《老子》甲、乙本，来推翻传世本关于《道德经》之称谓，似乎又未免操之过急了！

历史遗留的问题只能留待历史自己来解决：即等待将来有朝一日，考古发掘将《老子》原本、完本呈现在世人面前的那一天，再说这个问题吧！

29. 以前关于道家思想渊源之论述多欠妥

对于道家的创始与渊源迄今众说纷纭，且多欠妥，主要与所依据的《老子》版本有关。司马谈认为“道家者流……采儒墨之善，撮名法之要。”（《史记·太史公自序》）从近些年考古发掘的文献特别是战国时期的楚简郭店《老子》等版本看，这一判断违背史实。因为道家本先于“儒墨”、“名法”诸家而存在了，而这种说法恰好把事实弄颠倒了：是“儒墨”、“名法”诸家“采”、“撮”了道家之“善”、“要”啊！当然，若司马谈父子所说的“道家”，若指汉初的“黄老之学”，则另当别论，不过，那样就说明司马谈父子忽视了对原始道家的评析，似更与理不通。

《汉书·艺文志·诸子略》认为“道家者流，盖出于史官，历记成败存亡祸福古今之道，然后知秉要执本，清虚以自守，卑弱以自持，此君人南面之术也。”

其实，从一般意义上讲，不独道家，其他各家均与“史”（还有“巫”、“祝”、“卜”）有着渊源关系。所以在班固笔下，道家的源流脉络仍不太清晰。太史公和班固等失察的原因，盖在于他们所依据的资料均与《老子》原本相左有关。从他们以后，实际上所依据的《老子》版本几乎一样，因而尽管相关的著述汗牛充栋，但在越来越多的考古文献问世的情况下，都越来越不能让人信服了。

从不断新出土的考古文献，看道家创始人老子其人其书所透露出的蛛丝马迹，道家思想与其之前的《六艺》尤其是《易》，有着深刻的渊源关系。

30. 道家思想主要源于《易》,《老子》率先涉足“本根”问题

因道家的创始人老子当过周朝的史官，所以班固说道家盖出于史官没错。但从老子所从事的工作看，从老子、庄子等人的文献所透露出的信息看，关于“道”的思想并非始于老子。

周之“史”官，负责收藏室的工作。而当时的收藏室相当于现在图书、档案、博物、珍宝等馆的综汇。不但收藏周武王前后的书籍、史料、珍宝，还收藏一百多个大小诸侯国的历史记载、上古遗书，各国的供奉，以及有关各氏族渊源的记载，大禹所制的九鼎和夏商遗物等。从事这份工作，使老子得以便捷地成为当时饱学多识的，“百科全书”式的人才，自然为其创作《老子》打下了基础。

从已有的文献和考古发掘资料看，中华文明始于伏羲，至黄帝已趋兴盛。但那时的文化，可以说还是一种巫史文化。但正是这种巫史文化，孕育了中国的学术文化。在这当中，就现有的文献看，最突出的就是《易》文化。由《连山》至《归藏》，再到《周易》，呈现出逐步发展、深化的趋势。在周代，尤其是春秋时期，《易》的思想广泛传播。其中尤其关于“道”的思想，源远流长，世代相袭。像《伊尹》《太公》《辛甲》《鬻子》等作品，都蕴含“道”的思想内容。道家的创始人老子，承继了由《易》所开启的以及这些著作中所蕴含的有关“道”的思想。宋代学者邵雍曾指出：“老子知《易》之本。”以此说明道家与《易》早有密切关系，我看是有道理的。

从今本《周易》之《易经》卦爻辞看，其中涉及“道”的用语有两处：一是《履卦·九二》之“履道坦坦，幽人贞吉”，其“道”字显然指的是一般道路；二是《随卦·九四》之“道以明，何咎?”其“道”字显然指的就是“道理”了。正是这“道理”二字，为中国学术文化的发端和衍化奠定了深厚基础。卦爻辞既为文王、周公所作，说明在文王、周公时代，“道”还没有成为主要的范畴。但伴随周的衰微，人们对《易》中所蕴含的“道”越来越重视，并相继加以揆度、阐发，使之成为一个涵盖由天地人“三才”，即所谓“天道”、“人道”、“地道”所促成的整个宇宙模式的重要范畴，并围绕这三道各陈己见，成为从春秋末到战国时期诸子百家形成的一个重要根源。

以往人们围绕《老子》的研究和讨论，多是依据流传已久的五千言《老子》传世本所进行的，但传世本《老子》是经过加工、雕饰过的。在战国时期及以后，人们对传世文献进行敷衍、揆发、润色，乃至再创造，是常有的事，这是导致后世对传世文献真假难辨、争论不休的重要原因。这就难怪以

往历代人们对老子其人其书，疑点重重，争论不休了。其中最令人难解的是传世本《老子》的文体，与年长于孔子的老子其时的流行文体对不上号。在无可奈何中，许多人不顾这其实与《论语》中多次提到孔子向老子求教，并认为舜就是“无为而治者”（《论语·卫灵公第十五》）的事实，而硬把老子其人的生平说成后于孔子了。尽管郭店楚简《老子》还不能确定为《老子》的原本、完本，但由于它是迄今所发现的最早的《老子》手抄本，又与之前发现的晚于它的帛书《老子》抄本比较接近，其史料价值显然毋庸置疑。从相关内容和文体之比较看，它显然不但比传世本《老子》更接近《老子》原本，而且比马王堆帛书《老子》也更接近于《老子》原本，因而为我们研究老子其人其书提供了更为确凿的依据。

“道”是道家最高和最基本的范畴，因而要说明道家的起源，就不能离开对“道”的探究。老子继承了先人特别是《易》关于道的思想，并加以创新，第一个从“本根”即世界之本原意义上加以说明，赋予“道”以哲学意义。

郭店楚简《老子甲》曰：“有状混成，先天地生。寂寥，独立不改，可以为天下母。未知其名，字之曰道，吾劈为之名曰大。大曰逝，逝曰远，远曰返。天大，地大，道大，王亦大。国中有四大焉，王居一焉。人法地，地法天，天法道，道法自然。”（甲本2组）“譬道之在天下也，犹小谷之与江海。”（甲本1组）“返也者，道（之）动也。弱也者，道之用也。”（甲本5组）

与传世本所不同的是，郭店本不仅在文字上没有传世本那样简练，而且在内容上也有相悖之处：郭店楚简《老子甲》并非历代所一直评说的那样一味主张消极出世，而是同时也主张积极应世，主张“以道佐人主者，不欲以兵强于天下”（甲本1组），“以正治邦，以奇用兵，以无事取天下”（甲本4组）。老子通过对自然之“象”的领会，把握住“混沌”的运动和变化，直接进入“本体”（物自身），以理性的“道”取代神话本原之“道”，从而宣告了原始神话本原的终结。

31. 首先使“道”升华为哲学基本范畴的是《老子》而非《易传》

郭店楚简《老子甲》第一次站在世界观的高度，从总体上探索宇宙本原。它观天，察地，观察天下万物的生与死，关注一切变化之“象”。提出“天下之物生于有、生于无”（甲本5组），“天地相合也，以输甘露”（甲本1组）、“至虚，恒业。守中，笃也。万物方作，居以须复也”，得出“天道圆圆，各复其根”（甲本 3 组）之结论，并认为在“天道圆圆”的后面一定还有一个更高层次的，在天地未判之前就已存在的“可以为天下母”的“道”。可见，“道”在郭店楚简《老子甲》中，已经上升到对神话本原的哲学概括。这既是对《易经》之“道”的思想的承继，又是对它的发展和创新。道家的这一创造显然比儒家先行了一步。长久以来，人们总认为是儒家的创始人孔子及其弟子，在《易传》中“首先”使“易经”的“道”升华为哲学基本范畴，创立包括天道、地道和人道在内的，关于自然和社会普遍规律的哲学思想体系。现在看来不符合史实了。因为，儒家的这个创造显然至少受到了道家相关思想的影响。联系郭店楚简《老子甲》所载“大曰逝，逝曰远，远曰返”，再看看《易传》所认为的“大曰逝，逝曰远，远曰反”，就不难了解两者之间的渊源关系。由此我们可以厘定，道家和儒家起初是同出一脉，相互联系的。

郭店楚简《老子甲》的“道”不仅是世界的本原，而且是天下万物发展变化的根本，是支配天下万物的原动力。郭店楚简《老子甲》所主要论述的“处下”、“不争”、“知足”、“不欲尚盈”、“辅万物之自然”、“无为”等，都是“道”的体现。“道”既是自然法则，也是社会法则。“譬道之在天下，犹小谷之与江海。”说明“道”是本，万事万物所体现出的规律性是末，由本生末，末生而不离本，以此说明“道”是天下万物发展变化的根本，是支配天下万物的原动力。“道恒无为也，侯王能守之，而万物将自化。化而欲作，将镇之以无名之朴。夫亦将知足，知以静，万物将自定。”（甲本 1 组）“恒无为”是“道”的本质属性，像它所支配的大自然一样，只有无私的奉献，永远不会有所索取。作为社会的统治者，若能依此守道保朴，自然能使万物和谐、天下安定。这说明“道”不仅是自然的总法则，也是社会的总法则。

老子的最大贡献，便是消除了殷周以来作为人格精神的天的至高无上的权威，而确立了一个超绝时空的本体“道”，又叫“太一”。这在中国文化史上具有开创性的革新的意义。

以前人们总认为对“道”的哲学精义，首先作出阐释的是《易传》，郭店楚简《老子》则纠正了这种片面见解。

从郭店楚简《老子》所透露的信息看，《史记》等关于孔子曾三次求教于老子的记载并非无据。根据相关的考证，孔子三次向老子请教的具体情况是：第一次在孔子 17 岁时，“从老聃助葬于巷党”，即主要讨教“礼”（丧葬之礼），地点在鲁国。这与关于孔子“年少好礼”的记载相符；第二次是在孔子 30 多岁时，再次向老子请教“礼”，即《史记·孔子世家》所载孔子“适周问礼”，地点在今洛阳；第三次则是在孔子51岁时，他向老子请教“道”，即《庄子·天运》所记述的“孔子行年五十有一而不闻道，乃南之沛见老聃”，地点在今江苏沛县。正是这最后一次，在特地向老子求教了“道”之后，孔子更喜《易》以至于“韦编三绝”，才得以发挥了老子“道”的思想，跟弟子们一起阐发《易传》的思想，创造了以“一阴一阳谓之道”为基础的哲学体系。孔子三见老子的史实说明，作为道家创始人的老子，和作为儒家创始人的孔子，当时并没有“门户之见”，在“礼”和“道”等问题上是相互通融的，而且不管是“礼”还是“道”，孔子都向年长于他的老子讨教过。所以，在某种意义上说老子是孔子的老师，并不为过，因而也可以这样认为，道家是儒家最初思想的重要渊薮。《论语·卫灵公第十五》载：“子曰：‘无为而治者其舜也与？夫何为哉？恭己正南面已矣。’”管中窥豹，足见孔子确实受到老子思想的熏染。

32. 现在还不能全面评价老子其人其书及其学

老子（约公元前571～前471年）被说成道家的创始人，是他去世以后多年的事情。这一点可以肯定。但由于传世本《老子》肯定不是原本，而郭店本《老子》也并非完本。在迄今还没有发现《老子》原本、完本，而且依据最新的考古资料，如1993年湖北郭店楚简《老子》版本看，其与传世本有别，甚至在某些主要观点上相悖，因而被认为是与传世本《老子》思想观点不同的版本，出自不同的作者之手。依据相关专家的分析，郭店楚简《老子甲》《老子乙》，当是春秋道家原创者思想的表述，其作者可能分别是老子、老莱子，或老子、老莱子的弟子对老子、老莱子思想的表述。《老子丙》似为关尹子所作，而传世本《老子》当为“老学首领战国李耳”所作。至于李耳其人，与太史儋以及《庄子·天下》篇所说的“老聃”，则实为一人。司马迁所说“姓李氏，名耳，字聃”，也指此人。郭店楚简《老子》向世人昭示：传世本《老子》是战国时期研究老子学说的领军人物李耳，即太史儋亦即老聃所撰，其虽含有春秋时期《老子》原本的思想内容，但并不准确，更不全面。而原本《老子》的作者则另有其人，即春秋时期的那个老子，大约于公元前571年农历2月15日诞生于陈国苦县厉乡曲仁里，即现址河南鹿邑太清宫镇，修道而长寿，大概活了一百多岁（公元前571～前471年），但其具体的名字是叫“老子”，还是“老莱子”，或者两者是一人，还是他们的弟子中人，以及生卒年等等，仍缺乏可靠的史料加以厘定（详见拙著《国学纵横》）。在这样的情况下，因而还不能、也不宜全面评价老子其人其书。否则，只能重蹈前人覆辙，增加更多的令后人困惑的文字——实质上的文化垃圾。尽管垃圾文字中也不乏真知灼见，但毕竟不能从整体上为后人提供真实而有益的东西。

这类自误误人的事还是不做为好。

至于老子所始创的道家学派，由于传世文献认定的该学派的主要代表人物杨朱、关尹、列御寇、庄周等人，相关著作《杨子》《关尹》《列子》《庄子》等有的失传，有的则鱼龙混杂，尚不能完全确认其生平和事迹，所以自然也就无法或不宜作全面的评论。

33.《列子》一书反映了列御寇的基本思想

《列子》一书，本是先秦时代一部很重要的著作，对后世哲学、文学、科技、宗教影响深远。大概由于自唐代柳宗元始疑其“伪”以来，不断受到怀疑，至清代，姚际恒（1647～1715 年）《古今伪书考》首先认定《列子》是“伪书”，以后响应者渐多，尤其一代学术巨子梁启超先生在其《古书真伪及其年代》中宣称：“有一种书完全是假的，其毛病更大。学术源流都给弄乱了。譬如《列子》乃东晋时张湛（即《列子注》作者）采集道家之言凑合而成。真列子有八篇，《汉书·艺文志》尚存其目，后佚。张湛依八篇之目假造成书，并载刘向一序。”“若不知其源，误以为真属列御寇所作，而且根据它来讲《庄》《列》异同，说《列子》比《庄子》更精深，这个笑话可就大了!”梁启超这话影响殊甚。马叙伦（1885～1970 年）先生也综各家之说，著《列子伪书考》，以二十条证据判定《列子》是“伪书”。权威放言，学界大多数人响应，一时不同意见沉寂，几成定案，以至于使尔后不少文学史、哲学史专著将《列子》从古籍中抹掉。

读书须先辨真伪。“以伪乱真”固然有害，而“以真为伪”也同样误人。

近年海内外诸多学人对此学案重新质疑并加以考辨。如严灵峰（1903～1999 年）著《列子辩诬及其中心思想》（台北文史哲出版社 1994 版）、许抗生撰《〈列子〉考辨》（载《道家文化研究》第一辑，上海古籍出版社 1992 年版）、陈鼓应撰《论〈老子〉晚出说在考证方法上常见的谬误——兼论〈列子〉非伪书》（载《道家文化研究》第四辑，上海古籍出版社 1994 版）、胡家聪撰《从刘向的叙录看〈列子〉非伪书》（载《道家文化研究》第六辑，上海古籍出版社 1995 版）、陈广忠撰《为张湛辨诬——〈列子〉非伪书考之一》《〈列子〉三辨——〈列子〉非伪书考之二》《从古汉语看〈列子〉非伪——〈列子〉非伪书考之三》，（均载《道家文化研究》第十辑，上海古籍出版社 1996 版）。2000 年，北京出版社出版的马达先生《列子真伪考辨》一书，更以翔实的资料对“《列子》伪书说”之每个论点、论据，都进行了认真考辨，用事实从思想史、文学史、汉语史、先秦诸子成书特点等不同角度，认定《列子》不是伪书。此后，仍有不同意见。

“辨伪”与“反诬”都是学术争鸣的需要。只要本着“言之成理，持之有据”，以理服人而非强词夺理，更不以势压人，真相和真理就会越辩越明，终究会水落石出。

由于对传世本《列子》一书的真伪问题至今难于断定，加上列子在各种典籍中的神仙化形象，所以使得人们怀疑他的真实性。其实，像列子一样被神化的古代人物，比比皆是，老子、孔子、庄子等等，哪个没有被神化?！哪个不比列子被神化得厉害？因为被神化而否定一个人的真实存在，是没有道理的。而且从现有的各种相关的文献资料看，列子即列御寇，其生活的年代大致与杨朱同时，即约公元前 430 至前 349 年间。现在看到的《列子》一书，即使不是出自其本人之手，也反映了列子的基本思想。

34.《庄子》是迄今中国第一个提出“本根”概念的作品

《庄子·外篇·知北游》这样写道：“惛然若亡而存，油然不形而神。万物畜而不知，此之谓本根。”

《庄子·杂篇·天下》则将“本根”与万物相对，并简称为“本”：“以本为精，以物为粗。”

正是在“本根”、“本”的基础上，以后的思想家继续提出了“元”、“原”的概念，深化了对宇宙本原（本源）的探讨和研究。这是张岱年先生早在 1937 年所著的《中国哲学大纲》中就已阐述的观点。

从老子第一个涉足“本根”，到庄子第一个明确提出“本根”概念，体现了中国古代先哲对宇宙本原探索的基本脉络。要是把哲学定义为关于世界观的学问的话，那么，道家就是中国的第一个哲学派别。

35. 对庄子其人其书目前也不宜全面评价

作为除老子之外道家最主要的代表人物，庄子（约公元前 369 ~ 前 286 年），继承并发展了老子“道”的思想，并第一次明确提出“本根”概念，把其作为宇宙的本原，从而完善了老子的世界观。当然，庄子的具体思想观点与老子也有很多不同。在处世和为人方面，庄子比老子也旷达、豪放得多。

因传世本《庄子》其书，鱼龙混杂，有不少并非庄子本人的作品。虽然多数学者认为《庄子》中的内7篇是他本人的作品，而外篇和杂篇则均出自其门人或后学之手，但迄今毕竟未能取得统一认识。而在我看来，内篇可以说更接近庄子本人的思想，但以庄子的超然处世态度看，不大可能是他自己写的，而且从内容看也不像是个人著述。所以，与对老子一样，现在还无法或不宜对庄子其人其书作全面评价。而两千多年来人们常犯的一个错误就是，把《庄子》一书和庄子本人的思想混为一谈。

36.“老庄”和“道家”并非一回事

两千多年来，人们往往把“老庄”和“道家”混为一谈。其实，“老庄”和“道家”并非一回事。人们所称谓的“老庄”（在20世纪以来又加上“哲学”二字），本是指老子和庄子的思想，但由于“道家”在战国后期就已开始分化，出现了不同的分支和思想倾向，而到秦汉以后更趋复杂，所以，不能简单、机械地把“道家”与“老庄”混为一谈。况且，就是“老庄”中的老子和庄子两人的思想，也并不完全一致。庄子虽然是老子学说最主要的继承人，但其思想已经与老子有很大区别了。庄子的思想境界要比老子豪放得多、自由得多。另外，老子和庄子本人的思想，也并不等于《老子》《庄子》之书所表现的思想。拿传世本《庄子》一书来说，其中许多篇章出自庄子后学之手，有的晚至秦汉时期。真正完全属于老子和庄子本人的著作，尤其是原本、完本，现在还不能确定。

很久以来，在研究“老庄”和“道家”思想中的许多混乱和无谓的争论，就是由于不对这些界限严格区分所导致的。

为了区分这样的界限，我所说的“道家”是指发端于老子，经过庄子，一直到老庄后学的学派。传世本《老子》《庄子》虽不能算是老、庄本人的著作，但均可以视为“道家”的著作。

37. 道家在养生学方面建树卓越

《老子》含有丰富的养生思想，所谓“道法自然”，“视素保朴，少私寡欲”，“浊以静者将徐清”、“安以动者将徐生”、“不欲尚盈”，“知足，知以静”，以及“益生曰祥”、“甚爱必大费，厚藏必多失”等等，都旨在倡导顺应自然、虚一恬静，通过自身修养而达到“至朴”、“至真”如出生不久的婴儿般的，那种与世无争、身心内外和谐统一的境界。医疗和养生实践早就反复证明，人得病与否，长寿与否，的确跟人的心态关系极大。

大凡人患病的根由无非外因和内因两种（中医之“三因说”仍可总括为

内外两因）。外因即中医所概括的“六淫”（风、寒、暑、湿、燥、火），而内因则主要指七情（喜、怒、忧、思、悲、恐、惊）异常。而情志异常又多为情欲所累导致。通常所谓“心病”即指此。“心病还要心药医。”所谓“心药”就是指宣泄、解脱之法。而老子所讲的“道法自然”，“视素保朴，少私寡欲”，“不欲尚盈”，“知足，知以静”，告诫“罪莫厚乎甚欲，咎莫险乎欲得，祸莫大乎不知足”等等，就是让人们秉持平和的心态。心态平和了，情志异常就可以避免，从而做到静以养神。这确实是医治“心病”的一剂最好的“心药”，是自我养生保健的良方。

杨朱及其弟子继承和发展了老子的养生思想，贵生爱身，并体察到“一毫”与“肌肤”、“肢节”与“肢体”之间的量变质变关系而不轻易损伤“一毫”。《庄子》则进一步发挥了《老子》的这一养生思想，并在《养生主》等篇中专门加以阐述，进一步强调顺应自然，不要为内心情感和外物所累，提出养生保健的关键在于“缘督以为经”，要善于从世俗的功、名、利、禄、权、势、尊、位等名缰利锁中挣脱出来，注重“养神”、“守形”，“忘我、无欲”，作到“目无所见，耳无所闻，心无所知”，使精神得以自我超脱，并把生死视为合乎自然规律的常事，达到“物我两忘”的“至人”境界，这样自然就可以求得长寿。

《老子》中已经蕴含后世称为“气功”的机理，如“致虚”、“守中”等，而《庄子》则进一步发展了其气功机理，在《应帝王》中就形象地记载了一个叫壶子的人，令神巫莫测地“机发于踵”、“虚而委蛇”的“坐忘”功夫。在《刻意》篇中更叙述了“吹口句呼吸，吐故纳新，熊经鸟申，为寿而已矣”的呼吸导引养生之法。

老庄以“虚静自守”为主旨的养生之道，对后世养生学影响非常大，除了道教的各种养生理论和功法（特别是“内丹功”）源于此外，儒家的“修身养性”和中国化的佛家之“坐禅”等，可以说均与此有着深厚的渊源关系。

除了在养生方面的广泛而深远的影响外，老庄“虚静自守”的哲理还具有更广泛的社会意义。

由于中国专制社会之国家机器的按钮，始终由最高统治者个人专断，因而使得整个国家机器的运转经常为最高统治者个人的情绪所左右，从而使得各级官员臣僚的升降沉浮，往往并不以其德才和政绩为依据，而是经常处于阴差阳错、吉凶难卜的混沌迷茫状态。至于黎民百姓的命运则就更不用说了。权奸小人平步青云，弹冠相庆；贤达君子反遭宰割，含冤受屈，愤懑难鸣。面对仕途的坎坷和吉凶难卜，面对人生的艰辛和生死难料，老庄“虚静自守”

的养生之道往往会为人们提供一把自我解脱、自得其乐的钥匙。后世的许多达官显宦在遭遇坎坷或落魄、失意后，之所以多借助于老庄哲学以求得解脱，其道理正在于此。

38. 道家非道教，老子也决非“太上老君”

不少人往往把道家与道教混为一谈，这是天大的谬误。

道家非道教，尽管老子关于“道”的思想因带有神秘性等而被道教利用，并将其推向极端，把“道”神化为具有无限威力的崇拜偶像，成为具有人格的最高神灵，而老子也被神化为“太上老君”，但这样做却从根本上违背了老子或道家的思想。因为倡导“道法自然”，以“虚静自守”为主旨的老子，和承继老子的思想并主张逍遥自在、不受拘束的庄子，以及道家的其他代表人物，绝没有“羽化成仙”的奢望，因而也不可能有那些为此而冥思苦想出来的、五花八门的修炼方法和仪式。至于老子被神化为“太上老君”，则更完全违背了老子做人的初衷。

中国古代的先哲之所以大都遭遇被神化的命运，有着深厚的社会历史根源和思想根源。从历史根源上说，这是整个中国乃至人类历史在漫长的文明演进中，所不可避免的阶段，即在由原始的自发崇拜到人为的偶像崇拜过渡进程中，难免产生的现象，特别是当外来宗教传入时，一些崇尚本国本族根底文化的人士，往往会很自然地模仿外来宗教，开发、利用本国本族的文化资源，创造出能与外来宗教比美的土生土长的宗教来。道教就是在佛教传入后这样被创造出来的。道家的创始人及其理论就是在这样的社会背景下，被道教利用并加以神化的。

从思想根源上说，就整个人类的认识由蒙昧进到文明，以至真正科学的境界，不单取决于人的智力和能力的开发和高度发展，而且取决于相应的科技进步和昌明。这个过程相当漫长和曲折。尽管现在人类已经进入所谓“信息时代”了，但这样的过程仍远未完结。在这样的进程中，即使最具聪明睿智的贤达名流，也必不可免地同样具有时代的局限性。当其进步性被夸大、绝对化，以至连其局限性也被囊括其中时，就发生了崇拜或迷信。拿老子来说，其关于“道”的认识，无疑较前人有了巨大的进步，但由于历史的和认识的局限，他关于“道”的神秘性的见解是很明显的。正是这一点，使他遭际了他本人无论如何未能料到的被神化的命运。如同“播下龙种却收获跳蚤”之事已司空见惯一样，“开启智慧反导致迷信”之事也屡见不鲜。这可以说是中国乃至整个人类文化发展之悖论。凡是发生的事情自有其根源，一切偶然性的背后均隐含着必然。我们只能见怪不怪，冷静地面对并审慎地研究和分析其中的原委就是了。

总之，道家非道教，老子也决非“太上老君”，但道家思想之所以被道教利用，老子之所以被神化为“太上老君”，却又绝非无缘无故。

（三）儒家

39. 儒家与道家有着师承关系

对于儒家的起源，历来众说纷纭。班固《汉书·艺文志·诸子略》认为“儒家者流，盖出于司徒之官，助人君顺阴阳明教化者也。游文于六经之中，留意于仁义之际，祖叙尧、舜，宪章文、武，宗师仲尼，以重其言，于道为最高。”说儒家“于道为最高”，宜从狭义或相对的意义上理解，若从广义上理解，前文已述，“于道为最高”者当是道家。从狭义上理解，儒家有儒家的“道”，其“道”在儒家学说中占据最高、最重要的位置。称儒家是“助人君顺阴阳明教化者”，显然带有董仲舒所谓“儒术”的痕迹，而并非孔孟儒家之本色，因为孔孟很少讲“阴阳”。另有人认为儒者是指一种以宗教为生，负责治丧、祭神等各种宗教仪式的职业。

《说文解字》则解释为：“儒，柔也，术士之称。”先民很早就重视死的观念与丧葬礼仪，这种广泛的社会需求促成了一个特殊社会阶层“儒”。至迟到殷代就有了专门负责办理丧葬事务的人员，就是早期的儒，或称为术士。由于这种职业地位低微，做事要仰人鼻息，因而形成比较柔弱的性格。一般认为这是“儒”的本意，后来“儒”演变成泛指“读书人”。譬如，在《论语·雍也第六》中，就有这样的文字：“子谓子夏曰：‘女为君子儒，无为小人儒。’”意思是说，你要是想做君子一样的读书人，就别做像小人一样的读书人。

据迄今所发现的文献看，“儒家”这一称号并非孔子自封，而是始自墨家对孔子学派的称呼。还有人认为，“儒”最初系指古代从巫、史、祝、卜中分化出来的，专为贵族人家相礼的一批人，而孔子是其中的一位佼佼者，于是后人就把他的学说奉为“儒家”。

我倒认为，“儒”其实在孔子生活的时代，已经是学士即读书人，包括教师和学生的总称了。而孔子被公认为第一位开创私学并聚徒讲学的老师，因而其学说被称为“儒家”就很自然了。刘向父子不过是采纳当时的说法而已。

至于儒家的思想渊源，从已有的文献和考古发掘资料看，中华文明始于伏羲，至黄帝时代已趋兴盛。但那时的文化勉强说还是一种巫史文化。以后衍生出阴阳术及对祖先和天地鬼神祭祀的“礼”。到周发展为《周礼》。到春秋末期，孔子因从小就做过操办丧葬礼仪的事，在年轻时曾“问礼于老子”，因而对“周礼”熟悉并崇尚，并用仁的思想予以阐发，在对《易》《诗》《书》《乐》和《春秋》等的学习和编纂过程中，又两次“问道”于老子。因此，要是硬说儒家之所以“于道为最高”的话，那也与孔子向老子求教有关。儒家（至少其创始人孔子）与道家（至少其创始人老子）有着师承关系。孔子晚年尤其喜《易》，并和弟子一起集中将“道”的思想加以发挥和创新，作《易传》，使《易》由占筮之书一跃而革变为蕴含丰富哲理的巨著。

40.《论语》乃儒学的奠基之作

《论语》作为记载孔子及其弟子言行的书，实为儒学的奠基之作。

《论语》在表达上，语言精练而形象生动，是语录体散文的典范；在编排上，没有严格的编纂体例，每一条就是一章，集章为篇，而篇、章之间并无紧密联系，只是大致归类，并有重复章节出现。

这说明《论语》不是出自一人之手，而且在流传中经过修饰。

据考证，到汉代时，有《鲁论》（20 篇）、《齐论》（22 篇）、《古论》（21 篇）三种《论语》版本流传。东汉末年，郑玄以《鲁论》为底本，参考《齐论》和《鲁论》编校成一个新的本子，并加以注释，推向社会。郑玄的编注本流传后，《齐论》和《鲁论》便逐渐亡佚了。

汉代以后在郑玄编注本的基础上，各代又有许多注释《论语》的版本，主要有三国时魏国何晏的《论语集解》，南北朝梁代皇侃的《论语义疏》，宋代邢昺的《论语注疏》，朱熹的《论语集注》，清代刘宝楠的《论语正义》等。

我们今天所看到的本子，就是郑玄的编注本。郑玄的编注本究竟是否最符合原貌，是否完全真实地反映孔子的学说和思想，在《齐论》《鲁论》等版本发现之前，都是不得而知的问题。

41. 人道主义乃《论语》主旨

现在诠释《论语》的著作繁多，其中虽不乏严谨注疏的精辟卓见，但断章取义、望文生义，任意揆度、随心敷衍也比比皆是。

其实，《论语》既然是孔子及其弟子和再传弟子的言行纪要，而孔子是儒学的创始人，因而《论语》自然就成为儒学的奠基之作。

孔子学说中一以贯之的是“忠恕之道”，而忠恕之道的核心则是“仁”；“仁”的根本则是“性相近，习相远”的“孝弟”。最能体现“仁”的思想的名言是“仁者爱人”，“泛爱众”，“己所不欲，勿施于人”，“己欲立而立人，己欲达而达人”。就是要怀着一颗爱心关爱一切人，自己不想要的不强加给别人，自己想确立的先让别人确立，自己想获得的先让别人获得，这就是“仁”。

显然，这是一种高尚的仁爱精神，是人道主义。

孔子倡导“和为贵”，倡导“中庸”，其主旨仍是为了实现其仁爱精神，即人道主义。

《论语》讲“道”之文字甚多，其所讲的“道”与老子所讲的“道”之根本不同，则在于老子是从本根即宇宙的本原意义上来讲的，而孔子则专讲“人道”。“仁”即人道主义，虽然“仁者爱人”的说法在孔子之前早就有了，说明人道主义在中国起源很早，但是，是孔子、也是《论语》首先高举起人道主义这面体现人类最崇高理想的旗帜的。后世的一些贤达之所以喊出“一部论语治天下”，以至20世纪中叶以后，包括资本主义国家的某些政要和资本家在内的诸多领导者和管理者，之所以崇尚《论语》，喊出“用《论语》进行领导和管理”的口号，主要就是看中并应用了《论语》的人道主义。足见许多人把人道主义的发明和首倡，归功于欧洲“文艺复兴时期”的人文主义者，是多么违背史实！这其实是一种自卑媚外的思想。中国自古就把“人道”与“天道”、“地道”并称，所以“人道”思想起源很早，这不仅在《五经》等典籍中均可看到，而且从迄今发现的甲骨文中也能窥见，至迟在春秋战国时期的《论语》《墨子》中，“人道”思想就已经比较系统化了。

“人道”不仅与“天道”、“地道”相应，而且与“兽道”相对。它是体现人类社会与动物界根本区别的思想。人和兽永远相伴，因而“人道”和“兽道”也永远共存。将人类社会和动物界根本区别开来的、系统化了的思想理论，就是“人道主义”。

正因如此，人道主义在人类思想文化史上，比任何主义都产生得早，而且将与人类社会相伴始终。就是说，在思想文化领域，当任何主义都不复存在的时候，人道主义将依然存在。

在人类社会永葆青春的人道主义，早在《易》《诗》《书》《礼》《春秋》和《老子》中，就已经多所论及，而到《论语》《墨子》《孟子》《荀子》等诸子之说中，就已经比较系统化了。

42. 孟子与孔子学说之根本差异

孟子作为儒家仅次于孔子的主要代表人物，其学说和孔子的学说一起被称为“孔孟之道”。

其实，孟子的学说较孔子是有许多明显的区别的，其中最突出的表现在世界观上。从《论语》来看，孔子还没有形成完整的世界观，对天命、鬼神等等都表现出模棱两可的立场和观点，但到孟子，则有了一套完整的“尽心知天”、“万物皆备于我”的主观唯心主义的世界观。因为有这根本的差异，所以在具体问题上孟子与孔子的观点也多有区别。

由此，对于千百年来人民所津津乐道的“孔孟之道”，只能在相对的意义上去理解，而不能把孔、孟两人的思想和学说简单地等量齐观。

43. 综合创新是《荀子》的突出特点

荀子（约公元前330～前218年）自幼学习勤奋，善采百家之长。50岁时，离赵赴齐，在稷下学宫讲学，“最为老师”，“三为祭酒”，多次出任稷下学宫的学长，为他以后综合诸子百家之学而创立自己的思想体系，打下深厚的基础。

荀子综合各家对天人关系问题的见解，提出“明于天人之分”的观点。一方面把道家“自然”、“无为”的思想改造为“不与天争职”，强调“天行有常”，反对违背自然规律的背道妄行；另一方面又把思孟学派“与天地参”的思想，改造为“人有其治，夫是之谓能参”，强调“制天命而用之”，反对自然命定论，使“天职”与“人治”，即自然无为与人道有为在较高的理论思维水平上得到统一。荀子还针对当时流行的各种迷信思想，从理论上进行了较为系统的批判，认为天雨天晴、日食月食，都是由于客观规律的作用而发生的自然现象，并非天地神灵在支配。当然，“天地始者，今日是也”的循环论思想，在他那儿也还存在，表现了他认识的历史局限性。荀子继承和发展了孔子关于“学而知之”的思想，强调人的知识并非先天固有，乃是后天获得，特别重视“积”即切实持久地积累的作用。他明确肯定人具有认识客观事物的能力，而客观事物的道理也是可以被认识的。

荀子针对“蔽于一曲，而闇于大理”的各家认识上的通病，提出“解蔽”的主张。他反对孟子的性善论，首创性恶论，主张以“师法之化，礼义之道”去“化性起伪”；重视环境和教育对人的影响，强调对人性的改造。在政治上荀子则吸收了稷下学派的思想，主张礼法兼治，王霸并用，强调通过“尚贤使能”建立起新的等级秩序，提出以“分”求“一”，即以等级差别求得整体和谐的思想。他继承并发展了孔子以来的正名思想，创造了以正名为中心和目的的逻辑及认识论体系。荀子从儒家立场出发，将逻辑和政治伦理紧密结合在一起，反对名辩之士脱离现实的名辩作风。但这也使得他对先秦名辩之士的逻辑及认识论成果，未能充分吸收，致使其逻辑及认识论体系欠完善。

荀子自称“儒家”，而且也确实吸收了稷下思孟学派的思想，但他对思孟学派的批评也特别尖锐，还将孔门弟子子张、子夏、子游斥为“贱儒”。他虽然称誉孔子为“大儒”，但对孔子的思想并未全盘接受。他极力融合各家学说，尤其是融合法家思想来改造儒家思想，试图使之符合大一统的政治要求。

荀子不仅集儒家之大成，并且可以称得上集诸子百家之大成。他对各家学说均批判吸收，融会贯通；同时，又对各家小说都采取了超越的态度。他的学说比较全面地总结了先秦百家争鸣中提出的重要问题，并有所创新。

荀子集诸子百家之大成不仅表现在其学术思想内容上，也表现在其写作体裁和技巧上。通观《荀子》各篇文章，主旨集中，论题鲜明，结构严谨，说理透彻，富有逻辑性，善于运用寓言和比喻、排比、对仗等技巧，就事论理，持之有故，言之成理，环环相扣，层层深入，而且语言丰富多彩，形象、生动，读来抑扬顿挫，铿锵有声，似有美乐缭绕耳畔，具有很强的说服力和感染力，对后世说理性散文的形成和发展影响甚大。《劝学篇》成为两千多年来脍炙人口的佳作，绝非偶然。而《荀子》中的五篇短赋，则承《诗》继《辞》，综合创新，开创了以赋为名的文学体裁；其采用当时民歌形式写的《成相篇》，则更通俗易懂，运用说唱形式来表达自己的政治、学术思想，对后世也有一定影响。荀况不愧为我国古代一位杰出的思想家、教育家和文学家。

因此，综合创新成为《荀子》一书的突出特点。所以，他的学说应该称为“荀学”才适宜，而戴在他头上的那顶“儒家”帽子，并不合适。事实上，荀子学识渊博，应该算作“杂家”。其学问之“杂”，才成就了其学识之渊博，才有可能在此基础上综合创新。

从荀子开始，我们看到“杂”，几乎成为其后各家学者所共有的特征，只是程度各不相同而已。而原始的各家思想基本不复存在。

44. 儒家的分化和孔子空担的毁誉

《韩非子·显学篇》云：“孔墨之后，儒分为八，墨离为三，取舍相反不同，而皆自谓真孔墨。”关于儒分为八，篇中说：“自孔子之死也，有子张之儒，有子思之儒，有颜氏之儒，有孟氏（孟子）之儒，有漆雕氏之儒，有仲良氏之儒，有孙氏（荀子）之儒，有乐正氏之儒。”儒分为八不是同世并存的八个支派，而是辈分不同的八位学子的学说。

其中占有重要地位和影响最大的，是孟子和荀子两人的学说。

尽管儒家八子学说中均有联系，且有些联系比较紧密，如子思与孟子之间，就联系密切；仲良子同曾子之间也有联系，但毕竟各有特点；尤其是荀子学派与思孟学派的区别相当明显，前者对后者的批判也相当尖锐。

但是韩非所概括的“儒分为八”是否完全符合史实，值得探究，因为他的老师荀子所指斥的“贱儒”有“子张氏”、“子夏氏”、“子游氏”三家，而韩非所提到的只有“子张氏”一家。还有，《孟子·离娄下》所提到的率弟子“七十人”的曾参，《史记·仲尼弟子列传》所提到的“从弟子百人，设取予去就”的澹台灭明等，显然也都是开宗立派的大师，至少可以与韩非所提到的一些人物相比，但均未被韩非列入“八子”之中。而荀子在《非十二子》中则将思、孟前后相续，挑明二者具有内在的联系。因此，把韩非和荀子的观点综合起来看，儒学的分化至少多于八。

儒家或儒学的分化，反映了学术文化发展的趋势和规律。不管儒学分化后各学说之间的异同如何，总的来说，与孔子的思想已经均有所不同了。而且这是在“孔子死后”就开始出现的情况，到战国末期愈趋明显，荀子的学说就是最好的证明。

这，奇怪吗？不奇怪。

任何学说（当然不包含任意杜撰和臆造的荒诞之论）从根本上讲，总是反映一定时代的社会经济、政治等状况的，总是植根于它所赖于产生的既定的政治、经济等土壤条件的，时代在变，政治、经济等具体土壤条件均在变，学说要是一成不变，那才怪呢！

以这样的观点看待春秋战国时期的百家争鸣，以及各家内部的演变和分化，就不会陷入迷茫和困惑了。

至于秦汉以后，伴随社会的政治、经济等社会土壤条件的巨大而不断地变化，“儒家”、“儒学”的演变和分化就更大了。尽管人们一直认为“儒家”、“儒学”是中国学术文化的主流，是统治中国社会两千多年的意识形态的主流，尤其是从20世纪初的“新文化”运动以后，每每对此展开批判和抨击，但人们在口诛笔伐的时候，似乎都忽略了一个基本的事实：即每个时代人们所称道、谈论、标榜、指斥的所谓“儒家”、“儒学”，其实其内涵和外延都在变化，尤其是离孔子的学说越来越远了！

可以这样说，如果说在从孔子逝世到战国末期的“儒分为八”中的一半实际彼此相关，还称得上是“儒家的主流”（李学勤先生持此观点）的话，那么以后，各种冠于“儒家”、“儒学”的学说，就相当驳杂、离开原汁原味的儒家学说越来越远了。比如，流传已久的所谓董仲舒的“儒术”，就与“儒家”、“儒学”相差甚远！至于标以“新儒学”的“宋明理学”，那就更相距十万八千里了！所以，后世人们所加给“儒家”、“儒学”及孔子的各种毁誉之名，其实，与孔子本人的思想，与原本的“儒家”、“儒学”，真的没有多大关系了。

“儒家”、“儒学”就是在这样地被歪曲的历史发展中，空担着各种毁誉之名，时而被捧到九天之上，时而被打入十八层地狱。孔子及其学说两千多年以来，就是被人们这样反反复复地捧上掷下，任意臧否。

45. 儒学非教，孔子也决非教主

“儒释道”、“三教”并提的说法由来已久，且影响深远。但是，只要严格探究一下，就会发现这种提法实乃以讹传讹。

因为儒学或儒家，尽管其创始人孔子在其去世后渐渐被圣化、神化，到唐代被追谥为“文宣王”，宋代改谥“至圣文宣王”，明代嘉靖九年（1530年）始被奉为“至圣先师”，并设庙祭祀，但儒学并不是宗教，尤其不是像佛教和道教那样的宗教。统治者之所以一再把孔子神圣化、偶像化，旨在利用孔子及其学说的影响巩固其统治，而人们之所以祭拜孔子，也只是出于尊敬，就像为尊敬的先辈摆设灵位祭拜一样。正像老子被神化为“太上老君”享受供奉和祭祀，完全违背了老子做人的初衷一样，孔子被偶像化为“至圣先师”而被设庙供奉，也完全违背了孔子做人的初衷。“敬鬼神而远之”的孔子被神化，轻说是滑稽，是闹剧，重说则是糟蹋，是凌辱。至于利玛窦（1552～1610年）从基督教背景和立场出发，认为春秋以前的儒学是宗教，两汉以后的儒学不是宗教，并褒扬前者贬抑后者，则更是胡言乱语。儒学到荀子时代已经至少“分为八”，就已不复是纯正的儒学了。至于以后的“儒术”（董仲舒）和“宋明理学”等等，则离开纯正的儒学就更远了。说纯正的儒学即通常所说的孔孟之道是宗教，而以后被泛化和杂糅化了的儒学反不是宗教，实在是对中国儒学的无知或任意曲解。关于不纯正的儒学是否宗教？“儒释道”、“三教”并提的“儒教”究竟是指什么？我在后文将论及。但从严格的意义上讲，与孔学相提并论的儒学不是宗教，这是不争的事实，无须讨论。同老子和道家被道教所利用具有深厚的社会历史根源和思想根源一样，孔子和以他为代表的儒学被利用以至被偶像化，被设庙供奉，也同样具有深刻的社会历史根源和思想根源。关于这一点，我们在谈论老子和道家被神化的根源时，已经作了论述，在这里就不重复了。

跟老子和道家所不同的是，孔子及其代表的儒学或儒家，命运却比老子和道家幸运，因为他和他的学说始终并未成为像佛、道那样的宗教，因而孔子也始终并未成为教主。尽管很长时间以来人们都把“儒教”与道教、佛教相提并论，而实际上，人们对于所谓“儒教”的理解各异，而一般并不是指儒学本身。

令人惊异的是，在科技文化突飞猛进，中国“正步入全面建设小康社会”的时候，居然有些人非要把儒学说成是“宗教”，并拼凑了所谓《中国儒教史》。关于这个问题，我将在后文相关问题中予以驳斥。

（四）墨家

46. 墨家是个有着特殊贡献的学派

墨家创始人墨翟，世称墨子。墨家是墨子弟子的自称。其实以姓氏为学派之代表本是先秦常规，但后世其他各家多未再以姓氏为代表，其缘由值得探究。

《汉书·艺文志·诸子略》中说：“墨家者流，盖出于清庙之守。茅屋采椽，是以贵俭；养三老五更，是以兼爱；选士大射，是以上贤；宗祀严父，是以右鬼；顺四时而行，是以非命；以孝视天下，是以上同；此其所长也。及蔽者为之，见俭之利，因以非礼，推兼爱之意，而不知别亲疏。”。“清庙之守”，意思是管理庙中事物，演习郊祀或其他祭祀礼仪。春秋初的尹伊便是“清庙之守”。据说他的传人史角居于鲁国，墨子曾前往向他求教。

关于墨子的身世，《史记·孟子荀卿列传》末尾提到：“盖墨翟宋之大夫，善守御，为节用。或曰并孔子时，或曰在其后。”太史公留下的疑案使后世研究者争论不休，但综合传世文献和迄今所见考古资料，墨子（约公元前468～前376年）活动的年代在孔子之后，大约与杨朱同时。至于墨子的身世，我觉得太史公和班固都有据其学说推断其身世之嫌，后人又多认为是小手工业者。我认为应主要就其言论研究、分析，其身世研究可放后。

墨家主要代表作为《墨子》，也称《墨经》或《墨辩》，为战国末期墨家后学所著。该书文风朴实，但部分内容佶屈聱牙，以致两千多年来很少有人问津。直到清末才有学者认真解读，并发掘、总结出墨家学说中的许多学术思想。如关于光沿直线前进，平面镜、凹面镜、球面镜成像的一些情况，尤以说明光线通过针孔能形成倒像即小孔成像的光学理论，关于科学地论述了圆的定义的数学理论，关于力和重量的关系等等自然科学方面建树，振聋发聩，轰动学界。其所发明制造的连弩车（见《墨子·备高临》）、转射机（见《墨子·备城门》）和藉车（见《墨子·备城门》）等，以及利用杠杆原理研制的用于提水的桔槔，绞水的辘轳，和作战用的滑车、云梯等等，分别用于生产和军事，均说明墨子及其学派是我国先秦时期，在科技方面独领风骚的学派，在世界上也处于领先的地位。

47. 墨子是以人道主义为思想基础的和平主义者

为什么这样说呢？

墨子把“兼爱”、“非攻”视为人类生活的最高准则，并一不怕苦、二不怕死地身体力行。就连歪曲并攻击他的孟子也不得不承认：“墨子兼爱，摩顶放踵利天下，为之。”《淮南子·泰族训》也称道：“墨子服役百八十人，皆可使赴火蹈刃，死不旋踵。”

墨子的“兼爱”，就是“兼相爱”、“交相利”。而“兼相爱”，就是视人如己，爱人如己；就是不分亲疏、远近、等级地爱一切人。这也就是孔子所说的“泛爱众”。可见，墨子虽在很多问题上批判孔子，但在人道主义方面，却保留了从孔子那儿学来的东西，并加以发展，比孔子更彻底。

墨子说的“利”，不是个人私利，而是人民大众之利。墨子汲取了孔子“仁”的概念，以“利”言“仁”：“仁人之所以事者，比兴天下之利，除去天下之害。”

墨子认为“万事莫贵于义”，但他之所以“贵义”，是因为义能利民：“所以为良宝者，可以利民也。而义可以利人，故曰：义，天下之良宝也。”

墨子的“兼相爱”、“交相利”学说，与其“非攻”即反对战争的和平主义是一致的。

他认为天下大乱的根源，就是违背了“兼相爱”、“交相利”：“凡天下祸篡怨恨，其所以起者，以不相爱生也。是以仁者非之。既以非之，何以易之？子墨子言曰：以兼相爱交相利之法易之。然则兼相爱交相利之法，将奈何哉？子墨子言：视人之国若视其国，视人之家若视其家，视人之身若视其身。”假若人人奉行兼相爱交相利之法，视别人的国家为自己的国家，别人的家庭为自己的家庭，视别人的身体为自己的身体，那么就不会有战争等祸乱了。

墨子这些话，是既简单又明晰的真理。这些话表达了中国古代劳动人民对战乱的厌恶，对和平、安宁的期盼；也表明墨子是个以人道主义为基础的和平主义者。

可惜，由于存在着依靠剥削、压迫、侵略和奴役而满足其坐享其成、骄奢淫逸欲望的专制主义、帝国主义、殖民主义和霸权主义，墨家所代表的中国劳动者所向往的人道主义、和平主义，至今未能实现。

（五）法家

48. 对班固就法家起源之概说历代多有非议

《汉书·艺文志·诸子略》说："法家者流，盖出于理官。信赏必罚，以辅礼制。《易》曰'先王以明罚饬法'，此其所长也。及刻者为之，则无教化，去仁爱，专任刑法而欲以致治，至于残害至亲，伤恩薄厚。"

这是说，法家一派的思想出于古代掌管诉讼的官员，严格按规定进行奖赏和惩罚，以此来辅助礼制。《易·噬嗑》曰："雷电噬嗑，先王以明罚敕法"，用明正的刑罚来整肃法纪，是法家的特长。但到了严厉刻薄的人用这套办法时，就无视了教化，背离了仁爱，试图专靠严刑峻法达到天下大治，以至残害至亲，忘恩负义，背离"因人之情"（见下文）。

这段话不仅说明了法家的起源，而且揭示了某些法家人物走向反面的缘由。法制本来用以"辅助礼制"，即与德治、教化相辅相成，才能发挥其应有的作用，要是恃法背德，无视教化，以至残害至亲、忘恩负义，背离"因人之情"，那就会适得其反。许多法家人物之所以下场悲惨，自然有着深厚的社会根源，但不能不说与他们恃法背德，单纯依靠严刑峻治理社会有关。

如商鞅（约公元前390～前338年）任法甚苛却疏于术，能治百姓而不能挟制擅权之重臣，终为自己编制的法网所困，而罹难车裂；韩非（约公元前280～前233年）重术被同窗李斯（？～前208年）所洞察，故以术加害，使其壮志未酬；任法且精于术的李斯虽飞黄腾达、机关算尽，而最终也落得个临刑叹黄犬，即慨叹不能再像早年那样与儿子带领黄犬捕捉野兔的悲惨下场……正所谓"成于法而毁于法"，盖与法家恃法背德有关。

法和德本是用以规范人们的行为，以维持社会秩序正常运转的两个方面。它们的关系如鸟之双翼，车之双轮，不但缺一不可，而且相辅相成、相得益彰。但从根源上讲，德更根本，更重要，假若一个社会依靠德就能维持正常的社会秩序，是无需法的；只是当德不足以维持社会的正常秩序时，才需要法；法实乃不得已而为之。"法为德之辅"之说，很对。"德治"比"法治"

更能昭示社会的文明程度。一个社会的法律条文越多，则说明该社会的道德越低下。法这东西，能不用就不用，能少用就不多用。什么都依靠法，甚至人们的一举一动都要靠法才能维持，那只能说明该社会的道德已经堕落殆尽！这样的社会绝对不是什么“法制社会”，而是“鸟笼社会”！

对班固就法家起源等的概说历代多有非议。章太炎也曾指出“此语仅及其半。法家有两派：一派以法为主，商鞅是也；一派以术为主，申不害、慎到是也。惟韩非兼善两者，而亦偏重于术。出于理官者，任法一派则然，而非所可语于任术一流。”（章太炎《国学讲演录·诸子略说》凤凰出版社。）章公所言有道理，不过他却忽视了“势”。申不害（约公元前385～前341年）、慎到（约公元前370～前290年），本于黄老，而主刑名，不纯以法为主。韩非对《老子》情有独钟，作《解老》《喻老》，亦绝非偶然。太史公以老、庄、申、韩同传，盖与法家之术跟传世本《老子》的“道”有一定的渊源关系相关。传世本《老子》说的“将欲去之，必古与之。将欲夺之，必古予之。”显然含有“术”的意味，而“道术”一词也说明了“道”与“术”的紧密关系。

49. 韩非是君主专制中央集权理论的发明者和导师

司马迁称韩非的学说本于黄老而主刑名。其实，作为荀子弟子的韩非承继了荀子综合创新的治学方法，以法家思想为基础，吸纳道、儒、墨等各家思想，将先秦的法治思想加以系统化了。

“法”、“术”、“势”是韩非前的法家主要代表人物所注重的概念，但在商鞅、申不害和慎到那里却各有侧重。商鞅任“法”，在秦孝公的信用下，通过两次变法，实行编户和连坐，鼓励个体经济，奖励军功、耕织，废除世卿世禄制度，规定父子、男女有别，推行郡县制，废井田、开阡陌，统一度量衡，定秦律，烧诗书，禁游学，经过20余年使秦富强，为以后秦始皇统一中国奠定了基础，但终因法律过于苛刻，不仅招来杀身之祸，也为秦朝的短命速灭埋下祸根；申子重“术”，主张君王“因任而授官，循名而责实，操生杀之柄，课群臣之能”；慎到则重“势”，以黄老之学主张“以道变法”，“人情莫不自为”，君主要善于“因人之情”使法行划一，法乃“不得已”而用，“法之所加，各以其分”，要求臣民“以死守法”、“以力从法”，“弃知去己”，“大君任法而弗躬，则事断于法矣。”强调“势”治，认为“贤智未足以服众，而势位足以诎者”，只要有权势，即使平庸之君也可“抱法处势”，“无为而治天下”；到韩非，则将法、术、势融为一体，主张君王要将法治条文公告天下，而把“术”“藏之于胸中”，以便驾御群臣，强调法术兼用，“君无术则弊于上，臣无法则乱于下”。而法术的兼用，则又必须依靠“威势”，认为“威势者，人主之能也”，君王之“所以制天下而征诸侯，以其威势也。”

韩非认为“世异则事异”，“事异则备变”，因此倡导“不期修古，不法常可”，要根据今天的实际来制定政策。

韩非继承和总结了他以前法家的理论和经验，系统地提出了以名责刑，以法为本，以术治下的刑名法术之学，以及以法为中心，“法”、“术”、“势”三者合一的君主统治术，即君主专制的中央集权理论。在经济上主张废井田，重农抑商、奖励耕战；在政治上则主张废分封，设郡县，君主专制，仗势用术，以严刑峻法进行统治；在思想和教育方面，则主张禁断诸子百家学说，以法为教，以吏为师。其学说为君主专制的大一统王朝的建立，提供了理论根据和行动方略。

韩非主张“事在四方，要在中央；圣人执要，四方来效”。国家的大权，要集中在君主（“圣人”）一人之手，“万乘之主，千乘之君，所以制天下而征诸侯者，以其威势也”。君主应独揽大权，并使用各种权术对世袭诸侯“散其党”、“夺其辅”，剪除私门势力；同时，“以法为教”、“以吏为师”，认为“宰相必起于州部，猛将必发于卒伍”；主张“废先王之教”，禁止私学，励行赏罚，奖励耕战，谋求国家富强；严格执法，做到“法不阿贵”，“刑过不避大臣，赏善不遗匹夫”。他还认为只有实行严刑重罚，人民才会顺从，社会才能安定，统治才能巩固。韩非的这些主张，为秦始皇建立统一的中央集权制度，提供了理论依据。

韩非的君主专制的中央集权理论，虽然集中体现了“法”、“术”、势”三者合一的法家思想，但其中也渗透着黄老和道、儒、墨等各家思想，并多所创造。所以，韩非的学说不是一个“法家”所能包容得了的，他其实带有明显的“杂”家色彩；而他的“杂”却又不同于传统所称的“杂家”。他之所以能创立中央集权理论，盖与此有关。因为要建立和维护中央集权，使国家机器在一个人操纵下得以运转和维持，绝不是单纯的法家理论所能维系得了的，而必须博采诸家理论，还要根据需要自己创造、甚至任意编造各种理论，实行愚民的思想禁锢政策。在商鞅、韩非的理论中，其实就包含为了控制舆论、统一思想而“焚书坑儒”的话语，秦始皇不过是将其付诸实践并推向极端而已。在韩非看来，为了集中而统一的国家机器的运转，君王必须独自操纵、控制整个国家机器的枢纽，随心所欲地控制其运转的方向和速度，为此不仅要编制法网，而且要包藏心术，乃至不择手段，在言与行上均要

“不期修古，不法常可”。这就是他所注重的“权势”！难怪对中央集权制梦寐以求的秦王嬴政见到他的书如获至宝，并很快成为韩非君主中央集权制理论的第一位实践者。往后的中国中央集权制的历史昭示，几乎所有的专制统治者，都是这样做的，不管他们声称遵循什么学说、理论或主义，而实际上所奉行的都是“杂”牌的东西。

因此，在某种意义上说，韩非既是中央集权制理论的发明者，又是实践这个理论的专制者的导师。韩非虽被害早死，而他的理论却长存。

（六）名家

50. 惠施和公孙龙为君王等政治家提供了思辨指南

《汉书·艺文志·诸子略》载：“名家者流，盖出于礼官。古者名位不同，礼亦异数。孔子曰：‘必也正名乎！名不正则言不顺，言不顺则事不成。’此其所长也。及警者为之，则苟钩鈲鈲析乱而已。”

按照班固的观点，名家是在礼崩乐坏、礼数与名位错乱的春秋时期，为了“正名”而涌现的学派。

春秋末的郑国大夫邓析（公元前545～前501年），“操两可之说，设无穷之辞”（《邓析子》），可谓名家先驱。到战国时期，尹文（约公元前360～前280年）、田巴、桓团等人，均可算作名家，但主要代表人物则是惠施和公孙龙。

惠施（约公元前370～前300年）著作已佚，《汉书·艺文志·诸子略》曾载有《惠子》一篇也佚。现仅有片言只语散见于《庄子》《荀子》《韩非子》《吕氏春秋》等著作中。公孙龙（约公元前330～前242年）原有十四篇著作传世，但在唐时已散失了大半，如今所见《公孙龙子》一书，内容不全。

惠施、公孙龙为政治家提供了思辨指南。

惠施和公孙龙分别代表名家的两个基本派别，前者倾向于合万物之异（“合异同”），后者倾向于离万物之同（“离坚白”、“白马非马”）。冯友兰先生关于“惠施、公孙龙代表名家中的两种趋向（一是强调实的相对性，另一种是强调名的绝对性”）（见《中国哲学简史》，北京大学出版社1985年版）的说法，是有见地的。

正由于名家两派各走极端，使其本为“正名”的学说适得其反：不但未能正名，反而陷入“诡辩论”和“胡搅蛮缠”的泥潭。然而，名家却因此成为后世政治家们学习和借鉴的榜样。同时，在学术上，也不能因为其诡辩和胡搅蛮缠而否定其学说中的合理成分。

惠子提出“去尊”、“泛爱”，实际上主张人与人之见平等，而公孙龙则提出“独而正”、“偃兵”，反对用暴力统一天下，可见“名家”在政治上的观点还是独树一帜，并带有一定的进步性的。

人们长期以来都把惠施和公孙龙列在“善辩”的“名家”之首，甚至干脆称他们是“诡辩家”。

根据两人的言论，这判断自有其道理。但人们似乎没有把问题看透，其实，在百家诸子中，真正够得上“政治家”称号的，除了纵横家中的苏秦、张仪等人外，应莫属惠施和公孙龙二子了；而两人实际上也称得上“纵横家”。

惠施为什么能在魏国任相十几年？还不是因为他能言善辩、巧言令色?！世间各家中，惟有政治家（野心家自然包括其中）需要善辩、诡辩，甚至要无赖。

至于公孙龙，作为一位以“善辩”著称的谋士和辩士，与其他诸子一样，活跃于政治舞台。他以鲜明的政治主张和独特的学术观点，积极游说和论辩。从《庄子·秋水》和《列子·仲尼》等相关记载看，公孙龙早年曾游历于魏国的封地中山国，得中山公子魏牟欣赏，离开中山国后，又凭借其“困百家之知，穷众口之辩”（《庄子·秋水》）的诡异辩才，游历于诸国，主张偃兵，反对战争。曾在燕昭王以乐毅为将，联合秦、楚、三晋破齐“人至临淄，尽取齐宝，烧其宫室宗庙”之后，“说燕昭王以偃兵”；曾向平原君建议，巧言应对秦王对赵援魏抗秦“背约”之责难；曾婉言规劝赵惠王去除狐疑，切实“偃兵”；还曾劝阻赵平原君谢绝守邯郸抗秦有功的封赏，等等。公孙龙在平原君赵胜家做客卿二十余载，受到赵国君臣的厚待。我虽未查知公孙龙在仕途上的详细记载，但他鼓吹的“欲推是辩以正名实而化天下焉”，却为后世的帝王和政治家们，提供了最好的座右铭。至于其“白马非马”之辩，更为后世的政治家们所借鉴、效仿。“白马”是“马”，而“马”则不一定就是“白马”，这道理再简明不过，而公孙龙则能以“白马非马”之论说服关尹，闯过“不准乘马出关”的红线而顺利乘白马出关，不能说不是奇迹。后世赵高之“指鹿为马”可谓对“白马非马”之发展和创造。尔后的政治家们竞相效尤，颠倒是非、混淆黑白，翻手为云、覆手为雨，为剪除异己或自认为“敌人”者，而以“莫须有”之“罪名”任意加害……盖从惠施、公孙龙辈学来。

学说上的“诡辩”和“胡搅蛮缠”与政治上的需要相结合，可谓名家之一大特色，并为后世的君王和政治家们，提供了思辨的指南。

（七）杂家

51. 班固关于杂家起源之说似嫌敷衍偏狭

《汉书·艺文志·诸子略》说："杂家者流，盖出于议官。兼儒、墨，合名、法，知国体之有此，见王治之无不贯，此其所长也。及荡者为之，则漫羡而无所归心。"

何谓议官？《书·周官》载："议事以制，政乃不迷。"大概指的是参与政事讨论并提供咨询意见的官员。其身份就决定了其必须博学多识，但周初之"议官"不可能"兼儒、墨，合名、法"，因为那时还没有这些学派，而到战国时期，则"兼儒、墨，合名、法"又远远不够了。因此，班固此见，似嫌敷衍，甚或偏狭。

其实在诸子百家中，"杂家"出现最晚，实为杂糅和折衷各家学说的一个学派。杂家虽集合众说，兼收并蓄，然也通过采集各家言论，贯彻其政治意图和学术主张，所以也可称为一家。

《汉书·艺文志·诸子略》载：杂家著作有《盘盂》二十六篇，《大禹》三十七篇，《伍子胥》八篇，《子晚子》三十五篇，《由余》三篇，《尉缭》二十九篇，《尸子》二十篇，《吕氏春秋》二十六篇，《淮南内》二十一篇，《淮南外》三十三篇等等。其中以《吕氏春秋》《淮南王》（但也有人认为《淮南王》一书以道家为主，兼采众家。应属道家著作才是，《淮南王》在古代也曾被划入道藏）为代表著作。杂家著作现在只留下《吕氏春秋》《淮南王》《尸子》（原书已佚，今仅有后人辑本）三书。《淮南王》产生于先秦之后，即使算作道家著作，也不宜与《吕氏春秋》等列在一起。

一般把组织撰写《吕氏春秋》的吕不韦视为杂家的主要代表人物。

52．"杂家"只能从相对的意义上予以评判

杂家有"集合众说，兼收并蓄"，通过采集各家言论而持论之特点。其实，就"百家争鸣"的情况而言，很少有哪一家固守一说而丝毫不"集合众说，兼收并蓄"的，特别是稷下学宫的诸子，这个特点更明显，其中的佼佼者荀子尤其如此。就荀子学说的内容而言，与其称其为儒家，倒不如称其为杂家似更贴切些。而吕不韦，人们之所以认其为杂家，盖由于他所主持编纂的《吕氏春秋》内容驳杂之故，其实吕不韦实为典型的政治掮客，其"家"之称号与诸子是不同的。所以，对"杂家"之判定，只能从相对的意义上来

理解和评判。

53. 胡适关于杂家的说法大错

胡适在其《中国中古思想史长编》中曾认为："杂家是道家的前身，道家是杂家的新名。汉以前的道家可叫做杂家，秦以后的杂家应叫做道家。研究先秦汉之间的思想史的人，不可不认清这一件重要事实。"

胡适的根据主要有二：一是《史记·太史公自序》认为："道家者流……采儒墨之善，撮名法之要"；二是《汉书·艺文志·诸子略》所说："杂家者流，盖出于议官。兼儒、墨，合名、法，知国体之有此，见王治之无不贯，此其所长也。及荡者为之，则漫羡而无所归心。"

我在谈及道家时已经指出：从近些年考古发掘的文献特别是战国时期的郭店楚简《老子》等来看，司马谈认为"道家者流……采儒墨之善，撮名法之要"的判断有违史实。因为道家本先于"儒墨"、"名法"诸家而存在了，这种说法恰好把事实颠倒了。

至于杂家，不仅"兼儒、墨，合名、法"，而且杂糅诸子百家，其中自然也包括道家之说。道家早于其他各家，更早于杂家。因此，胡适所谓"杂家是道家的前身，道家是杂家的新名。汉以前的道家可叫做杂家，秦以后的杂家应叫做道家"一说，根本违背史实。因此，他所所谓"研究先秦汉之间的思想史的人，不可不认清这一件重要事实"的结论，完全是不切史实之论。胡适之所以犯这样的错误，盖与其所依据的史料不足、欠确有关。

54. 吕不韦实为钱、色、权交易之典范

吕不韦本是富商大贾，在赵国遇秦孝文王之公子异人即子楚，认为"奇货可居"，便以重金贿赂，并游说秦孝文王后华阳夫人，使孝文王将子楚立为太子，并将怀有自己身孕的赵姬送与子楚，后生嬴政。秦孝文王死后子楚继位是为庄襄王，赵姬为王后，吕不韦被任为相国。嬴政即位后，吕不韦继任相国，被尊为"仲父"。因嬴政年幼，吕不韦摄政，权倾朝野，封地蓝田、河间，常有家童上万，门客三千。其父对其关于权力含金量比务农、经商高千万倍的训教得以证实。

吕不韦本来生意做得不错，但总觉得不满意，于是请教其父："耕田之利几倍？"父曰："十倍。""贩卖珠宝玉之利几倍？"父曰："百倍。""若扶立一人为王，掌握山河，其利几倍？"父笑曰："安得王而立之，其利千万倍，不可计也。"在其父亲的点拨下，认识到权力的含金量最大，尤其是至高无上的

权力含金量更是无法计量后，吕不韦于是费尽心机、不惜重金地投机钻营，终于掌控了含金量最大的权势。吕不韦在“立德”、“立功”后又要“立言”，于是凭借权势及赖其所积聚的丰厚财富和人才资源，主持编撰《吕氏春秋》，成书后炫耀于城门，称有人能挑改一字者，赏千金。居高临下，风光一时。秦王政摄政后锋芒崭露，吕不韦被免职，先居河南，后迁蜀地，忧惧自杀。

吕不韦作为商贾后裔，在其父“生意经”的启发下，从经营一般商品买卖转营权钱交易，投机钻营而用心良苦，诡计奸诈且机关算尽，终于赚得“奇货”，并达到商品买卖所不可能达到的目的。单此一招即非一般商贾可比，其不同凡响的“生意经”中已蕴含杂家思想；后居相位并摄政多年，出于内政外交之需要，更搜索枯肠，无所不学，稳坐宝座，权倾朝野；至于主持编撰《吕氏春秋》，为了赢得生前身后名，则更需“兼儒墨，合名法”，广采博取，杂糅百家。所以，吕不韦被奉为杂家的主要代表人物，《吕氏春秋》被奉为杂家的代表作，绝非偶然。

吕不韦作为商贾何以能握“相国”之权柄，并在秦庄襄王死后趁嬴政年幼而摄政期间，权倾朝野，玩权术于股掌之间？盖与奸商与权奸本来相通有关：奸商实为商场上的权奸，而权奸则实为官场上的奸商。奸商在商场上的营私舞弊，与权奸在官场上的投机钻营，实质上是一样的。吕不韦身上所表现出来的两者的一致性，自然成为后世权奸和奸商效仿的榜样。吕不韦实为钱、色、权交易成功的始作俑者，并堪称典范。

然而，这与杂家思想并无必然关系；不是因为吕不韦成功地进行了钱、色、权交易才称其为杂家，而杂家者也并不一定都像吕不韦那样进行钱、色、权交易，但是，杂家思想确实有助于吕不韦钱、色、权交易的成功。我认为，吕不韦是由奸商而到权奸，再到杂家的。

然而吕不韦父子未能深晓的是：一般的商品交易虽然没有权钱交易那样利大无比和风光无限，但总不至于就一定招致杀身之祸，而权钱交易虽然“利大无比”，且使吕不韦一度步入权力的峰巅，“风光无限”，但最终还是落得惨死的下场！其间的是非得失，为后人，尤其是为那些投机钻营于商、官场之间，热衷于权钱交易的人们，留下了深思、省察的话题。喜欢过平民生活的商界百姓自然从吕不韦的人生教训中，醒悟到还是老老实实地做自己的生意，不去碰权力为好；而那些向往权力的荣耀，梦想即使得势于一时，纵然身败名裂也在所不惜的人们，却依然步吕不韦的后尘，而孜孜以求，蝇营狗苟！

（八）小说家

55. 班固将小说家排斥在“九流”之外欠周

今人将“小说”理解为一种叙事性的文学体裁，“小说家”系指擅长此种体裁的作家。而我国古代“小说”和“小说家”的含义则与此大不相同。它们的内涵和指称自古迄今已发生了巨大变化。

先秦诸子争鸣时已出现“小说”一词。《庄子·外物》载：“夫揭竿累，趣灌渎、守鲵鲋，其于得大鱼难矣，饰小说以干县令，其于大达亦远矣。”这里的“小说”，指与“明达大智”相对应的“浅识小语”，即浅薄之论。《荀子·正名》云：“故知者论道而已矣，小家珍说所愿皆衰矣。”所谓“小家珍说”即“小说”。这里的“小家珍说”也指与“知者论道”相对的浅薄之言。可见，“小说”在诸子论争中，是他们互相驳难、贬低对方的鄙称：泛指与智者所言之高深之理相对应的浅薄之论。

把“小说”作为一种文体，把“小说家”作为诸子中的一家，始于刘歆的《七略》，而班固承其说，在《汉书·艺文志·诸子略》云：“小说家者流，盖出于稗官，街谈巷语、道听涂说者之所造也。孔子曰：‘虽小道，必有可观者焉，致远恐泥，是以君子弗为也。’然亦弗灭也。闾里小知者之所及，亦使缀而不忘。如或一言可采，此亦刍荛狂夫之议也。”

究竟何为稗官？《汉书》如淳注：“细米为稗。街谈巷说，其细碎之言也。王者欲知闾巷风俗，故立稗官使称说之。”颜师古（581～645 年）注：“稗官，小官。《汉名臣奏》：‘唐林请省置吏，公卿大夫至都官稗官，各减什三’，是也。”把都官、稗官与公卿大夫相对，都官为京官之通称，稗官则是小官的通称或雅称。何为“小官”？《周礼》载：“宰夫掌小官之戒令。”注云：“小官，士也。”在古代官制中，士是公卿大夫以下地位最低的官，通称小官或稗官。其职掌也很明确，如《春秋·左传·襄公十四年》曰：“史为书，瞽为诗，工诵箴谏，大夫规诲，士传言，庶人谤，商旅于市，百工献艺。”贾谊在《新书·保傅》篇说得更详：“天子有过，史必书之，史之义不得书过则死，而宰收其善，宰之义不得收善则死。于是有进善之旌，有诽谤之木，有敢谏之鼓。瞽史诵诗，工诵箴谏，大夫进谏，士传民语。习与智长，故切而不愧；化若心成，故中道若性。是殷周所以长有道也。”

又《国语·晋语》曰：“吾闻古之言，王者政德既成，又听于民，于是乎使工诵谏于朝，在列者虞诗，使勿兜，风听胪言于市，辨祆祥于谣，考百事于朝，问谤誉于路，有邪而正之，尽戒之术也。”韦昭注云：“在列者，公卿至于列士也。风，采也。胪，传也。”

可见在古代政治制度中，君王听谏是很重要的事，而“士”的专职，就是采传言于市，问谤誉于路，了解平民百姓的喜怒哀乐与愿望呼声，即采集民间传说议论，借以考察民情风俗。此正是所谓“街谈巷语，道听途说”，将此上达，即所谓“士传民语”。“街谈巷语，道听涂说”之辞难免广杂而琐碎，稗官在记录时必然有所选择。他们最后交给上官、诵于朝廷的文本，应就是“小说”最初的形态。小说产生的过程决定了其篇幅短、内容小的特点。因此，班固关于小说“盖出于稗官，街谈巷语、道听涂说者之所造也”之说，并非穿凿附会。

但班固认为小说乃“闾里小知者之所及，亦使缀而不忘。如或一言可采，此亦刍尧狂夫之议也”，则未免失当，并由此而把小说家剔除出于“可观者”之列，更表现出其对小说家的轻视。

“街谈巷语，道听涂说”，或“刍尧狂夫之议”即砍柴打草和桀骜不驯之人的话语，往往蕴含真实反映民心民意等社会现实的成分，这是古今中外所普遍存在的事实。小说本于“街谈巷语，道听途说”，也就是小道新闻，经过稗官，如乡长、里长的记录，就成了一家之言，其目的在于搜集民间誉谤，以资天子了解里巷风俗和社会习尚。如桓谭（约公元前 23 ~ 公元 50 年）说：“若其小说家，合残丛小语，近取譬论，以作短书，治身治家，有可观之辞。”而班固对此却未能正视和重视，是无意地疏忽还是有意地回避、抹杀？值得探究。我以为后者之可能性为大。因为凭班固的聪明才智，他不会不懂得这近乎常识性的事实和真理，只是受秦汉以后的专制统治所维系的舆论上的统一，尤其是受多经皇帝“钦定”的正史的钳制，故意视而不见罢了。

大概由于班固的偏执，他没有像对待其他各家那样，开列小说家的名单。但他在《汉书·艺文志》中却著录小说十五家，“十五家之中，自《伊尹说》至《黄帝说》，凡九家，皆先秦以前书。”其中《伊尹说》二十七篇，《鬻子说》十九篇，《周考》七十六篇，《青史子》五十七篇等等，均已佚。今据存目观之，小说家著作体例有外史、别传、笔记之类。其立说托之于古人者有《伊尹说》《鬻子说》《师旷》《务成子》《天乙》《黄帝说》；属于杂记古事者有《周考》《青史子》《虞初周说》《百家》等共十五家一千三百八十多篇。前人包括鲁迅《古小说钩沉》对这些小说做过辑佚工作，但收效不大。然而在古代典籍中，有明引或暗用这些小说的痕迹，借助于这些材料以及吉光片羽式的作品自注，我们还是可以窥知这些小说的大致内容的。

有人将这十五部小说分为三类：其一，“近史”小说四部，即《周考》《青史子》《天乙》和《臣寿周纪》；其二，“似子”小说七部，即《伊尹说》《鬻子说》《师旷》《务成子》《宋子》《待诏臣饶心术》和《百家》；其三，方士小说四部，即《黄帝说》《封禅方说》《待诏臣安成未央术》和《虞初周说》。

小说史界对处于中国小说萌芽与发生期间的作品，一般以《山海经》《穆天子传》《汲家项语》等三篇作为代表。

《山海经》保存较完整，但是不是小说，意见不一。《穆天子传》是晋代汲县人盗发战国时魏襄王墓所得的竹简书。而《汲冢琐语》本名《琐语》，因与《穆天子传》等同出汲郡魏襄王墓，故后世称《汲冢琐语》。因原书用战国蝌蚪文字写成，故又称《古文琐语》。

关于这三部书的成书年代，古人将《山海经》的作者定为夏禹时的伯益等人，但据后人考证，似非一时一人所作，而是在历史延续过程中的集体创作，但不会迟于战国中期。《穆天子传》和《汲冢琐语》的年代则难以考定，但是，魏襄王卒于公元前296年，距秦统一还有177年的间隔，由此推断其成书时间至少在战国后期以前，可能在战国中期，而且，这两部书在当时可能影响较大，使得魏襄王身前非常喜欢并且死后也要作为陪葬品。这个道理和王羲之的《兰亭序》真迹被唐太宗带入墓茔是一样的。

班固将小说家排斥在“九流”之外，而我却特意把它列于诸子百家之九家之列，为何？因为小说往往在某些方面比正史更能反映社会现实。

56.“小说”往往比正史更能反映社会现实

在《庄子·外物》中第一次提到“小说”这个名词：“夫揭竿累，趣灌渎，守鲵鲋，其于得大鱼难矣：饰小说以干县令，其于大达亦远矣；是以未尝闻任氏之风俗，其不可与经于世亦远矣。”把“小说”与“大达”相对而言，指的是浅薄、低微言论，与荀子所谓“小家珍说”同一个意思，而与今天的“小说”则不是一回事。

在刘歆、班固看来，小说家所说的都是“闾里小知者”所谈论的“小道”。“小道”自然是相对于“大道”而言的。大道应是指帝王之道和政教得失，是高士们热衷的话题。而行止于里巷野途之中的民间父老所关心的，自然主要是治身理家、衣食住行的小知小道了。

与刘歆同时的学者桓谭，在其《新论》中这样说：“若其小说家，合丛残小语，近取譬论，以作短书，治身理家，有可观之辞。”小说的特点就是内容和形式两见其小。在简短的篇幅中，演述平民百姓身边发生的家长里短之事，这就是最初的小说观念。

但是人们对于班固所说“孔子曰：‘虽小道，必有可观者焉也。’……闾里小知者之所及，亦使缀而不忘。如或一言可采，此亦刍尧狂夫之议也”，桓谭所云“有可观之辞”等，似乎没有予以重视。

小说中的“可观”、“可采”者绝不止是日常生活中的事情，而肯定也含有某些涉及重大社会问题的内容，甚至是正史所没有而通常称之为“野史”的内容。刘歆、班固和桓谭，似乎都未能对此多加关注。

其实，从流传至今的尤其是含有野史、传闻和小道消息之类的“小说”之类的书籍看，其中许多内容往往比正史更能反映社会现实，正如后来的民谣往往比正史更能真实地反映当时的社会现实一样。特别是当春秋战国及其以前的史官秉笔直书的独立性，渐渐被秦汉以后的帝王扼杀，史官渐渐沦为御用文人，史书的编撰要由皇帝钦定，正史自然就很难完全真实地记载史实后，情况更是如此。

尽管小说发展到今天，无论在内容和形式上，早就不是诸子百家中的小说了，但出自严肃的作家笔下的小说，却依然在很大程度上反映着社会现实。法国著名作家巴尔扎克关于“小说被认为是一个民族的秘史”的说法，不是没道理的。我曾有《读史》一首小诗这样写道：“竹帛有字掩真容，野闻无形透实情。若知人世是与非，须问底层老百姓。”怎么“问底层老百姓”？“底层老百姓”的意见在正史里很难找见，而在小说、民谣和野史、传闻中却容易看见、听到。

按说，当今出现的历史小说似应更能真实地反映史实，但蹊跷的是：在许多问题上，它们往往反不如一般小说更接近史实！之所以如此，盖与作者抱着先入为主的创作意图剪裁和编造史实有关。

刘歆列九流十家，惟小说家不在九流之列。然而小说家所反映的古代平民思想的侧面，却是其他九流学派都无法代替的。

我认为不能低估小说家的作用，当秦汉以后正史的编纂权逐渐为皇家所垄断后，流行于民间的小说野史，除了供人娱乐、消闲外，还从某种程度上折射出许多正史所没有的史实。特别是某些演义类的历史小说，这样的作用就更为明显。

（九）诗赋家

57. 诗、赋一家，只是体裁和表现手法有别

班固在《汉书·艺文志》中没有把诗赋家列为一家，但辟有《诗赋略》。“诗赋”为“诗”和“赋”的合称，都是古代的文学体裁，表明班固对诗赋家的重视。鉴于到战国时期诗赋确实已经非常流行，且出现了像荀子、屈原和宋玉等用诗赋表达其鲜明而强烈的思想的代表人物，诗赋家事实上已经存在，故特列为一家。

从原始歌谣到民歌，再从民歌到诗歌，体现了中国诗歌发展的轨迹，《诗经》作为迄今所见最早的一部诗歌总集，则是中国诗（民）歌成熟的标志。尔后的辞（譬如《楚辞》）和赋（譬如宋玉的《风赋》《高唐赋》《神女赋》和《登徒子好色赋》等），则是诗歌发展的不同分支。所谓“诗赋家”系指涵盖诗、辞、赋各家的总称。

《汉书·艺文志》云：“传曰：不歌而颂谓之赋，登高能赋可以为大夫。古者卿大夫交接邻国，以微言相感，当揖让之时，必称诗以喻其志，盖以别贤不肖而观盛衰焉。故孔子曰‘不学《诗》，无以言也。’春秋之后，周道寖坏，聘问歌咏不行于列国，学《诗》之士逸在布衣，而贤人失志之赋作矣。大儒孙卿及楚臣屈原离谗忧国，皆作赋以风，咸有恻隐古诗之义。其后宋玉、唐勒，汉兴枚乘、司马相如，下及杨子云，竞为侈丽闳衍之词，没其风谕之义。自孝武立乐府而采歌谣，于是有代赵之讴，秦楚之风，咸感于哀乐，缘事而发，亦可以观风俗，知薄厚云。”《汉书·艺文志》将屈原、宋玉等楚辞作品也作为赋体看待，所以后世称屈原的作品为“屈赋”。从《汉书·艺文志》的著录可以看出，到了汉代，赋体作品得到了很大的发展。

另外，班固的上述见解，也道出了诗与赋与社会变迁的联系及彼此之间的区别。

《周礼·春官·大师》中说：“大师教六诗：曰风，曰赋，曰比，曰兴，曰雅，曰颂。”在《毛诗序》里，把“六诗”称为“六义”：“诗有六义焉：一曰风，二曰赋，三曰比，四曰兴，五曰雅，六曰颂。”显然，《毛诗序》提出的“六义”与“六诗”是一致的。然而以后对“六义”却有了各种不同的解释。南朝梁代刘勰在《文心雕龙·诠赋》中认为：“诗有六义，其二曰赋。赋者，铺也；铺采摛文，体物写志也。昔邵公称公卿献诗，师箴瞍赋。《传》云：‘登高能赋，可为大夫。’诗序则同义，传说则异体，总其归涂，实相枝

干。（故）刘向（云）明不歌而颂，班固称古诗之流也。至如郑庄之赋《大隧》，士蔿之赋《狐裘》，结言短韵，词自己作，虽合赋体，明而未融。及灵均唱骚，始广声貌，然则赋也者，受命于诗人，而拓宇于楚辞也。于是荀况礼智，宋玉风钓，爰锡名号，与诗画境，六义附庸，蔚成大国。（遂）述主客以首引，极声貌以穷文，斯盖别诗之原始，命赋之厥初也。”可见，刘勰此论既与《周礼·春官·大师》所称“六诗”和《毛诗序》所提“六义”一致，也与刘向、班固关于诗赋的说法相吻合。

但到唐代，孔颖达则在《毛诗正义》中却提出：“……风雅颂者，诗篇之异体；赋比兴者，诗文之异辞耳。大小不同，而得并为六义者，赋比兴是《诗》之所用，风雅颂是《诗》之成形，用彼三事成此三事，是故同称为义，非别有篇卷也。”认为风、雅、颂是《诗》的不同体裁，而赋、比、兴则是《诗》的不同表现手法。虽然另外也有人认为“六诗”是《诗》的排列次第，但南宋颇具影响力的朱熹则肯定并发展了孔颖达之说，致使此说日益蔓延，影响甚大，使“风赋比兴雅颂”之原本顺序，变成了“风雅颂兴赋比”。如康熙御制《历代赋汇序》云：“赋者，六义之一也。风雅颂兴赋比六者，而赋居兴比之中，盖其铺陈事理，抒写物情，兴比不能并焉，故赋之于诗功尤为独多。由是以来，兴比不能单行，而赋遂继诗之后，卓然自见于世。”虽然强调了赋“继诗之后，卓然自见于世”的作用，但毕竟敷衍了“风雅颂兴赋比”之说法。

清代章学诚（1738～1801年）在《校雠通义·汉志诗赋第十五》中，认为“古之赋家者流，原本诗、骚，出入战国诸子。假设问对《庄》《列》寓言之遗也；恢宏声势，苏、张纵横之体也；排比谐隐，韩非《储说》之属也；征材聚事，《吕览》类辑之义也。”

我赞成诗、赋一家，只是体裁和表现手法有别的说法。严格地说，赋是诗歌发展过程中的一种文体，是继《诗》之后在战国时代产生，到汉代以至魏晋走向高峰，以后逐渐衰落。荀子对于赋体的产生具有开创和奠基性的作用，而屈原（约公元前340～前278）、宋玉（约公元前298～前222年）则是战国赋家的杰出代表。

据《汉书·艺文志·诗赋略》载：荀子赋十篇，屈原赋二十五篇，宋玉赋十六篇。“凡诗赋百六家，千三百一十八篇。传曰……大儒孙卿及楚臣屈原离谗忧国，皆作赋以风，咸有恻隐古诗之义。其后宋玉、唐勒，汉兴枚乘、司马相如，下及扬子云，竞为侈丽闳衍之词，没其风谕之义。是以扬子悔之……自孝武立乐府而采歌谣，於是有代赵之讴，秦楚之风，皆感於哀乐，缘事而发，亦可以观风俗，知薄厚云。［序］诗赋为五种。”可惜屈原的二十五篇赋均以亡佚，迄无发现；宋玉的赋现有十四篇：即《九辩》《招魂》《风赋》《高唐赋》《神女赋》《登徒子好色赋》《对楚王问》《笛赋》《大言赋》《小言赋》《讽赋》《钓赋》《舞赋》和《高唐对》。而荀子的十篇赋，据说即“今本《荀子》中的《成相篇》三章、《赋篇》的《礼》《知》《云》《蚕》《箴》五赋、《佹诗》和《遗春申君》”。

58. 荀子实为赋体文学的奠基者

在当今的大、中学生和一般知识分子中，作为学者和哲学家的荀子恐怕尽人皆知，但要说荀子是个赋作家，恐怕就鲜为人知了。至于说荀子实为赋体文学的奠基者，人们则更要大惊小怪了。

这自然与我们在以往的教学中缺乏相关的内容大有关系。一提到赋，人们一下就会想到宋玉、司马相如和曹植等，因为他们的作品，在教学中都直接或间接地涉及了。

其实，赋作为一种亦诗亦文的文学体裁，源渊久远，而真正的奠基之作，则始于《荀子·赋篇》。这在刘勰以来，学界已成共识。进入20世纪后，荀子为赋体文学创作的先行者，其《赋篇》为赋体不祧之祖的地位，更得到进一步的确立。

张长弓（1905～1954年）于1934年发表在《岭南学报》第三卷第三期上的《荀卿的韵文》，是国内较早对荀赋进行全面研究的文章。该文对赋与诗的关系、荀况的《赋篇》五赋的意义、表现手法及其篇章结构等进行了深入研究。认为荀子的五赋体现了铺采摛文体物写志的赋体特征，手法上“采用问答体，先极力状物，而不点题，用问语；答语亦不直接点题，用疑问的口吻，演义陈理以至于最终方落到题字上。所以全篇亦可以当做隐语看”，而句式和用韵则“仍留有诗体的痕迹”和“很有楚化的色彩”；“《离骚》等篇是本诗意为骚，尚有古诗遗意”，而荀赋之铺陈与问答体则已具赋体之形。因此，张文认为荀卿不但始以赋名篇，而且“追荀卿之赋篇，已与诗异趣，划境而独立”，汉代之赋，“都是由《赋篇》而学来的体裁。”

尔后，对于《荀子·赋篇》的艺术特色，学界进行了广泛讨论。1957年高等教育出版社出版的詹安泰（1902～1967年）等编的《中国文学史》，认为荀子的“《赋篇》和《成相篇》，散文的气味还是很浓厚，可以说是散文式的诗赋。”包遵信（1937～2007年）则认为《汉书·艺文志》的“荀赋十篇”，即“今本《荀子》中的《成相篇》三章、《赋篇》的礼知云蚕箴五赋、

《佹诗》和《遗春申君赋》”，并探讨了赋体之渊源与荀赋之成因，认为“真正明确以‘赋’名篇，形成一种文体，还是从荀卿开始的”，荀赋是诸子散文铺陈辩说的手法和楚国民歌“培育出的新艳的花蕾”。关于荀赋的艺术特色，包文认为虽与战国时期流行一时的谐隐有相似之处，但并非像谐隐那样质木无文，而能对事物进行比较细致的观察，描写也相当生动；荀赋体物写志的写法、问答的形式、用韵以及整齐的句式，“就给汉赋不小的影响”，“它在汉代是和屈赋、陆贾赋鼎足而三的”。（见《浅谈〈荀子·赋篇〉》，《文史哲》1978 年第 5 期）毕庶春也对《荀子·赋篇》作了颇具新意的研讨，指出“荀况五赋，均采用隐语形式，其体式与风格毫无二致，五赋实为一体”，“五赋自身及其写作背景表明，五赋确为组赋，著于一时”，“全取问答体，由主客互相补充，共同描摹物象及其特征”；认为“《荀子·赋篇》中所含五赋，名曰礼、知、云、蚕、箴，实则所赋分别为礼、智、圣、贤、士，五赋既相对独立，又浑然一体。五赋铺排叙写，貌似摹态体物，实则借双关、比兴等艺术手法，托物言志，主文谲谏。”据此，他把《荀子·赋篇》所表述的主导思想概括为十六字：“治国以礼，执政以智，选士举能，尚贤用圣”，并把其艺术特色概括为二：一是“采用隐语，描摹物象，引人由象求意”，二是“运用象征手法，以物拟人，以双关语作为纽带，托物言志，意在言外，以物象寓意。”（见毕庶春：《荀况〈赋篇〉刍论》，《文学遗产》1999 年第 3 期）尽管有的学者对荀赋也有不同的意见，有的评价甚至较低，但在我看来，只要仔细地阅读荀赋原文，就会感到，荀子实为赋体文学奠基者的角色应得到肯定。

（十）纵横家

59. 遭变用权受命而不受辞的纵横家

《汉书·艺文志·诸子略》称：“纵横家者流，盖出于行人之官。孔子曰：‘诵《诗》三百，使于四方、不能专对，虽多亦奚以为?’又曰：‘使乎！使乎！’言其当权事制宜，受命而不受辞。此其所长也。”班固这一说法，显然是由刘歆“纵横家者流，盖出于行人之官，遭变用权，受命而不受辞”之说衍化而来。

所谓“行人之官”原主管朝觐聘问，到春秋战国时期，也作为使者的通称，即外交使节之官。他们承受使命，善于“权事制宜，受命而不受辞”，即为了完成使命而不受任何指令言辞的限制，而纵横捭阖，奔走游说；见机行事，随机应变；信口雌黄，胡搅蛮缠。

其实，要是说纵横家与其他各家的区别的话，我认为只有它是战国时期的产物。就是说，纵横家是伴随列国纷争，言和与攻伐交替运用的时局所需要而产生的以从事政治外交活动为旨的一家。其崇尚权谋策略及言谈技巧，而把儒家等所推崇的仁义道德置之度外，长于心计，善于舌辩，投机钻营，朝秦暮楚，事无定主，临机应变，奔走于列国之间，施展其抱负才干。

纵横家在当时具体分为合纵派和连横派。《韩非子》说："纵者，合众弱以攻一强也；横者，事一强以攻众弱也。"联合几个弱国围攻或抵御某个强国，是谓"合纵"；随从某个强国而攻打其他弱国或各个击破，则谓"连横"。韩非子此说甚当，至于"南与北合为纵，西与东合为横"之说，则欠妥。苏秦先是成功联络楚以外的五国抗秦，后又联络秦以外的五国攻齐，同为合纵，足见以南北、东西区分合纵与连横与事实不相符。

合纵派的主要代表人物有公孙衍、苏秦（公元前337～前284年）、庞煖；而连横派的主要代表人物，则主要是张仪（？～前310年）。

《史记》等书载苏秦和张仪皆师从鬼谷子，民间也有关于两人同学的传说。但经多人考证，苏秦年龄约小张仪25岁左右，故同时师于鬼谷子一说不可信，司马迁把他们之间的许多事迹给弄颠倒了。鬼谷子传为战国楚人，姓名传说不一。因隐居清溪之鬼谷故自称"鬼谷先生"。鬼谷子善长纵横捭阖之术，故为纵横家之鼻祖，张仪、苏秦先后师从于他也许是真。鬼谷子又长于兵法，孙膑与庞涓同为其弟子。关于鬼谷子的记载和传闻甚多，但包括其人的确切姓名和身世在内，迄今莫衷一是。《鬼谷子》之书也名目繁多，也难厘清其真伪。（一般认为共有十四篇，其中第十三、十四篇已失传。《鬼谷子》的版本，常见者有《道藏》本及嘉庆十年江都秦氏刊本。）

张仪系魏国人，以连横之术著称。连横霸秦是其一生之杰作。其初出茅庐奔楚游说而遭冷遇，回到家后遭亲人奚落，却锐志未挫继续苦钻纵横术，继而入秦游说，以伶俐善辩之舌得秦惠文君宠信，任相，助其称王；以连横之术与公孙衍等的合纵之术相抗衡，游说、离间于魏、楚、韩、齐等国之间，利用各个诸侯国之间的矛盾，或为秦国拉拢，使其归附于秦；或拆散其联盟，使其力量削弱。张仪两次使秦伐魏，先后夺取河东汾阴、皮氏、曲沃和上郡等十五县；瓦解齐楚联盟，得以用欺骗手段夺楚汉中地，以殊功而被秦封为武信君。公元前310年秦惠文王死而武王即位，张仪失宠，又遭群臣谗陷，于是费尽心机离秦回魏，又以伶牙俐齿当上魏相，一年后卒，算是"叶落归根"了罢。但这绝非张仪之自愿。张仪本魏国人，虽两度为魏相，但实则心系秦国，一生几乎都专心为秦国效劳，甚至两次怂恿秦侵占自己的祖国，只是在秦国失势而陷于穷途末路之后才不得已回到故土，又以惯用的连横诈术骗取相位。若站在魏国的立场，与屈原的爱国（楚）之心相比，张仪可谓十足的卖国求荣之奸贼！但若以囊括整个七雄在内的整个中华大地为祖国的话，张仪之胸怀和志向，却是屈子所不能比拟的！

《汉书·艺文志·诸子略》著录《张子》10篇，均已佚，迄无发现。

苏秦生于洛阳，以纵横之术游说各国，初至秦以连横术说惠王，不见用，乃东至赵、燕、韩、魏、齐、楚。在燕，得燕昭王宠信，奉命入齐从事反间活动。劝齐王自去帝号，背约挟秦，得齐湣王信任而为齐相。后入赵游说，与奉阳君共谋，游说韩、赵、魏、齐、燕五国合纵，得势而出任纵约长，佩五国相印，风光一时；因迫使秦废帝号并退还部分侵地，而被赵封为武安君。后又入齐，而暗中却按燕昭王之命，约赵、魏、韩、楚与燕合纵伐齐。燕将乐毅率五国大军攻齐，苏秦反间阴谋败露而被车裂惨死。苏秦同张仪一样，以纵横术求荣而目无国度，先以合纵之术荣，后以合纵之术亡。《淮南子·汜论训》称“苏秦知权谋而不知祸福”，自然有其道理，然而，所谓“欲令智昏”者，即使既有权谋又知祸福，不亦照样为其欲望冲昏头脑而死无葬身之地吗！

《汉书·艺文志·诸子略》载纵横家有《苏子》31篇，今佚。马王堆汉墓出土帛书《战国纵横家书》保存有苏秦的书信和游说辞16章，与《史记·苏秦列传》有所不同。

由于《史记》所载苏秦和张仪等事迹，与史实和其他相关书籍的记载出入很大，有许多史实还需要重新厘定。故以上说法权为一隅之见，不是定论。

至于公孙衍和庞煖，作为纵横家，尤其是合纵派的主要代表人物，也都曾显赫一时。公孙衍也一度同时佩带五国相印，庞煖则一度率领赵、魏、韩、燕、楚五国联军大举进攻秦国，连续击败秦军，足以表明纵横家实为战国时期的时势所造就。

60. 纵横家之政治家外交家本质

张仪、苏秦以狡诈多变的纵横之术谋取功名，乃至“卖国求荣”，其言行自然背离人之常情，也有违中华礼仪之邦的传统美德，但惟其如此，才符合政治家外交家的职业素质。人们往往只知道“兵不厌诈”，其实，在政治和外交上所通行的是与“兵”完全一样的原则。人们读屈原，会对张仪拉拢靳商以贿赂郑袖的丑态，表示厌恶和痛恨；读苏秦时，也会对其反复无常的投机钻营所不齿。其实，这都是因为我们受了常人即平民百姓的情感和意识的影响。因为对政治家和外交家等等谋取权柄和玩弄权术的人们而言，这一切，都是再正常不过的了！直到今天，难道事实不依然如此吗！还不明白的话，请多看看当今的布什父子、陈水扁之流在政治、外交舞台上的表演就开窍了。

（十一）兵家

61. 反战是兵家的首要思想

所谓兵家，其实是中国古代对军事家的统称，是先秦诸子百家中专门研究军事的学派。班固《汉书·艺文志》承刘歆《兵书略》专门著录，在论及其起源时称："古之职兵家者，盖出古司马之职，王官之武备也。《洪范》八政，八曰师。孔子曰为国者'足食足兵'，'以不教民战，是谓弃之'，明兵之重也。《易》曰'古者弦木为弧，剡木为矢，弧矢之利，以威天下'，其用上矣。后世燿金为刃，割革为甲，器械甚备。下及汤、武受命，以师克乱而济百姓，动之以仁义，行之以礼让，《司马法》是其遗事也。自春秋至于战国，出奇设伏，变诈之兵并作。"《隋书·经籍志》指出："兵者，所以禁暴静乱者也。……《周官》大司马'掌九法九伐，以正邦国'，是也。然皆动之以仁，行之以义，故能诛暴静乱，以济百姓。下至三季，恣情逞欲，争伐寻常，不抚其人，设变诈而灭仁义，至乃百姓离叛，以致于乱。"

兵家起源于出谋划策、统兵作战的军事活动伊始，到春秋战国伴随列国纷争的加剧，而活跃于频繁的军事斗争舞台，帷幄运筹，战场角逐，斗智斗勇，风云叱咤。

其主要代表人物有姜太公、管仲、司马穰苴、孙武、吴起、孙膑、尉缭等。其中除姜太公生活在商周之际外，其他均活动在春秋战国时代。

《汉书·艺文志》承刘歆《兵书略》著录，分为兵权谋家、兵形势家、兵阴阳家和兵技巧家，共著录53家，790篇。今存兵家著作有《孙子兵法》《司马法》《孙膑兵法》《吴子》（原书已佚，今存六篇为后人伪作）、《六韬》《尉缭子》等。

兵家不是人们所谈论或想象的好战主义者，相反，他们几乎都爱好和平，反对战争；认为战争，实乃不得已而用之；既然用则力求制胜，此是兵家韬略、战谋之由来。

通常被列为兵家鼻祖的姜太公，就主张首先文伐，《六韬·文伐》中列举了十二条文伐手段。

文伐为先，武攻其后，是中国兵家的一贯思想。

管仲（？～约前645年）也主张尽力用和平的方式解决争端。他说："贫民伤财，莫大于兵，危国忧主，莫速于兵，此四患者明矣，古今莫之能废也。"强调战争是危国忧主之最大祸患。

司马穰苴（生卒年不详）认为战争是为了保家卫国，除暴安良，而不是为了侵略他国，炫耀武力。即使攻进"不义"之国，也要布施"仁政"："入罪人之地，无暴圣祗，无行田猎，无毁土功，无燔墙属，无伐林木，无取六畜、禾黍、器械，见其老幼，奉归勿伤。虽遇壮者，不校勿敌，敌若伤之，医药归之。"表明战争只是为了惩治"罪人"，决不能伤害人民，还要善待战俘，为其疗伤等。体现了人本主义和人道主义精神。人类社会进入21世纪，一向标榜"文明"、"进步"和"人道"的美英以"反恐"为名对阿富汗、伊拉克的大举入侵，对战俘的肆意杀戮、虐待，以及对平民（包括举行婚礼和礼拜活动的人员）的肆意蹂躏和屠杀，与两三千年前的中国兵家思想境界相比，其反差之大，令人发指！据称他们也钻研中国兵家的著作，但从他们的实际行动看，他们对中国兵家著作的真谛却始终未懂。

孙武（约公元前535～？）也强调"不战而屈人之兵。""上兵伐谋，其次伐交，其次伐兵，其下攻城。"把和平放在首位，尽量用"伐谋"、"伐交"来解决问题。"伐兵"即开战，乃下策，是不得已而采用的手段。美国现任总统布什"先发制人"的好战叫嚣，也说明21世纪的霸权主义者在战争问题上，与中国春秋战国时期辅佐诸侯、列国争霸称雄的兵家，是背道而驰的。

孙膑（？～前316年）则更是强烈地反对战争，他说："夫乐兵者亡，而利胜者辱。兵非所乐也，而胜非所利也。"举义兵是由于各国的侵略争夺，危害了百姓的利益，所以要"举兵绳之"，用战争制止战争。如果战争的目的不是出于对百姓利益的考虑，战争就会失败，所谓"穷兵者亡"就是这个道理。通过脍炙人口的"孙庞斗智"的故事，人们也看到孙膑的仁义为人。要不是同窗好友庞涓口蜜腹剑、机关算尽地将其残害必欲置之死地，他也断不至于用计在马陵道将庞涓置于死地。21世纪之初的美英两霸的当任首脑布什和布莱尔，凭借其军事优势，借"反恐"之名而一再绕开联合国对弱小国家进行侵略，也表明他们与中国古代兵家的根本区别。

反对战争，热爱和平，历来是大多数人的普遍愿望，也是中国先秦诸子百家的愿望。但诸子大多用说教来劝止战争，这在大国争霸的时期自然难于实现，而兵家则主张用正义战争来制止不义之战，实践证明是有效的，同时也丰富了这一时期的和平思想。用正义战争来制止、反对不义战争，可以使爱好和平的人类通过正义战争而将不义之战的发动者消灭或驱逐出去，从而免除侵略者的肆虐和蹂躏。

62. 兵家的反战思想基于人本主义

兵家的反战思想绝非偶然，而是基于其所信守的人本主义。关爱人，重视人，以人为本，是兵家研究军事韬略的基础、前提。

姜太公的人本思想表现在重视人在战争中的作用。在各方面准备好后，他跟随武王伐纣时，“卜龟兆不吉。风雨暴至，群公尽惧。唯太公强之劝武王”：“枯骨死草，何知吉凶?”毅然出兵，一举灭商。（见司马迁《史记·齐太公世家》并王充《论衡》）在天命思想和占卜迷信支配政治、军事生活的商末周初，姜太公重视人事而不迷信占卜，充分表明他对决定战争胜负的人自身力量的高度重视。姜太公这样的举动已经展现人本主义的端倪。可见后人把姜太公神化为能掐会算的鼻祖，是何等荒谬！

到春秋时期，伴随社会动荡的加剧和兼并战争的频繁，天命观念进一步衰落，普通民众在政治生活中的地位逐渐提高，人本观念被赋予了新的内容，民心向背与政治成败的关系渐渐被人们广泛认同，这在军事思想领域得到了广泛的反映。如“德、刑、详、义、礼、信，战之器也。”（见《左传·成公十六年》）“师克在和不在众”（见《左传·桓公十一年》），对战争与民众之间的关系，给予了很大重视。

《管子·霸言》曰：“夫霸王之所始也，以人为本，本治则国固，本乱则国危。”以人为本，首先要爱民，《管子·牧民》曰：“政之所兴，在顺民心；政之所废，在逆民心。”《管子》的人本思想还表现在对人的教化和管理上，《管子·权修》曰：“一年之计，莫若树谷；十年之计，莫若树木；终身之计，莫若树人。一树一获者，谷也；一树十获者，木也；一树百获者，人也。”教化百姓是国家长治久安的基础。

在孙武的兵学思想中，始终贯穿着“必取于人”，“不可取于鬼神”的民本思想。《孙子兵法·用间》篇说：“故明君贤将，所以动而胜人，成功出于众者，先知也。先知者，不可取于鬼神，不可象于事，不可验于度，必取于人，知敌之情者也。”《孙子兵法·谋攻》篇说：“上下同欲者胜。”《孙子兵法·行军》篇也说：“令素行者，与众相得也。”重视并强调人在战争中的作用，是孙武兵法的核心内容。

伴随战国时期各国普遍建立了常备军制，兵员大增，选将和练兵日益迫切，因而人本观念进一步提高。孙膑提出了“间于天地之间，莫贵于人”的思想，把人在战争中的作用放在第一位，认为人的作用可以超越天时和地利。

为了达到精兵强将的目的，他提出了“兵之胜在于篡卒。”《孙膑兵法》中的《篡卒》篇和《行篡》篇，专门论述如何精选士兵，充分体现了重视人才，以人为本的治军思想。

（十二）农家

63. 农家的基本思想是以农为本、以农立国

农家是战国时期的重要学派之一，因注重农业生产而得名。此派出自上古管理农业生产的官吏。他们视农业为衣食之本，因而认为应将农业放在一切事务之首位。

《汉书·艺文志·诸子略》将农家列为九流之一，并称：“农家者流，盖出于农稷之官。播百谷，劝耕桑，以足衣食，故八政一曰食，二曰货。孔子曰‘所重民食’，此其所长也。及鄙者为之，以为无所事圣王，欲使君臣并耕，悖上下之序。”

“所重民食”，正是农家的特点。

农稷之官起源甚早，传说五帝时代的尧已任命羲和“历象日月星辰，敬授人时”。舜继尧位之后，任命禹为司空，管治水，任命周弃为后稷，管农业，“播时百谷”（《尚书·尧典》）。作为掌管农业的专职官吏，后稷一职延续至西周。据《国语·周语上》载，西周的农官有农师、农正、后稷等。其中“后稷”是“农官之君”（《国语》韦注）。“后稷”又称“稷”，地位比较高。“夫民之大事在农，上帝之粢盛于是乎出，民之蕃庶于是乎生，事之供给于是乎在，和协辑睦于是乎兴，财用蕃殖于是乎始，敦庞纯固于是乎成，是故稷为大官。”在周天子举行的藉田之礼中，先由“稷”根据太史提供的气象情报向周王请示报告，才开始行藉田礼的准备工作。行藉田礼时，后稷负责监察和“省功”，并“纪农协功”。后稷属下的“农正”，又称“农大夫”，即所谓“田畯”。在《诗经》的农事诗中，经常有“田畯”出现，他们负责监督农夫在藉田上的劳动。农正下面还有“农师”。从《国语·周语上》的记载看，后稷、农正和农师，主要管理周天子藉田中的生产事务。对于周天子直接管辖之外的农田，后稷只是督促各级贵族去抓，即“遍戒百姓”。春秋以前实行世官制，农稷之官在世世代代指导农业生产的过程中，自然积累了不少资料与文件。这些资料与文件在“王官失守”后流布民间，成为后来农家著述农书的重要依据。

班固把先秦农学具体分为两派：一派带有“官方农学”的色彩，而另一

派则带有“鄙者农学”或“平民农学”的色彩。但两派学说似都包括两个方面，一是关于社会的政治主张，另是关于农业科学技术方面的知识。

到战国时代，农家代表人物主要有楚国人许行。许行无著作留传，其生卒年迄今尚不可考，大约与孟子同时。其生平事迹散见于《孟子》一书。《孟子·滕文公上》记许行其人，“为神农之言”，“陈相见孟子，道许行之言曰：‘……贤者与民并耕而食，饔飧而治。’”许行在鼓吹“贤者与民并耕而食”主张的同时，还提出“市贾不二”的价格论，在肯定分工互助的基础上，提倡人人平等劳动、物物等量交换，以实现其社会政治理想。据载常有随行学生几十人，从儒家门徒陈相、陈辛兄弟二人弃儒学农，投入许行门下这件事，可见其影响之一斑。

除了许行外，其实通过相关的著作所载言论看，像管子、孟子、荀子和吕不韦等等，也可以算作农家。

据相关的文献记载，农家的著作主要有《神农》二十篇，《野老》十七篇，《宰氏》十七篇，《董安国》十六篇，《尹都尉》十四篇，《赵氏》五篇等等，可惜均已亡佚，他们的思想和活动只是散见于诸子的著述当中，虽星星点点，但很有研究的价值。《管子》中的《地员》《吕氏春秋》中的《上农》《任地》《辩土》《审时》等篇，被认为是研究先秦农家的重要资料。

农家的基本思想是以农为本、以农立国。

“民以食为天。”这句古训所揭示的是通行于人类的真理。不管哪个种族、哪个国度、哪个时代的“民”，有谁不是以“食”为“天”？人生于天地之间，天塌地陷，人自然不能活，而要是没了食物，就如同天塌地陷，同样不能活。“食”既为民之“天”，然而“食”从何来？从古至今，“食”主要从农（牧）业中来。尽管伴随科学技术的进步，食物的来源日趋多样化，但最基本的食物还是来源于农（牧）业。正由于吃饭问题是人类赖以生存、繁衍的首要问题，所以，农业是人类历史上所出现的第一个产业，牧业则是伴随着人类需要的增长和生产力的提高而出现的，它与农业构成了一个为人类提供基本食品的最基本的产业链。

农（牧）业早在原始人群中，就逐渐发展起来。随之出现的相关知识、思想也渐渐积累。所以，农学应该是也必然是人类学术文化史上，首先出现的一门最为实用的学科。只是由于人们的认识和思想的积淀、记载和总结，要依赖于语言和文字的发展，所以，农学也跟其他与衣食住行最直接关联的学科的出现一样，开始先是依靠口头传说，而后才有所记载，但难免失之于零星，到后来，才形成比较系统的学说的。具体说，在经过了夏商周之后，到春秋战国时期，中国古代农业科学技术的发展产生了一次质的飞跃，其突出的表现之一是农家和农书的出现，它标志着中国传统农学已经初步形成。

春秋战国时期，人们对于农业生产的重要性有了更进一步的认识。当时的思想家都针对农业的重要性提出了自己的看法，其中管仲的说法最具代表性。管仲不仅有“仓禀实则知礼节，衣食足则知荣辱”这样的名言，把道德和法纪与其赖以维系的物质基础概括得简明、透彻，更把农业生产与国强民富联系起来。提出“错国于不倾之地者，授有德也；积于不涸之仓者，务五谷也；藏于不竭之府者，养桑麻，育六畜也……务五谷则食足，养桑麻，育六畜，则民富。”这些论述，把以农（牧）业为本，以农业立国的思想，阐述得清清楚楚。他还告诫统治者，“凡有地牧民者，务在四时，守在仓禀。”基于这样的认识，“耕战”思想备受重视，并作为法家等实行改革的重要内容，如“秦孝公用商君，坏井田，开阡陌，急耕战之赏。虽非古道，犹以务本之故，倾邻国而雄诸侯。”秦国的强大和胜利，源自农业的强大和繁荣。

有不少人尤其欧美学者至今认为，中国古代只有农业技术而无农业科学。

经诸多专家、学者考证，这种观点站不住脚。

事实上，中国古代不仅有农业科学，而且是中国古代真正形成体系的少数几个学科之一，这就是中国古代农学。

春秋战国时期已出现总结农业生产管理和技术经验的专门著作——农书，和以农业生产问题为主要研究对象的农家。农家在研究中著作农书，使之在内容上不断拓展，加深增广；而农书则既为农家提供研究的工具，同时又是农家进一步研究成果的结晶。农书和农家的出现，以及两者在相互依存、相互促进中的发展成长，标志着在长期农业生产中所积累的农业科学技术知识，已经脱离零散的状态而趋于理论化和系统化了，而这种理论化和系统化的农业知识，就是农学；农书是农学之载体，农家则是农学的创始者。据考证，从战国到近代西方农业科学传入中国以前，中国尚存和已佚的农书约计在千种以上。其卷帙之浩繁、内容之丰富、体裁之多样、流传之广远，在同时期的世界范围内是绝无仅有的。

先秦农学形成的标志和特点主要体现在：一是有关农学的文献大量出现。由于诸多文献亡佚，现在散存于各种典籍特别是以《吕氏春秋》之《上农》等四篇为代表的农学文献，量虽然不多，但水平高，综合性强，理论色彩浓；二是关于精耕细作理论和技术体系的初步总结；三是作为传统农学基础的传统农时学、土壤学等的出现。在传统农学的形成发展中，对“天时”的认识和掌握一马当先。先秦时期，传统农学的指时手段和指时体系已基本完备，并出现了高水平的土壤学专著；四是以“三才”理论为核心的农家、农学思想的确立。

总之，在先秦时期，农学体系的框架已经基本建立，为传统农学的发展奠定了坚实的基础。

先秦农家、农学的卓越建树主要表现在以下方面：一是关于植物生态学和动植物分类知识的探索；二是关于保护及合理利用自然资源学说的形成；三是关于保护及合理利用自然资源学说理论基础的确立；四是对后世乃至今天农学及相关学科建立和发展所具有的重要借鉴意义。

“三才”理论是中国学术特有的一种宇宙模式。它把天、地，人看成是宇宙组成的三大要素，这三大要素的功能和本质，人们习惯用天时、地利（或地宜）、人和（或人力）这种通俗的语言来表述，并作为一种分析框架应用到各个领域。先秦农家在创立农学时，不仅很好地运用了“三才”理论，而且广泛、深刻地发展了它。

《吕氏春秋·审时》关于“夫稼，为之者人也，生之者地也，养之者天也”的说法，集中体现了先秦农学关于“天、地、人”关系的经典性阐述。该理论把农业生产“稼”看作“人”与“天”（气候、季节）、“地”（土壤、地形）等因素相互联系的、动态的整体，体现了人与自然之间的相互依存、协调统一的关系。该理论既在长期农业生产实践的基础上形成，又反过来支配和推动了中国农学的发展。农业离不开自然界。正是在与自然界长期打交道的过程中，孕育出人与自然和谐相处的整体观念。这是“三才”理论最本质的东西。“三才”理论不但被应用于狭义的农业生产，而且被应用于包括野生动植物利用在内的广义农业生产。先秦农家对保护和合理利用自然资源问题的论述，正是以“三才”理论为基本的立论根据的。

先秦农家已经认识到对自然资源永续利用的基础是“养”：“苟得其养，无物不长；苟失其养，无物不消”。当时人们所说的“养”，是一种“天然”的活动，故有“天养”之称。《荀子·天论》云：“列星随旋，日月递炤，阴阳大化，风雨博施，万物各得其和以生，各得其养而成。”《吕氏春秋·审时》载：“养之者天也”，也可以包括野生动植物在内。《荀子·天论》还说：“财非其类以养其类，夫是之谓天养。”已包含了自然界各种生物之间互养共生的意义在内。对于这样一个自然的过程，人类不应越俎代庖，不应打乱其正常秩序，使之“不夭其生，不绝其长”，而宜采取适当的保护措施，使野生动植物在良好的自然环境中得以正常生长。这就是《国语·鲁语》所谓“助宣气”、“助生阜”、“畜功用”、“蕃庶物”。所以，《荀子·天论》说：“顺其类者谓之福，逆其类者谓之祸，夫是之谓天政”。这里所体现的是人与自然的协调关系，而不是对立关系。人在尊重自然规律的基础上，对自然再生产起着协助和促进的作用。这是“三才”理论的精髓，它与古代西欧关于征服自然的思想是大相径庭的。

《荀子·王制》云：“君者，善群者也。群道当，则万物皆得其宜，六畜皆得其长，群生皆得其命。故养长时，则六畜育，杀生时，则草木殖。政令时，则百姓一，贤良服。圣王之制也。草木荣华滋硕之时，则斧斤不入山林，不夭其生，不绝其长也。鼋鼍鱼鳖鳝鳝孕别之时，网罟毒药不入泽，不夭其生，不绝其长也。春耕、夏耘、秋收、冬藏，四者不失时，故五谷不绝而百姓有余食也。汙池渊沼川泽，谨其时禁，故鱼鳖优多而百姓有余用也。斩伐养长不失其时，故山林不童，而百姓有余材也。圣王之用也，上察于天，下错于地，塞备天地之间，加施万物之上……”这可以说是先秦文献中，集中论述关于自然资源的保护与利用的一段精妙言辞。

所谓“群道”，就是把人类和自然界视为一个整体，认为人和各种生物都是依存于自然界的，因此必须协调好相互之间的关系，才能使之各得其宜。这种见解正是“三才”理论整体观的具体体现。

《逸周书·大聚》对此也表述得相当清楚：“旦（周公姬旦）闻禹之禁：春三月山林不登斧（斤），以成草木之长；夏三月川泽不入网罟，以成鱼鳖之长。且以并农力（执）（桑），成男女之功。夫然，则有（生）（土）（而）不失其宜，万物不失其性，人不失其事，天不失其时，以成万财。”

可见，先秦农家关于保护和利用自然资源的学说，是与人们对“天、地、人”的认识与安排联系在一起的。农家在运用“三才”理论时，还广泛、深刻地发展了它。这集中体现在对“时宜”、“地宜”、“物宜”原则在农业生产的应用上。

所谓“时宜”，是指野生动植物和农作物、禽畜一样，其生长繁息受“天时”制约。野生动植物资源是可以再生的，这种再生是“天”即自然的活动，是自然再生产的过程。因此，它们的生长繁息和农作物、禽畜一样，均受“天时”制约，其生长发育的阶段性和自然界气候变化的节律是一致的。“三才”理论关于天地人和万物统一的重要基础，正是天时制约的普遍性。作为野生动植物永续利用基础的“养”，其实施的关键就是要顺时。上面谈到的我国先秦时期保护和合理利用自然资源的一系列措施，其中心点是“时禁”，或“以时禁发”。而“时禁”的目的正是保证野生动植物，顺应自然界季节变化的规律正常地生长繁育。因为“养长时，则六畜育，杀生时，则草木殖”

（《荀子·王制》）。只有这样，才能达到经济利用和永续利用的目的。因此，保护和合理利用自然资源的思想的出现，是与先秦对“天时”认识的深化分不开的。

所谓“地宜”就是指合理而充分地开发、使用“地利”。农家提出的“物地宜，尽地利”，不但包括对各类农田的合理利用，也包括对农田以外的各类土地的合理利用、保护，及合理利用山林川泽的野生动植物资源。《逸周书·文传》谈“以时”入山林川泽和“以时”狩猎，是和“土不失宜”相联系的。它又指出：“土可犯，材可蓄。湿润不（可）谷（之地），树之竹、苇、莞、蒲；砾石不可谷（之地），树之葛、木。以为絺绤，以为材用。故凡土地之闲者，圣人裁之，并为民用。是以鱼鳖归其泉，鸟归其林。”

在我国，虽然种植业老早就成为主要的生产部门，但在很长一段时间内，由于地广人稀，原野不能尽辟，农田一般分布在都邑近郊，郊外则辟为牧场，山林川泽仍然是人们重要的生产对象。山林川泽之所以受到人们的重视，是因为当时这些地方盛产林木苇材鸟兽鱼鳖等各类山货水产，在以半干旱草原为主的自然环境中显得特别珍贵。山林薮泽被称为“物之钟”、“国之宝”。如《国语·周语上》载：“民之有口，犹土之有山川也，财用于是乎出，其犹原隰之有衍沃，衣食于是乎生。”将山林川泽和原隰衍沃并提，显示了它在经济生活中的重要地位。《国语·楚语下》载王孙圉论宝，把山林薮泽作为国之六宝之一。“山林薮泽足以备财用，则宝之。”这除了与自然环境有关外，还因为当时种植业不够稳定，经常受自然灾害的威胁，需要以山林川泽的天然富源作经济生活的必要补充。《周礼·天官·冢宰》“以九职任万民”，其中“三农”、“园圃”、“薮牧”、“虞衡”、“聚敛疏材”属广义农业范畴，“虞衡”在“九职”中列于第三位，而且“聚敛疏材”实际上也可以包括在“虞衡”之中。反映了战国以前生产结构的概况。《周礼》中有“山虞”“林衡”“泽虞”“川衡”之职，统称“虞衡”，就是掌管有关山林川泽的生产事宜的。这类官吏，在《诗经》《左传》《国语》《夏小正》以至金文彝铭中均可找到。《史记·货殖列传》引《周书》曰：“农不出则乏其食，工不出则乏其事，商不出则三宝绝，虞不出则财匮少。”亦见“虞衡”的重要性。到了战国时代，渔猎采集在经济生活中的地位已经下降，但仍不失为农牧业的重要补充。所以，春秋战国时期的决策者在作国土总体利用规划时，总是把山林川泽考虑在内的。《管子·八观》以原野的五谷生产，观一国之饥饱；以山泽、桑麻、六畜之产，观一国之贫富。“夫山泽广大，则草木易多也……山泽虽广，草木毋禁……闭货之门也，故曰时货不遂，金玉虽多，谓之贫国也。”

所谓“物宜”，是指野生动植物生长虽然普遍受天时的制约，但不同种类的野生动植物对天时的适应方式是不同的。因此对山林川泽的“禁发”，还要建立在对各种野生动植物生长规律正确认识的基础上，根据它们的各自特点而作出合理安排。人们已经认识到鸟兽和鱼类在不同的季节怀孕生产，捕鱼和猎兽的禁与发在时间安排上应相互交错。春天鸟兽交配怀孕，此时禁猎。夏天鱼类孕别，此时禁渔，正如韦注所云：“立夏鸟兽已成，水虫怀孕之时，禁取鱼之网，设取兽之物也。”捕鱼安排在冬尽春来的季节，除了气候上的原因以外，还有两方面的意义：一是春天捕取鱼鳖可使肉食供应不致因禁猎而匮乏，有利于春天禁猎的实行，从而起到“助（鸟兽）生阜”的作用；二是春天多取鱼鳖晒干储备起来供夏天消费，可免夏天禁渔期间鱼类食物供应的断档，有利于夏天禁猎的实行，从而起到“畜（鱼鳖）功用”的作用。这种安排，相当典型地体现了“三才”理论的整体观、联系观和动态观。

“时宜”、“地宜”和“物宜”是相互联系的有机整体。譬如，把砍伐树木时宜安排在冬季，不但因为春夏林木仍在生长，而且因为冬季砍伐质量较好，又利于林木的再生。《荀子·王制》对此作了论述：“……万物得宜，事变得应，上得天时，下得地利，中得人和，则财货浑浑如泉源，汸汸如河海，暴暴如丘山……”

对“三才”理论的运用和发展还表现在，先秦对山林川泽的“禁发”，除了出于对自然资源的保护和合理利用外，更有保障劳动者赖以休养生息的资源，以保证有充足劳力的意义。《管子·八观》就对此做了说明：“山林虽近，草木虽美，宫室必有度，禁发必有时。是何也？曰：大木不可独伐也，大木不可独举也，大木不可独运也，大木不可加之薄墙之上。故曰山林虽广，草木虽美，禁发必有时；国虽充盈，金玉虽多，宫室必有度。江海虽广，池泽虽博，鱼鳖虽多，网罟必有正。船网不可一（财）［裁］而成也。非私草木爱鱼鳖也，恶废民生于谷也。”

总之，先秦时代保护和合理利用自然资源的思想，是我国古代劳动人民长期实践经验的总结，它以“三才”理论为指导思想，是建立在对广义农业生产的“时宜”、“地宜”、“物宜”的深刻认识的基础之上的，同时也与“人力”的调配和农事的安排有关。

20世纪后半期以来，环境污染、水土流失、病虫害抗性增加、能源过分消耗、“投入－产出比”下降等弊端日益暴露，越来越引起国际学界的关注和反思，很多人开始重视从中国传统农学中掘取启示，寻找农业可持续发展的道路。中国传统农学所蕴含的科学价值和生命力突出地显露出来。

作为中国传统农学核心的“三才”理论，把农业生产看作农业生物、农业环境和农业生产者相互依存、相互制约的整体，比较符合农业的本性，因为农业本身就体现了自然再生产与经济再生产的统一，因而也便于调动和发挥人的能动作用。在“三才”理论体系中，“人”与“天”“地”并列，人既非“天”“地”大自然的奴隶，又非大自然的主宰，而是自然界的一部分。因而人与自然界相互依存，相互制约，荣枯相依，生死攸关。融于大自然，与大自然和谐统一，共同发展，是人与大自然关系的本质所在。“天人合一”、“天人相生”的古代哲理在“三才”理论中得到了集中体现。先秦农家关于保护和合理利用自然资源的学说，正是在该理论的基础上孕育和发展起来的。

面对由于长期对大自然掠夺式地开发和利用，所导致的自然环境的严重破坏及其对人类的日趋严重的惩罚，致使人类生存和发展的自然环境出现严重危机，因而综合、持续地维护和推进人与大自然的协调发展成为摆在全人类面前的一个重要课题。在这种情况下，中国先秦农家的学说备受青睐就是很自然的了。

我国先秦农家已经认识到“利虽倍数于今，而不便于后，弗为也”，因而在利用野生动植物资源时提出“使国家足用而财物不屈”的要求。而联系联合国《关于“可持续发展”的声明》说：“可持续发展，系指满足当代人的需要而又不削弱子孙后代满足其需要的能力的发展。”“在利用中保护和在保护中利用”的原则，早在两千多年前的我国农家学说，就已经明确提出来了。我国先秦时期人们已经实行利用资源的用养结合的原则，把“养”视为“用”的基础，认识到“苟得其养，无物不长；苟失其养，无物不消”的道理。可持续发展的核心是人与自然的和谐统一，即所谓“天人之约”。我国先秦时代已经形成的“天地人”相统一的“三才”理论，把农业生产视为农业生物、农业环境与人相互依存、相互协调的系统，把人的作用定位在“助宣气”、“助生阜”、“参天地之化育”之上，足见“天人之约”的思想在当时已经深入人心。

“现代化”是一个历史的、动态的概念。我们要总结和汲取西方“现代化”过程中的惨痛教训，其中最为突出的就是对人类赖以生存的自然环境的破坏。进入21世纪后，建设“现代化”要是无视人与大自然的协调而不立足于可持续发展的话，那就是愚蠢之举，倒退之举，自杀之举。从这个意义上说，先秦农学的精髓即关于“三才”理论的应用和发展，“利虽倍数于今，而不便于后，弗为也”，“使国家足用而财物不屈”等思想，在一定程度上代表了农业发展的方向。农业应当是也必然是一种生态农业，它是可持续发展的基础。因此，21 世纪的中国农业，应当实现最先进的科学技术与传统农业中优良传统的有机结合。

（十三）医家

64. 医家和中医学产生于同疾病抗争的实践

班固在《诸子略》中虽然没有将医家列入，但在《方技略》中专门提到医，“凡方技三十六家，八百六十八卷。方技者，皆生生之具，王官之一守也。太古有岐伯、俞拊，中世有扁鹊、秦和，盖论病以及国，原诊以知政。汉兴有仓公。今其技术晻昧，故论其书，以序方技为四种。”

所谓“生生之具”即使生命得以生长不息的工具。“王官”即天官，《周礼》六官称冢宰为天官，为百官之长，其中有“医师，掌医之政令”，即主管医药卫生的行政，对于国家范围内的疾病，组织和派遣各科医生“分而治之”；“食医，掌和王之六食、六饮、六膳、百羞、百酱、八珍之齐。”即负责调配王室贵族饮食的寒温、滋味、营养等，相当于现代的营养师；“疾医，掌养万民之疾病”，即负责老百姓的疾病治疗，相当于现在的内科医生；“疡医，掌肿疡、溃疡、金疡、折疡之祝药劀杀之齐”，即用手术刀割治溃烂皮肤、腐烂肌肉，相当于现在的外科医生；“兽医，掌疗兽病，疗兽疡”，即为家畜等动物进行疾病治疗的医生。在古代，高明的医生根据诊察分析国君的病情，可以推知国情政事。所以，医家很自然地受到重视。班固把医经与经方、房中、神仙一同作为四种“方技”，现在看来欠妥，但在当时却有其客观依据。

从医学文献整理的角度看，医家盖出于冢宰天官以前的“巫者”。但在“巫者”出现之前，中医药知识早就产生并积累了。

从中医学产生的实际过程来看，它根源于人们为了生存而同大自然、疾病及意外伤害等等所进行的抗争实践中。

原始人类为了果腹充饥，在采集植物、猎取动物的过程中，逐渐发现和积累了医学和药物知识。这其中饱含着辛酸的血泪和惨痛的教训。由于往往误食一些有毒的动植物，引起腹泻、呕吐、昏迷，甚至死亡，迫使人们对动植物的性能加以重视和了解，渐渐积累了经验。当人们生病时，也会本能地搜寻天然的植物和动物，通过食用和熬汤喝等尝试地进行治疗，从失败和成功的结果中逐渐掌握了一些动植物的性能，初步形成了动植物有毒无毒以及毒大毒小的概念，并在观察动物出于本能地疗伤及大量实践的基础上，渐渐积累了植物药性的经验。古书关于“神农尝百草”的记载，实际上就是人们认识植物药性的实践过程的反映。

随着狩猎、渔业及采矿业的发展，人们又进一步无意、有意地逐步了解了某些动物的脂肪、血液、内脏、骨骼、甲壳及某些矿物等的食用价值和治疗作用，从而积累了一些动物及矿物药的知识。所谓“药食同源”的说法，正是对植物药、动物药起源的真实写照。

古人通过对各种动物的习性和主要出于本能的疗伤祛疾的观察，尤其是自身同疾病作斗争的体验，还发现了某些植物的叶、茎对伤口的特殊治疗作用，从而发现了一些外用药，积累了药物外敷的经验；在用热或冷的物体对身体局部进行冷、热刺激，会减轻某些疾病症状的基础之上，对某些可以反复多次出现的情形进行总结，逐步发现了内病外治法。譬如，在烤火取暖的启迪下，用灼热的石块或沙土安置于患处，于是有了最初的“热敷法”；其后，伴随操作技术的改进，发现点燃艾草进行局部的温热刺激效果尤佳，便创造了灸法；在无意中用手抚摸、压迫受伤部位，发现可以起到散瘀消肿、减轻疼痛的作用，或偶然被一些尖硬的物体，如石头、荆棘等刺激身体的某些疼痛部位，或刺破身体的病变部位如脓包等，竟然出现意想不到的效果，由无意到有意，偶然到必然地反复实践、验证，便催生了震烁古今的针刺疗法。另外，在“动作以避寒”的启发下，逐渐产生了“为舞以宣导之”（《吕氏春秋·古乐》）的“导引按跻”、“气功”等的雏形。

总之，中医学，是我国先民在同大自然、疾病和意外伤害等进行抗争的实践中，经过一代代人的不懈努力，而渐渐摸索、积累、总结和创造出来的知识系统。它既凝结着中华劳动者的经验教训，也凝结着他们的聪明才智。

由于任何经验教训的总结，任何知识的积累和创造，都依赖于语言和文字载体的发展，所以，中医药学经验教训的总结，相关知识的积累和创造，在语言和文字不发达的情况下，是相当难的。主要是通过大脑记忆和口头传授来实现的。当文字渐渐发明和成型之后，它们才得以获得前所未有的发展。从考古发掘和出土的甲骨文看，夏商周时期的中医药学获得较前更快的发展。医疗虽然由“巫者”担任，且充满迷信，但对疾病和药物的认识却有了很大提高。开始从经验教训中注意个人、饮食和环境卫生等等，并逐渐建立起专门管理医疗的机构和制度。

从甲骨文看，至迟在商代已有管理疾病的医官即所谓“小疾臣”。他既医治疾病，也从事医疗管理，是我国迄今所见有文字记载的最早医官。周代的医官是继承商代医官发展而来的。前已述及，《周礼·天官》将宫廷医生分为“食医”、“疾医”、“疡医”和“兽医”等。

当然，由于《周礼》成书的年代较晚，它不可能是西周职官情况的真实记录，但在一定程度上保留和曲折地反映了西周职官的情况。据相关专家考证，认为《周礼》在主要内容上，与西周铭文所反映的西周官制颇多一致或相近之处。周代宫廷，把医生分为食医、疾医、疡医和兽医，是医学进步的一个标志。《周礼》宫廷医学的分科，是我国最早的医学分科记载，为后世医学进一步分科开辟了道路。

周代还建立了较为完整的医政组织和相当严格的考核制度，为提高医生的技术水平，促进医学的发展起到了积极作用。其专职医疗人员，属天官冢宰统辖。《周礼·天官》载："医师掌医之政令，聚毒药以供医事。"在医师之下设有"上士二人，下士四人，府二人，史二人，徒二十人。"协助医师进行卫生行政管理。上士和下士主要协同医师管理医政，府二人管理宫廷药物库藏保管和供应，史二人管理宫廷文书和病案，徒二十人，看护病人或接受差役杂务。还对医师考核与俸禄作了规定。《周礼·天官》载："医师掌……岁终稽其医事，以制其食。十全为上，十失一次之，十失二次之，十失三次之，十失四为下。"医师负责年终考核医生，以其诊治病人的疗效优劣分为五个级次，每个级别享受其相应的俸禄。这样的考核规定和报酬制度，出现在2700多年前的西周，实在难能可贵！当时还建立了病历记录和死亡报告制度。《周礼》载："凡民之有疾病者，分而治之，死终，则各书其所以，而入于医师。"这种制度的建立，对于积累原始病案资料，总结治疗经验和教训，无疑有其积极的作用，标志着周代医学已发展到一个新水平。周代还有了卫生防疫方面的管理。如天官属下设凌人"掌冰"，主管即凌阴（冰室）。"正岁十有二月，令斩冰。……夏颁冰，……秋刷。"其人员多达90余人，一年四季，有着严格的工作秩序。"宫人"，"掌王之六寝之修，为其井匽（yàn 通偃），除其不蠲，去其恶臭，共王之沐浴。""为其井匽"，是指设有一种漏井，使污秽之水流入，以保洁除臭。宫人是负责宫廷中污水排除的职官。饮食卫生方面，则设有"内饔（yōng）"职官，其职责之一是"辨腥臊羶香之不可食者"，具有卫生检查监督之职。地官司徒之下有司救，设中士二人，史二人，徒二人，其职责之一是"凡岁时有天患民病，则以节巡国中及郊野，而以王命施惠。"即发生天灾疫病时进行巡回救护。

秋官司寇之下有庶氏、翦氏、赤发氏、蝈氏、壶涿氏、蜡氏、野卢氏等。他们有的编制达百余人，执掌之事是各种各样的除害灭虫工作，方法是用牡菊、嘉草、莽草等驱之、烧之、攻之、熏之、洒毒之、杀灭之，以及"令扫道路"。

专司医疗的“巫医”，从“巫者”队伍中分化出来，以及相应的医疗机构和考核制度的建立，都大大促进了中医学的发展。

人们对疾病的初步认识在甲骨文中已有所记载。《礼记·曲礼》中有“医不三世，不服其药”的记载，即人们患病要向有经验的医生求医问药，反映了当时已有治疗经验丰富的医生了。《周礼·天官》记载：“以五气、五声、五色视其生死，两之以九窍之变，参之以九藏之动。”这可以说是后世中医诊断学的雏形。

到了春秋时期，人们积累了更多的医药卫生知识。同时，由于阴阳五行学说的完善，和朴素唯物主义及辩证法思想的影响，使医学进一步摆脱了宗教的禁锢，走上独立发展的道路，为医学理论的形成和医家的涌现创造了条件。

人们还逐渐认识到居住环境、饮食卫生与某些疾病有着密切的关系。秦国著名医家医和提出了阴、阳、风、雨、晦、明六气致病的观点，认为“阴淫寒疾，阳淫热疾，风淫末疾，雨淫腹疾，明淫心疾”，把“四时不正、六气太过”看做是致病的重要原因，这是后世形成的风、寒、暑、湿、燥、火“六淫病源”说的基础。同时，医和还强调了情欲不节是致病的内在因素。

一些重要的医学名词术语也已散见于当时的各种文献中，如《管子》《国语》《论语》，就分别有关于精、气、神与气血方面的论述。认为一切有形的物质，都是由无形的气变化而来的，人也是由气生成的：“天出其精，地出其形，合此以为人”。人的形成是男女精气相互结合而成为水样流体，经 10 个月长成出生。“精”是“气”的精萃，气和精是构成万物的精微物质。人的四肢九窍及内脏活动，都以精气为渊源。有了这种精微之气，人体才能维持正常的生理功能。此外，认为世上万物的生成变化都是“神”作用的结果。神作用于人体，表现在外的是易观察到的韵、色、形、态，而表现于内的则是人的思维活动。同时，人们还认识到人的机体，是由气血来决定其少、壮、衰老的。这些医学概念为后世医学理论的形成打下了基础。

过去研究中医学史所依据的基本上是传世文献，近些年来有关文献的出土，特别是简、帛文献的问世，使人们不得不重新认识中医学史。因为简、帛中有大量不见于传世文献的佚医书，而且绝大部分的成书时间都比传世文献早，所带来的信息强烈地冲击着传统观点。传世医籍最早者是《黄帝内经》，而简、帛医籍中有不少都比它早，仅马王堆医书中，就有不少迄今所知的最早的医药学文献，如《足臂十一脉灸经》《阴阳十一脉灸经甲本》和《阴阳十一脉灸经乙本》，是迄今所知最早的古经脉学著作；《脉法》和《阴阳脉死候》，则是迄今所知最早的古诊断学著作；而《五十二病方》，则是我国现已发现的最古医方著作。

经脉学是中医学的基础学说之一，《黄帝内经》中所讲的经脉为十二条，此学说一直沿用至今，而简、帛经脉学书都只讲了十一条经脉，较《内经》缺少一条“手厥阴脉”。不光说明这些经脉佚书是较原始的著作，同时说明我国的经脉学说经过了一个较长的发展过程。

从大量的简、帛医籍可知，至少在秦汉时期，我国的传统医学已建立起内科、外科、妇科、房中、导引，及兽医、法医等医学学科，同时，简、帛医籍还给我们展现了解剖学、诊断学、临床医学等各个方面的生动画面，如《五十二病方》中治一种叫“牡痔”的痔疮的两个方子。其一是：有蠃肉出，或如鼠乳状，末大本小，有空（孔）其中。口之，疾（灸）热，把其本小者而戾绝之，取内户旁祠空（孔）中黍腏、燔死人头，皆冶，以膱（脂）膏濡，而入之其空（孔）中。其二是：牡痔居窍旁，大者如枣，小者如枣核者方：以小角角之，如孰（熟）二斗米顷，而张角，絜以小绳，剖以刀，其中有如兔（菟）实，若有坚血如扣末而出者，即已。令。

以上二方给我们展现的是当时外科治疗痔疮的活生生的画面。这些，显然为临床医学史的研究提供了极其生动的历史资料。

在简、帛医籍中，还有关于药物价格的资料，显得十分宝贵，这在传世的早期医药典籍中是没有的。例如《武威汉代医简》91 甲 -91 乙：“牛膝半斤，直（值）五十；卑口半斤，直（值）廿五；朱（茱）臾（萸）二升半，廿五；方（防）风半斤，百；慈石一斤半，百卅；席（蟅）虫半升，廿五；小椒一升半，五十；山朱（茱）臾（萸）二升半，直（值）五十；黄芩一斤，直（值）七十；黄连半斤，直（值）百；口口二斤，直（值）廿七。子威取。河菆半斤，直（值）七十五；续断一斤，百。子威取。口口口取药凡直九百廿七。”这里每味药都有价，最后还记有取药人和总价。这些药价资料，显然在中药史的研究上具有重要价值。

传世的最早的本草书是《神农本草经》，共记载了 365 味药物，过去人们也一直以为这就是上古代药物的总数。而简、帛医籍中共有 717 个药物名称，表示 420 味药物，明显超过《本草经》365 味的记载，充分说明先秦两汉（且主要是先秦）入药的数量绝不止《本草经》所述的范围。

简、帛医籍所载药物之名中，见于传世文献者为 324 个，不见于传世文献者为 393 个，后者超过前者 69 个，占了整个简、帛药物名称的 54.8%，这是过去无论如何也想象不到的。这说明上古时期（特别是先秦西汉时期）药物名称还处于通用名没有怎么形成的阶段，有很多药名未能流传下来。仅《五十二病方》中不见于传世文献的草部药名就有很多，例如（括号内为该药在传世文献中的名称）：行76、259：麋芜本（芎䓖）。行372：白衡（白英）。行68：合卢（奄闾）。行458：苺茎（莓茎）。行419：陵叔（菱）。行368：茈（柴胡）。行341：亭磿（亭历）。行251：卢茹（茜草）。行290：戴（黄耆）。行109：根（地肤根）。行255、257：骆阮；行257白苦；行257：苦浸（均为苦参）。行60：橐莫（鬼臼）。等等。这些原来我们不曾知晓的名称，显然是本草史研究的极重要内容，仅就此而言，中药学本草史特别是上古本草史就应重写。

总之，简、帛文献在中医药学史的研究上，具有极其重要的价值。

先秦传说中的医家主要代表人物有：伏义（伏羲）氏、神农氏、黄帝、僦贷季，岐伯、俞跗、伯高、少俞，鬼臾区、雷公、桐君、少师，巫彭、巫妨、巫咸和苗父等。

有文字记载的春秋战国时期的医家的主要代表人物有：医缓、医和、医呴、文挚、秦越人（扁鹊）等。

医缓是春秋时期的秦国人。具体生卒年月待考。其医术之高明通过下述事例可见。据《左传》记载，鲁成公十年（公元前581年），晋景公（公元前599～前581年）生病，先叫桑田巫以鬼魂作祟为由治疗，结果无效，就请医缓给治。医缓诊断后直言不讳地说："疾不可为也!"因为病"在肓之上，膏之下"，"攻之不可，达之不及，药不至焉，不可为也。"就是说已经病入膏肓，不论以砭石、针灸攻治，还是服食药饵，都无能为力了。

医和也是春秋时期的秦国人。具体生卒年月待考。据《左传》《国语·晋语》记载，鲁昭公元年（公元前541年），晋平公（公元前557～前532年）有疾，请医和诊治。医和说："疾不可为也，是谓近女室，疾如蛊，非鬼非食，惑以丧志"。就是说，平公的病已不能治好，因为近女室，惑以生蛊。平公问道："女不可近乎?"意思是非得禁绝情欲吗？医和答道"节之"，意思是要有节制和限度，并对疾病的机理做了阐释说，"天有六气，降生五味，发为五色，征为五声，淫生六疾；六气曰阴、阳、风、雨、晦、明也。分为四时，序为五节，过则为灾。阴淫寒疾，阳淫热疾，风淫末疾，雨淫腹疾，晦淫惑疾，明淫心疾。"并针对平公的疾病和提问，进一步解释说："女阴物而晦时，淫则生内热惑蛊之疾。今君不节不时，能无及此乎?"尽管关于"蛊"的说法带有虚幻的色彩，但其认为房事不节而生病的说法却是很有道理的。

医呴（xǔ）是战国时期的秦国人，具体生卒年月待考。事迹出于《尸子》，据说“为宣王割痤。为响王疗痔皆愈。张子之背肿，命响治之，遂愈。”从其所治疗的疾病来看，皆为外科疾病，医响应是一位医疗技术高明的外科医生。

文挚是战国时期的宋国人，具体生卒年月待考。事迹出于《吕氏春秋·至忠篇》。据载齐王田地（公元前323～前284年）有病，使人请文挚。文挚诊王病，根据病情决定采用心理疗法治疗，遂对太子说：“王之疾必可已也。虽然王之疾已，则杀挚也。”意思是齐王的病可以治好，但一旦治好他必然杀我。太子问：“何故”？文挚说，“非怒王，则疾不可治，怒王则挚必死。”除了用激怒大王的办法外，没有别的办法可治。而激怒了大王，则就必然杀我了。于是，太子再三恳求说：“苛已王之疾，臣与臣之母以死争之于王，王必幸臣与臣之母，愿先生之勿患也。”太子信誓旦旦地恳求说，要以他和母亲冒死力争来保护文挚。于是，文挚应允，便与太子约好前往时间，而文挚故意不守信誉，三次失约，使齐王很生气。当文挚最终见齐王时，又故意不脱鞋就上他的床，还故意践踏他的衣服，用很不礼貌的语言询问他的病情，使齐王气得不肯答言。文挚却反口连出不敬之辞，使得齐王大怒，与文挚争吵起来。事后，齐王的病果然治愈，而文挚也终为反复无常的齐王所烹杀。从医技上看，文挚所用的是一种激怒疗法，即精神疗法。文挚为此以身殉职，被视为世界精神疗法的先驱，是当之无愧的。

扁鹊，原名秦越人（公元前407～前310年），战国时期著名医家。渤海郡郑（今河北省内丘县）人，一说为齐国卢邑（今山东省长清县）人，或临淄附近的郑阳人。其生平事迹见于《史记》《韩诗外传》《战国策》《说苑》等典籍。其约在公元前386年前后即“为人舍长”，随长桑君“出入十余年”，承长桑君授以《禁方书》。其以“切脉、望色、听声、写形”诊断，针、药并用，综合治愈虢太子的“尸厥”病。虢君感动地对他说：“有先生则活，无先生则捐弃沟壑，长终而不得反！”此后名望大增。其以砭石弹刺，治疗秦武王面部痈肿成功，遭“自知技不如也”的秦国太医令李醯嫉妒而被害。其善于针对不同的病状而区别诊治。在邯郸，为“贵妇人”为带下医，即妇科病；为周人爱老人，为耳目痹医即五官科病；到咸阳，闻秦人爱小儿，为小儿医即儿科病。其随俗为变，活动在今山东、河北、山西、河南、陕西等省的广大地域，从事过相当于当今内科、外科、妇科、五官科、小儿科等多科的诊断和治疗。精通汤液、针灸、砭石、熨帖、按摩、手术等各种医技。

在诊齐恒侯（一说蔡桓公）病案后，司马迁评价扁鹊说：“使圣人预知微，能使良医得早从事，则疾可已，身可活也。人之所病，病疾多；医之所病，病道少。故医有六不治：骄恣不论于理，一不治也；轻身重财，二不治也；衣食不能适，三不治也；阴阳并，藏气不定，四不治也；形微不能服药，五不治也；信巫不信医，六不治也。有此一者，则重难治也。”

在危重病患面前，扁鹊敢于承担风险，但当闻听“天下尽以扁鹊为能生死人”的言论后，他则实事求是地说：“越人非能生死人也，此自当生者，越人能使之起耳。”意思是说他只能治愈本来不该死的人，足见其很有自知之明。

扁鹊作为战国时代的名医，在医学上的成就主要有三：

一是在经络脏象方面，扁鹊提出病邪沿经络循行于脏腑的深浅，由表入里传变。他说：“若太子病，所谓‘尸厥’者也，夫以阳入阴中……中经维络，别下于三焦膀胱。是以阳脉下遂，阴脉上争、会气闭而不通，阴上而阳内行，下内鼓而不起，上外绝而不为使。上有绝阳之络，下有破阴之纽，破阴绝阳，色废脉乱，故形静如死状，太子未死也，夫以阳入阴，支兰藏者生，以阴入阳，支兰藏者死。凡此数事，皆五脏厥中之时暴作也。良工取之，拙者疑殆！”他所说的“别下于三焦膀胱”，即手少阳三焦经“下膈，属三焦”的循行与脏腑的关系，或足太阳膀胱经“络肾，属膀胱”的循行与脏腑关系。“乃使弟子子阳，厉针砥石，以取外三阳五会”，就是让弟子沿足阳明胃经、手少阳三焦经、足太阳膀胱经的循行，循经取穴，进行针刺治疗，以抢救垂危病人。

二是在四诊合参方面，扁鹊“特以诊脉”专长，而有“至今天下言脉者，由扁鹊也”之美誉，他注重“望闻问切”四诊合参，而不片面强调“诊脉”或其他。他为齐恒侯田午治病时，就是全凭望色观察分析病情的发展过程，正确判断齐桓侯的发病机制，即从腠理侵入血脉，继入肠胃，再入骨髓，而作出正确诊断的。说明了秦越人在望诊上同样有很深的造诣。

三是在辩证论治与综合治疗方面，扁鹊针对不同病变，辩证论治，综合施治。如针对虢太子的“尸厥”证，他“乃使弟子子阳，厉针砥石，以取外三阳五会”，把病人从昏迷中抢救过来，尔后“乃使弟子子豹为五分之熨，更以八减之齐和煮之。以更熨两胁下”，为病人进行保温治疗，促使病人很快恢复到能够自己“起坐”状态，再“服汤二旬”，以“更适阴阳”，使病人完全恢复健康。扁鹊及其弟子子阳、子豹等，实为中国医学史上实行辩证论治和综合治疗的奠基者。

司马迁对扁鹊在中国医学上取得的卓越成就给予高度评价：“扁鹊言医，守数精明，为方者宗，后世循序，弗能易也。”

扁鹊以卓越的医疗技术和高尚的医德医风，两千多年来，受到广大民众的敬仰和爱戴，全国各地为他建立的纪念性墓祠之多、历史之久、规模之大，是罕见的。

据《隋书·经籍志》等载，《难经》即《黄帝八十一难经》系秦越人所著。对此说虽有争议，但《难经》在很多方面确实反映了扁鹊的医学思想。

关于先秦医家的主要代表作，《汉书艺文志·方技略》载有汉以前的医书七部共216卷，总称为《医经》，包括《黄帝内经》《黄帝外经》《扁鹊内经》《扁鹊外经》，《白氏内经》《白氏外经》和《旁篇》等七种有关解剖、生理、病理和治则的基础医学著作。后世有称《素问》，《灵枢》《难经》为《医经》者；也有称《内经》《伤寒论》《金匮要略》《神农本草经》为《医经》者；还有把以上统称为《医经》者。

但根据近年考古发掘看，先秦医家的主要代表作除了《黄帝内经》外，还有：简书《万物》《十问》《合阴阳》《杂禁方》《天下至道谈》《脉书》和《引书》等，帛书《足臂十一脉灸经》《阴阳十一脉灸经》甲本、《脉法》《阴阳脉死侯》《五十二病方》《却谷食气》《阴阳十一脉灸经》乙本、《导引图》《养生方》《杂疗方》和《胎产书》等。

简书《万物》，系1977年在安徽阜阳双古堆第二代汝阴侯夏侯灶墓出土的汉简之一。据考证《万物》的撰写时代可能在战国初期或春秋时代。竹简残损严重，初以“杂方”名之。残简共计133支，约1100字。《万物》记载药物种类初步统计为71种，其中玉石部5种，草部23种，木部5种，兽部11种，禽部4种，鱼部11种，果部4种，米谷部4种，菜部4种。此外，还有“莫盗”、“鼠享”、“大发”、“石卦”等待考。《万物》所载药物绝大多数为日常生活中所能接触到的东西，体现了药物早期发展阶段的一个特征。《万物》所载药物治疗的疾病，初步统计有病名31种，其中有个别病名尚待进一步考证。这些疾病包括内、外、五官、神经等各科疾病。其中如寒热、烦心、心痛、气臾、鼓胀、瘘、痤、折、痿、痈、耳、惑、睡、梦噩、失眠、健忘等病症的治疗，至今仍被沿用。《万物》所载药物的功效，有很多不仅与后世本草学相符合，而且至今仍在临证医疗中被应用。《万物》所载药物的加工炮制，有“煮”、“焙”等比较原始的方法。对药物的服法与禁忌的记载也极为简略。

经与各方面的资料比较分析，《万物》的撰述年代应早于《五十二病方》，《万物》的出土，填补了中国本草史和医学史战国初期至春秋时代之间的空白，具有珍贵的文献价值。

《足臂十一脉灸经》《阴阳十一脉灸经》甲本、《脉法》《阴阳脉死侯》《五十二病方》《却谷食气》《阴阳十一脉灸经》乙本、《导引图》《养生方》《杂疗方》和《胎产书》等，均为1972年初至1974年长沙马王堆三号汉墓出土帛书。另出土竹简200支，也全部是医书，分为《十问》《合阴阳》《杂禁方》《天下至道谈》等四种。帛书和简书共计十四种，均为长期失传的医书。

其中《足臂十一脉灸经》和《阴阳十一脉灸经》甲、乙本，全面论述了人体十一条经脉的循行走向及所主治的疾病。是我国迄今发现最早论述经脉学说的文献。从成书的年代来看，在两部脉经中，前者较为古朴，后者则稍晚，而《内经·灵枢·经脉》比两部脉灸经都晚，因而可以说两部脉灸经是《灵枢·经脉》的祖本。

帛书《五十二病方》现存一万余字，全书分52题，每题都是治疗一类疾病的方法，少则一方、二方，多则二十余方。现存医方总数283个，用药达247种，书中提到的病名有103个，所治范围包括内、外、妇、儿、五官各科疾病。内科病的治疗在全书中所占比重不大，但从一个侧面反映了当时治疗内科病的水平。如该书对“癃”即淋病的治疗，处方合理，且大多为现今临床所沿用。尤其是血淋、石淋、膏淋、女子淋的分证治疗，可以说是对淋病进行辩证论治的雏形。全书以外科病所占比重为最大，也最为突出。该书在论述疽病的治疗时，已初步运用了辩证论治的原则，其处方讲究加减化裁，注意对证用药。例如一般疽病均用白蔹、黄耆、芍药、桂、姜、椒、茱萸等七味药物通治，但强调辩证，要根据不同的症状，在用药分量上适度加减。

《五十二病方》在论述痔疮的治疗时，除了运用各种药物疗法外，还记载了精彩的手术疗法；除了以内服汤药为主之外，还有大量的外治法，如敷贴法、烟熏或蒸气熏法、熨法、砭法、灸法、按摩疗法、角法（火罐疗法）等。治疗手段的多样化，标志着当时医疗水平的不断提高。

帛书《却谷食气》，是迄今发现最早的气功导引专著。原文有将近500字，因残损太甚，可辨认者仅剩270余字。主要记载的是导引行气的方法和四时食气的宜忌。认为宜根据月朔望晦和时辰早晚，及不同的年龄特征来行气，注重呼吸吐纳，强调吐故纳新，做好深呼吸。帛画《导引图》，则是我国现存最早的医疗体操图。经复原后长约100厘米，高约50厘米。《导引图》色彩绚丽，绘有44个不同性别年龄的人在做各种导引动作，分列四排，每排11人，人像高9~12厘米，服装各异，一个个都在凝神操练，形态逼真，栩栩如生。44人的动作姿态大致可分为三类：一为呼吸运动，一为活动四肢及躯干的运动，一为持械运动。如“引聋”，即以导引防治耳聋；“引脾病”，即以导引防治痹证或腹痛，都是不可多得的珍贵资料。另外，帛画《导引图》中还有许多以仿生动作即模仿动物动作的导引式，对后世的影响深远。

帛书《养生方》残损也相当严重，估计原书有6000字左右，现仅存3000余字。该书正文在前，目录在后，原有标题32个，经整理后尚可辨认者有27个，如“老不起”、“为醴”、“益甘”、“病最种（肿）”、“茎（轻）身益力”、“除中益气”等。全书内容主要包括两个方面：一类是健身补益方，主要用于强身健体，增强筋力，黑发益气美色等。一类是补益性机能的。在叙述胎儿逐月发育的状态时，该书明确地写道：“三月始脂，果隋宵效，当是之时，未有定义（仪），见物而化。是故君公大人，毋使朱（侏）儒，不观木（沐）侯（猴）。”认为孕妇的饮食起居，所见所闻和思想情志等，对胎儿发育的优劣，性别的形成等等，都会产生直接的影响。这是迄今所见最早关于胎教的文字。《脉书》和《引书》，均为1983年底至1984年初在湖北江陵张家山汉墓出土的医简。《脉书》共2028字，被抄写在65枚竹简上，其内容可分五个部分。第一部分主要论述病候，自头至足依次叙述了67种疾病的名称及简要症状，涉及内、外、五官、妇、儿科病症，其中内科病约占2/5，不同于马王堆医书《五十二病方》侧重于外科病；第二部分内容与马王堆医书《阴阳十一脉灸经》甲、乙两本完全相符，且所保存的文字较甲本多332字、较乙本多122字，使《阴阳十一脉灸经》在更大程度上的复原成为可能。第三部分内容与马王堆医书《阴阳脉死候》基本相同，且多出69字，其中说：“夫留（流）水不腐，户枢不蠹，以其动。动则实四支（肢）而虚五臧（脏），五脏虚则玉体利矣。”是目前书已知古籍中最早用“流水”与“户枢”的比喻论述人体运动有利健康的原理。第四部分，用四言韵体论述人体骨、筋、血、脉、肉、气等6种组织或生理机能及其发病为“痛”的症候特征；第五部分内容与马王堆帛书《脉法》基本相同，且多出124字，因而在很大程度上能够弥补帛书缺文。

《引书》共3235字，约于西汉吕后二年（公元前186年）前抄写在113枚竹简上，是对汉初及之前医疗导引术的一次总结。其内容分三部分。第一部分论述四季养生之道，篇首指出：“春产（生）、夏长、秋收、冬藏，此彭祖之道也”，接着依四季之序介绍各季的养生方法。其基本精神与《素问·四气调神大论》所载养生之道相同，即养生要顺应自然界的运行规律。第二部分论述导引术式及其作用，共载导引术110种，除去重复者还有101种，其中用于治病有50种，防病16种。可以窥见汉初及以前运用导引防病治病状况之一斑。《引书》所载导引术与马王堆帛画《导引图》相比较，两者风格相近，命名原则相同。而《引书》所载导引种数更多，内容更丰富，除了折阴、熊经、引膝痛、引聋和引颓等 5 种导引名称相同（其中 3 种名同术异）外，帛画《导引图》所载导引术只有《引书》的 2/5 左右，而且为单个动作的静态画面，很难反映导引的动态过程，更难描述呼吸、意念方面的要领。而《引书》则弥补了这些不足。总之，《引书》的发现，为研究汉初及以前导引术提供了极为珍贵的资料。《引书》之第三部分讨论了致病因素、防治方法以及养生理论等。

总之，江陵张家山医简的发现，对于中国医学史研究具有重大的意义。它改写了一些中国医学史上的最早记录，如《引书》记载下颌关节脱位整复术和叩齿术，较晋代葛洪的记录要早四五百年等等。随着研究的深入，将越来越显示它的重要价值。

《黄帝内经》是医家最具代表性的著作，而《神农本草经》是最早的药物学专著。

65. 正确看待“巫医不分”

“巫医不分”是医学发展过程中的一个阶段，即人类处于原始蒙昧时期的一种必然现象。

在原始宗教和自然崇拜束缚人们观念的时代，在专职的医生尚未出现的漫长历史时期，身兼问卜、祭祀、祈祷等差使的“巫者”，充当着“上通鬼神”、“下晓人事”即联系人与“神”的媒介作用。他们在祈福禳灾当中，还要为人疗疾祛病。因而最早懂得天象、地理和医药等方面的知识。

巫者在对人自身的生死祸福预卜、祈祷的过程中，某些祷辞和咒语可能由于心理的暗示作用，或其他的偶然性，使得某些症状缓解，乃至消除，以致人们误认为是巫者的作用，从而信从。所谓“祝由术”，盖与此有关。但当在更多的情况下，为病人祈求和祷告等等不能见效时，他们自然会想到运用别的方法来尝试：或根据人们日常积累的经验，让病人吃、喝某些动植物及其汤剂，当效果不大时还会别出心裁地搜寻另外一些动植物尝试地让病人吃、喝，并将其结果想法记忆和积累下来，从反复的偶然性中窥知其必然性，从个别推导一般，从而越加主动地借鉴前人和众人所积累的日常医疗经验，从更多的动植物中尝试、探寻、发现和总结更多的药物，并由动植物扩展到矿物，大量的医药于是陆续被发现、总结出来。同时，他们还借鉴、吸取人们从日常生活、劳动中所发现、积累的运用针砭治疗疾病的经验和技术。《山海经·海内西经》载，黄帝时代已经有“操不死之药以距之”的“巫彭、巫抵、巫阳、巫履、巫凡、巫相”等。《山海经·大荒西经》还载有“灵山”，说巫咸、巫彭等十巫常到灵山采药，可见巫师也兼用药草治病。殷墟卜辞中也多见“风疾”、“痛疾”的记载。而从史料和考古发现看，许多古代巫师都兼通“降神”与用药、针砭等治疗的知识和技能。

所谓“巫医不分”只是人类医疗发展历史进程中的某个阶段，因为本质上以疗效为唯一检验标准的医学，与本质上以迷信和盲目崇拜为依托的“巫”根本相悖，终究不可能相伴到底，而当人类文明进展到专职的医家出现时，“巫医相分”就不可避免了，真正的中医药学也便脱颖而出了。

所以说，“巫医不分”尽管是中医药发展过程中曾经历的事实，而且时间相当漫长，但也决不能据此得出“医源于巫”的结论。从中医药学产生的实际过程来看，它根源于，并且仅仅根源于人们为了生存而同大自然，同疾病和意外伤害等等所进行斗争的实践中。

由于任何经验教训的总结，任何知识的积累和创造，都依赖于语言和文字载体的发展，所以，中医药学经验教训的总结，相关知识的积累和创造，在语言和文字不发达的情况下，是相当艰难的。主要是通过人脑的记忆和口头传授来实现的。当文字渐渐发明和成型之后，它们才得以获得前所未有的发展。“巫者”作为人群中最初的智者，在这当中一度担当重要的角色并发挥过重要的作用，是历史的必然。在商周时代，“巫者”的队伍庞大，并渐渐从一般的“巫者”中渐渐分化出专司医疗的“巫医”，从出土的甲骨文中，可以看到这方面的情形。而到西周末，伴随生产力的巨大发展所促成的社会分工的加剧，和文字的进一步发展、成型，专职医生出现，中医药学也终于从“巫术”中最终分化出来，开始获得长足的发展。

66. 中医学赖以建立的理论基础

中医药学赖以建立的理论基础主要有：阴阳五行学说，藏象学说，气、血、津液学说，经络学说，病因与发病学说，病机学说和防治学说。

（1）阴阳五行学说

该学说认为世界是在阴阳二气作用的推动下孳生、发展和变化着的，并认为木、火、土、金、水五种最基本的物质，是构成世界不可缺少的元素。这五种物质相生、相克，处于不断地运动变化之中。

这种学说对中国古代哲学、天文学、气象学、算学、音乐、化学、医学和养生学等，都产生了深远的影响。

我国古代医家将阴阳五行学说广泛地运用于医学领域，用以说明人类生命的起源、生理现象和病理变化等，并指导临床诊断和防治，使其成为中医理论的重要组成部分，因而对中医学理论体系的形成和发展，具有极为深刻的影响。

阴阳学说认为世界是物质性的整体，任何事物都包含阴阳相互对立的两个方面，而这两个方面相互统一，处于不断的矛盾运动之中。阴阳的矛盾运动是天地间一切事物产生、发展、变化及消亡的根本原因。正如《素问·阴阳应象大论》说："阴阳者，天地之道也，万物之纲纪，变化之父母，生杀之本始"。

阴阳学说的基本内容包括阴阳对立、阴阳互根、阴阳消长和阴阳转化四个方面。在中医学理论体系中，阴阳学说被用以说明人体的组织结构、生理功能及病理变化，并用于指导疾病的诊断和治疗。

五行学说则认为，木、火、土、金、水五种物质的存在和运动，是构成万物的必不可少的最基本物质，并认为世间一切事物都是由这五种基本物质之间的运动变化生成的。这五种物质之间，存在着既相互孳生又相互制约的关系，并在不断的相生相克运动中维持着动态的平衡。

五行学说以五行的特性对事物进行归类，将自然界的各种事物和现象的性质及作用与五行的特性相类比后，将其分别归属于五行之中。"木曰曲直"，凡是具有生长、升发、条达舒畅等作用或性质的事物，均归属于木；"火曰炎上"，凡是具有温热、升腾作用的事物，均归属于火；"土爰稼穑"，凡是具有生化、承载、受纳作用的事物，均归属于土；"金曰从革"，凡是具有清洁、肃降、收敛等作用的事物则归属于金；"水曰润下"，凡是具有寒凉、滋润、向下运动的事物则归属于水。

中医学应用五行学说以解释人体的生理功能，说明机体病理变化，用于疾病的诊断和治疗。

在中医学里，阴阳五行学说皆以脏腑、经络、气血津液等为其物质基础，从宏观自然现象到人体的变化，用取象比类的方法，来分析、研究、解释人体的生理活动和病理变化及人体内外的各种关系，从中发现规律性，并用以指导临床辩证和施治。

（2）藏象学说

"藏象"二字，首见于《内经·素问·六节藏象论》。"藏"指藏于体内的内脏，"象"指表现于外的生理、病理现象。"藏象"包括各个内脏实体及其生理活动和病理变化，表现于外的各种征象。藏象学说是研究人体各个脏腑的生理功能、病理变化及其相互关系的学说。它是历代医家在医疗实践的基础上，在阴阳五行学说的指导下，概括总结而成的，是中医学理论体系中极其重要的组成部分。

该学说以脏腑为基础，按照生理功能特点，将脏腑分为五脏、六腑和奇恒之腑；以五脏为中心，一脏一腑，一阴一阳为表里，由经络相互络属。五脏即心、肝、脾、肺、肾，其共同特点是能贮藏人体生命活动所必需的各种精微物质，如精、气、血、津液等；六腑，即胆、胃、小肠、大肠、膀胱、三焦，其共同生理特点是主管饮食的受纳、传导、变化和排泄；奇恒之腑，即脑、髓、骨、脉、胆、女子胞（子宫），其共同特点是它们同是一类相对密闭的组织器官，却不与水谷直接接触，即似腑非腑；又具有类似于五脏贮藏精气的作用，即似脏非脏。

藏象学说是一种独特的生理病理学理论体系。其中“脏腑”不单纯是一个解剖学的概念，更重要的则是概括了人体某一系统的生理和病理学概念。心、肺、脾、肝、肾等脏腑名称，虽与现代人体解剖学的脏器名称相同，但在生理或病理的含义中，却不完全相同。一般来讲，藏象学说中一个脏腑的生理功能，可能包含着现代解剖生理学中的几个脏器的生理功能；而现代解剖生理学中的一个脏器的生理功能，亦可能分散在藏象学说的某几个脏腑的生理功能之中。

人体是一个有机的整体，脏与脏，脏与腑，腑与腑之间密切联系。它们不仅在生理功能上相互制约，相互依存，相互为用，而且以经络为联系通道，相互传递各种信息，在气血津液环周于全身的情况下，形成一个非常协调和统一的整体。

（3）气、血、津液学说

气、血、津液，是构成人体的基本物质，也是维持人体生命活动的基本物质。气、血、津液，是人体脏腑、经络等组织器官生理活动的产物，也是这些组织器官进行生理活动的物质基础。

气，是不断运动着的具有很强活力的精微物质；血，基本上是指血液；津液，则是机体一切正常水液的总称。从气、血、津液的相对属性来分阴阳，气具有推动、温煦等作用，属于阳；而血和津液，都是液态物质，具有濡养、滋润等作用，则属于阴。气、血、津液的生成，及其在机体内进行新陈代谢，都依赖于脏腑、经络等组织器官的生理活动，而这些组织器官进行生理活动，又必须依靠气的推动、温煦，以及血和津液的滋润濡养。因此，无论在生理还是病理的状况下，气血津液与脏腑、经络等组织器官之间，始终存在着互相依存的密切关系。

此外，构成人体并维持人体生命活动的基本物质中还有“精”。“精”在中医学理论上的基本含义，有广义和狭义之分。广义之“精”，泛指一切精微物质，包括气、血、津液和从饮食中来的营养物质；狭义之“精”，即通常所说的肾中所藏之精，这种精与人的生长、发育和生殖，都有直接关系。

气、血、津液均为构成人体和维持人体生命活动的最基本物质，都离不开脾胃运化的水谷精气，因而气和血，气和津液，血和津液在生理上相互依存、相互制约、相互为用，病理上相互影响，互为因果。

（4）经络学说

经络学说是研究经络系统的生理功能、病理变化及其与脏腑之间的关系的理论。是中医学用以分析人体生理、病理和对疾病诊疗的主要依据之一。

“经络”一词首见于《黄帝内经·灵枢》。其《灵枢·邪气脏腑病形》说：“阴之与阳也，异名同类，上下相会，经络之相贯，如环无端。”其《灵枢·脉经》中又说：“经脉者，所以能决死生，处百病，调虚实，不可不通。”

经络是经脉和络脉的总称。经，有路径之意。经脉贯通上下，沟通内外，是经络系统的主干。络，有网络之意。络脉是经脉别出的分支，较经脉细小，纵横交错，遍布全身。经络内属于脏腑，入络于肢节，沟通于脏腑与体表之间，将人体脏腑、组织、器官联结成为一个有机的整体，并借此行气血、营阴阳，使人体各部的功能活动得以保持协调和相对平衡。

经络学说的内容十分广泛，包括经络系统各组成部分的循行部位、生理功能、病理变化及其表现，经络中血气的运行与自然界的关系，经脉循行路线上的穴位及其主治作用，经络与脏腑的关系等等。

经络学说的形成，是以古代的针灸、推拿、气功等医疗实践为基础，经过漫长的历史过程，结合当时的内透、解剖知识和藏象学说，逐步上升为理论的，其间受到了阴阳五行学说的深刻影响。《黄帝内经》的问世，标志着经络学说的形成。《内经》中系统地论述了十二经脉的循行部位、属络脏腑，以及十二经脉发生病变时的症候；记载了十二经别、别络、经筋、皮部等的内容；对奇经八脉也有分散的论述；并且记载了大约160个穴位的名称。

经络系统由经脉、络脉、十二经筋和十二皮部所组成。经络在内连属于脏腑，在外则连属于筋肉、皮肤。

中医把经络的生理功能称为“经气”。其生理功能主要表现在沟通表理上下，联系脏腑器官，通行气血、濡养脏腑组织，感应传导，和调节脏腑器官的机能活动四个方面。

经络学说在临床上可以应用于解释病理变化、协助疾病诊断，以及指导临床治疗三个方面。

经中国科学院生物研究所祝总镶教授及其带领的团队，苦心孤诣地历经数十年、采用现代科技实验手段反复探索、检验，终于证明《黄帝内经》等古代医书所载人体经络的分布和穴位与事实基本一致。而相关专家的最新研究认为："经络是组织液的定向运动，组织液影响细胞的电位，从而控制交感和副交感神经，而毛细血管是组织液的基础。"（见丁光宏、杨静、陈尔瑜、沈雪勇、党瑞山、姚伟、承焕生、刘芳、费伦，2010年10月24日同名网论文）

在古代科技水平和医疗手段十分落后的条件下，古代医家是通过什么手段和方法探明、总结出人体经络和穴位分布的呢？至今是个尚未作出令人信服的科学解释的谜。

（5）病因与发病学说

该学说认为人体各脏腑组织之间，以及人体与外界环境之间，相互作用，维持着相对的动态平衡，从而保持着人体正常的生理活动。当这种动态平衡因某种原因而遭到破坏，又不能立即自行调节得以恢复时，人体就会发生疾病。

病因，即破坏人体相对平衡状态而引起疾病的原因。古代中医病因学将致病原因分为三类：一是外因，指外界感受的致病因素，包括"六淫"即风、寒、暑、湿、燥、火，和疠气的传染；二是内因，指内部情志异常等致病因素，主要是为"七情"即喜、怒、忧、思、悲、恐、惊所伤；三是不内外因，指介于内外因之间的致病因素，包括饮食失调、房事不节、劳逸失度、外伤失防、虫兽侵害、淤血痰饮等等。

尽管"三因致病"说的某些界限只具有相对的意义，在今天看来有些也值得进一步推敲，尤其是所谓"不内外因"中有的实为外因，如外伤等，但是，"三因致病"说，凝聚了中国古代医家对致病因素探讨和洞察的经验，尤其是"不内外因"的提出，具有深刻的世界观和方法论意义。它启示医家和病患者，致病的因素极其复杂，不是常说的简单的内、外"二因说"所能涵盖得了的。所以，中医学关于致病的"三因说"，体现了中国古代医家在疾病诊断和治疗过程中缜密的分析态度和求实精神。早在《黄帝内经》中，就从外感和内伤两个方面对病因进行了探讨和总结。"风者，百病之始也"，和"百病生于气也"的论断，即是证明。汉代张仲景的《金匮要略》，又把病因明确分为三类。到宋代，陈言的《三因极一病证方论》，则系统地阐述了"三因"学说。认为"六淫邪气"为外因，"七情所伤"为内因，饮食、劳倦、房事、跌扑、金刃、虫兽等所伤为“不内外因”。至此，中医学的病因学说臻于完善。

近千年过后，哲学家们却津津乐道于将世界划归于物质和精神两类现象，实在是一种倒退，而对波普尔所谓“三个世界”划分学说的提出，则又推崇备至，实际上是对中医学“三因论”的无知或藐视。

疾病与健康是相对的。人体脏腑、经络的生理活动正常，“阴平阳秘”即阴气平和、阳气固密，阴阳平和、协调，保持在相对平衡的状态，则身体健康、精神愉快；当人体在某种致病因素作用下，生理活动异常，阴阳平衡协调关系被破坏，导致“阴阳失调”，便出现各种症状，发生疾病。

中医学认为，疾病的发生和变化，总其大要，决定于人体自身的正气与邪气两个方面的斗争状况。所谓“正气”，系指人体正常的机体活动，如脏腑、经络、气血等功能及人体具有的抗病和康复能力；所谓“邪气”，系指各种致病的因素。正气不足是疾病产生的内在因素，而正、邪气之间斗争的胜负则决定是否发病、发病的程度及病程的进退。

（6）病机学说

“病机”，是指疾病发生、发展、变化及其结局的机理。病机学说就是以阴阳五行、气血津液、藏象、经络、病因和发病学说等基础理论，探讨和阐释疾病发生、发展、变化及结局的机理及其基本规律的学说。

“病机”之名，首见于《黄帝内经·素问·至真要大论》的“审查病机，无失气宜”，和“谨守病机，各司其属”。病机的理论在《黄帝内经》中已奠定了基础。如《素问·至真要大论》所列“诸风掉眩，皆属于肝……”等“病机十九条”，是以“五运六气”的“六气”与五脏相应的理论，将临床常见的诸多症状，分别归属于心、肺、脾、肝、肾之疾患，风、寒、湿、热、燥、火之疾患，病变部位是在“上”或“下”等。但必须指出：《内经》之论述病机，内容非常广泛，并不局限于“病机十九条”，它与邪正和阴阳之盛衰，气血和脏腑之虚实，以及某些病证（如疼痛、痿、痹、厥、痈疽等）的病机，均有详尽的论述。

历代医家对于病机学说均非常重视。如汉代张仲景的《伤寒杂病论》在《素问》及《灵枢》的基础上，结合临床实践阐述了热病的虚实、寒热、表里、阴阳的进退变化；在《内经》脏腑、经络虚实的基础上，对不少病证的病机进行了阐述。隋代巢元方的《诸病源候论》对1729种病候的病因、病机及其临床证候作了阐述，成为我国历史上最早的病因病机学专著；金元时期的刘完素在《素问·玄机原病式》中提出“六气皆从火化”和“五志过极，皆为热甚”的观点；而李东垣在《内外伤辨惑论》中，论述了“内伤脾胃，百病由生”和“火与元气不两立”的病机；张从正在《儒门事亲》中论述了“邪气”致病的病机；朱丹溪在《格致余论》中阐释了“阳有余而阴不足”和“湿热相火”等病机。

病机学说的具体内容可以概括为：

其一，从整体上探讨疾病的发生、发展、变化及结局的基本规律。如邪正盛衰、阴阳失调、气血失常、津液代谢失常等；

其二，从脏腑、经络等某一系统研究疾病的发生、发展、变化及结局的基本规律。如脏腑病机、经络病机等；

其三，探讨某一类疾病的发生、发展、变化及结局的基本规律，如六经传变病机、卫气营血传变病机和三焦传变病机等；

其四，研究某一种病证的发生、发展、变化及结局的基本规律，如感冒的病机、哮喘的病机、痰饮的病机、疟疾的病机等等；

其五，研究某一种症状的发生、发展的病机。如疼痛的机理、恶寒发热的机理、失眠的机理等等；

其六，研究由于气血津液、脏腑等生理功能失调所引起的综合性病机变化，如内生“五邪”等。

（7）防治学说

中医学在治疗上历来以主张防重于治。《黄帝内经·素问·四气调神大论》云：“圣人不治已病治未病，不治已乱治未乱。……夫病已成而后药之，乱已成而后治之，譬如渴而穿井，斗而铸锥，不亦晚乎”。所谓“治未病”，可以概括为“未病先防”和“既病防变”。

未病先防，又称无病防病，无病先防。是指在人体未发生疾病之前，充分调动人体自身的主观能动性以增强体质，颐养正气，提高机体的抗病能力，同时能动地适应客观环境，积极采取各种有效措施，做好预防工作，避免致病因素的侵害，以防止疾病的发生。《丹溪心法》称，“是故已病而后治，所以为医家之法；未病而先治，所以明摄生之理。”防病应以起居有常、饮食有节、劳逸适度、心态平衡和情欲收敛为要，以增强正气、调摄情志、调节营养、强健体质，尤其要努力做到“非喜勿视，非喜勿听，非喜勿言，非喜勿动”，使身心内外尽量保持正常的平衡状态，忌食或忌触引发疾患的食物和事情，还可以适时、适当地采取药物预防的方法，从各方面注意防止病邪的侵入。

既病防变，就是有病早治，防止病变。一旦感觉不适，发现病的苗头，就赶紧治疗，防止恶化和发生新的病变。及时治疗和尽快治疗是既病防变的关键。疾病在初发和萌芽阶段实施治疗，是比较容易见效的。既病防变还包括病愈后要防止复发。古称“差后防复”，就是指疾病刚痊愈，正处于恢复期，为防止因调养不当，旧病复发或滋生其他疾患，而事先采取的防治措施；或指疾病症状虽已消失，为防止因治疗不彻底，病根未除，潜伏于体内，受某种因素诱发，使旧病复发所采取的防治措施。总之，既病防变就是指在患病之后，要及时采取有效措施，早期诊断，早期治疗，截断疾病的发展、传变或复发，同时注意疾病痊愈后预防复发，巩固疗效。尤其是对传染性疾病，更应防止恶性或不良性变化，以防止传播条件的产生。

既病防变在临床上可应用于多种急、慢性病中。中医药防变对于咳喘、慢性病毒性肝炎、慢性胃炎、胆石症、高血压症、脑血管意外、癌症等，均有积极作用，可有效阻止或减缓疾病向不良方面转化。

中医学以上述学术为主要理论基础，在整体系统观和辩证论治主旨的指导下，在对疾病的现状进行周密分析的基础上，确立一套比较完整和系统的治则，包括治病求本、扶正祛邪、调摄阴阳、调整脏腑功能、调整气血关系和因时、因地、因人制宜六个方面，用以指导具体的立法、处方、用药。治则是指导疾病治疗的总则；治法则是治则的具体化，是治疗疾病的具体方法，如汗法、吐法、下法、和法、温法、清法、补法、消法等等。治法中的益气法、养血法、温阳法、滋阴法都属于在扶正总则下的具体治法；而治法中的汗法、吐法、下法、逐水法等，都属于祛邪总则下的具体治法。

67. 先秦中医学在分科医疗上的成就

周代中医学已有疾医（内科医生）、疡医（外伤科医生）、食医（营养医生）和兽医之分。《史记·扁鹊仓公列传》记载扁鹊曾为带下医、小儿医、耳目痹医（五官科），说明从周过渡到春秋战国时期，医学渐趋专科化倾向。

（1）内科疾病

在一些非医学古代文献中，记述了内科杂病的病证表现与病因。《山海经》已有关于瘕（腹中结块或长寄生虫）、瘿（气郁痰凝血瘀结于颈部或因缺碘引起的肿块）、风、狂、疟和疫疾等十余种病症的记载，有些还论述了症状与证候。又如在《周礼》中，记载了季节变换与疾病的关系：春季多发头痛，夏季易发疮疡，秋季常流行疟疾，冬季以咳嗽喘息为多见。这反映了当时通过对四季变换和气候失常等不同致病因素的观察，对部分内科杂病病因的认识。《吕氏春秋·尽数》不仅论证了瘿，而且观察到此病的发生与所在地的水质有密切关系。

《五十二病方》虽非内科专著，但也反映了当时对内科杂病的认识水平。其论述多从观察疾病的特点入手，例如“痫证”，就是因疾病发作时与马、羊等动物某些形态相似，而命名“马痫”、“羊痫”等。《黄帝内经》对内科杂病的认识，已联系病因，脏腑经络气血以及病状特点来进行分类，突出了类的概念，注意抓住某类疾病的共同特点。以“风”为共同病因而引起的疾病甚多，有肝风、心风、脾风、肺风、肾风、首风、大风、病风、偏风、风痹等。其中五脏风多属外感热性病范畴；偏风则是指脑血管疾患；而疠风、大风又多指麻风病等。

《内经》把突然发作、病情危重的疾病称为“卒病”、“暴病”、“暴疾”，范围达数十种，其中以内科病居多。有的以突出的症状特点命名，如痉证、呕血；有的以病因命名，如伤寒；有的以疾病性质区分类别，如热病；有的则按病机区分，如厥逆；有的则根据病位冠名，如心痛。内容多散见于各篇，但也有以“举痛论”、“厥论”、“厥病”、“热论”、“热病”、“刺热论”、“评热病论”等，设专篇以论析专病者。

《内经》还为中医治疗学提出许多正确的治则、治法，因而对提高内科临床治疗效果具有重要意义。

（2）外科疾病

人们在同外伤、化脓性感染等病症的斗争中，积累了外科治疗经验。砭石是已知的最早的医疗工具，当是新石器时代的产物，或更早些。许慎《说文解字》在解释“砭”字时指出：“以石刺病”谓之砭，《灵枢·玉版》则明确认为：“故其已成脓血者，其唯砭石铍锋之所取也。”原始人的钻颅术、拔牙成形术等，均对外科的发展创造了条件。

到春秋战国时期，已有了外科专门人才和机构。周代设有的“疡医”即外科。到春秋战国时期，对化脓性感染的病因疾病鉴别、症状诊断以及某些治疗原则和技术、手术方法等，已能作出比较正确的阐释。《灵枢·痈疽篇》设专篇依次由头面、项颈、胸腹和四肢等论述了不同部位的痈疽，对其形状大小、颜色软硬、疼痛性质、诊断治疗原则以及预后等，均作了相当系统的叙述。如咽喉部位的“猛疽”，发于颈部的“夭疽”，发于颈腋之“马刀挟瘿”等20余种。治疗方法已有内、外用药物治疗，切开引流和手术截趾、指等三类。再如截趾以治疗血栓闭塞性脉管炎的外科手术疗法称：“发于足指，名曰脱疽，其状赤黑者，死不治。不赤黑者，不死。治之不衰，急斩去之，不去则死矣”。尤其可贵的是《内经》已发明和运用放腹水的医疗技术。不但能用筒针于腹部脐下三寸处作为腹腔穿刺点以放腹水，更已有了“束身令实，夏饮补药”的护理原则。《五十二病方》则依次论述了诸伤、伤痉、婴儿索痉、婴儿病痫、婴儿瘛（chì，即抽风）、狂犬病、体臭、皮肤病、毒箭伤、蝎伤、蛭伤、毒蛇伤、疣、癫痫、白癜风、肋间神经炎、毒虫伤、麻风、人病马痫、人病羊痫、人病蛇痫、泌尿系结石、腹股沟斜疝、内、外痔与瘘管以及痈疽、下肢烧伤等等共计52种疾病，几乎都是外科疾病。故《五十二病方》很可能就是《汉书·艺文志·诸子略》存目的《金疮瘛疭方》。

从该书对相关病患的叙述，可管窥当时外科诊治水平所达到的高度。如“诸伤”，论述了人体被金刃等伤害所造成的疼痛、出血、瘢痕等病症以及各种用酒止痛等治疗方法。“伤痉”就是由金刃等外伤而引致的痉症。根据其所叙“风入伤，身伸而不能屈”之病状描述，可断定即破伤风。在其治疗的六个处方中，包括有炒盐令黄，布囊淬酒以“熨头”，取药汁“强启其口，为灌之”等。从治疗方法和用药剂型的多样看，反映了当时对破伤风的认识和治疗均已达到相当高的水平。“冥病”，即麻风病，“其所发毋恒处，或在鼻，或在口旁，或齿龈，或在手指，使人鼻缺指断”。尽管文字记载有缺损，但仍可以看出先秦医学家对麻风病病困、发病部位、症状与预后已有比较正确的认识。“穨”（tuí），属阴囊病范围，其中用以治疗腹股沟斜疝的疝气罩，或为疝气带，已有发明。如“穿小瓠壶，令其孔尽容穨者肾（臛），即令穨者烦（握）瓠，东向坐于东陈垣下，即纳肾（臛）于壶孔中，……再摩之”。这种还纳疝内容入腹，再将缩小的阴囊纳入壶卢内，壶卢底部压迫疝环处而阴茎从壶卢孔穿出不影响排除小便的医疗技术，其设计已十分精巧。这种技术同后世所应用的疝气罩、疝气带等器具，在科学原理和使用价值上有相似之处；“痔”，《五十二病方》已有脉痔、牡痔、牝痔、血痔、巢（肛门瘘管）以及肛门部搔痒、脱肛等病名诊断、鉴别诊断、医疗技术的论述。仅就医疗与外科手术水平而言，对于“如鼠乳状，末大本小，有孔其中”之牡痔，已有进行烧灼结扎痔根的手术，对位于肛门旁大如枣的牡痔，以角法使痔由肛门吸出进行手术结扎切除疗法；对“牡痔之有数窍，蛲虫从道出者”，进行“先导以滑夏铤，令血出”的搔爬手术，并配合药熏疗法，更可贵者是对混合痔合并脱肛之“巢塞（脰）者”，创造出“杀狗，取其脬（膀胱），以穿竹管，入肛门中，吹之，引出，徐以刀剥去其巢”。这一手术是非常先进的。

（3）皮肤科疾病

先秦医学已出现许多皮肤病古病名及诊断和治疗方法。《山海经》中载有疠、疣、疽、痤、白癣、疥、骚、垫、痈、底（胝）、皮张、腊、曝（皮皴)、肿等十多种病名，相应的防治药物有30多种，还提到悦容和灭瘢。《战国策》豫让“漆身为厉，灭须去眉，以变其容”的故事，说明当时对麻风病已比较熟悉，而漆身为厉则是人为的大漆皮炎的最早记载。《庄子·逍遥游》述有防治手足皲裂的有效药物，是世界上防治职业性皮肤病的最早记录。

《五十二病方》，是迄今所发现的第一部载有多种皮肤病症和治法内容的方书。其中，与现代相应之皮肤病有：“夕下”，为腋下湿痒类皮肤病，如多汗症、腋下湿疹等；“疣”、“马疣”，“寻常疣”等；“白处”，即白癜风；“冥病”即麻风病；“不仁”，即神经麻木症；“乾骚（瘙）”，即皮肤瘙痒症及疥癣类。

上述病名虽较简单，但其中有的病名因正确地反映了诊断特点而沿用至今（如疣、漆疮等）。其根据不同的病状所采取的不同治疗方法，除“祝由”外，各类治法约计70条，有内服、外涂、灸疗、洗浴、熏蒸、按摩等；所用药物有动物药、植物药和矿物药30余种，并常采取多种疗法综合治疗，特别是疮疡疥癣使用了雄黄、石（砷剂）和水银（汞剂）等。这些都是领先于世界的真实记载。

（4）骨伤科疾病

先秦医学对骨伤科疾病的治疗，是建立在解剖学对人体骨骼系统了解的基础之上的。《灵枢》已经明确通过解剖可了解人体的形态构造。而在《素问》《灵枢》则分别描述了人体的骨骼系统的构造，指出“骨为干”、“骨属屈伸”，即骨骼具有人体支架和杠杆的功能，同时还论述了骨骼中有骨髓，脊椎有脊髓，脊髓上通于脑，受脑统属。对全身的骨骼，主要关节还均有命名。

《阴阳脉死候》有关于骨折的诊断分类，如“折骨绝筋”即闭合性骨折，和“折骨列肤”即开放性骨折的记载。

关于骨痈、疽、肿瘤，《五十二病方》已载有痈、疽、骨疽、肿瘤痛的一些症状。《灵枢·痈疽》又从病因病理、病变部位和症状表现上指出痈、疽的鉴别诊断。在一定程度上描述了发于四肢部位类似骨髓炎、骨结核的症状体征。而发于膝部位的类似痈的“如坚石”，后世又称为“石痈”者，与骨肿瘤关系密切。

《五十二病方》治伤、痈、疽的方法和用药，反映了一方多用、局部病变全身调治和内外兼治的思想，既有内服，又有外敷、外洗、外熨等。

《内经》则科学总结了前人的治疗经验。在具体方法上，提出了一系列的治疗法则。如洗浴、外敷包扎、追蚀、切开排脓和发汗等。

洗涤法在《内经》中被称为“浴之”。据《五十二病方》等书所载，“浴之”应用于创伤口早期的消毒法，感染病灶的洗涤法（包括痈、疽治疗），以及筋骨痹等温洗疗法。

《五十二病方》是世界上较早记载应用水银膏治疗外科感染的文献。

导引和按摩疗法是这一时期对骨科伤病的重要疗法。

《内经》载有用椒、姜、桂和酒煮熏浴治痹痛，用连翘煮汤熏浴治痈疽，并指出：“病在骨，焠针药熨”。“今风寒客于人，……或痹不仁肿痛，当是之时，可汤熨及火灸刺而去之。”认为药熨、熏浴能疏通气血，活血化瘀。祛风寒湿邪，这一疗法，一直沿用至今，足见先秦骨伤科治疗经验之珍贵。

（5）妇产科疾病

《山海经》记载了佩带某种药物有助于生育，而某些药则可使人“无子”、“不育”。《周礼》明确规定男女婚嫁的适宜年龄为“男三十而娶，女二十而嫁”。《礼记·内则》则强调不要近亲结婚：“妻不娶同姓”。到春秋战国时期，上文提到扁鹊到赵国根据需要而当“带下医”，就是妇科医生。说明我国早在公元前4～前3世纪，妇科疾病就备受重视了。

《五十二病方》记有妇女常见病“癃”，即“癃闭”，系小便不通。马王堆汉墓出土帛书《胎产书》，则是迄今所见以胎产命名的最早的产科著述。其中载：“禹问幼频曰：我欲殖人产子，何如而有？幼频答曰：月朔（指月经）已去汁口，三日中从之，有子。其一日男，其二日女也。”认为只有在妇女月经结束后的三五日内才能受孕。

《五十二病方》中已记有“女子月事”。《内经》则更全面地论述了月经的产生及其与生育机能的密切关系。《素问·上古天真论》说：“女子七岁肾气盛，齿更发长；二七而天癸至，任脉通，太冲脉盛，月事以时下，故有子；……三七肾气平均，故真牙主而长极，……七七任脉虚，太冲脉衰少，天癸竭，地道不通，故形坏而无子也。”提出了月经是妇女的一种生理现象；明确了月经的周期性，认为月经的产生主要是肾气，天癸，冲任脉的作用。《灵枢·五音五味篇》又说：“妇人之生，有余于气，不足于血，以其数脱血也。”深刻揭示了女子以血为本的生理病理特点。

关于妊娠的生理和妊娠诊断方面，《胎产书》比较详细地论述了胎儿在母体中的发育变化。把最初形成一个月以内的胚胎描述为“流刑”；指出胚胎发育至二、三月时，呈一团“膏”、“脂”状物；四、五月时，胚胎产生血与气；而到七、八、九月，胚胎依赖气血的供养，先后生成筋、骨、皮肤、毛发等各种器官组织；经10个月的变化过程，胚胎发育成熟，最后娩出母体。并强调了孕妇应进行的调摄和进补。这是迄今所见中国关于人体胚胎发育史的最早论述。从而奠定了中医妇产科学“胎教”和孕妇保健的理论基础。

关于妇科疾病的认识与治疗方面，《素问》已记载有女子不月、月事不来、月事衰少、血枯（经闭）、崩中、经水过多和女子带下瘕聚等症状；还记有某些产科病。《灵枢·水胀篇》史记有“肠罩”和“石瘕”，对其症候特点和病变部位也有比较确切的描述和分析。经多数学者考证，“肠罩”与“卵巢囊肿”、“输卵管积水”相类似；“石瘕”则与“子宫肌瘤”相类似。《内经》还提出了一些有关妇科疾病的治则和方药。如对因感受寒邪、血凝气滞，导致的经少、经闭，《素问·调经论》主张“消法”，“消而去之”；若发生汤罩、石瘕、《灵枢·水胀篇》则提出用“导法”，认为“可导而下”。《素问·腹中论》则为治疗月事衰少不来、血枯经闭，制定了迄今所见妇科学史上最早的一首通经方剂：“四乌贼骨一芦茹丸”。方中有乌贼骨、雀卵、鲍鱼汁，可益精血补肝肾，茜草可祛瘀生新。此方为妇科处方用药树立了范例。

（6）小儿科疾病

《五十二病方》是现存最早记有儿科内容的医书。书中记载的“婴儿索痉”即为新生儿破伤风，“婴儿病痫”则为小儿热性惊厥，说明先秦医学对不同性质的小儿痉挛性疾病，已能作出较为准确的鉴别诊断。

《素问·上古天真论》对儿童生长发育的特点进行了描述：“女子七岁，肾气盛，齿更发长……男子八岁，肾气实，发长齿更……”把小儿的生长发育与肾气的盛衰联系起来，给后世儿科医家从肾论治以极大的启发。书中还对小儿常见危重病的症状、体征、诊断、预后有所认识，如《灵枢·论疾诊尺》载：“婴儿病，其头毛皆逆上者，必死。耳间青脉起音。掣痛，大便赤瓣飧泄，脉小者，手足寒，难已；飧泄、脉小、手足温、泄易已。”所述头发逆上、掣痛、大便赤瓣飧泄等症状，多为营养失调、消化不良、缺乏钙、磷等微量元素所致。《素问·奇病论》对先天性癫疾作了精辟的阐述，认为“此得之在母腹中时，其母有所大惊，气上而不下，精气并居，故令子发为癫疾也。”这与今天的新生儿癫痫类似。

（7）五官科疾病

以《黄帝内经》为主的医籍对口腔的生理解剖、病理以及病症均有所论述，并对某些疾病采用针灸疗法。《素问·上古天真论》已明确记载女子七岁“齿更”、21 岁“真牙（智齿）生”；男子 8 岁换牙，24 岁智齿生。《灵枢·肠胃》载：“唇至齿长九分，口广二寸半。齿以后至会厌，深二寸半，大容五合，舌重十两，长七寸，广二寸半”，很明显，这些记录是建立在人体解剖基础之上的。当时已注意到口腔疾病与营养、内脏的关系。对龋齿，《灵枢·论疾诊尺》根据压痛部位来诊断："诊龋齿痛，按其阳之来，有过者独热，在左左热，在右右热。在上上热，在下下热"，并提出针刺疗法："齿龋，刺手阳明，不已，刺其脉入齿中。"（《素问·缪刺论》）

前文提及的扁鹊及其弟子行医到洛阳，知周人尊老，便专治耳疾、目病，实则为五官科之最早记录。《黄帝内经》对五官疾病的记载还有龋齿、口疮、咽喉病、齿痛、舌本痛、舌本烂、重舌、舌纵、唇胗、眼疾、耳聋、耳鸣、鼻病等。

在五官病治疗上，《灵枢·九针论》指出："病生于咽喉，治之以甘药。"还强调食疗。《灵枢·痈疽》记载："痈发于嗌中，名曰猛疽。猛疽不治，化为脓，脓不泻，塞咽。半日死：其化为脓者，泻则合豕膏，冷食，三日而发"。对针刺治疗五官病论述也很充分，《灵枢·厥病》指出："耳聋无闻，取耳中；耳鸣，取耳前动脉。耳痛不可刺者，耳中有脓，……，耳无闻也，耳聋，取手小指次指爪甲上与肉交者，先取手，后取足等等"。这其中的有些方法一直沿用至今。

（8）针灸科疾病

我国针灸历史非常久远，所用器具经历了漫长的演变过程。伴随冶炼业的出现，才在砥石、砭针的基础上开始有了金属针。

春秋战国时期，医缓曾对针灸治疗的宜忌作过一定论述。秦越人以砭石弹刺秦武王面部痈肿，并和弟子子阳、子豹一起"厉针砥石，以取外三阳五会"，治愈虢太子的"尸厥"。说明当时是针、石并用。《灵枢·玉版》云："其已致脓者，其惟砭石、铍锋之所取也"。《素问·异法方宜论》："东方之域，其病皆为痈疡，其治宜砭石"。说明以砭石为针灸医疗器具，有其独特的作用。

马王堆古医书有《足臂十一脉灸经》《阴阳十一脉灸经》（有甲、乙两种抄本）、《脉法》《阴阳脉死候》等四种。江陵张家山汉简《脉书》为马王堆古医书后三种之合，皆与经络、经脉等针灸基础理论有着密切关系。《五十二病方》等和马王堆古医书只有灸法，而无针法。《史记·仓公列传》记载有《黄帝脉书》《扁鹊脉书》《石神》《经脉上》《经脉下》等医学专著，由公乘阳庆、公孙光等传授于淳于意等流传于世。《黄帝内经》虽详于针而略于灸，标志着针与灸互相促进，共同发展，并初步形成了自己的理论体系。

先秦针灸学的成就主要表现在：在理论方面，先秦针灸学的成就主要表现在以经络学为其理论基础和核心。从马王堆古医书、江陵张家山汉简《脉书》《仓公传》中的《黄帝脉书》等，到《黄帝内经》，可以清楚看到经络学从零散的记载，发展到十一条经脉和十二条经脉的全过程。马王堆古医书的两种灸经和江陵张家山汉简《脉书》，都只有脉而无具体腧穴。《史记·扁鹊列传》始有“五藏之输”和“三阳五会”的记载，标志着腧穴出现。《黄帝内经》虽屡讲365穴，但实际记载双穴名135个，单穴名25个，共295穴，腧穴已形成腧穴分类、腧穴定位和特定腧穴三个理论方面，说明其发展已初具规模。

在具体治疗方面，先秦针灸学的成就主要表现在选穴、配穴和施治三个方面。在选穴方面，已总结出“循经选穴”，即病在何经则选其所属经脉穴位进行针灸，和“按藏府选穴”的两种选穴理论与方法；在配穴方面，则主要总结出了局部取穴、远隔取穴、局部与远隔相结合三种配穴原则；在各种病症的施治方面，则总结出了以针灸治疗的病证主要有热病、寒热证、疟疾、腰痛、膝痛、心痛、腹痛、痿证、喘证、水肿鼓胀、癫狂、痫疚、头痛、项强项痛、耳聋耳鸣、喑哑失音、齿痛龋齿、衄血、重舌、目赤痛、口苦、犬伤、疠风等三十多种病证，为针灸治疗学奠定了基础。

上述成就，标志着针灸学开始形成一门重要学科。

（9）法医学

中国的成文刑法最早见于公元前536年，始于郑国子产铸刑书。公元前513年晋国又铸刑鼎，可惜均已失传。公元前407年，魏文侯颁布李悝《法经》。该书集诸侯法律之大成，以后商鞅变法的刑法即《秦律》就是依据《法经》制定的。所以，《法经》通常被视为历代法典的蓝本，中国古代萌芽状态的法医学，大约是从实行《法经》与《秦律》开始出现的。《礼记·月令》与《吕氏春秋·孟秋纪》均载：“是月也，有司修法治，缮囹圄，具桎梏，禁止奸慎罪邪务博执。命理瞻伤、察创、视折、审断，决狱讼，必端平。”蔡邕注：“皮曰伤，肉曰创，骨曰折，骨肉皆绝曰断。”当时已有命令理官检验不同程度损伤的规定。20世纪末在睡虎地秦简中发现的《秦律》，其中载有不少与法医学相关的内容。特别是同时出土的《封诊式》，明确记载了许多有关法医学检验和刑事侦查的案例，充分说明战国时期是我国法医学与刑事技术的萌芽时期。

秦简中与法医学关系密切的是《法律答问》和《封诊式》两部分。

《法律答问》计简210支，多采用提问式，对《秦律》的某些条文有明确解释。由其内容可以看出，《秦律》已经在相当程度上运用了法医学知识。例如其中明确规定，不同程度的损伤处以不同程度的刑罚：如毁损耳、鼻、唇、指等，处以耐刑（是剃去双鬓及胡须的一种古刑法）；拔去须眉、斩下发髻，处以完城旦（不加肉刑，保持身体完整去服筑城的劳役）之刑；以针、锥等锐器伤人，则处以黥为城旦（即受墨刑兼服筑城的劳役）之刑等。论刑时除了考虑到损伤本身的轻重外，也考虑到凶器的性质，如咬伤与用锥、针伤人的刑罚显著不同。对于使用锐器伤人被认为是情节严重的。《秦律》有剃鬓及胡须的耐刑之设，又有割人须发得受重刑的规定，反映战国时期非常重视须眉鬓发，说明毁容问题已列为刑律的一项重要内容。值得注意的是，在《封诊式》中提到“诊其痍状”，而在《法律答问》中则专对“大痍”作了解说：“何如为大痍？大痍者肢或未断，及将长令二人扶出之，为大痍”。这一解说正是“大痍”的诊断标准，这是战国时期进行法医学活体检验的又一证据。

《封诊式》中的“封”，指的是查封；“诊”指诊察、勘验、检验；“式”，指格式或程式。《封诊式》全书共有竹简 98 支，分 25 节，包括书题共 3010 字，内容有审讯、犯人历史背景调查、查封、抓捕、自首、惩办和勘验。勘验是《封诊式》的中心内容，包括活体检验、首级检验、尸体检验、现场检验和法兽医学检验（验牛齿）等，书中绝大部分内容都是以案例的形式介绍的，具有典型案例性质；同时这些内容也是以文书格式的形式出现的。其中有关于缢死的检验报告。

在现场勘验方面，一些案例详细记载了现场的方位、四至、停尸处与周围环境的关系。现场的血迹、足迹、手迹、膝迹及工具痕迹，现场遗留的物品及其他物证等。

根据其内容和相关资料可以看出，《封诊式》是一部以文书格式的形式出现的秦代刑事技术书籍。体现了当时法医学方面的成就。《封诊式》是迄今所见世界上最早的载有丰富的法医学内容的刑事技术书籍。

从《封诊式》的内容也可以看出，战国时期已有一定的检验组织制度。每个案件“爰书”的开头，都有一段作为检验前提的报案，是由基层人员的里典、求盗到县报告的，也有是被害人控告的，然后由县令或县丞命令令史率领隶臣等前去勘验。检验时允许家属和有关的同里人参加共同观看，检验后由令史写出检验报告书，报案加上检验报告书就成为县令或县丞处理应案的依据。

在检验人员的分工方面，如令史，是一县之中的下属官吏，负责进行活体检验、尸体及现场检验，还负责拘捕人犯；医生，参加与疾病有关的活体检验，不参加尸体检验；隶妾，即女奴隶，活体检查妇女下部，由经产的隶妾进行；隶臣，即男奴隶。检验时帮助搬运尸体，脱穿衣服，协助测量尺度等。其中令史是负责刑事侦查的主要人员，是刑事警察、侦查员、法医、痕迹检验员的前身。

写检验报告书，相当于法医鉴定书，其内容包括：报案因由即简述由何人（注明姓名、性别、职务或等级、住址等），因何故前来报案；检验记录即首先注明指派的检验人员姓名、身份，然后详细记录检验的经过，检验的所见；结论即根据检验结果作出简明扼要的结论。

《封诊式》实际上也是一部关于检验报告书写标准格式、以供检验报告书写参考的书籍。

（10）军事医学

自从出现了战争，就产生了救护和医治伤病员的需要，于是渐渐催生了军事医学。军事医学是建立在一般医学基础之上，从预防、诊断和治疗角度，来救护和保障军人健康的医学分支。

军医组织起源于独立常备军出现之时。春秋战国时期各诸侯国都先后建立了自己的常备军。伴随军队人数的增多，装备的改善和作战方式、规模等等的变化所导致的伤亡人数的增多，军医组织也随之发展起来。诸侯和军队将帅对将士们的医疗和保健问题也更加重视。

春秋战国时代的诸侯将帅，为了取胜，已经注意到关怀士卒的健康。《吴越春秋》载越王勾践在伐吴誓师时说："士有疾病不能随军从兵者，吾子其医药，给其糜粥，与之同食"。齐景公之将领司马穰苴，对士卒"次舍并灶饮食，问疾医药。身自拊循之，悉取将军之资粮享士疾，身与士卒平分粮食，最比其羸弱者，三日而后勒：兵病者皆求行，争奋出为之赴战"（《史记·司马穰苴传》）。他所著《司马法·仁本篇》中说："敌若伤之，医药归之"，可见当时部队中已有掌管医药的人员。魏国大将吴起，与士卒最下者同衣食，卧不设席，行不骑乘，亲自负粮，与士卒分劳瘁，有士卒患疽，亲为吮脓血（《史记·吴起列传》）。托名姜尚，成书于战国末期的《六韬》，在卷三《龙韬·王翼》篇记载了一个由72人组成的统帅部系统，其中提到军中应有"方士二人，立百药。以治金疮，以痊万病"，周代似曾以方士主持军中的医药。《墨子·迎敌祠篇》载："举巫医，卜有所，长具药，宫养之，及有方技者，若工第之。""长具药"即"医之长掌具药备用"。以上记载表明最早的军医是由巫医和方士担任的。

又如，春秋时选拔士兵，已注重体质的强弱，其标准是能否穿着甲胄进行军事活动。能者称为"胜衣"，不能者叫"不胜衣"，如不胜衣就没有当兵的资格。到了战国时代，由于战争对士兵的体质及战斗技术的要求进一步提高，选拔士兵时对步兵、车兵和骑兵的体质、耐力和技艺各有不同的标准。

再如，在对伤病员的安置上，有了临时伤兵医院。春秋战国时期，当与敌人作战时，常征用当地富室房屋，将重伤士兵安置到临时组成的伤兵医院疗养。《墨子·号令篇》载：“伤甚者令归治病，家善养，予医给药，赐酒日二升，肉二斤，令吏数行间视病。有瘳……诈为残伤以辟（同避）事者，族之”。一般认为，这是我国在作战期间设立临时伤兵医院的开始。

还有，对伤病员巡视及医护不力者的处罚手段的实施。唐代史家杜佑所撰《通典》中记载：“诸将三日巡本部吏士营幕，阅其饮食精粗、均劳逸，……，视医药”。

这一规定，不但使伤病员精神上能得到安慰和鼓励，同时对医护人员也有督促和考核的作用。《六韬·复军诫法》中规定：“军人被创，即给医药，使谨视之；医不即视，鞭之”。

68. 中医学的主要特点和优势

中医较西医的特点和优势，伴随人类医药学的发展，越来越显现出来。

这主要表现在三个方面：一是整体系统观念，二是辩证论治，三是药食同源。

（1）整体系统观念

中医学首先认为人体是一个有机的完整系统。人体各组织、器官及其功能，不仅相互依存，相互支持，而且相互制约，相互影响。人体的这种完整系统，是以五脏为中心，配以六腑，通过经络系统“内属于腑脏，外络于肢节”的作用而实现的。五脏是代表整个人体的五个系统，人体的所有器官都可以包括在这个系统之中。人体以五脏为中心，通过经络系统，把六腑、五体、五官、九窍、四肢百骸等全身组织器官联系成一个有机的整体，并通过精、气、血、津液的作用，完成统一的机能活动。

只有当机体的各个部分不仅本身运作正常，而且彼此协调运转时，人体才处于正常的健康状态；而一当机体的某个组织、器官及其功能发生病变，便会对其他组织、器官产生影响。因此，中医在诊断疾病时，不是像西医那样将人体的各个组织、器官孤立地看待，“头痛医头，脚痛医脚”，而是将人体作为一个完整的有机系统看待，认为人体正常的生理活动，一方面依靠各脏腑组织发挥自己的功能作用，另一方面则又要靠脏腑组织之间相辅相成的协同作用，和相反相成的制约作用，才能维持其生理上的平衡。每个脏腑都有各自不同的功能，但又是在整体活动下分工合作、有机配合。因此，在认识和分析疾病的病理状况时，中医学首先从整体出发，将重点放在局部病变引起的整体病理变化上，并把局部病理变化与整体病理反应统一起来。一般来说，人体某一局部的病理变化，往往与全身的脏腑、气血、阴阳的盛衰有关。因而在治疗局部病变时，也必须从整体出发，采取适当的措施。如，心开窍于舌，心与小肠相表里，所以可用清心热泻小肠火的方法治疗口舌糜烂。所谓“从阴引阳，从阳引阴，以右治左，以左治右”（《素问·阴阳应象大论》），“病在上者下取之，病在下者高取之”（《灵枢·终始》）等等，都是在整体观指导下确定的治疗原则。

中医学的整体系统观念还表现在，注重人体表里之间的联系和统一，能够通过五官、形体、色脉等外在表现来了解体内脏腑的病变。所谓“望而知之谓之神，闻而知之谓之圣，问而知之谓之巧，切而知之谓之工”，就鲜明地体现了这样的特色和优势。中医学的整体系统观念还表现在，注重人的机体与情志的联系和统一上，既注重机体对情志的决定作用，所谓“气和而生，津液相成，神乃自生”是也，又注重情志对机体的调摄作用，所谓“志意者，所以御精神、收魂魄、适寒温、和喜怒者也”。因此，中医学十分注重通过调摄情志，运用心理疗法来消除病理变化，恢复人体正常的生理功能。

中医学的整体系统观念还表现在，十分重视人体与自然环境之间的密切联系和统一，由此提出“人与天地相应也”（《灵枢·邪客》），“人与天地相参也，与日月相应也”（《灵枢·岁露》）上。这种人与自然相统一的特点就是通常所说的“天人合一”。《素问·宝命全形论》就总结了人体活动与外界环境统一的关系，认为“人以天地之气生，四时之法成”；认为在正常情况下，人体有天暑出汗、少尿；天寒少汗、多尿的生理表现，而当肌体活动不能与外界变化相适应时，就会产生疾病；同时认为四季气候不同，疾病发生和流行的情况也各异，并对四季多发病、常见病作了具体描述。人体的脉象也有春弦、夏洪、秋浮、冬沉的不同表现。许多疾病的发生、发展和变化也与季节变化密切相关，如春季常见温病，夏季多发中暑，秋季常见燥症，冬季多有伤寒。中医学还对不同区域人们的生活习惯、体质状况、疾病流行情况以及对寿命的影响作了详细的论述。因此，中医学要求医家除研究医道之外，还必须“上知天文，下知地理，中知人事”，这样，才能取得满意的治疗效果。

中医学的整体系统观念还表现在注重药物处方的选配，即注重药物经过配伍所产生的协同和整体效用上。所以，君臣佐使、七情合和、四气五味等药物学理论，在中药学理论中占有极其重要的地位。方剂学是中医药学整体系统观的具体体现。如《伤寒杂病论》中的方剂：立方严谨，用药精确恰当，化裁灵活，体现了君、臣、佐、使的组方原则。著名的麻黄汤是治疗伤寒表实证的代表方剂，用药仅四味，却君药、臣药、佐药、使药齐全，组方严谨，用药十分恰当。

（2）辩证论治原则

辩证论治是中医认识疾病和治疗疾病的基本原则，是中医学对疾病的一种特殊的研究和处理方法。

“证”，是对机体在疾病发展过程中的某一阶段的病理概括。由于它包括了病变的部位、原因、性质，以及邪正关系，反映出疾病发展过程中某一阶段的病理变化的本质，因而它能比“症状”更全面、更深刻、更正确地揭示疾病的本质。因此，宜对“证”与“症”加以严格区分：“症”是一个一个的症状，而“证”则是证候，是辨析症状即“辨病”所得到的结果。

“辩证”就是把“四诊”（望、闻、问、切）所收集的资料、症状和体征，通过分析、综合，辨清疾病的病因、性质、部位，以及邪正之间的关系，概括、判断为某种性质的证。辩证的方法很多，如病因辩证、气血津液辩证、脏腑辩证、经络辩证、六经辩证、卫气营血辩证与三焦辩证等。其中病因辩证着重从病因角度去辨别证候，可以看成是外感病辩证的基础；六经辩证是外感病中“伤寒”病的辩证法；卫气营血辩证是外感病中“温病”的辩证法；经络辩证，气血津液辩证及脏腑辩证适应于杂病各科辩证。其中，脏腑辩证是杂病辩证的重点辩证法，经络辩证与气血津液辩证可以视为与脏腑辩证互为补充的辩证方法。

“论治”又称“施治”，即根据辩证的结果，确定相应的治疗方法。

“辩证”是决定治疗的前提和依据，“论治”是治疗疾病的手段和方法。通过辩证论治的效果可以检验辩证论治的正确与否。辩证论治的过程，就是认识疾病和解决疾病的过程。辩证和论治，是诊治疾病过程中相互联系不可分割的两个方面，是理论和实践相结合的体现，是理法方药在临床上的具体运用。因而是指导中医临床的基本原则。

中医临床认识和治疗疾病，既“辨病”又“辩证”，但主要不是着眼于“病”的异同，而是将重点放在“证”的区别上，通过辩证而进一步认识疾病。例如，感冒是一种常见疾病，临床可见恶寒、发热、头身疼痛等症状，但由于引发疾病的原因和机体反应性有所不同，又表现为风寒感冒、风热感冒、暑湿感冒等不同的证型。只有辨清了感冒属于何种证型，才能正确选择不同的治疗原则，分别采用辛温解表、辛凉解表或清暑祛湿解表等治疗方法给予适当治疗。辩证与那种对于头痛给予止痛药、对于发热给予退烧药、仅针对某一症状采取具体对策的对症治疗完全不同，也根本不同于用同样的方药治疗所有患同一疾病的患者的单纯辨病治疗。这当中，体现了中医学对事物“一果多因”和“一因多果”等辩证法在疾病诊断过程中的运用。

中医学认为，同一疾病在不同的发展阶段，可以出现不同的证型；而不同的疾病在其发展过程中又可能出现同样的证型。因此在治疗疾病时就可以分别采取“同病异治”或“异病同治”的原则。“同病异治”即对同一疾病不同阶段出现的不同证型，采用不同的治法。例如，麻疹初期，疹未出透时，应当用发表透疹的治疗方法；麻疹中期通常肺热明显，治疗则须清解肺热；而至麻疹后期，多有余热未尽，伤及肺阴胃阴，此时治疗则应以养阴清热为主。“异病同治”是指不同的疾病在发展过程中出现性质相同的证型，因而可以采用同样的治疗方法。比如，心律失常与闭经是两种完全不同的疾病，但均可出现血瘀的证型，治疗都可用血府逐瘀汤进行活血化瘀。这种针对疾病发展过程中不同质的矛盾用不同的方法去解决的原则，正是辩证论治实质的体现。

（3）药食同源理论

由于中药都来自自然界，而且动植物居多，有许多药物就是日常食物，因而不仅较之化学药品副作用小，而且对许多疾病特别是慢性病可以通过食疗进行预防和治疗。

如果说西药对“外因性”疾病的疗效优于中药的话，那么，中药则对“内因性”疾病的疗效远远优于西药。像“艾滋病”这样的疾病，西药几乎束手无策，但运用中药则取得了可喜的成果。在 2003 年突如其来的“非典”疫病中，中药更显示了其独特的疗效。

因为药食同源，所以，中医药学很久以前就注意运用食疗，并积累了丰富的经验。殷周时期，食疗已具有了一定的雏形，伊尹精于烹调。传说伊尹和商汤谈话时，就讲了许多烹调问题。其中就有“阳朴之姜，招摇之佳”的话。姜桂既是肴馔中的调味品，也是发汗解表的常用药物。所以有人认为“桂枝汤”是从烹调里分出来的最古处方之一。《周礼》记载：“疾医，掌养万民之疾病，四时皆有疠疾。春时有首疾，夏时有痒疥疾，秋时有疟寒疾，冬时有咳上气疾，以五味、五谷、五药养其病。”（《周礼·天官冢宰下》）。五药即为草、木、虫、石、谷。食治、食养思想在西周时期的发展反映了对古代人民实践经验的总结和提高。一日至少三餐的饮食，是人们日常生活不可缺少的，因此，根据人体的需要和个人的具体情况，按照中医药学的相关理论和经验，合理膳食，充分发挥食疗的作用，吃出健康来，对于人们养生保健，颐养天年，具有重要的意义。

（十四）算家

69. 中国算学及其代表作远远走在了世界前列

作为一切科学技术发展的基础，被誉为“科学之王”的数学，萌芽于原始人类对采集和狩猎等活动所获得的东西开始记点数目之时。通过口头的、大脑的记数发展到采用某种方法、符号计数，意味着数学的萌发。没有数目的计算，其他科学技术都无从谈起。所以，数学是人类科学技术发展史上的最早的学科之一。中国先民的“结绳记事”，首先始于记数；在“结绳记事”之前，一定有过“结绳记数”，这个时期究竟延续了多长时间，还不得而知。从结绳记数到运用其他符号、方法计数，昭示着中国最早的数学即“算学”的产生。

从近期的考古发掘看，仰韶文化时期出土的陶器，上面已刻有表示一、二、三、四的符号，说明那时已开始用文字符号取代结绳记数了。

西安半坡村出土的陶器有用1~8个圆点组成的等边三角形，和将正方形分为100个小正方形的图案，房屋基址都呈圆形和方形。为了画圆作方，确定平直，人们还创造了规、矩、准、绳等用于作图与测量的工具。据《史记·夏本纪》记载，夏禹治水时已使用了这些工具。

汉代著名数学家、天文学家徐岳（？~220年）在其所著《数学记遗》中指出：“黄帝为法，数有十等。”对于数学计算具有划时代意义的十进位值制，至迟在四、五千年前就形成了，远远早于世界其他国家和地区。《尚书》中有“亿兆”、“兆民”等文字。在殷商甲骨文中，已发现一套十进制的数字和记数法，并标有一、二、三、四、五、六、七、八、九、十、百、千、万等，其中最大的数字为三万。这种记数法与阿拉伯数字记数，除了符号不同外，没有任何差异。与此同时，殷人还用十个天干和十二个地支组成60个名称，用来记60天的日期。而到殷周之际，又把以前用阴、阳符号所组成的用以表征八种事物的八卦，发展为六十四卦，以表征更多的事物及现象。

公元前一世纪的《周髀算经》，提及西周初期用矩测量高、深、广、远的方法，并举出勾股形的勾三、股四、弦五以及环矩可以为圆等例子。《礼记·内则》篇提到西周贵族子弟，从九岁便开始学习数目和记数方法，接受礼、乐、射、御、书、数的训练。作为“六艺”之一的《数》已经开始成为专门的课程。

春秋战国之际，筹算已得到普遍的应用，筹算记数法使用的就是十进位值制。这个时期的测量数学在生产上得到了广泛应用，在数学上亦有相应的提高。

战国时期的百家争鸣促进了算学的发展，尤其是对于正名和一些命题的争论直接与算学有关。名家认为经过抽象以后的名词概念，与它们原来的实体已经不同，他们提出“矩不方，规不可以为圆”，把“大一”（无穷大）定义为“至大无外”，“小一”（无穷小）定义为“至小无内”，还提出了“一尺之棰，日取其半，万世不竭”等命题。

而墨家则认为名来源于物，名可以从不同方面和不同深度反映物。墨家给出一些算学定义。例如圆、方、平、直、次（相切）、端（点）等等。

墨家不同意“一尺之棰”的命题，并提出“非半”的命题来进行反驳：将一线段每次去掉一半无限分割下去，就必将出现一个不能再分割的“非半”。这个“非半”就是点。

名家的命题论述了有限长度可分割成一个无穷序列，墨家的命题则指出了这种无限分割的变化和结果。名家和墨家关于算学定义和算学命题的讨论，对中国古代数学理论的发展是很有意义的。

到秦汉随着经济和文化的发展，中国古代算学体系正式形成。它的主要标志是算术已成为一个专门学科，以及以《九章算术》为代表的数学著作的出现。

算家的主要代表作过去统称《算经》。历经风雨沧桑的侵蚀，中国古代《算经》的相关著作佚失很多。现在所能见到的最早《算经》主要有《算数书》《墨经》《周髀算经》《九章算术》等。

在唐代，国子监设算学馆，将《周髀算经》《九章算术》《孙子算经》《五曹算经》《夏侯阳算经》《张丘建算经》《海岛算经》《五经算术》《缀术》和《缉古算经》称为《算学十经》，列为必读书目。到元代因《缀术》失传，以《数术记遗》代之。《夏侯阳算经》迄未见真本，而《算数书》则在近些年的考古发掘中又有新的发现。

（1）《算数书》发见于1983年于湖北省江陵县张家山出土的一批西汉吕后至文帝初年的竹简中。这批竹简共计约有200多支，其中完整的185支，残破的十余支。经考证，它和《九章算术》有许多相同之处，体例也是“问题集”，大多数题都由问、答、术三部分组成，有些概念、术语也与《九章算术》一样。全书共约七千多字，有60多个小标题，如“方田”、“少广”、“金价”、“合分”、“约分”、“经分”、“分乘”、“相乘”、“增减分”、“贾盐”、“息钱”、“程禾”等等，但未分章或卷。其中的分数四则运算、比例和比例分配算法、盈不足算法、解勾股形的方法和勾股数组公式、多面体体积公式、开平方和开立方的方法、线性方程组解法，以及正负数加减法则等等成就，均居于当时世界的领先地位，有的超前其他文化传统几百年甚至上千年。它是中国迄今所发现的最古的一部算书，大约比现有传本的《九章算术》早了近二百年，为先秦著作，与传世抄本或刊印的《九章算术》相比，属于更珍贵的第一手资料，所以备受国内外学者关注。被公认为是中国和东方古代数学的代表作。

至于《算术书》与《九章算术》之间的关系，学界尚未达成共识，但都认为《算术书》为中国最原初的算学著作。

(2)《墨经》约成书于公元前480～前390年。其中载有最早的几何学知识。如把“圆”定义为“圆，一中同长也。”意思是圆有而且仅有一个中心，从圆心到圆周上任何一点距离相等。这与欧氏几何的提法基本一致，但比欧氏要早100多年。

(3)《周髀算经》约成书于公元前一世纪前后，是解释“盖天说”的天文学著作。书中有矩（一种量直角、画矩形的工具）的用途，勾股定理及其在测量上的应用，相似直角三角形对应边成比例定理等数学内容。本书一开始就是以商高答周公问题的形式提出“故折矩以为勾广三、股修四、径隅五”，接着在陈子回答荣方的问题中提出“以日下为勾，日高为股；勾，股各有乘方，并而开方除之，得邪至日（太阳到观测者的距离）”，这就是勾股定理的一般形式，所以勾股定理也可叫商高定理。

在《周髀算经》中还提到“环矩以为圆，合矩以为方”，前一句话的意思是固定直角三角形的斜边，那么它的直角顶点的轨迹是一个圆。《周髀算经》中还载有开平方的方法，等差级数的运算，以及应用于古代的“四分历”计算的相当复杂的分数运算，并用于天文观测和计算。

(4)《九章算术》约成书于公元50～100年，或更早，被历代数学家尊为“算经之首”。《汉书·艺文志》中没有《九章算术》书名，但是有许商、杜忠二人所著《算术》，因此有人推断其中或者含有许、杜二人的工作。近年有学者根据1975年底湖北云梦睡虎地出土的《秦律》，对先秦数学史进行研究，认为秦简所载法律条文建立在高度发达的数学基础之上，《九章算术》的主要数学方法在先秦已经出现，法家早在先秦就利用了算家的数学成就。

关于《九章算术》的编纂，学界正逐渐统一到魏晋时刘徽的观点上来。刘徽说：“周公制礼而有九数，九数之流，则九章是矣。往者暴秦焚书，经术散坏。自时厥后，汉北平侯张苍、大司农中丞耿寿昌皆以善算命世。苍等因旧文之遗残，各称删补。故校其目则与古或异，而所论者多近语也。”也就是说：张苍（公元前256～前152年）、耿寿昌（汉宣帝时任大司农中承，具体生卒年待考）收集免于秦火的《九章》残简，进行整理，调整了数学的科目，并在一定程度上用当时的语言改写而形成《九章算术》。

结合数学发展的经验积累、所需要的数理知识和其他社会条件，刘徽的记载以及出土《算数书》的性质与内容等综合分析，《九章》的主要数学方法产生于先秦。而睡虎地秦简则为确认《九章》中一些典型的数学方法，特别是部分复杂的数学方法出于先秦，提供了确凿的时间标尺。

《九章算术》不仅在计算技术上在当时堪称世界一流，而且对几何学知识也作了比较系统的总结和阐发，例如分数四则运算、今有术（西方称三率法）、开平方与开立方（包括二次方程数值解法）、盈不足术（西方称双设法）、各种面积和体积公式、线性方程组解法、正负数运算的加减法则、勾股形解法（特别是勾股定理和求勾股数的方法）等等，其水平都是很高的。其中方程组解法和正负数加减法，在世界数学发展史上更是遥遥领先的。就其特点来说，它形成了一个以筹算为中心、与古希腊数学完全不同的独立体系。

《九章算术》的出现，标志着我国古代数学体系的正式确立，其突出的特点有三：一是一个应用数学体系，全书表述为应用问题集的形式；二是以算法为主要内容，全书以问、答、术构成，“术”是主要需阐述的内容；三是以算筹为工具。

《九章算术》在分数运算，比例问题，双设法，一些面积、体积计算，一次方程组解法，负数概念的引入及负数加减法则，开平方、开立方，以及一般二次方程解法等方面，均取得了显著的成就，对我国数学的发展产生了深远的影响，并远播海外。自隋唐之际，《九章算术》已传入朝鲜、日本等国，近几个世纪更被译成世界多种文字。

（十五）天文家

70. 中国古代天学的辉煌成就

天文学在我国也称“天学”。在《汉书·艺文志》中被列在《数术略》之中：“天文者，序二十八宿，步五星日月，以纪吉凶之象，圣王所以参政也。《易》曰：‘观乎天文，以察时变。’然星事凶悍，非湛密者弗能由也。”看来，班固当初把天文观察还看得很神秘，这自然与当时人们对天文的认识水平有关。但他关于通过观察天象所昭示的吉凶征兆，为“圣王参政”提供参考的说法，却道出了天文家的最初职责。

其实，“仰观俯察”虽然就现有的文献看最早见于《易传》，但实际上它概括了人生于天地之间，“抬头望天，低头看地”的日常举动。对于头顶上的蓝天、白云，以及日月星辰，风雨雷电，昼夜交替、四季轮回等等自然现象，先民在日常生活中反复接触、观察、体验，感到迷茫而不能理解，于是便猜测、探索，而幻想、神话等带有科学性的知识颗粒，便在这猜测、探索的过程中产生和积淀。正是在由迷茫不知而探疑求真的过程中，一个个奥秘渐渐被揭开，从而形成、积累了各种科学的知识及其体系。天文学，之所以在古代科技中，发生较早，大概和它与人们的日常生活联系密切有关。天文学之所以起初最为官方重视，自然是由于当时受认知水平的局限，官方很容易把社会生活中的灾异、吉凶，以及在统治和管理活动出现的各种意外事件，与神秘的天象联系起来。因为神秘而困惑，因为困惑而探索，天文学知识就是在这样的境遇中萌发和积淀下来的。

天文学起源于对天象的观察和探索，而天文学理论的形成则经历了漫长的萌芽、成长过程。为后世所谈论的中国最古老的三大天文学理论即所谓“盖天说”、“浑天说”和“宣夜说”，既绝非在有了文字记载后才有的，也绝非某个人的独创。尽管从整体上说它们都带有直观、臆测和幻想的色彩，但其中也都蕴涵科学的成分。譬如“盖天说”，认为日月星辰的出没，并非真的出没，而只是在离远了时看不见，离得近了就能看见它们照耀的缘故。据此东汉大学者王充解释道：“今试使一人把大炬火，夜行于平地，去人十里，火光灭矣；非灭也，远使然耳。今，日西转不复见，是火灭之类也。”（《论衡》）又如“浑天说”认为天不是一个半球形，而是一整个圆球，地球在其中，犹如鸡蛋黄在鸡蛋内部一样。而且它并不认为“天球”就是宇宙的界限，“天球”之外还有别的世界，即张衡（78～139 年）所谓：“过此而往者，未之或知也。未之或知者，宇宙之谓也。宇之表无极，宙之端无穷。”（《灵宪》）它还认为地球不是孤零零地悬在空中的，而是在气中，全天恒星都布于一个“天球”之上，而日月五星则附丽于“天球”上运行，这与现代天文学的天球概念十分接近。又如“宣夜说”认为所谓“天”，并没有一个固体的“天穹”，只不过是无边无涯的气体，日月星辰就在气体中飘浮游动。这显然是一种朴素的无限宇宙观念。

观察、质疑、猜想和臆测，这些都是科学的酵母，天文学的发展史也证明了这点。

中国是世界上天文学发展最早的国家之一。就文献数量而言，天文学仅次于农学和医学，可与数学并列，堪称中国古代最发达的四门自然科学之一。在对宇宙、天文的认识，天文历法的创造、革新等方面，中国古代天学硕果累累，对世界天文学具有巨大的贡献和深远的影响。

天文学到战国秦汉时期，已经形成了以天象/气象观测和历法为中心的完整体系。

天象观测是当时天文学的主要内容。它以“天文志”的形式专门记载于二十四史中。主要包括天象观测的方法、仪器和相关记录等。

我国最早的天象观察，可以追溯到几千年以前。在仰韶文化时期，人们就描绘了光芒四射的太阳形象，对太阳的变化也多有记载，很早就描绘出太阳边缘有大小如同弹丸、成倾斜形状的太阳黑子。早在公元前 24 世纪的帝尧时代，就设立了专职的天文官，专门从事“观象授时”。在《书》《诗》和《春秋》等古代典籍中有不少关于天象的记载。无论是对太阳、月亮、行星、彗星、流星、新星、恒星，以及日食和月食、太阳黑子、日珥、流星雨等罕见天象，都观察仔细、记录精确、描述详尽，其水平之高，令后人惊叹，并且至今仍具有很高的科学价值。在出土的殷墟甲骨文中，已有丰富的天象记载。表明在公元前 14 世纪，中国的天文学已很发达了。举世公认，我国不仅有世界上最早最完整的天象记载，而且是欧洲“文艺复兴”前，最精确的天象观测和记录的最完好保存者。

我国对哈雷彗星观测记录之久远、详尽，也是举世公认，无与伦比的。公元前 613 年的彗星记载（即《春秋·文公十四年》载“鲁文公十八年秋七月，有星孛入于北斗”），被认为是世界上最早的哈雷彗星记录，从那时起到 1986 年，哈雷彗星共回归了 30 次，我国都有记录。其实，我国有比这更早的关于彗星的记录，如《竹书记年》就记录了周昭王十九年，即公元前 1034 年，“有星孛于紫微。”比上述公认的记录要早 421 年。1973 年，在湖南长沙马王堆的一座汉代古墓内发现了一幅精致的彗星图，图上除彗星之外，还绘有云、气、月掩星和恒星。天文史学家对这幅古图做了考释研究后，称之为《天文气象杂占》，认定这是迄今发现的世界上最古老的彗星图。根据文献和考古资料，先秦时已经不仅对各种形态的彗星进行了认真的观测，画出了三尾彗、四尾彗，而且似乎窥视到今天用大望远镜也很难见到的彗核，足以说明中国古代的天象观测和考察是何等精细入微。当然，像彗核之类的东西，古人到底是凭借优于今人的感官观察到的，还是凭借超常的智商猜测到的？尚需考证。

我国对太阳黑子的观察也很早，甲骨文的象形文字的“日”，圆圈中有一个点，就象征着古人对太阳黑子的认识。《汉书·五行志》载汉元帝永光元年（公元前43年）“日黑居仄，大如弹丸。”比世界公认的我国有关太阳黑子的记录，即西汉成帝和平元年（公元150年）的记录“日出黄，有黑气大如钱，居日中央”早15年。

另外，早在殷代的甲骨文中就已经有了关于新星和超新星的记录，不过称为“客星”就是了。

我国古代创造了用于观察和测量的多种精巧的天文仪器。“土圭”即“圭表”就是其中最古老、最简单的一种。用它可以度量日影长短。凭着圭表对日影长度的测量和周期性的变化，计算出一年的天数。另有“日晷”，又称“日规”，是利用日影测得时刻的一种计时仪器。“漏刻”则是通过漏壶的浮箭来计量一昼夜的时刻的一种计时工具。

此外，还有据说早在五帝时代就发明的浑仪。经西汉落下闳改进，成为测量天体位置的主要仪器，尔后几乎历代都有改进。东汉张衡创制了世界上第一架利用水作为动力的浑象。元代郭守敬先后创制和改进了10多种天文仪器，如简仪、高表、仰仪等。

气象观测也是古代天学的一大内容。因为气象变化直接关系着人们的生活和生产，所以先民对气象的观测自然很早就开始了。观测气象的变化，是人类最早从事的科学活动之一。随着人类文明的诞生，气象科学开始萌芽。相传我国在公元前两千多年的黄帝时代，就设有专人从事气候观测。到尔后的帝尧时代，还设立了专门掌管天文和气象的官职（我国古代天气和气象是一起的），这一官职历代相沿。到清朝时称为“钦天监监正”，是掌管天文、气象的最高政府官员。我国古代曾为世界气象科学的发展做出过卓越的贡献。

在夏代前期东夷石刻连云港将军崖岩画中，有与社石有关的正南北线，由此可以推断二分二至，从而利用天象、物候进行农事活动。商代很重视天气对人类活动的影响。在出土的殷墟甲骨文中，就有表述风、云、虹、雨、雪、雷等天气现象的。当时人们还利用占卜来预求天气信息（可长达十天），有季节、八方位等概念。到西周能用土圭定方位，并知不论“雨、旸（晴天）、燠（热）、寒、风”五类气象状况是否反常，均与农牧业生产有密切关系。在《诗经·豳风·七月》记有一年各月物候现象和知识，已有天气谚语和气候谚语的记载。周初完成的《夏小正》一篇，为我国最早的物候学专著。

到春秋时期，开始把天气反常列为史事记载的重要内容。这从《春秋》一书可以窥见一斑。秦国人医和已将六种天气（阴、阳、风、雨、晦、明）

的反常作为致病的外因看待，实是后来“六淫辩证”的开端。管仲不仅认识到植物生长种类与地势高低及地下水深浅的关系，还提出了齐国三十节气的划分。孔子的高徒曾参（公元前505～前435年）曾试图用阴阳学说解释风、雷、雾、雨、露、霰等天气现象的成因。《孙子兵法》把天时（“阴阳、寒暑、时制也”）作为军事胜负的五个重要因素之一。《易经·说卦传》提出“天地水火风雷山泽”八卦代表自然物。到战国时期，军事气象学获得发展，根据气象条件运筹、决策，是军事家们的共识。庄子在《逍遥游》等篇中指出风是空气的流动，并提到日光和风可使水面悄悄蒸发。而作为中医学奠基之作的《黄帝内经·素问》，则说明季节、气候、天气与养生、疾病、病因、治疗的关系，并提出候、气、时、岁等概念，其中涉及一些气象病因的人体病理学问题。

到兼并六国大一统的秦帝国建立后，气象学备受重视。《秦律十八种·田律》规定各地需向中央政府上报雨情，尤其各地雨后要及时书面报告受雨泽和受益（受雨、抽穗）及受灾（旱、涝、风、雨之灾）的田地面积。《吕氏春秋》将云分为“山云、水云、旱云、雨云”四类，对云进行了简单的分类。

古人在气象观测中，还发明创造了相关的仪器。例如测风仪。在树木的枝叶被风吹得来回摆动的启示下，先民很早的时候就开始将茅草和羽毛等挂在高杆顶端，以测风向。从殷墟出土的甲骨卜辞中已发现有“伣”字，可知殷商已经将“伣”作为一种测风仪了。

因为“伣”系指古代用以观察风向的设备。起初是将羽毛挂在高杆上，尔后用帛取代羽毛等，更加实用。到春秋战国时期各国在战场上普遍采用的军旗，尤其是耸立在统帅部的高高的帅旗，实际上都兼有观测风向的作用。我们今天气象部门所使用的风向计，就是从当初的这种简单仪器逐步演化、改进而成的。

71. 独具特色的夏历

古人勤奋观察日月星辰的位置及其变化，主要目的是通过观察这类天象，掌握它们的规律性，用来确定四季，编制历法，为生产和生活服务。我国古代历法不仅包括节气的推算、每月日数的分配、月和闰月的安排等，还包括许多天文学的内容，如日、月食发生时刻和可见情况的计算和预报，五大行星位置的推算和预报等。测定回归年的长度是历法的基础。我国古代历法特别重视冬至这个节气，准确测定连续两次冬至的时刻，它们之间的时间间隔，就是一个回归年。

简单说来，历法就是人们为了社会生活和生产实践的需要，而创立的长时间的纪时系统。

时间和空间是人类社会实践的基本依据和认识世界的基本形式，而时间和空间观念的最初始、最根本的表现形式就是天文历数。正是天文历数构建了人类社会的时间节律和空间模式，规定了人们的时空观。天文历数不仅仅是一串用符号或数字表征的周而复始的年、月、日、时等，也不仅仅是人们日出而作、日落而息，春种、夏管、秋收、冬藏的根据，而且还是了解宇宙和历史的基本依据。在二十四史中有专门记载历代历法的资料，称为“历志”或“律历志”。中国古代的历法不单纯是计算朔望、二十四节气和安置闰月等编排日历的工作，还包括日月食和行星位置的计算等一系列方位天文的课题，类似编算现在的天文年历。跟欧洲不同，中国、印度和阿拉伯各国的古代天文学，都是将历法作为其主要内容。但中国又跟印度和阿拉伯各国不同，中国古代天文学长于日月运行的计算，而印度和阿拉伯各国的古代天文学则长于行星位置的计算。

天文历数经纬了宇宙和社会的秩序，是古人生产、生活的重要依据，不仅直接关乎农事丰欠，而且影响着国家治乱、天下兴衰和人生安危。《周易·系辞传》云：“天生神物，圣人则之。天地变化，圣人效之。天垂象，见吉凶，圣人象之。”因此，最初的历法制作活动，就不仅仅是单纯的知识和技术活动，而且成了一种庄严的政治活动和神圣的宗教仪式；璀璨的群星就不仅仅是高悬于夜空与人类毫不相干的天穹星象，而是成为与人间生活息息相关的神圣象征，成为万众注目的对象，成为人文教化、王道政治的一部分。因此，每到岁月更替、季节变换的关键性节气或节日前后，古人都要举行相应的郊祀仪式。后世的岁时节日及其仪式就是由此演变而来的。《尚书·尧典》开篇所描述的，其实就是这样一系列天文观测仪式。先秦文献中艳称的旨在敬天承运的郊天大典，其实就是从天文观测活动演变而来的。《礼记·郊特牲》云：“天垂象，圣人则之。郊所以明天道也。”“郊所以明天道”，道出了郊祀仪式与天文观测之间的渊源关系。因为所谓天道，天之运行规律，正体现于日月循环、斗转星移之过程中，《吕氏春秋·当赏》所谓“民无道知天，民以四时寒暑日月星辰之行知天”，讲的就是这样的道理。

历法的起源很早，原始农牧业生产实践对时令的需要等等，很自然地呼唤着历法的产生。因为历法需要以天文学和算学作基础，所以它的创造和发展与天文学和算学的发展密切相关。我国的成文历法从周末到汉初的《古四分历》开始，经过多次的改革、充实和完善，达到了相当高的科学水平。我国古代的历法大都使用传统的阴阳历，但是所包含的内容却不仅仅是年月日时的安排，还包括日月五星位置的推算、日月食的预报、节气的安排等。历法的改革，包括了新的理论的提出，精密天文数据的测定，和计算方法的改进等。

二十四节气是我国劳动人民的独创，也是我国古代历法的优越之处。世界上有很多国家也使用过阴阳历，但是他们最多只知道有二分、二至。我国古代的历法所使用的数据都是很精密的，对于太阳月和阳历年之间关系的调节也达到了较高的程度。

一直沿用到今天的夏历，历史久远。就其把朔望月的时间作为历月的平均时间看，夏历与纯粹的阴历相同，但它又运用了设置闰月和二十四节气的办法，使历年的平均长度等于回归年，这样它就又具有了阳历的成分，所以它实质上是阴阳合历，比纯粹的阴历更科学、适用。这种历法因为传在夏代（公元前17世纪以前）创始，所以称作“夏历”。也有人认为在殷代始用，故还需要考古学的确证。1970年以后将夏历改称为“农历”，可能鉴于其“以农立国，便于农时”之特点。对于这样的更改，学界有不同的认识。因为夏历具有时代标志和中国特色，因此本人也认为还是称“夏历”为好。

夏历的历月是以朔望月为依据的。朔望月的时间是29日12小时44分3秒（即29·5366日），因此大月30天，小月29天；大小月经过推算来决定，这和大小月交替编排的阴历不同。夏历每个月初一都正好是“朔”（即月亮在太阳地球中间，且以黑着的半面对着地球的时候）。有时一年可能出现两个大月，也可以连续出现两个小月。由于朔望月稍大于29天半，所以在夏历的每100个历月里约有53个大月和47个小月。

夏历基本上以12个月作为一年，但12个朔望月的时间是354~3667日，和回归年比起来相差11天左右。这样每隔3年就要多出33天，即多出一个多月。为了要把多余的日数消除，每隔3年就要加一个月。闰年有13个月。至于闰年到底润哪个月，则视节气情况而定。

从夏历的产生和计算看，没有相应的天文学和算学的知识和成就，是创造不出来的。古人之所以把“天文历算”并提，不是没有根据的。我国古代的历法成就，在世界天文学史上占有相当重要的地位。

72. 先秦天文家的主要代表人物和著作

对于先秦天文家的主要代表人物，《史记·天官书》记云：“昔之传天数者，高辛之前：重、黎；于唐、虞：羲和；有夏：昆吾；殷商：巫咸；周室：

失佚、苌弘；于宋：予韦；郑则裨灶；在齐：甘公；楚：唐眛；赵：尹皋；魏：石申。”

这可以说中国历史上第一份天文家“昔之传天数者”的名单。名单追溯到“五帝”时代，可以窥知“天文学”在我国发生与演变的轨迹。其中巫咸及其以上诸人，皆为传说中人物；巫咸以下诸人则都是为先秦史籍如《国语》《左传》和《吕氏春秋》等所确切记载的人物。

但迄今所见有著作传世的主要人物，则是甘德和石申。

甘德，战国时期齐（一说楚）国人，约生活于公元前 4 世纪，系先秦最著名天文家，也是世界上最古老星表的编制者和木、卫二星的最早发现者。著有《天文星占》八卷，与石申所著《天文》八卷，被后世分别称为《甘氏星经》和《石氏星经》，合称《甘石星经》。甘德勤于对天空中的恒星作长期细致的观测，他和石申等人，都建立了各不相同的全天恒星区划命名系统。其方法是依法给出某星官的名称与星数，再指出该星官与另一星官的相对集团，从而对全天恒星的分布位置等予以定性的描述。三国时陈卓总结甘德、石申和巫咸三家的星位图表，得到我国古代经典的 283 星官 1464 星的星官系统，其中属甘氏星官者 146 座（包括 28 星宿在内）。由此可见甘德在全天恒星区划命名方面的工作，对后世产生的巨大影响。有迹象表明，甘德还曾对若干恒星的位置进行过定量的测量，可惜其成果后来大多散佚了。

除了对恒星的观测外，甘德对行星的运动也进行了长期的观测和定量的研究。以往人们都认为行星运动大致顺从同一个方向，甘德和石申都发现了火星和金星的逆行现象。所以《汉书·天文志》说：“古历五星之推，亡逆行者。至甘氏石氏（星）经，以荧惑（火星）太白（金星）为有逆行。”甘德还指出，“出而复还为‘勾’，再勾为‘巳’。”把所看到的行星从顺行到逆行再到顺行的运动轨迹，十分形象地描述为“巳”字形。甘德还建立了行星会合周期的概念，并且测得了木星、金星和水星的比较准确的会合周期值，其中木星的会合周期为400 日，比真值398.9 日只差1.1 日。他还给出木星和水星在一个会合周期内见伏（不见）的日数，以及金星在一个会合周内顺行逆行和伏的日数，而且指出在不同的会合周期中这些日数可能在一定幅度内变化的现象。虽然甘德的这些描述从定量的角度看还比较粗疏，但它们却为后世传统的行星位置计算法奠定了坚实的基石。

甘德对木星的观测尤为精细，著有关于木星的专著《岁星经》。依据《唐开元占经》引甘德论木星：“若有小赤星附于其侧”，甘德在公元前 4 世纪中叶能观测到木星的最后的卫星木卫二，可谓天文学史上的奇迹。因为应星过了两千年后，到1610年才由意大利科学家伽利略（Galilei）利用望远镜观测到。甘德在相关的科学技术都很不发达，尤其在没有望远镜的条件下，仅凭肉眼就发现了木星的卫星。20世纪80年代，我国的天文学史工作者，通过在北京天文台兴隆观察站的实地观测，确信木卫二在一定条件下是有可能凭肉眼观测到的。甘德在两千多年前就把这种可能变成了现实，足见其毅力的坚韧和观测的精细。

石申，又名石申夫，战国时代魏国开封人，约与甘德同时。石申、甘德分别系统地观察了金、木、水、火、土五大行星的运行，发现了五大行星出没的规律。他们还记录了八百颗恒星的名字，测定了一百二十一（一说一百三十八）颗恒星的方位。他与甘德根据黄道附近恒星位置及其与北极的距离所制成的图表，是世界上迄今为止发现最早的恒星表。石申著有《浑天图》和《天文》八卷，可惜早佚。后人拾遗补阙，把《天文》八卷与甘德所著《星占》八卷合称《甘石星经》，又名《星经》，曾收入北宋政和年间刊印的《道藏》一书，题名为《通占大象历星经》。今存的《甘石星经》为二卷，其中虽有一些后人增添的润色之辞，仍不失原书面貌，是一部对天文研究有很高科学价值的文献。石申、甘德的研究成果为历代天文星相家所重视，在正史的天文志类中，引用了他们大量的研究成果。都是用已故的世界著名科学家的名字命名的月球背面的环形山，其中所选用的5位中国人的名字中就有石申。以石申命名的环形山，位于月球背面西北隅，离北极不远，月面坐标为东105°、北76°，面积350平方公里。

另外，根据最新的考古发掘资料，发现了不少有关古代天文学的简、帛。

马王堆汉墓出土的帛书《五星占》，是迄今世界上现存最早的天文学著作。原书无书题，《五星占》是整理者根据帛书内容所定。出土时抄写在一块宽48厘米的整幅帛书，现存146行，约8000余字。全书由占文和表两部分组成：占文共存76行，其内容主要是根据五星运行的规律及其与其他星象的关系来占测用兵的凶吉；表的部分共存70行，主要是用图表的形式记录了从秦始皇元年（公元前246年）到汉文帝三年（公元前177年）共70年间木星、土星、金星的运行位置，并描述了这三颗行星在一个会合周期内的动态，列出了各星的晨出年表，并对晨出周期做了科学的解释。

马王堆帛书《天文气象杂占》抄写在一块长150厘米、宽48厘米的整幅帛上，出土时已残碎成大小不等的几十小片，经过整理缀合，基本可以恢复原貌。《天文气象杂占》也是整理者根据帛书内容所定。这幅帛书图文并茂，从上到下可分为6列，每列从右到左又分成若干行，每行都是用墨或朱砂、或朱砂和墨并用画成的云气、彗星图，图下写有一两行文字，其内容或是标出名称，或是解释图像，有的还有占文，共计约有300余条。从总体内容来看，它应是一种以星、彗、云、气等来占验吉凶的书籍。就其性质，李学勤先生认为："按照《汉书·艺文志》的分类方法，应当划归数术类的天文家。"而陈松长先生则认为："该书的性质乃是兵阴阳之类的古佚书，它与《通典》卷162《风云气象杂占》《汉书·艺术志·数术略》中列的《汉日旁气行事占验》《史记·天官书》《淮南子·天文训》《开元占经》等书所记载的兵家所用天文气象占验的内容可以互证。帛书详列云、气、星、彗四大部分，说明当时的绘制编著者，已是非常擅长此道的兵阴阳家。"

马王堆帛书《星占书》甲、乙篇，出土时与帛书《刑德》篇抄在一起，甲篇抄写在《刑德》甲篇的右方，共存59行；乙篇抄写在《刑德》乙篇的左上角，共存36行。原书无书题，也有人认为它是《刑德》的一部分，刘乐贤先生根据帛书内容称之为《星占书》。刘乐贤先生认为"从照片看，甲、乙两篇所载基本一致，应是同一文献的不同抄本。考其内容，主要为月占（月的颜色、大小、形状及月晕、月薄等）、日占（日晕、珥等）、风雨雷占、各种云气占和星宿分野等，与《天文气象杂占》性质相似，个别条文甚至相当接近。"

阜阳双古堆汉简《五星》出土时竹简严重残损，原无书题，《五星》是整理者根据竹书内容所定。该书内容目前尚未发表，据胡平生先生介绍，它是一张排列五星顺序的表，与天文历占有关系，可能是通过观测和运转式盘并查看《五星》图表来确定五星方位，并判断其吉凶利害的。根据胡平生先生所拟书名及内容介绍来看，该书应属《汉书·艺文志·数术略》之天文类佚书。

阜阳双古堆汉简《星占》出土时竹简严重残损。该书原无书题，"星占"是整理者根据简文内容所定的。目前该书释文尚未公布，据胡平生先生介绍，双古堆竹简中属于星占的内容很零碎，出现较多的是"日、星辰"，似乎是以日与星辰的位置来占卜吉凶的。简文中有一些某月日于某地的简文，疑是星宿经由当地的记载，或者是星辰交会给所对应的分野影响的推算等，应与星占有关。

银雀山汉简《占书》出土时竹简严重残损，仅能从文物出版社出版的《银雀山汉简释文》中理出45枚残简。原书无书题，《占书》是整理者根据简文内容拟定的，目前该书的整理成果尚未公布，从释文内容来看，其内容主要是讲祲祥（晕、彗、反景、孛蚀、星月并出、星贯月等）和分野。李零先生认为："它与马王堆帛书《天文气象杂占》接近，传世古书如《开元占经》和《乙巳占》等书也有不少此类内容。"刘乐贤先生认为："从残文看，该篇与银雀山汉简其他阴阳文献有一致之处，也可能属于阴阳家（或兵阴阳家）著作，兹据其中讲晕、彗及分野等内容，暂且归入天文类。"

（十六）地学家

73. 中国古代地学的代表作

中国古代地学的起源同天学一样悠远，而且两者往往结合在一起。我们在前面谈及天学时就涉及了地学方面的问题，譬如人所居住的地球的情况，说明了两者的密不可分。

由于人们对大地的接触和观测比对上天的接触和观测要近便、直接得多，所以，对于大地的认识和洞察自然也就比对上天更加便捷了。因此，虽然"仰观俯察"所反映的是人们同时的举动，人们也总是把"上知天文，下知地理"挂在嘴边，而实际上，因为"下知"比"上知"近便，所以，就总的情况而言，地学知识的萌发比天学要早。当先民脚踩大地，从事最简单的生活、生产活动时，就开始了对地理的了解。从地形、地势、地貌、地质……总之凡是大地及覆盖其上的人们所处的各种自然环境，都纳入人们的视野。

我国先民的地埋知识、地理观念形成很早。至迟在新石器时代龙山文化时期，就已经很明显了。出土的该时期的陶瓮上"日"、"月"、"山"等的组成图形，及良渚文化遗址中的玉琮（外方内圆），就生动、形象地昭示了地理思想是如何产生的。伴随人们对上天（神）的崇拜，到对大自然（日月星辰等）的崇拜，再到对自己祖先的崇拜，人们对地理的认识越来越现实，思考不断加深，以人为本的地理环境理念在实践中不断形成和完善，地理学的知识和学说也逐渐形成。

甲骨文、金文中就有许多关于地学知识的记载，反映了殷周时期人们对地学的认识。

战国前后出现了《山经》《禹贡》等区域性的地理著作。从公元2世纪开始，各地编撰的各类区域地理志、地方志迄今保存约有1万多种。我国古代关于地理的研究在许多方面均领先于国际水平。如公元3世纪裴秀（224～271年）对地图的编制，6世纪郦道元（466～527年）发表的第一部水文地理名著《水经注》，11世纪沈括（1031～1095年）对流水侵蚀作用和海陆变迁规律的记述，15世纪郑和（1371～1435年）大规模的航海考察，17世纪徐霞客（1587～1641年）对岩溶地貌的研究等等，都表明了这一点。

先秦地学代表作《禹贡》系《尚书》中的一篇，有“地理著作始祖”之称，为迄今所见我国最古老的地理文献，成书于战国时期，也是世界上第一部研究地理的著作。它虽然仅有1193字，但所包括的地理内容却很广泛。它以名山大川为界，把中国分为冀、兖、青、徐、扬、荆、豫、梁、雍九州，并分别叙述了各地的自然条件、经济活动和交通、物产等。通常所说的“九州”一词即源于此。《禹贡》作为地理学专著，不仅比埃及、印度、巴比伦的地理专著要早，而且还有“中国历史上最早出现的自然地理考察著作”、“中国第一部区域地理著作”、“中国最早的地方志”和“中国最早的土壤地理著作”等许多“桂冠”。《禹贡》不仅开创了中国历史上“翔实派”区域地理研究的历史时代，成为今日研究中国上古时代地理环境的重要文献，而且对尔后中国2000多年来的地理观念、地理著作以至文化等，都产生了非常深远的影响。

《山海经》全书分十八卷，包括“山经”、“海经”、“大荒经”三个部分。多数学者认为《山海经》并非出自一人一时之手，其中《山经》（也称“大藏五经”）出现较早，但不可能早于《禹贡》，以叙述各地山川物产为主，记载了89种矿物和岩石，170多处金属矿产地，最富有地理价值，比希腊乔菲斯（公元前371～前286年）所著只记载了16种矿物的《石头志》要早200多年，是我国最早的一部山岳地理专著。

（十七）水家

74. 中国水学不仅起源很早而且很发达

水是人类生存繁衍的最基本的物质生活条件之一。如何利用“水利”而防止“水害”，是先民在长期的生活和生产实践中，逐渐认识、探索的问题。而水学的知识就是在这样漫长的过程中逐步积累和概括、总结出来的。

在距今大约六千年前，半坡人定居的半坡村，处于河流二级阶地，下距河流较近，饮水方便，又有一定高度，不易被一般洪水所淹没，且周围地形平坦，土地湿润肥沃，易于耕作，出入方便。说明半坡人选择居住地时，对旱涝枯洪等水害已经有了十分清楚的认识。另据考古发掘，浙江余姚县河姆渡村在公元前35世纪至前30世纪时，已有人工水井；浙江湖州市邱城遗址下层，有公元前27世纪的九条排水沟，和两条宽1.5～2米的大型引水渠。说明这些地区的居民当时已知道引用地表水和地下水进行灌溉。

在已有的古代文献中，有关开发利用水利、抗御洪旱灾害的记载很多。每一次取得开发河流水利的成功或抗御洪旱灾害的胜利，都与正确掌握与运用水学知识有关。

《水经注》卷十五记载了迄今所知中国最早的一次洪水："昔黄帝之时，天大雾三日，帝游洛水之上，见大鱼，煞五牲以醮之，天乃甚雨，七日七夜，鱼流始得图书，今《河图·视萌篇》是也。"这是传说的中国最早的一次暴雨洪水记载。

在公元前21世纪之前的尧舜时代，传说在黄河流域发生了大洪水。为制止洪水泛滥，尧召集部落首领会议，举鲧负责平息洪水灾害。据《国语·鲁语下》记载："鲧障洪水"，采取水来土挡的方法，治了九年，没有成功，受到制裁。舜继尧位后，又举鲧的儿子禹继承父业。禹联合伯益、后稷等部族，根据"水性行下"的特点，用"行山表木"、"准绳、规矩"等工具，改"障水"为"疏导"，即让水下泄，终于把"浸山灭陵"的洪水分疏九河，导流入海，平治了水患。

据《竹书纪年》载：夏帝癸十年，"伊洛竭"。这是关于黄河支流伊、洛河发生枯水现象的最早记载。

又据《竹书纪年》载：汤"十九祀（商代称年为祀）大旱，二十至二十四祀大旱，王祷于桑林，雨"。这是关于连年干旱的最早的记载。

河南安阳殷墟出土的甲骨文中有大量水文、气象记录，和小雨、大雨、急雨等定性降水的描述，还有洹水（今河南安阳河）发生洪水时的卜辞。

据顾实（1878～1956年）所著《穆天子传西征讲疏》（成书于1931年）中考证：由周史官记于周穆王十三年至十四年（公元前989～前988年）之际的《穆天子传》与《竹书纪年》，以日记形式记述了穆王及随从于十三年闰二月自宗周（今河南洛阳）出发，经今河北、山西、内蒙古河套入宁夏、甘肃、青海、南疆，西过帕米尔，经中亚，于十二月到达欧洲大平原之波兰华沙，休整三个月后，于十四年三月起程东归，十一月回到宗周，前后历时两年。沿途跋山涉水，行程三万五千里，所记经过之河流湖泊达19处之多，并记有雨雪风旱等天气情况。这是中国最早的一部关于水文地理游记方面的著作。

据《竹书纪年》载：周孝王七年，"冬，大雨雹，江、汉水，牛马死。"这是关于长江流域雨雹成灾的最早记载。

在《诗经》中，有不少关于泥沙、泉水、河流、天气等方面的记述。如"相彼泉水，载清载浊。我日构祸，曷云能穀?"（《小雅·四月》）"泾以渭浊，湜湜其沚。”（《邶风·谷风》），这是以水体的清浊来比喻事物的变化。“北风其凉，雨雪其雱”。（《邶风·北风》）、“朝于西，崇朝其雨。”（鄘风·蝃蝀），这是关于天气的记述。“沔彼流水，朝宗于海。”（小雅·沔水）、“烨烨震电，不宁不令。百川沸腾，山冢崒崩。”（《小雅·十月之交》），这是关于河流和地震的记述。“笃公刘，逝彼百泉，瞻彼溥原。”“笃公刘，既溥既长，既景乃冈，相其阴阳，观其流泉，其军三单，度其隰原。”（《大雅·公刘》），这是关于公刘为人们定居和农田灌溉而进行查勘测量、气候观测和寻找水源等活动的记述。“爰有寒泉，在浚之下。”（《邶风·凯风》）、“洌彼下泉，浸彼苞稂。”（《曹风·下泉》）、“觱沸槛泉，维其深矣。”（《大雅·瞻卯》）、“有冽氿（音轨）泉，无浸获薪。”（《小雅·大东》）、“我思肥泉，兹之永叹。”（《邶风·泉水》），这里关于“下泉”（即下降泉）、“氿泉”（即裂隙泉）、“槛泉”（即上升泉）、“肥泉”（即出同归异泉，见《词源》“肥泉”条释文）等的分类，昭示当时人们对地下水已有较多认识。

《国语·国语上》载：周幽王二年，因发生地震，黄河三条支流泾、洛、渭河的河源被阻塞而枯竭。

据《汉书·沟洫志》载：周“定王五年河徙”。周定王五年即公元前602年，黄河发生罕见特大洪水而改道。一般认为这是自大禹治水之后一千余年来，有记载的黄河第一次大改道。

《管子》中载有较多的水学知识。如《度地》篇记有对河流的分类：“水有大小，又有远近。水之出于山而流入于海者，命曰经水，水别于他水，入于大水及海者，命曰枝水；山之沟一有水一无水者，命曰谷水（季节河）；水之出于他水，沟流于大水及海者，命曰川水；出地而不流者，命曰渊水。此五水者，因其利而往之，可也；因而扼之，可也。”将河流分为“经水”（干流）、“枝水”（支流）、“谷水”（季节河）、“川水”（人工河）和“渊水”（湖泊），这在水文地理学上，是世界上最早的河流分类概念。又如《水地》篇有：“夫水，淖弱以清……素也者，五色之质也。淡也者，五味之中也。”说到纯水无色无味，为淡为素。水能中和五味（酸、咸、辛、苦、甘）而成为淡水。据此，并对春秋诸国的水质作了评价：“夫齐之水，遒躁而复；楚之水，淖弱而清；越之水，浊重而洎；秦之水，淤滞而杂；晋之水，枯旱而浑；燕之水，萃下而弱，沉滞而杂；宋之水，轻劲而清”。说明北方河水多泥沙，含多种化学元素，以致易淤、易浑、易浊、易滞。南方河水则较清纯。在《地员》篇中，还对地下水的埋深与水质的关系作了描述。

所有这些都表明了水学在中国不但起源早，而且很发达。专门掌管水利的官职也出现的很早。

中国先民，很早就有了对水的利害和循环规律的丰富认识。例如，据《周礼·稻人》载："稻人，掌稼下地。以潴蓄水，以防止水，以沟荡水，以遂均水，以列舍水，以浍泻水……。"提出管农业的人要掌握灌溉水源和注意防洪，要有灌溉和排水渠系。这是中国农业水文方面的最早记载。在《周礼·匠人》中："凡天下之地势，两山之间必有川焉，大川之上必有涂焉。凡沟逆、地防（不平）谓之不行，水属不理孙（顺），谓之不行。梢沟，三十里而广倍。凡行奠水，磬折以参伍。欲为渊，则句于矩。凡沟，必因水势；防，必因地势。善沟者水漱之，善防者水淫之。"讲到修建渠道时，要考虑水流速度、水面比降和泥沙等问题。又如《吕氏春秋·圜道》载："云气西行，云云然，冬夏不辍；水泉东流，日夜不休；上不竭，下不满，小为大，重为轻，圜道也。"揭示了水汽从海洋不断吹向大陆，在大陆上空回旋，凝降为雨；地上、地下的水流向海洋，日夜不息，海洋也常注不满，涓滴汇合成河海，海水又蒸发为浮云，形成水的大循环。又如成书于战国时代的《逸周书·时训解》记有黄河的水文季节变化：大暑时"大雨时行"，秋分时"水始固"，立冬时"水始冰"，大寒时"水泽腹坚"等。

先民还对水旱规律进行了探索，据《史记·货殖列传》载：计然回答越王勾践（公元前480～前473年）曰："六岁穰，六岁旱，十二岁大饥"。即六年属于丰收，六年属于干旱，十二年有一场大饥荒。并称"三岁处金则穰，三岁处水则毁，三岁处木则康，三岁处火则旱"。即三年处于丰收，三年处于衰落，三年处于收成较好，三年处于旱荒。此后百余年，战国治水名家白圭（约公元前375～前290年）同样预测农业收成随水旱十二年为一演变周期：丰收—收成不好—过渡—旱—收成较好—过渡—丰收—收成不好—过渡—大旱—收成较好或丰收—过渡。

75. 先秦著名水家及水利工程

（1）孙叔敖及芍陂

芍陂又名安丰塘，系淮河流域著名古陂塘灌溉工程，位于安徽省寿县南。春秋时期楚庄王十六年至二十三年（公元前598～前591年），由孙叔敖建造（一说为战国时楚子思所建）。迄今2500多年一直发挥着不同程度的灌溉效益。芍陂始见于《汉书·地理志》，西汉设陂官专管灌溉维修。东汉建初八年（公元83年），王景修芍陂稻田。芍陂主要水源是淠河。芍陂灌区面积，在4～13世纪常见记载，有灌田万顷、灌田五千余顷等说法。《水经·肥水注》

详述芍陂源流，工程规模，并指出陂有五门（水口），吐纳川流。发展到隋代，经整修增辟为36门。延续到宋代，这36水口仍可起到按照水量出入增减、调节灌溉用水先后次序的作用。明嘉靖《寿州志》详记当时36门的具体名称及其经流地点，灌渠总长达783里。清代芍陂水门迭有兴废增减，乾隆至光绪间均为28门。在历史上，芍陂工程屡遭人为破坏。三国、南北朝时曾多次遭受战争创伤，唐宋以来，则多为地主土豪占垦和盗决。单是芍陂陂区，到明代，被占塘约长50里，变塘为田达56967多亩。明成化十九年（1483年）始见有关于芍陂设置减水闸的记载。盖因地主土豪占陂为田，蓄水面积缩小，当雨季汛涨时，为避免私田被淹，便盗决陂堤泄水，涸出塘底，续行占垦；又为防止盗决和占垦，故设置减水闸进行控制。清乾隆二年（1737年）始在众兴集以南，建筑滚水石坝。到民国年间，芍陂灌溉效益越来越低，1949年灌溉面积仅剩8万多亩。后成为淠史杭灌区的一个反调节水库。

（2）夫差与邗沟　邗沟又称"邗江"、"韩江"、"渠水"、"邗溟沟"、"中渎水"等。春秋时期吴国疆域之北界大致在淮、泗一线，其中包括长江以北的千里沃野。虽然长江与淮水之间遍布湖沼水泊，却没有一条内河水道可以贯通。这对一心想称霸诸侯的吴王夫差北上征战很不利。他于是开始筑城、挖河。《左传》载：周敬王三十四年（前486年），"吴城邗，沟通江淮。……举锸如云"足见当时开凿邗沟的壮阔场面。蜀冈上的邗城，成为夫差北上的前敌指挥部。邗沟从蜀冈下绕城而过，与淮河通连。据《汉书·艺文志》及郦道元的《水经注》记载，邗沟的路线大致是：南引长江水，再从如今观音山旁的邗城西南角，绕至铁佛寺稍南的城东南角，经螺丝湾、黄金坝北上，穿过今高邮南30里的武广湖（后名武安湖）与陆阳湖（又名渌洋湖）之间，进入距今高邮西北50里的樊良湖（又称樊梁湖、池光湖）；再向东北入今宝应东南60里的博芝湖（又称博支湖、广洋湖）、宝应东北60里的射阳湖；出湖西北至山阳（今淮安楚州）以北的末口，最终汇入淮水。为利用天然湖泊以减少开凿时的人工和财物耗费，所以邗沟线路曲折迂回，全长约400余里，为联系长江和淮河的古运河。东晋南北朝时，由于自然条件的变化，江水已不能引入运河，于上游开支河从今仪征引江水通航，并在运河口建堰埭、水门节水，河上亦建有多处堰埭。隋代两次重开此河，成为南北大运河中的重要一段。唐代，长江中的沙洲扩大，并与北岸相连。开元二十二年（734年），在扬子镇以南接开伊娄河，经瓜洲入江。从此，瓜洲运口与仪征运口并用。北宋，在邗沟上建有数十处闸、坝、涵、达等建筑物并且出现了世界上最早的船闸/复闸。元代开京杭运河，邗沟成为其中的一段，南口在瓜洲和仪征，北口仍在淮安北。

（3）西门豹及引漳十二渠　引漳十二渠为战国初期以漳水为源的大型引水灌溉渠系，灌区在漳河以南（今河南省安阳市北），据《史记》等古籍记载为战国时期魏文侯时邺（治今临西南四十里的邺镇）令西门豹于公元前422年创建。第一渠首在邺西18里，相延12里内有拦河低溢流堰12道，各堰都在上游右岸开引水口，设引水闸，共成12条渠道。灌区不到10万亩。漳水浑浊多泥沙，可以落淤肥田，提高产量，邺地因此而富庶起来。东汉末年曹操以邺为根据地，进行整修，十二堰称为十二登，改名开井堰。《吕氏春秋·乐成》记该渠为魏襄王时邺令史起创建，在西门豹后约100多年，并批评西门豹不知引漳灌田。《汉书·沟洫志》采用这一说法，和《史记》有矛盾。后人调和两说，说是西门豹先开渠，史起续开。东魏天平二年（535年）改建为天平渠，并成单一渠首，灌区扩大，后变称万金渠。渠首在今安阳市北40余里，漳河南岸。隋唐以后这一带形成以漳水、洹水（今阳河）为源的灌区。唐代复修天平渠，并开分支，灌田十万亩以上。清代、民国期间还时有修复利用。1959年在漳河上游修建岳城水库。漳河两岸分引库水，代替了古灌渠。

（4）魏惠王与鸿沟　魏惠王十年（公元前360年），魏惠王引黄河水入大梁西郊（今河南中牟县西）的大湖圃田，再在大梁周围开凿运河，引圃田水来灌溉周围的农田。此时修建的水利工程已设有便于加强对水的控制的水门设施。原来的圃田被改造成了一个巨大水库。魏惠王三十一年（公元前339年），魏惠王开始开凿沟通黄河和淮河两大水系的著名水利工程鸿沟，特地在大梁和圃田之间开凿了一条大沟，把圃田水引到大梁周围的运河中灌溉农田。这条大沟沟通了济水、濮水和黄河的联系，是鸿沟最早开凿的一段。魏惠王又把鸿沟向东南继续开凿，经过楚国的陈（今河南淮阳），在项（今河南沈丘）与淮河的重要支流颖水合流。这样，黄河经过圃田、鸿沟、颍水与淮河交流，黄河和淮河两大水系便沟通了。

魏惠王还挖通了鸿沟与大梁附近的丹水、睢水、秽水，使丹水经宋国的彭城（今江苏徐州）入泗水，睢水经宋国的都城睢阳（今河南商丘东南）入泗水，秽水经楚国的蕲（今安徽宿州）入淮。由此形成了以大梁为中心的，与其他国家的水网相沟通的庞大水利网络。借着这水路网络，魏国的船只可以进入韩、楚、卫、齐、鲁、宋等国。

为了加强对大梁的保护，魏惠王除了把大梁城本身建造得十分牢固外，还把大梁周围发达的水利网络改造成一个完整的水陆立体防御体系，从而加强了大梁的自卫能力。

鸿沟是古代最早沟通黄河和淮河的人工运河。经秦、汉、魏、晋、南北朝，一直是黄淮间主要的水运交通线路之一。西汉又称狼汤渠，并在今河南省荥阳北引黄河水，东经中牟北，开封北而折向南，经尉氏东、太康西、淮阳，再分两支：南入颍水，东入沙水，然后皆入淮河，形成黄淮间的水运交通网。隋代开通济渠，即唐宋时的汴河，成为黄淮间的交通干道，相当于鸿沟位置的蔡河仍部分起着沟通黄淮的作用。元代开通京杭运河后，水运干线东移，蔡河渐趋湮塞。

（5）李冰及都江堰　都江堰之名始于宋代，宋以前称都安堰或犍尾堰，位于现四川省都江堰市（原灌县）境内，系岷江上的大型引水枢纽工程，也是现有世界上历史最长的无坝引水工程。于秦昭王末年（约公元前256～前251年），由秦蜀守李冰主持兴建。工程以灌溉为主，兼有防洪、水运、城市供水等多种效益。成都平原因此而富庶，得享“天府之国”之美称。早期都江堰的枢纽布置有堤、堰、水则等工程设施，经后代不断完善，成为由鱼嘴（分水工程）、飞沙堰（溢流排沙工程）和宝瓶口（引水工程）三大主体工程组成的无坝引水枢纽。此外，还有内外金刚堤、人字堤及控制水量和泥沙的建筑物等。中华人民共和国成立后又增建了外江闸、沙黑河闸和工业取水口等工程。鱼嘴建在江心洲顶端，把岷江分为内江和外江。内江为引水总干渠，由飞沙渠、人字堤和宝瓶口控制泥沙及对水量进行再调节。外江为岷江正道，以行洪为主，也由小鱼嘴分水至沙黑供右岸灌区用水。古代都江堰的工程结构以竹笼、木桩和卵石为主要建筑材料。以竹编笼内填卵石，用来建造鱼嘴、飞沙堰、内外金刚堤和人字堤等工程。每年岁修需更换竹笼一万多条。为了减少每年岁修工程量，历代水工和劳动人民不断谋求工程结构的改造，尤以鱼嘴为重点。元代曾以石料修砌鱼嘴，并在其顶端铸铁龟；明代修砌鱼嘴，前置铁牛分水；清代复用砌石鱼嘴。这些工程均因基础不稳，未能持久。1936年改以竹笼为基础，前端与两侧护以木桩，其上修筑砌石鱼嘴，工程延续时间较长，直至1974年修外江闸时改建成钢筋混凝土结构。引水防沙与岁修制度延续2000多年，灌区人民在兴建和完善都江堰的过程中，积累了丰富的引水防沙经验。都江堰历久不废的一个重要原因是由于三大主要工程的合理规划和精心设计施工，使枢纽工程发挥了有效的引水、防沙和排洪等综合作用。在适宜河段的恰当位置修建鱼嘴，能使枯水内江多引水，洪水时外江多泄洪排沙；在河流弯段末端建飞沙堰，利用了环流作用，能大量溢洪排沙，以减免成都平原洪涝灾害。都江堰历久不废的另一重要原因是重视工程管理，严格执行岁修制度。据历史文物记载，早在1400多年前，即有“深淘滩，低作堰”的岁修“六字诀”。嗣后又相继总结出治水“三字经”及治河“八字格言”等。历代都设置管理机构和堰官负责工程维护。工程维修分为每年的岁修、五年一次的大修、特大洪水后的特修和洪水期的抢修等四类。中华人民共和国成立后，对都江堰工程进行了较大改建，灌区有了大规模的发展。加固了鱼嘴、飞沙堰、宝瓶口三大工程；调整和改建了内外江几条大干渠的引水口；新建了外江闸、沙黑河闸和工业取水口；在老灌区修建了50余座重要分水枢纽；改造了3万多条旧渠道。都江堰灌区由1949年的288万亩发展到80年代的近1100万亩，并在新灌区相应建造了黑龙滩、三岔、鲁班、继光等10座大中型水库，300余座小型水库，以及许多渠系建筑物、中小型水电站和扬水站。

（6）郑国、白公及郑白渠　郑白渠系古代关中地区的大型引泾灌区，即秦代的郑国渠和汉代的白渠之合称，是陕西泾惠渠的前身。秦始皇元年（公元前246年）韩国水工郑国主持兴建郑国渠，十几年后完工。干渠西起泾阳，引泾水向东，下游入洛水，全长300余里，灌溉面积约4万顷。由于泾水含有大量肥沃的淤泥，灌溉时还可改良盐碱地，故使粮食亩产得以提高。郑国渠的建成直接有力地支持了秦国统一六国的战争。西汉太始十年（公元前95年）赵中大夫白公建议并主持增建新渠，引泾水东行，至栎阳（今临潼县东北）注于渭水，名白渠。干渠长200里，灌溉面积4500顷。此后灌区便称郑白渠。前秦付坚时期（357～384年）曾发动3万民工加以整修。唐代的郑白渠有三条干渠，即太白渠、中白渠和南白渠，又称三白渠。灌区主要分布于今石川河以西，只有中白渠穿过石川河，在下县（今渭南县东北50里）注入金氏陂。唐初郑白渠灌田10000多顷，后来由于大量建造水磨，灌溉面积减少到6200顷。关于当时郑白渠的管理制度，在《水部式》中有专门条款。渠首枢纽包括有六孔闸门的进水闸和分水堰。分水堰称“将军”，长宽都有百步（唐代一步等于五尺）。宋代改为临时性梢桩坝，每年都要重修。由于引水困难，后代曾多次将引水渠口上移。主要有北宋大观二年（1108年）的改建工程，共修石渠3141尺，土渠3978尺，灌溉面积号称2万余顷，并改称丰利渠。元初改渠首临时坝为石坝，至延祐元年（1314年）延展石渠510尺，有拦河坝仍系石结构，后称王御史渠，灌溉面积曾达9000顷。灌区有分水闸135座，并订立了一整套管理制度，在元代李好文所著《长安志图·汉渠图说》中有详细记载。明代曾十多次维修泾渠，天顺至成化年间（1456～1487年）将干渠上移一里三分，改称广惠渠。由于渠口引水困难，灌溉面积缩小，至清代乾隆二年（1737 年）将引泾渠口封闭，专引泉水灌溉，改称龙洞渠，灌溉面积7 万多亩，至清末更减少到2 万多亩。直到1932 年泾惠渠初步建成，引泾灌溉又重新得到恢复和进一步的发展。

（7）史禄及灵渠　灵渠系沟通长江水系和珠江水系的古运河，又名陡河、兴安运河，在今广西壮族自治区溢安县境内。秦统一中原后，为征服南方百越各部，于秦始皇26 年，派屠雄率50 万大军分5 路南下，其中在越城岭的秦军团遭越人顽强抵抗，加上山岭险阻，水路不通，军粮供应不上，秦军陷入了困境。秦始皇37 年（一说28 年），派监郡御史禄凿灵渠运粮。灵渠沟通了湘江和漓江，全长34 公里，设计精巧，工程艰巨。它引湘江水入漓江，沟通了长江和珠江两大水系，不仅使秦军解决了军用物资运输的困难，而且为秦统一岭南也起了决定作用。

由于历代不断增修改进，技术逐步完善，作用日益增大，是两千年来岭南（今广东广西）与中原地区的主要交通线路。灵渠渠首处用拦河坝壅高湘江水位，将其一股（今称南渠）通过穿越分水岭的人工渠道引入漓江上源支流，并对天然河道进行扩挖和整治后，入漓江；将另一股（今称北渠）另开新渠屈曲于湘江右再入湘江。它用拦河大小天平（用条石砌的溢流坝）、铧嘴（导水分水堤）、湘江故道和泄水天平，综合地实现了分水、引水和泄洪等项功能。渠道由人工渠、开挖溪流的半人工渠道和整治后的天然河流组成，南渠长33 公里，北渠长3. 5 公里，以弯道减缓坡度；以陡门和堰坝节制用水，增加通航水深；以侧向溢流堰分泄洪水，保障安全。唐代已建有陡门18 座，宋代发展到36 座，元明清三代多次维修完善，保证了灵渠航运长期不衰，对广东广西地区的政治、经济、文化有重大影响。1936 年和1941 年，粤汉铁路和湘桂铁路相继通车，灵渠的航运逐渐停止。中华人民共和国成立后，对灵渠全面整修，基本保留了传统工程面貌，使其成为灌溉、城市供水和风景游览综合利用的水利工程。

（十八）堪舆家

76. 堪舆（风水）学起源于对居住环境利害关系的探索

在《汉书・艺文志》中，堪舆也被列于《数术略》中，与阴阳五行、时令日辰、灾应诸书同列“五行家”类，作为“数术”之一，并提及“《堪舆金匮》十四卷”。尽管堪舆学在中国起源久远，在历史长河中延续不断，但由于各种原因，它却一直处于神秘乃至迷离混沌的状态，甚至被不加分析地说成“迷信”。

其实，在人类生存、生活与环境的关系上，先民发现季节交替、气候变化、居地环境如地脉、地貌、风向、水流等，以及地球磁场等等自然条件，与人的生老病死、吉凶祸福存在着密切关系，通过一代又一代的观察，逐渐积累、总结出了一套勘测生存、生活环境的理论和手段，并名之曰“堪舆”。

《淮南子》对于“堪舆”的解释是：“堪，天道也；舆，地道也。”堪舆学即天地之学。它是以河图洛书为基础，结合八卦九星和阴阳五行的生克制化，把天道运行和地气流转与人的关系，联系在一起，试图用以推断或改变人的吉凶祸福、寿夭穷通等的一套理论体系。

从宏观方面讲，“堪”系指仰观天象，“舆”则指俯瞰地理；从微观方面讲，“堪”系指地势之高处，而“舆”则指地势之低处。所以，“堪舆”即通过观天察地或地势的高低，来选择和营造适宜的生存和生活环境的理论和技术。由于地势又与水脉、风向等等相关联，可见，“堪舆”原本带有兼通天、地、水、风等学问之特点。因此，堪舆学俗称风水学，是与人类居住环境直接相关的一种学说，是中国萌芽最早的学术之一。

风和水在堪舆学理论中具有重要意义。古人研究风和水的根本目的，是为了研究“气”。《黄帝内经》曰：“气者，人之根本；宅者，阴阳之枢纽，人伦之轨模，顺之则亨，逆之则否。”《易经》也称：“星宿带动天气，山川带动地气，天气为阳，地气为阴，阴阳交泰，天地氤氲，万物滋生。”由此可以看出气对人生的重要性。古人认为，气与风和水联系密切。认为气乘风则散，界水而止。所以，宜“聚之使不散，行之使有止”才好。又认为无水则风到而气散，有水则气止而风无，故以得水之地为上等，以藏风之地为次等。明末清初蒋平阶（1616～1714年）所著《水龙经》说：“水飞走则生气散，水融注则内气聚”、“未看山时先看水，有山无水休寻地”等等，都说明了风和水的重要性。

堪舆学究竟起源于何时，还有待于考古学等的考证，但至迟在大约六、七千年前就出现了。在没有文字记载的条件下，以口传的形式传播。西安半坡村遗址的村落房舍具有近水向阳的特点，而且四周均有泻洪防涝的壕沟。《诗经·公刘》中记载了周朝祖先公刘亲自堪察宅茔的故事。在殷周时期设有“司空”之官职，专管营建宫室宅院之事。当时主要还局限于选择地址。《尚书》中有“成王在丰，欲宅邑，使召公先相宅”之记载。司马迁的《史记》也有“孝武帝时聚会占家问之，某日可取乎？……堪舆家曰不可”的记载。大体而言，到秦汉时期，丧葬建宅不但讲究空间因子，还掺进了时间因子即

“择吉”，昭示堪舆学已趋完整。到魏晋南北朝时期，堪舆学得到进一步发展，晋代郭璞所著《葬经》至今仍为堪舆家必读之经书。到唐、宋，堪舆学开始摆脱皇宫的禁梏，走向民间。到明清时期，堪舆学的研究与应用更为广泛，相关书籍印刷“不啻千百余家”，“不下百十余种”。

正如任何东西一旦被爆炒就要变味走样一样，堪舆学在获得空前普及的同时，原本就存在的鱼龙混杂、良莠不分的状况愈趋严重。借“堪舆”之名而以牟利敛财为目的的“风水先生”，混迹于市井街巷，招摇撞骗，影响恶劣，流毒深远。

堪舆学就其基本理论基础而言，可以说是易学的一个重要分支。但它所涉及的理论范畴颇为复杂，现在的天文学、宇宙学、地质学、地貌学、地磁物理学、辐射物理学、优生学、信息学、建筑学、环境学、建筑美学、预测学、人体科学等等理论，几乎在堪舆学中都有不同程度的包含、触及。因此，堪舆学实际上是一门旨在选择和建造适宜的生存、生活环境的综合性科学。

当然，同任何科学同时具有时代的进步性和局限性一样，堪舆学也不例外，甚至由于其与人们的生存和生活关系太密切，实用性更强，跟“市场效益”联系更直接，所以其局限性也就更加突出，因而所具有的文化糟粕就更多。因此，如何正确地认识和评价它，就显得非常有意义了。

77. 堪舆家主要代表人物及著作

因为原始的风水知识与阴阳五行理论相结合才形成风水学说，而阴阳家则出现于战国时期，到秦汉时期才对朝廷和民间发生较大的影响，所以堪舆家及其代表作也是秦汉时期才涌现的。由于相关的著作亡佚，而《四库全书》所收两种最早的堪舆学著作《宅经》和《葬书》，则成书时间更晚，是魏晋以后的事。到隋唐五代时期，堪舆学继续发展，出现了杨筠松（834～900年）和曾文灿等专家。到了宋代，这门学问真正盛行，一大批风水学专家如赖布衣、陈抟（872～989年）、吴景鸾、蔡元定（1135～1198年）相继出现，许多重要的有关风水学的著作也是在这时出现的。

但对于“风水”第一次给予比较规范和明确的解释并为后世学者所认可的，当推晋朝的学者郭璞（276～324年）。他在《葬书》中指出：“葬者乘生气也。经曰，气乘风则散，界水则止，古人聚之使不散，行之使有止，故谓之风水。”其意思是说，埋葬死者要寻找和利用有生机的地气，也就是乘生气；而生气见风则散，遇水则止，古人就尽量使它不散，而让它聚集，所以便叫风水。虽然郭璞只讲了葬事，但人们习惯上把葬事以外的地理形势也叫

“风水”。葬事以外的风水，主要是指建筑房屋的地理情况。房屋是给活人住的，坟墓是给死人住的，两者都是住宅。所以古人便把建房的地理叫“阳宅风水”，而把修墓的地理称作“阴宅风水”，因为不论“阳宅风水”或者“阴宅风水”都离不开地理形势，所以人们又习惯于把“风水”叫做“相地术”。

（十九）数术家

78. “数术”与“术数”并非一回事

翻开《辞海》，查“数术”条不见，而在“术数”条目下，则有如下解释：“一称‘数术’。‘术’指方术，‘数’是气数。即以种种方术，观察自然界可注意的现象，来推测人和国家的气数和命运。《汉书・艺文志》列天文、历谱、五行、蓍龟、杂占、形法六种，并云：‘数术者，皆明堂羲和史卜之职也。’但史官久废，除天文、历谱外。后世称数术者，一般专指各种迷信，如星占、卜筮、六壬、奇门遁甲、命相、拆字、起课、堪舆、占候等。”

这种解释至少存在三个问题：一是它把“数术”看做“术数”的别名，并对“术数”作了解释，但在引征《汉书・艺文志》时，提到的却是对“数术”的概括和解释，不设“数术”条目却在“术数”条目这样拐着弯儿地解释，实在有违常理；二是它没有注意到《汉书・艺文志》虽据刘向、刘歆父子的《七略》撰写，但在《数术略》中明明没有沿用刘氏父子所使用的“术数”，而仍将两者混用，违背了班固的良苦用心；三是在环境保护和建筑学早就有了高度发展，古代“堪舆”（风水）学中所蕴含的科学成分业已得到确证的今天，依然将“堪舆”也列入“迷信”之列，更欠妥。

上海古籍出版社在《四库术数类丛书》出版说明中写道：“术数为阴阳家、占筮家之术，用阴阳五行生克制化的数理，来推断人事吉凶；即以种种方术观察自然界可注意的现象，用以推测人和国家的气数和命运，对我国古代政治、军事、文化、科技曾产生过广泛影响。”

这与《辞海》关于“术数”的解释基本一致。所不同的是后者指出了“术数”对我国古代政治、军事、文化、科技曾产生过广泛影响，虽未明确其影响的性质，但并未像前者那样一概抹杀。

然而，《辞海》把“术数”与“数术”混为一谈，却非偶然。它反映了迄今为止在学界和社会上久已存在的现象。

到底“术数”与“数术”是否一回事？把两者混用是否合适？班固在《汉书・艺文志》中把刘氏父子笔下的《术数略》改为《数术略》，将“术数”二字颠倒使用，是有意还是无意？我认为有加以澄清的必要。

“术数”属于“方术”、“法术”之类，如《四库全书总目》所说：“术数之兴，多在秦汉以后，要其旨，不出乎阴阳五行、生克制化，实皆《易》之支派，傅以杂说耳。”而“数术”则原指卜筮之术：“数”指阴阳数、爻数，是占筮求卦的基础，其“术”则是占筮的方式、方法，如《汉书·艺文志序》所云：“太史令尹咸校数术”，视“数术”为“占卜之书”。《后汉书·方术传》称：“极数知变，而不诡俗，斯涂于数术者也。”

可见，“数术”与“术数”原本并非一回事。“数术”者，研究或阐释“数”之“术”者也；而“术数”者，则为研究或阐释“术”之“数”者也。“数”之“术”与“术”之“数”，字虽相同，但因位置不同而含义迥别。“数”在《易》中，本来是与“象”和“义”、“理”并提的。“象”指卦象、爻象；“数”指筮数、爻数；“义”指卦名、卦爻辞的意义；“理”指《易》的原则、道理。“象”为《易》的符号系统，是宇宙万物的理论模式；数不仅是《易》之数理表达，是对“象”的定量研究，而且诚如《汉书·律历志》所言“伏羲画八卦，由数起”，无“数”则无“卦”，无“卦”则《易》之占筮无从产生，所以“数”实为《易》占筮求卦之基础；“义”体现《易》的原义；“理”则体现《易》的哲理。“象”（卦）、“数”（筮）为《易》的形式，“义”、“理”则为《易》的内容。《易》的本质特点就是用“象”、“数”表达“义”、“理”；用“义”、“理”说明“象”、“数”。《左传·僖公十五年》云：“龟，象也；筮，数也。物生而后有象，象而后有滋，滋而后有数。”此话虽然颠倒了“数”和“象”的关系，但认为“数”和“象”一样，均是《易》所固有的，则是不错的。所以，“数”是与《易》同时产生的。在这个意义上来理解“数术”原指卜筮之术，“数”指阴阳数、爻数，是占筮求卦的基础，“术”则是占筮的方式、方法，以及班固所云“数术者，皆明堂羲和史卜之职也”，就不难了。“数术”起源很早，“明堂羲和史卜之职”，表明了古代的“明堂羲和史卜”之官就是以“数术”为己任的。《汉书·艺文志》将天文、历谱、五行、蓍龟、杂占、形法六种均列入《数术略》，是有道理的。在科学技术很不发达，几乎全被包裹在神秘、乃至迷信的混沌襁褓之中的时代，当时的人即使再聪明也是不能将其中的科学与迷信、技术与巫术等严格加以区分、透析出来的。

相比之下，“术数”的产生则比“数术”要晚。“术”既然指的是方术、法术等，那么“术数”之“数”自然就是指方术、法术之类的东西之中的“数”——数字、数目等了。“术”既然是属于主观认识范围的事，那么

“术”之“数”自然也就难于超出主观认识的窠臼。这样，它在科学技术一直不发达的漫漫历史长河中，被当作“气数”加以运用，就是很自然的了。不但诸如星占、六壬、太乙、奇门、运气、占候、卜筮、命理、相法、堪舆、符咒、择吉、杂占、养生术、房中术、杂术等等都被列入“术数”的范畴，就连天文、历法、数学等，也均被列为“术数”之列。这是科学文化发展的历史所使然，反映了人们认识的阶段性及其局限性。从人类学术文化和科学技术的发展史看，我们不宜因为“术数”与“数术”的上述区别而贬低它。实际上，“术数”可以区分为广义和狭义两种。狭义的术数，可专指预测吉凶的方术、法术；而广义的术数则可包括天文、历法和堪舆等等。

总之，从《易》发展、演变的历史看，“数术”当于《易》同时产生，而“术数”则要晚得多。这是产生时间上的差别；而更为重要的是，两者的涵义也存在很大的差别：“数术”所反映的是人们对于客观事物（世界）的认识，是主观与客观之间的关系，而“术数”则反映的是人们主观世界范围内的事情，是认识与认识之间的关系。由于主观与客观之间的关系可以经受事实和实践的检验而得到验证，从而辨明真伪、是非，属于科学探索和研究的范围，而主观认识与主观认识之间的关系则无法得到事实和实践的验证，而可以任凭人们胡编乱造、信口雌黄，所以两者实际上具有根本的区别。

《四库全书总目》说“术数之兴，多在秦汉以后”，并认为其“实皆《易》之支派，傅以杂说耳。”是很有见地，也是符合史实的。

正因为两者具有这样的根本区别，所以，伴随科学文化和技术的进步，“数术”中的科学成分已经并仍在被陆续拯救出来，并在得到发扬光大的同时，被赋予新的意义。我们的先民在人类历史上首先用“数字”来表征事物，既昭示了先民的聪明睿智，也预示了“数字”在人类科学技术和整个文化发展中的重大作用。“任何一门科学只有当它用数学的形式来表述的时候，才标志着其成熟”（马克思语）。尤其是在科学技术向“数字化”发展的今天，“数术”由“数”发端的深远意义已经越来越清晰地显现出来。而其中的杂质，在科学技术和文化日益普及的历史条件下，则很自然地越来越多地被曝光和淘汰，残余的则被追求“市场价值”的“术士”们不断地更换标签，叫卖、兜售。但是，不管“术士”们怎么装潢门面、鱼目混珠地把任何东西，都纳入他们所谓的“术数”或“数术”的“预测”范围，被他们所兜售的货色，终将被日新月异的科学技术，和学术文化不断绽放的光芒掩盖。以天气预测为例，在科学技术不发达的历史条件下，人们曾长期听信江湖术士运用“术数”起卦预测天气，但是到了今天，人们很自然地听信气象部门运用气象云图和实地观测所作的天气预报了。至于个别“预测大师”不顾事实地依然吹嘘说，他那只是根据地名起卦的“天气预报”比中央气象台的天气预报还准，则只能是愚顽者的自欺欺人罢了！马克思曾经深刻地指出：唯心主义是利用唯物主义所留下的空白而存在的。现在各种“术数”“预测大师”之所以还很有市场，恰恰是由于唯物主义给唯心主义还留有许多空白。

79. 宜缜密区分“术数”中的科学和迷信

由于秦汉以来人们对于“数术”与“术数”的混用，并且迄今这样的混用依然相当普遍，所以就使得本来还难于为事实和实践所验证的许多东西，在处心积虑地追求“市场价值”的各种江湖术士的卖弄下，越发迷离混沌，真伪难辨了。譬如，中医的“四诊”即望闻问切称“望而知之谓之神”，而“望诊”所要求的看面容、面色、掌纹、掌色、体态和步态等等，显然也可归属于“看相”的范畴，所以我们就不能不加分析地对“看相”一概否定。

除了“望诊”外，“看相”在实际生活、工作中还有很多其他用处。在上世纪八、九十年代，哈尔滨有个卖鞋的女售货员通过调查、统计，从数千名顾客中总结出脚掌与手掌大小之间的正比关系，并经过反复实验，结果成为“一拿准”：顾客只要买鞋，她就能根据顾客的手势看出手掌的大小，并推断出鞋号的大小。这个售货员曾作为“全国劳动模范”而被多家媒体刊载其事迹。另外，人的面相、手相与人的生育之间的关系，譬如弟兄的多少、子女的性别等之间也有一定规律性的联系，根据我的实际调查和统计，这确实存在。“眉毛过目（眉毛长过眼睛），弟兄三五。”在没有实行计划生育的条件下，确实大都如此。而男性的人中沟渠的形状，也的确与第一胎子女的性别存在着规律性关系。因此，建立在调查统计概率基础上的“看相”，不能被认为是迷信。现在，流传于江湖上的这类东西，到底有哪些是建立在调查统计概率的基础之上的？需要大众的验证和分辨，既不能轻易听信江湖术士们的信口雌黄，也不能不加分析地一概视为“封建迷信”。但是，有一点可以肯定：那些通过“看相”来“预测”人一生的吉凶祸福，所谓“官运”、“财运”，甚至生老病死的时间等等的行径，则毫无疑问纯粹是迷信。因为决定人一生吉凶祸福、“官运”、“财运”和生老病死的因素众多，绝不是单从面相、手相就能预先判知的。

80.“神秘文化”的面纱终将被一一揭开

“数术”和“术数”显然都属于“神秘文化”的范畴。中国的“神秘文化”当然远不止此。其实，在古代任何一家的学说中，都无一例外地包含着神秘性的内容，无一例外地带有神秘的色彩。这是由人类的整个认识发展进程所决定的。从无知到有知，从少知到多知，从浅知到深知，从愚昧到聪慧，从迷信到科学，是人类认识发展的总体轨迹，因而是中外文化史共有的现象。当人们对客观存在的某种事物还无知、少知、浅知，即不认识其本质的时候，就要用猜测、臆测、想象等来推断，于是就制造出许多在后世看来荒诞不经的迷信来，神秘文化也就是在这样的过程中逐渐形成和积淀下来的。但是，正如没有炼丹术化学就无从产生、没有巫术医学也无从产生一样，人类的科学技术和学术文化，几乎都是从神秘文化中逐渐被透析、厘定出来的。所以，我们不应鄙视“神秘文化”，而应看到它是人类文化历史发展的必经阶段，并以科学的、缜密的态度看待它，根据或运用不断发展着的日新月异的科技文化的新成果，加以“扬弃”，即汲取其精华，剔除其糟粕；拯救其中的科学成分，剔除其杂质。这是摆在严肃的易学家和学问家面前的一项重任。

“神秘文化”的面纱将逐渐被一一揭开，但要马上全部揭开却还不可能。因为人类的科学技术和整个学术文化的发展水平，还远远没有到达这样的阶段。我们所做的工作，只能是依据和运用科技发展和整个学术文化进步的每个成果，缜密地分析“神秘文化”的精华和糟粕、科学和杂质，并加以扬弃。

（二十）其他学派

81. 其他实用学派纷繁复杂

在先秦，我国在酿（造）、纺（织）、建（筑）、制（陶）、冶（炼）和交（通）等等更加实用的科学技术方面，也都历史悠久，涌现了许多能工巧匠和相关的著述。譬如，春秋末齐人专门记载手工业技术的官书《考工记》，就是其中的一部。

《考工记》全书共七千一百多字，记述了木工、金工、皮革、染色、刮磨、陶瓷等六大类三十个工种的内容，此外还有关于数学、地理学、力学、声学、建筑学等多方面的知识和经验的总结。

《考工记》将商周以来积累的冶金知识归纳为“金有六齐”，这是已知世界上最早的青铜合金配置法则，揭示了青铜的机械性能随锡含量多少而变化的规律。《考工记》作为先秦时期的手工艺专著，部分地反映了当时中国所达到的科技及工艺水平。

随着考古新成果的不断推出，传世文献中关于“诸子百家”的相关记载正在不断地被重新矫正、厘定和改写。近些年专门研究和记述相关史迹的书籍陆续编撰出版。如何依据不断刷新的考古资料，对于“诸子百家”中的其他学派，尤其是比较实用的学派加以总结、厘定，是应该着重研究的课题。

82. 如何看待“百家”之说

对于先秦的“百家”之说，因为司马谈在《论六家之要旨（指）》中只提及六家，而刘歆、班固则只提及“九流十家”，所以后世对于“百家”的见解不一。

其实，“百家”之说是先秦客观存在的事实，我们上面虽然仅仅提到25家，但由于各家另有包含和分化，所以“百家”之说，是有根据的。

打开先秦至汉代的子书及史书，关于“百家”的说法大量存在。比如《庄子》之《秋水》和《天下》篇就提到“百家”，《荀子》之《儒效》《解蔽》《正名》和《成相》等篇，也都提到“百家”。贾谊在其《过秦论》中说：“于是废先王之道，燔百家之言，以愚黔首。”《淮南子》之《俶真》篇也有“百家异说，各有所出”之说；而《齐俗》篇则云：“故百家之言，指奏相反，其合道一也”；《氾论》篇又说：“百川异源而皆归于海，百家殊业而皆务于治。”这些说法与司马谈认为“为治者”之六家显然不同。

总之，“百家”一语，在先秦和汉代著述中屡见不鲜。但是，对于“家”的含义，则有的认为是指某一学派，有的认为是指同一学派之不同见解。如《庄子·则阳》借少知之口说：“季真之‘莫为’，接子之‘或使’，二家之议，孰正于其情？孰偏于其理？”《韩非子·定法》载：“问者曰：‘申不害、公孙鞅，此二家之言孰急于国？’”篇末则有：“故曰：二子之于法术，皆未尽善也。”在这里，季真、接子二人，申不害、公孙鞅二子，都是“二家”。另外，各家并非一成不变，而是处于不断变动和分化之中的，分化出来的各学说也都可称为“家”。如，同是道家，列子、庄子和慎子等与老子的思想就已经不完全一样了，而且彼此之间也有差别。就老、庄两人而言，虽然都主张恬淡无为，但老子倾向于视素保朴，而庄子则更倾向于逍遥自在。儒家也是，孔子死后不久，就“儒分为八”。这“八”个分支均可称为一家。墨家的墨子与墨子后学的主张也同样有差别。其他各家也是如此。所以，“百家”之说不容置疑，但在谈论这个话题之时，应具体分析，不宜一概而论，笼统言之。《汉书·艺文志·诸子略》说：“凡诸子百八十九家”，盖就此义而言。

尤其应该注意的是：对于“百家”之“家”务要辩证地看待，不能把属于同一家的不同代表人物的思想都看成完全一样、铁板一块。因为几乎每一

“家”的不同代表人物的具体思想，都是有差别的，有的还差别很大，甚至还彼此辩论、驳难过，也不能把各家的具体思想不加分析地截然分开，更不能一概地对立起来。尤其是越到战国后期，各家之“家”在具体问题上相互借鉴、彼此吸取的情形甚多，并且有的实难确切地判定究竟属于何家。

这也许是在“诸子百家”问题上，一直存在争论的一个缘由。所以，只能在相对的意义上来看待各家及其区别。

值得指出的是，不论司马谈，刘向、刘歆父子，还是班固，他们多注重的是与实际联系不太紧密，比较虚的学派，尽管在《汉书·艺文志》的《兵书略》《方技略》和《数术略》等著作中，也提到了兵、法、农、医与天文、历谱等学派，但总起来讲，对那些与实际联系密切而比较实用的学派，重视不够。这也是后世“国学”研究中一直存在的缺陷。我虽然知道这个缺陷，且有意弥补，但终因个人精力和才智有限，在本书中未能做得更多，提出这个问题，期望得到学界的重视，尤其希望能把与实际应用和科学技术相关的学问纳入到“国学”之中！希望大家特别是年轻一代，多做这方面的工作。

需要说明的是，“诸子百家”的说法虽然出现较早，但另一个经常使用的概念“百家争鸣”则要晚许久。元吴师道《礼部集》卷十二《书垒记》说：“道裂而分，诸子竞起，百家争鸣”，是我们目前所见较早的出处了。

七 “国学”之“流”

83. 应在什么意义上区分“国学”之“源”与“流”

由于事物本身存在的多样性和发展的无限性，由于事物无一不是有限与无限、相对与绝对的统一，所以对于“国学”“源”、“流”的区分，也只能是相对的。

具体地说，诸子百家及其以前的著作和学说，因为蕴涵了“国学”的基本精神（详见拙著《国学览胜》），所以对于秦及以后的著作和学说而言，它们是“源”，但在它们当中，又可分为“源”与“流”：《六经》对于诸子百家及其学说而言，则又是“源”，而诸子百家及其学说对《六经》而言，则又是“流”。

所以，在此，我只是从相对的意义上针对先秦更能体现“国学”基本精神这一点，把先秦以后的著作及其所体现的学说，视为“国学”之流。

（一）“汉承秦制”与“黄老之学”

84. 怎样看待“汉承秦制”

“汉承秦制”长期以来似乎已成定论。毛主席在《七律·读〈封建论〉呈郭老》中说“祖龙魂死秦犹在”、“百代都行秦政法”，可见，他不仅认为“汉承秦制”，而且认为汉以后的历代“都行秦政法”。

史实果真如此吗？到底该如何看待“汉承秦制”呢？

所谓“秦制”，是指秦始皇统一中国后所实行的中央集权制度下的郡县制。从“汉承秦制”的角度看，说“百代都行秦政法”与史实不符。且不说郡县制并非秦始皇的发明，早在春秋时期包括秦国在内的一些诸侯国就开始实行了。秦始皇不过是第一个在一统的秦帝国推行而已。另外从汉朝建立伊始所实行的制度的史实看，此说也欠妥。因为从刘邦（前256～前195年）开始，汉朝并未全面承袭“秦制”，而是分封制与郡县制同时并用，并且只是在京畿地区实行郡县制外，在广大的外围和边远地区依然实行分封同姓子弟诸侯王的制度。刘邦死后吕后专权又分封诸吕，激起了刘姓诸王的强烈反对。刘姓诸王与拥刘大臣联合将诸吕清除并拥立文帝后，分封同姓子弟诸侯王的制度依然延续，以至在景帝继位不久为巩固中央集权制而“削藩”时，引发“吴楚七国之乱”。因此，不加分析地说“汉承秦制”，并不符合史实。

所谓“汉承秦制”是一种非常笼统的习惯性说法，主要指的是实行中央集权制和推行郡县制的模式，并且仅仅限于“硬件”的某些方面，而不包括“软件”。试想，一个新建的王朝，首先面对的是如何总结和汲取秦王朝短命而亡的教训，所以，汉代不可能不加分析地承袭“秦制”。

早在楚汉相争阶段，刘邦就迫于形势，分封了异姓王。到公元前 202 年刘邦称帝后，共有异姓王七人。为了巩固皇家的独尊，刘邦陆续剪除了除长沙王吴芮以外的六人。但刘邦认为秦祚短促是由于秦不分封子弟的缘故，所以在异姓王的故土又分封自己的兄弟子侄九人为王，即同姓九王。他还与群臣共立非刘姓不王的誓约。可见，所谓“汉承秦制”，是个很打折扣的说法。

秦帝国建立 12 年就引发大起义而陷于灭顶之灾，4 年后覆灭。其政权建立初始之强大和灭亡之迅速，在中国历史上绝无仅有。其所昭示的教训赫然于天下，尤其是为汉初的君臣所重视。为了巩固初建的政权，汉初的君臣议决承袭“秦制”中的最基本的东西即中央集权制，是明智的抉择，但他们也明晓“秦制”中的致命弱点，譬如“苛刑酷法”和“重徭厚赋”等等，尤其是“软件”即指导思想上“一任于法”的错误。“软”、“硬”件配合失当，“软件”不能与“硬件”相适应，是秦帝国短命的症结所在。正是基于此，汉初的君臣经过权衡，摒弃暴秦对“法律”的滥用，而采用“以霸王道杂之”的“黄老之学”。

85. 怎样看待“无为而治”

把汉初推行“黄老之学”称为“无为而治”，并把“无为而治”解释为“清静自守”、“无所作为”而大加称誉，几乎成了历代史家的定论。可每读到这样的文字，我就禁不住发问：一个家庭若是站在前辈的废墟上而无所作为，无疑就意味着等死！一个在前代废墟上建立的新王朝，怎么能“清静自守”、“无所作为”呢?!

秦末规模巨大而又争斗残酷的多年战乱，使国家经济遭受严重破坏，人民陷于水深火热之中。据《汉书·食货志》记载：“汉兴，接秦之弊，诸侯并起，民失作业，而大饥馑。凡米石五千，人相食，死者过半，……天下既定，民亡盖藏，自天子不能具骋驷，而将相或乘牛车。”

在这种形势下，汉初统治者能“清静自守”、“无所作为”吗？

“清静自守”、“无所作为”就等于自杀，这是明摆着的道理。

面对经济凋敝和人民为饥馑所威胁的情势，对统治者来说，需要的不是“无所作为”，而是“积极作为”：除了在舆论和政策上立即废除秦朝的“苛刑酷法”和“重徭厚赋”，稳定民心外，当务之急就是发展经济，消除饥荒，让人民休养生息。刘邦在位期间所采取的先消灭异姓王，继而迁六国贵族和地方豪强到关中，制定《汉律》，重本抑末，发展农业，打击商贾，释放奴隶，减轻田赋等等，都不是“无所作为”所能做到和解释得了的。至于后来文、景时代面对同姓王的地方割据，尤其是“吴楚七国之乱”，更不是“清静无为”所能应对得了的。

汉宣帝在训谕崇信儒生的太子时说：“汉家自有制度，本以霸王道杂之，奈何纯任德教，用周政乎”（《汉书·元帝纪》）宣帝将“汉家”特有的“以霸王道杂之”的制度，与“纯任德教”的“周政”作了区分，其蕴义是很深刻的，不但指斥了崇德尚礼的“周政”导致诸侯争霸，列国纷争，最后衰亡的原因，而且揭示了“以霸王道杂之”的“汉家自有制度”的特色。

结合汉宣帝这话来理解汉初“黄老之学”的实质，我以为有助于破解历来围绕汉初“黄老之学”所展开的争论。

史载，在陆贾（约前240～前170年）奉汉高祖之命所作的《新语》中，确实强调了“无为”，但同时也强调“以仁义为策”、“德为上行”，同时又认为“德因权而立”，“德因势而行”。他显然将儒、道、法等家的思想糅合在一起了。这样一来，他所强调的“无为”之根本，在于不要“妄为”，具体主要是指不要滥用刑法，即在“刑法的滥用”上要“无为”，而在将“仁义”与“权势”相结合方面，则要“有为”。这其中显然包括了对“一任于法”、而“仁义不施”的“秦政”败亡教训的总结。而贾谊（前200～前168年）则说得更为明确：“仁义恩厚，人主之芝刃也；权势法制，人主之斤斧也。”（《汉书·贾谊传》）

这说明，陆贾和贾谊都认识到在初汉那样一副凋敝的惨状下，统治者应积极应对。陆、贾等的思想，其实与所谓“黄学”中积极治世的思想是一致的。而汉初统治者所采用的，实质上就是一种兼采儒、道、法等家思想基础之上的“无为”。传统观点所认为的那种“无所作为”意义上的“无为”，不但是对老子“无为”思想的曲解，而且也不符合汉初的史实。

关于这个问题，我在前文讨论老子的“无为”思想时，已经指出：“无为”不一定消极，“有为”也不一定积极。“无为而无不为”，是迄今《老子》

各本均有的一个重要命题，但对此历代颇有歧义，而误解者则颇多。惟汉初统治者借崇尚“黄老之学”而奉行“无为而治”，赢得“文景之治”，堪称史河佳话，之后虽也有声称奉行此道者，但真正奉行者却不复有。其原因固然很多，而根本的原因则在于误解、曲解了老子的“无为”。

“是故圣人能辅万物之自然，而弗能为。道恒无为也，侯王能守之，而万物将自化。化而欲作，将镇之以无名之朴。夫亦将知足，知以静，万物将自定……是以圣人居无为之事，行不言之教。”（郭店楚简甲本1组）

这段话所蕴涵的哲理极深。

天道“无为”，侯王得之于“道”，则应“居无为之事，行不言之教”。

什么叫“居无为之事”？就是毫不考虑私欲地顺应自然，一切按照自然的规律去做，决不违背规律妄为蛮干。什么叫“行不言之教”？就是一切通过自己的行动来昭示、感化，而不通过言语就可达到教化的目的。既要按客观规律办事，又不事张扬，更不兴师动众，这显然是一种很高的领导艺术。不是任何统治者、领导者都能够做到的。

当然，我并不认为汉初的统治者就掌握了这样的领导艺术，而只是指出，他们在理解老子的“无为”思想方面，并不像传统的观点那样肤浅。因此，面对亡秦之废墟和深受暴政和秦末战乱祸害的苦难人民，汉初的统治者惟有牢记秦速亡的教训，清醒而脚踏实地地积极应对，去掉任何虚夸矫饰，即“居无为之事，行不言之教”，才能让人民休养生息，度过改朝换代之危局，避免重蹈亡秦之覆辙。

这才是汉初所谓“无为而治”的真实面目。否则，若真像人们所虚夸的那样“清静无为”的话，则不但处置不了当时百废待兴，人民亟须休养生息的局面，更平定不了“吴楚七国之乱”，那还谈什么“无为而治”呢！

况且，一切掌权者都是实用主义者，即便他们口头上宣称尊奉什么学说，但为了其权力的维护和加强，他们也不可能僵化地奉行。刘邦的铲除异姓王，吕后的专权、残害戚夫人等等，以及充满血腥的权力争夺和厮杀，都不是“无所作为”所能解释得了的！

86.“黄老之学”到底属于什么性质

所谓“黄老之学”，按照传统的说法，是因尊崇传说中的黄帝和老子为学说创始人故名。根据司马迁《史记》的记载，慎到在宣传法家精神的同时，还与田骈、环渊、接子等鼓吹“黄老之学”。但其“黄老之学”，是在很宽泛或一般的意义上讲的。

黄老之学始于战国、盛于汉初。这是史实。但根据新出土的文献《黄帝四经》的内容看，所谓“黄老之学”概有两种理解：一是指“黄学”与“老学”的合称，其典籍是《黄帝四经》与《老子二经（德经与道经）》；二是分别指“黄学”与“老学”。按照“黄学”与“老学”的合称来理解，存在一个很大的问题，那就是从已有的资料看，“黄学”与“老学”的观点并不一致，把本来不一致的东西放在一起合称，于理不通。而要是按照分别指“黄学”与“老学”来理解的话，也有问题。关于“老学”即“道家”创始人老子的学说，前文已有所谈及，至于假托黄帝之名的“黄学”，因著作甚多，仅据各种典籍记载就有《黄帝四经》（《经法》《十六经》《称》和《道原》）、《黄帝铭》六篇（存《金人铭》《巾几铭》两篇）、《归藏》《黄帝君臣》《杂黄帝》《力牧》《黄帝泰素》《黄帝说》《黄帝》《封胡》《风后·握奇经》《鬼容区》、玄女《阴符经》《蚩尤》《行军秘术》《盘盂篇》《黄帝杂子气》《泰阶六符》《黄帝五家历》《黄帝阴阳》《黄帝诸子论阴阳》《风后孤虚》《黄帝长柳占梦》《黄帝内经》《外经》《脉经》《泰始黄帝扁鹊俞木付方》《神农黄帝食禁》《天老杂子阴阳》《黄帝三王养阳方》《黄帝杂子步引》《黄帝岐伯按摩》《黄帝杂子19家方》《黄帝杂子芝菌》《难经》等等。涉及当今诸多学科领域，而《黄帝四经》仅仅是其中之一，怎么能仅仅根据它就可轻易判定“黄学”的性质呢？

与“老学”在没有发现其真本、完本之前，不宜对其作全面评价一样，在没有发现“黄学”的全部著作，至少是其主要著作之前，也不宜对“黄学”加以全面评价。当然，现在还无法断定上述著作清单的真伪，但《黄帝内经》与《黄帝四经》至少是托名黄帝的两部著作，仅就这两部著作而言，《黄帝内经》的价值就丝毫不逊于《黄帝四经》。所以，即使撇开《黄帝内经》，而仅据《黄帝四经》来判定“黄学”的性质和价值，也站不住脚。

87.《黄帝四经》真是黄帝的著作吗

长沙马王堆三号汉墓1973年所出土的约10万余言的帛书，包括《战国策》《左传》《老子》等，其中一部分为古佚书。《经法》《十大经》《称》和《道原》四篇，经高亨、唐兰等专家考证，确认为《黄帝四经》。《汉书·艺文志》曾有相关记载（称《黄帝四经》四篇，《黄帝铭》六篇）。但《史记》却没有相关记载。据考证，这部古佚书在汉文帝12年（公元前168年）入土，当时司马迁不到10岁，《史记》不载，很可能与司马迁未见到此书有关。

《黄帝四经》四篇，虽然具体笔法有别，但体裁均为诗体，四字一句者居多。用字多为古体，假借字甚多，含有不少迄今未经引用过的特别名词，其蕴义深奥，注重实用，不尚空谈。

《黄帝四经》的注释本主要有二：一本由台湾史学家王寒生先生所作，1976 年由台湾龙华出版社出版；另一本由湘潭大学余明光先生所作，1989 年由黑龙江人民出版社出版。在该书前言中，余先生写道："黄学被淹没了两千余年都不为人所重视，与此联系的西汉初期流行的'黄老'思想，在中国思想史上一直是个谜！1973 年长沙马王堆三号汉墓出土了《黄帝四经》，这就为我们研究和恢复这个学派在历史上的地位，重新认识'黄老'思想，提供了可靠的史料依据。"

两位专家经过研究、考证，一致认为《黄帝四经》不是伪书。

《黄帝四经》被整理出版后，学界对于其作者和成书年代，意见不一。有些权威人士认为《黄帝四经》为黄帝所作，是中国最古的经典，中华文化的源泉，由此断定黄帝再也不是传说中的神话人物了。尤其是台湾历史学家王寒生先生，在自序中饱含深情地感慨道："读罢四经，我们认识了修道之门径，更提高了人生境界。如果我们仍然是懵懵懂懂，那就不可挽救了。纵然再读书万卷，也无济于事。在四千年前，我祖已经打开了宇宙奥妙之门，指出了一条上进大道，今日能读到宝贵经典，是如何幸福！"又云："黄帝四经出土，如老祖再降人间，这是可幸的，凡是黄帝子孙们，全当雀跃鼓舞。"

但是，我却对上述看法提出质疑：《黄帝四经》若真是轩辕黄帝的亲作，那么它是怎么流传下来的？是靠文字记载还是口传？若是仅靠文字，那么它是什么样的文字？迄今所知道的中国最早的成型文字是甲骨文，在甲骨文之前还有别的成型文字的可能，关于黄帝让仓颉造字的传说蕴含着这种可能。假如这个传说是史实的话，那么最初，在没有起码的雕刻工具的条件下，在天然的石板或树皮上书写比在甲骨上自然要方便得多，只是因为非雕刻性的文字及其载体难于保留，所以我们今天首先见到的只能是甲骨文了。这样的可能性是有的。可这需要证明。而单从出土的汉文帝时代的帛书，怎么就能证明它就是轩辕黄帝的亲作呢？

我能理解像台湾史学家王寒生老先生这样的，对中华先祖的仰慕追思之情，并深表敬意！可是情感与学术研究毕竟是两码事，而在学术研究中最应忌讳、克制的就是感情用事啊！仅仅根据汉初帛书《黄帝四经》就感慨"黄帝四经出土，如老祖再降人间，这是可幸的，凡是黄帝子孙们，全当雀跃鼓舞。"愚以为，这不过是感情用事所诱发的盲目乐观情绪的表现！

至于《黄帝四经》的成书年代，迄今有战国中期和汉初等说，但从文体看，倒与帛书《老子》相似，所以我以为其成书年代当与《老子》大约同时或稍后。

88.《淮南子》的性质及其所给予的昭示

刘安（公元前179～前122年）与董仲舒同庚，只是比董仲舒早去世十几年。而刘安所组织编撰的《淮南子》，与董仲舒的《春秋繁露》又大约同时问世。所以，通过两书的比较，有助于对关于《春秋繁露》所体现的“董学”性质等疑难问题的破解。

我认为，“董学”是为适应汉代一统国家的政治需要，从糅合“六艺之科”和“孔子之术”入手，而精心炮制的一种专门为政治统一作理论解释的学说。因此，它既非以往之“儒术”，也非其他以往某一学派之“术”（详见拙著《国学纵横》相关章节）。

现在让我们再来看看《淮南子》所体现的学说，到底属于什么性质罢！

因为《淮南子》又名《淮南鸿烈》，而作者除刘安外，还有其门客号称“八公”的苏非、伍被、左吴、李尚、毛被、田由、雷被、晋昌等人，所以我们不宜将其称之为“刘学”。

班固在《汉书·艺文志》中，将《淮南子》列为杂家学说之列，并载《淮南子》内二十一篇，外三十三篇；内篇论道，外篇杂说。但是流传至今的只有内篇，学界对其性质虽有争议，但认为其学说属于道家思想的意见则占据了主流。

我认为，由于外篇失传而迄未见到，因此，研究和争论整个《淮南子》的学说性质意义不大；即使单就今存的内二十一篇来说，这样的评判也存在误区。

秦始皇实行的文化专制特别是“焚书坑儒”，扼杀了百家争鸣的局面，诸子百家之学从此不复存在，“国学”蓬勃向前、向上的单纯流向不复存在，而大体分化为四股：一股丧失了先秦“国学”的纯洁性，而转向专门为统治者吹喇叭、抬轿子即所谓“君学”的方向发展；一股则试图离开政治，主要向着“自然”、“无为”、“养生”或探索天文、地理、水利等方向发展；一股则或为了追求“市场价值”，或为了媚上媚俗、玩世不恭而专门玩弄术数尤其占卜之术；一股则潜伏于地下，在艰难的条件下，继续进行着“国学”的研究和发展（详见拙著《国学纵横》相关章节）。

所以，对于汉代及其以后的学说，还非要用先秦的诸子百家之学来厘定其性质，实在是个历史性的错误。

在“董学”的性质问题上，人们正是由于犯了这样的错误，因而把“董学”定性为“儒术”，把董仲舒定为“儒家”觉得勉强，才又不得不不冠之于“新儒家”。在《淮南子》的学说定性问题上，人们依然犯了同样的错误：从《汉书·艺文志》的著作者班固把《淮南子》定性为杂家之作，到今天把《淮南子》定性为道家之作等等，所犯的都是这样的错误。

鉴于《淮南子》一书内容博奥深宏，融先秦历史、神话、传说、故事以及阴阳、五行、道、墨、法、儒、农、医、天文、地理等等百家之学和当时黄、老等思想于一炉，加以杂糅、炼造、敷衍、升华，使其成为继《吕氏春秋》之后，对以前学术文化的一次最大规模的汇集与熔铸，而其结构和行文则比《吕氏春秋》要严密、流畅得多，因而值得研究和欣赏之处颇多，需要在另外的专著中专门讨论才好。

我在此要指出的问题是：即便按班固将《淮南子》列为杂家，而其他人则大都将其归为道家（如梁启超、胡适等），还有的认为它“无中心思想”（如冯友兰等），或者算不上哪一家（如范文澜、侯外庐等），近来又有人提出《淮南子》“具有道家和儒家两个立场”（如陈静），那么，不管怎么说，《淮南子》肯定至少不属于“独尊”的“儒术”吧！而《淮南子》的主修者刘安，则与董仲舒生活在同一时代，《淮南子》又与《春秋繁露》大约同时问世，刘安又是在汉武帝即位的第二年即建元二年（前139年），将《淮南子》呈送汉武帝的。既然如此，那么，人们自然要问：要是按照人们所理解的，汉武帝在建元元年即前140年“采纳董仲舒‘罢黜百家，独尊儒术’之说”成立的话，那刘安怎么还敢于在次年主动将《淮南子》向汉武帝呈阅呢？况且刘安对皇位怀有觊觎之心，岂肯引火烧身？而要是说汉武帝在元光元年即公元前134年，采纳董仲舒“罢黜百家，独尊儒术”之说的话，那么有悖“独尊儒术”的《淮南子》的主修者和呈阅者刘安，也理应受到追究，而事实上，此后刘安依然与其数以千计的宾客，一如既往地谈论非“儒术”范围的诸如炼丹修道、羽化成仙、避祸求福、养生保身等等学说，甚至还对“儒学”多所讥讽。

所以，从《淮南子》的内容和性质，以及刘安主动向汉武帝呈阅看，也昭示所谓“汉武帝采纳董仲舒‘罢黜百家，独尊儒术’之说”，至少在刘安在世时，没有发生。

那么，在他死后是否会发生呢？刘安是在公元前122年因谋反罪名被迫自杀的，而在这时，董仲舒早就退居故里专心著述了，根本就不可能发生“汉武帝采纳董仲舒‘罢黜百家，独尊儒术’”之事。

“罢黜百家，独尊儒术”之类的话题之所以谬误，根本的原因就是因为依然用先秦原有的“百家学说”，来衡量和判断汉代以后的学说（详见拙著《国学纵横》相关章节）。

89.《白虎通义》是对“天人感应”神学目的论的伸展

汉代建朝伊始即废除秦代的书禁，广开献书之路，随后将《五艺》改称《五经》并设立《五经》博士，从而将原本不属于儒家经典的《诗》《书》《礼》《易》和《春秋》一厢情愿地称作“儒家经典”，并加以诠释，于是产生了所谓“经学”，并渐趋繁荣，成为汉代典章制度的重要依据及统治思想的重要来源。《春秋繁露》作为今文经学的代表作问世后不久，就遇到了新涌现的古文经学的挑战。文字和师承等方面的差别所引发的今、古文经学之争，既让学者无所适从，也不利于政治思想的统一。为此，汉宣帝甘露三年（公元前 51 年）在石渠阁召开会议，讨论《五经》之同异，分歧不决的由皇上出面作出裁决。由皇帝裁决学术分歧，自然是权力干预和判定真理的典型，所谓“权势真理”由此衍生并肇始。权势真理注定不可能解决问题。到东汉，一则古、今文经学争论和对立的延续、加剧，使得占主导地位的今文经学，急想利用皇权来压倒对方；二则自董仲舒的《春秋繁露》抛出一整套“天人感应”的神学目的论的体系后，使得用神学解释经学之风愈刮愈大，到西汉末年，作为封建神学和庸俗经学之混合物的谶纬迷信风行，并在皇权的支持下，迅速弥漫于学术文化领域。因此，出于维护和巩固封建专制统治的需要，为使谶纬迷信和传统“经典”更好地结合起来，使神学经学化，经学神学化，汉章帝于建初四年（公元 79 年），模仿石渠故事，在白虎观召开由廷臣、诸侯和著名博士等参加的会议，专题讨论《五经》同异，历时数月。会上，先由五官中郎将魏应（？ ~90 年）提出需要讨论的问题，后由淳于恭（？ ~80 年）将讨论结果上奏，凡有分歧的意见均由章帝作出裁决。班固在淳于恭奏议的基础上，将其中统一的意见和章帝裁决的结果编撰成书，即为《白虎通义》（又称《白虎通》《白虎通德论》）一书。

《白虎通义》融今文经学、古文经学与谶纬迷信于一体，企图建立统一的神学经学体系，并将其奉为永恒真理，让人们世代相习。从其实质看，《白虎通义》继承了《春秋繁露》“天人合一”、“天人感应”的神学目的论，并加以发挥，把自然秩序和封建社会秩序紧密结合起来，提出了完整的神学世界观；在“董学”的基础上，进一步用阴阳五行学说为皇权至上的中央专制集权制辩护；在“三纲五常”的基础上，进一步提出“六纪”（诸父，兄弟，族人，诸舅，师长，朋友），认为三纲五常六纪与自然法则相通，从而将君权、族权、夫权、神权，附会、贯通在一起，成为完整的束缚人民的四条精神枷锁。

通观《白虎通义》可以看出，它是董仲舒“天人感应”神学目的论或神秘主义的延伸和发展，是对“董学”产生以来的经学思潮所作的最权威的官方总结，是今文经学派的施政纲要。因为《白虎通义》广泛解释了一切政治制度和道德规范，且由皇帝钦定，因而具有法典的效用，所以它又是思想上层建筑与制度上层建筑的综合反映。其“君学”性质和特色较《春秋繁露》愈加鲜明。

由于《白虎通义》具有国家法典之效用，再加上大如“三纲五常”，小如婚丧嫁娶等日常生活都囊括其中，所以，其问世以来，在整个社会的上上下下，都产生了巨大而深远的影响。

尔后伴随佛教的传入、道教的创立，中国民间之所以涌现诸如“万物有灵”、“处处皆神”一类的“泛神论”，以及各种“成仙术”，并一直影响到今天，盖与《白虎通义》的传播有关。

通过《白虎通义》，我们可以看出《汉书》作者班固真实的学术思想。因此，通过《白虎通义》去破解关于围绕“罢黜百家，独尊儒术”等所产生的疑问，似乎更便利些！

（二）《论衡》

90.《论衡》所体现的“国学”方向

面对从《春秋繁露》到《白虎通义》等所散布的天人感应论、求仙问卜和谶纬迷信，及颓风陋俗等在社会泛滥成灾的情势，许多学者出来抵制、批判，其中生活在从汉光武帝建武三年到和帝永元八年（27～97年）的王充，便是其中的佼佼者。这体现在其巨著《论衡》一书中。

《论衡》的主旨是“解释世俗之疑，辨照是非之理”（《对作》），即“疾虚妄”、“归实诚”，是为了批判风靡当时的天有意志，“灾异”、“祥瑞”和谶纬迷信及求仙问卜等荒诞不经之说，揭露统治者宣扬“天人感应”和谶纬迷信的欺骗性，因而针对当时许多混淆视听、莫衷一是的学术问题，以及各种根本谈不上什么学术的虚妄之说，进行了针砭、批判，提出了一系列鞭辟入里、破旧立新的思想观点。

“疾虚妄”、“归实诚”的基本态度，使其很富有针对性和战斗性。它用物本主义反对神本主义，用天道自然论反对神学目的论，用无神论反对有神论。它认为天地万物都是元气分化而成，人与物皆是禀气而生，气聚则生，气散而亡；天道自然无为，没有意志和神灵，社会上流传的天人感应、灾异谴告和祥瑞预兆等等，都是无稽之谈；抨击了“人死为鬼，有知，能害人”之说，认为人死犹如火灭，精气散归于空间：“人，物也；物，亦物也。物死不为鬼，人死何故独能为鬼?”“人之所以生者，精气也，死而精气灭。能为精气者，血脉也。人死血脉竭，竭而精气灭，灭而形体朽，朽而成灰土，何能为鬼?”鬼魂是人精神错乱所引起的幻觉。它还批判了神仙方术、占卜时日等迷信。另外，它批判了“生而知之”的观点，认为圣人不能前知生知，“须任耳目以定情实”，并主张一切言论要用经验和效果来判定是否真实，实际上已经悟出“实践是检验真理的唯一标准”，只是没有加以提炼而已。

“疾虚妄”、“务实诚”，就是反对迷信，探疑求真。王充说：“故虚妄之语不黜，则华文不见息；华文放流，则实事不见用。”（《对作》）《论衡》对古往今来的一切虚妄不实之辞都竭力进行检查和批判，从经书到诸子，从圣贤之言到社会流俗，诸如天文、地理、政务、学术、伦理、风俗等等方面，几乎都涉及了，而且力求就事论理、具体分析。譬如，在对于孔子及其学说上，他对孔子的人格很尊崇，但对其学说却不迷信，《问孔》篇，就是针对孔子的某些在他看来是错误的观点而加以问驳的，而决非对孔子整个学说的否定，更不是像人们常说的那样是对孔子的辱骂。在《刺孟》篇中，其所抱的态度也是相同的。

通观《论衡》，在许多问题上都运用了辩证的、具体问题具体分析的论述方法。这不仅在那个谶纬迷信风靡社会的时代难能可贵，就是在套话、空话和假话等等风靡社会，尤其是官场的今天，也是难能可贵的。

王充用实证和说理的方法，建立自然元气论，宣传物本主义、天道自然和无神论，虽然带有素朴、机械和命定论等方面的缺陷，但这不过是人类认识和科学发展的历史局限性所使然，我们不能超越历史条件而苛求于他。他毕竟达到了他所处的当时历史条件下，人的认识所可能达到的最高限度，在中国物本主义和无神论史上卓然地树起一座丰碑。范文澜（1893～1969 年）指出，《论衡》“根据实在的事理系统地全面地将所有‘儒书’（主要是指谶纬）‘道家’（方士神仙术）的种种谬说以及日常生活中的各种迷信行为（阴阳五行家各派别的法术），一概予以驳斥”（《中国通史简编》第二编）。这评价是很恰当的。

《论衡》一书在“国学”发展史上具有崇高的地位。其所主张的物本主义和无神论对南北朝时期的范缜著《神灭论》，清代熊伯龙作《无何集》等，均产生了巨大影响。章太炎评价说：“作为《论衡》，趣以正虚妄，审向背，怀疑之论，分析百端，有所发摘，不避上圣。汉得一人焉足以振耻，至今亦鲜有能逮者。”（《检论·学变》）此话确矣！

《论衡》不但比《春秋繁露》和《白虎通义》等书文约义丰，而且针对它们所散播的“天人感应”的神本主义、谶纬迷信和有神论，以及各种非科学、反科学，乃至违背人类生活常识的歪理邪说，都进行了剖析和批判，还对以孔孟为代表的儒学中的错误观点，进行了有理有据的抨击。而这种批判和抨击对包括他在内的被誉为“汉世三杰”的其他二人（一位是对东汉前期各种社会弊端进了抨击，其议论恺切明理的《潜夫论》的作者王苻（85～162年），另一位是对东汉后期的社会百病进行了剖析，其见解危言峻发，《昌言》的作者仲长统（180年～220年），都给予了深刻的影响。

自《隋书·经籍志》以来，历代目录书都将王充的《论衡》列入无所宗师的“杂家”类。清末民初的刘师培（1884～1919年）又说王充是“南方墨者之支派”。进入20世纪70年代后，王充又被说成“反孔的急先锋”等，近年有人认为王充不仅是一位儒者，而且是一位博学的“奇儒”。我以为，所有这些评论，都犯了上面所提及的用老眼光（即先秦诸子之学的分派）看新（秦汉以后的）学说的错误。

王充一生仕途坎坷，官职卑微，“废退穷居”，却“淫读古书，甘闻异言”，精心励志，探疑求真，析辨真伪，厘定是非，发前人所未发，道世人所未道，自谓既“不类古人”，又“违诡于俗”。（《自纪》）真可谓苦心孤诣，匠心独具，见解独到，不同凡响。诚如《后汉书》编纂者范晔所说：“充好论说，始若诡异，终有理实”。

从其倾一生精力所著述的《论衡》看，其与《春秋繁露》和《白虎通义》所代表的专为君王服务的“君学”方向，截然相反，背道而驰。王充不愧为平民学者，其学说所体现的恰恰是“国学”发展的正确方向。尽管与“君学”相比，它被挤压、排斥着，但依然坚强地传承、发展着。

在整个汉代的四百多年间，王充堪称在“国学”发展史上卓有建树的一位佼佼者。

91. 王充何以能写出《论衡》

王充自称出身于“孤门细族”，少时即好学，青年时游学京师洛阳，曾师事班彪（3～54年），受其“训诂举大义，不为章句”学风的影响，因不满足于几部经书的繁读和解释，不久就辞别老师而自学、研读。因家贫无书，便常到洛阳书肆涉猎，强识默记，过目成诵，日积月累，逐渐通晓百家之言。后一度辗转为官，但都职位卑微，且没多久就罢归故里会稽上虞。“仕郡为功曹，以数谏争不合”而罢职后，便潜心治学，虽“贫无一亩庇身，贱无斗石之秩”，却以著述为乐。后承刺史董勤荐为治中，不久便辞职还家。同郡友人谢夷吾又上书荐举，称“充之天才，非学所加，虽前世孟轲、孙卿，近汉扬雄、刘向、司马迁不能过也”。（《后汉书》注引谢承《后汉书》）。肃宗下诏公车征召，因年迈有病而未成行，但仍抱病著述，不久病逝。其前后历时近三十载所著《论衡》八十五篇（今存八十四篇），约计二十万言，内容涉及天文、地理、历史、文学艺术诸领域。据《论衡·自纪篇》所述，另著有《讥俗》《节义》十二篇，《养性书》十六篇，《政务》《备乏》《禁酒》等，可惜均已失传。

王充之所以能写出《论衡》这样在当时堪称振聋发聩、不同凡响的巨著，固然与他自幼聪慧而萌发“巨人之志”，好学深思，博闻强记，年轻时就逐渐通晓众流百家之言有关；与他受班彪、班固父子“博而不俗”，“不为章句，举大义而已”和“言不为华，述而不作”的学风有关；更与他受到“质定世事，论难世疑”的伟大思想家桓谭（公元前 40 ~ 公元 32 年）的学风和思想的深刻影响有关。在王充心目中，桓谭论议之平实如陈平之分物，因而认为桓谭也具有当丞相的才干，可惜因当着皇帝的面指斥谶纬迷信，被贬死途中。王充将这位落拓之士称为“素丞相”，以配孔子“素王”之美誉，并将桓谭作《新论》与孔子作《春秋》相比美：“孔子不王，素王之业在于《春秋》；然则桓君山不相，素丞相之迹在于《新论》者也。”（《定贤》）又说“质定世事，论难世疑，桓君山莫上也。”（《案书》）评定世间事理，讨论世间疑难，没有一人比得上桓谭。王充对神学迷信、虚说妄论的指斥，显然深受桓谭之影响。而其《论衡》一书，其主旨“解释世俗之疑，辨照是非之理”（《对作》），也与桓谭《新论》主旨如出一辙。但王充之所以能写出《论衡》，我认为最主要的还是与他在 70 年的人生历程中，只有短暂的时间为官且职位低下（其《自纪篇》自叙其为官履历曰：“在县，位至掾功曹；在都尉府，位亦椽功曹；在太守，位列掾五官功曹行事；入州为从事。”东汉地方机构实行州、郡、县三级制，王充历仕三级，但都位不离“掾”（yuàn）。掾，是汉代各级机构中的属官。王充短暂的为官生涯从未逃脱为人下僚的命运），而较长时间在故里边教书、边著述有关。对他来说，教书主要是为了解决无米之炊，而著述则是其终生的旨趣和追求，因而虽“贫无一亩庇身，贱无斗石之秩”，却以著述为乐。他的“巨人之志”自然也包括出仕，“达则兼善天下”的志向，但博学多览和好学深思所铸就的学者气质，自然使他与仕途、官场所要求的气质难于合拍，尤其是他的“疾虚妄”、“归实诚”，更与中国官场自古生就的虚妄、圆滑、哼嗨、溜拍之风相抵牾。这正是他在仕途“巨志”难伸，坎坷“不达”的症结所在。他没有认识到搞学问与当官是根本不同的两码事：诚实用于治学，可谓舍此不可，而用于当官，则大可不必，甚至最为讳忌。因为当官最需要的是顺从，听话，往往较真不得。而他则一味抱着较真即“疾虚妄”、“归实诚”的本来适合于治学的态度出仕，与那些虚妄、圆滑、哼嗨、溜拍的官员们打交道，怎么能吃得开？怎么能不碰壁呢？然而正是由于在仕途、官场的失落，使他感触良多，多所体悟，加之长期生活于下层，尤其是生活在故里底层的老百姓中间，又挣扎在穷困潦倒的生活之中，真真切切体验到民间之疾苦、世态之炎凉，以及风靡于上层的高谈阔论与扎根于基层的真情实况之间的巨大反差。而博学又使他熟谙养生之道，命定论则使他安之若命，因而能做到“得官不欣，失位不恨。处逸乐而欲不放，居贫苦而志不倦”。这些都使他能够专心致志地探疑求真，将其“巨人之志”全部凝聚、倾注在治学和著述上，通过其前后耗费大半生精力所著就的《论衡》展现出来。“艰难困苦，玉汝于成。”王充在学术上的成就，正印证了这句话。

王充独树一帜的创新精神，与混浊的世道、尤其是与充满“天人感应”神秘主义和谶纬迷信及阿谀逢迎之风的官场格格不入，不肯同流合污的刚直秉性和叛逆态度，自然更受到执政者和惯于随波逐流的所谓正统儒生们（请注意：“儒生”非儒家学子，而是当时知识分子或学人、文化人的统称）的排斥和非难，以至使其著述被斥为“异端邪说”，使《论衡》在其谢世后百余年才得以广为传世。但王充刚直不阿的人品，不苟同、不随俗，尤其是“疾虚妄”、“归实诚”的文品，和探疑求真的治学精神，以及“得官不欣，失位不恨。处逸乐而欲不放，居贫苦而志不倦”的高尚志节，在中国历史上、尤其是在文化学者中，产生了深远影响，备受仁人志士的崇敬、爱戴。

一部学术文化史一再昭示：伴随时代的变迁和进步，凡在当世受到统治者称誉而显赫一时的学说，大多渐渐黯淡失色，而那些在当世不为统治者看好，尤其是遭到禁锢的学说，倒往往大多渐渐迸发出耀眼的光芒。

（三）佛教

92. 佛教到底何时传入中国

对于佛教为产生于“天竺”（或“身毒”，即古印度）的外来宗教，学界没有异议；有异议且迄今难于定论的是佛教到底何时传入中国的（最早传入西藏的藏传佛教，一般认为是在五世纪左右的拉脱脱聂赞时期，这里不论及）？对于这个问题主要有先秦说、秦朝说、汉武帝时说、西汉末说和东汉初说等等。

要弄清这个问题，需首先确定几个前提：第一，佛教开始外传的时间。佛教创立的时间约在公元前五六世纪，而开始外传的时间则大约在公元前三世纪，即天竺摩揭陀国孔雀王朝的阿育王将佛教定为国教的时期，故佛教最早传入中国不可能早于该时期；第二，佛教传入的渠道和载体。所谓渠道就是传入的路线，是直接从天竺传入，还是间接从其他国家、地区传入？所谓载体，指的是经过口传还是文字传？而不论渠道和载体都离不开人员的往来接触，离不开通晓异国之间语言、文字交流的译者；第三，准确而纯正的史料佐证。由于佛教传入后为了便于立足和传播，在与中国本土宗教和其他信仰相抗衡的过程中，编造、杜撰了许多说法和资料，所以在考证时宜尽量征引佛教刚传入时尚未掺杂编造、杜撰成分的史料。

根据这三个前提条件，我认为在所有说法中，当以汉武帝派张骞打通与西域交往的路线，即通常所说的“丝绸之路”后，佛教的传入才有可能。而根据中国古代学术文化从远古以来就积淀的、产生宗教的土壤和条件，以及当时世界各国的大体类似情形，尤其是西域各国在公元前三世纪后就已经有佛教的情况，在丝绸之路打通后，就当有佛教传入了。因为语言和文字上的障碍需要有个消除、相互了解和磨合的过程，所以佛教的传入，自然不可能一蹴而就，而要经历一个相当的过程。这不单是指时间，更主要的是指载体的过渡：先是语言即口头上的传播，尔后才是文字、经书上的传播。我认为这个过程就发生在汉武帝于建元二年（前 139 年）和元狩四年（前 119 年）两次派张骞出使西域，到汉哀帝元寿元年（公元前二年）开始口头传入，和汉明帝永平十年（公元 67 年）汉使梵僧用白马驮载佛经而归的这一个半世纪内。

史载在此之前的先秦时期中西文明的交流就已开始，也已得到各地考古发掘出土文物的充分证明，而我国先秦的《穆天子传》，和古希腊公元前五世纪的《历史》等文献，也对此有所记载。成书于战国时期的《穆天子传》，记载了春秋战国时期中原商队西行贸易的情况。经岑仲勉（1886～1961 年）先生所考订的大体路线是：自长安出发，过秦、汉之长水（漳水），历华亭西北、泾水正流、固原南部、武威以东地区、武威、张掖地区到达张掖河流域、居延附近，折向西行，进入新疆，至塔里木河流域，绕塔克拉玛干沙漠南缘，经于阗、叶尔羌，越葱岭，经塔什干，进入中亚西王母之邦，再北行到吉尔吉斯大草原，即为终点。由新疆，越葱岭到中亚的这一段路线，就是以后“丝绸之路”的南道。而古希腊史学家西罗多德所著《历史》，则记载了吉泰商人从顿河口一市场出发，绕里海、咸海之北，横过中亚，来到阿尔泰山地区，走的正是“丝绸之路”北道西段的路线。两者都说明在张骞通西域之前，就有了后来“丝绸之路”的南、北道。一则可能由于艰险或战乱等原因，这条古老的“丝绸之路”，未能达到畅通和繁华的程度；二则从年代上来说，因佛教到公元前三世纪才开始向外传播，所以，当时佛教传入中国的可能性很小。

而张骞所打开的丝绸之路的基本走向则是，它东面的起点是西汉的首都长安，或东汉的首都洛阳，经陇西或固原西行至金城（今兰州），然后通过河西走廊的武威、张掖、酒泉、敦煌四郡，出玉门关或阳关，穿过白龙堆到罗布泊地区的楼兰。汉代西域分南道北道，南北两道的分岔点就在楼兰。北道西行，经渠犁（今库尔勒）、龟兹（今库车）、姑墨（今阿克苏）至疏勒（今喀什）。南道自鄯善（今若羌），经且末、精绝（今民丰尼雅遗址）、于阗（今和田）、皮山、莎车至疏勒。从疏勒西行，越葱岭（今帕米尔）至大宛（今费尔干纳）。由此西行可至大夏（在今阿富汗）、粟特（在今乌兹别克斯坦）、安息（今伊朗），最远到达大秦（罗马帝国东部）的犁（又作黎轩，在埃及的亚历山大城）。另外一条道路是，从皮山西南行，越悬渡（今巴基斯坦达丽尔），经宾（今阿富汗喀布尔）、乌弋山离（今锡斯坦），西南行至条支（在今波斯湾头）。如果从宾往南行，至印度河口（今巴基斯坦的卡拉奇），转海路也可以到达波斯和罗马等地。这是自汉武帝时张骞两次出使西域以后，所形成的丝绸之路的基本干道。通常所说的“丝绸之路”指的就是这条道路。在以前的文献中，对这条道路的行经地点和具体路线，都是语焉不详，地理概念也相当模糊。直到张骞打通西域后，路线和相关地理知识才明确。由于汉帝国在西域地区采取了各种有力措施，与西域各国建立起友好关系，使这条横贯亚洲的通道得以发展，从而出现了中西交通往来的空前畅通和繁荣。

由于张骞两次出使西域并没有佛教交流方面的记载，所以我们还不能确定当时佛教传入的事实，而只能认为有这样的可能（因为当时佛教已经外传），或至少为佛教的传入创造了条件。至于所谓“东方朔答汉武帝的劫烧说”，称汉武帝时开掘云南昆明池发现池底“黑灰”，汉武帝因不知为何物就问博学的东方朔，东方朔不知道，让汉武帝问西域人。当天竺高僧竺法兰来中国时，解释说：“世界终尽，劫火洞烧，此灰是也”。汉武帝时既然已有天竺高僧竺法兰来华，佛教也当随之传入。但因为此事始载于晋代宋炳的《明佛论》，尚未发现汉武帝时的其他相关佐证，所以不敢确认其真实性。蒋维乔（1873～1958年）在其所著《中国佛教史》中认为，“我国知有佛教，应在武帝通西域后”。至于具体时间，则持西汉末传入说的不少，其根据主要是：第一，公元前三世纪天竺即古印度摩揭陀国孔雀王朝的阿育王时期，佛教逐渐传播到古印度的西北地区、大夏、安息，并沿着丝绸之路向西域各国流传。据《大唐西域记》《洛阳伽蓝记》《魏书·西域传》记载，西汉末年佛教又从西域各国传到了我国于阗、龟兹、疏勒、莎车、高昌等地区；第二，史称“昔汉哀帝元寿元年（公元前2年），博士弟子景卢受大月氏使伊存口授浮屠经”（《三国志·魏志·东夷传》注引）。大月氏是西域佛教盛行之地，口授佛经又是佛教的传统做法和我国早期翻译佛经的通行办法，因此大多数学者认为这是佛教传入我国内地的可信记载。就是说，佛教的口头传入不晚于汉哀帝元寿元年（公元前2年）。

另外，也有学者认为西汉末年伊存向景卢口授经虽然是确实的，但这只是佛教开始传入我国的正式记录，因未受到朝廷重视，并未得到传播，所以当时还没有宗教性的活动。直至汉明帝永平八年（公元65年）佛教才开始在贵族阶层传播。当时“出现了中国历史上第一个信奉佛教的皇家贵族刘英”（郭朋：《汉魏晋南北朝佛教》）。“英晚节更喜黄老，学为浮屠，斋戒祭祀”，因此汉明帝给刘英诏书称：“楚王诵黄老之微言，尚浮屠之仁祠，斋三月，与神为誓。”（《后汉书·楚王英传》）。有的学者认为把佛教视为“仁祠”，正反映了当时人们对它的态度，而汉明帝颁诏刘英则正是朝廷正式承认佛教地位的明确记载，因此方立天等学者认为“佛教传入中国应为两汉之际”（《中国佛教与传统文化》）。但是，我们必须注意：楚王英和汉明帝都是把“喜诵黄老”与“学为浮屠”，同“斋戒祭祀”、“与神为誓”联系在一起的。说明在楚王刘英和汉明帝那里，“浮屠”与“黄老”、学佛与崇尚神仙、方术并未分开，联系当时把佛教徒也称为“道人”，而并无“和尚”、“僧人”的称谓，反映了佛教刚传入中国时人们对它认识的模糊，或者当时人们对佛教的“中国式”理解。对此，汤用彤先生（1893～1964年）在《汉魏两晋南北朝佛教史》中指出："明帝诏书中称'仁祠'，言'与神为誓'，可证佛教当时只为祠祀之一种。楚王英交通方士，造作图谶，则佛教祠祀亦仅为方术之一。盖在当时国中人士，对于释教无甚深之了解，而羼以神仙道术之言。教旨在精灵不灭，斋谶则法祠祀。浮屠、方士，本为一气。"这也是民间将佛教信徒等同于方士，而称之为"道人"的主要原因。

至于东汉初说，则主要依据关于佛教传入中国的一些故事。其中当以汉明帝感梦求法说最为著名。故事是说，在永平十年（公元67年）汉明帝夜寝南宫，梦见金人身长丈六，飞绕殿庭，顶佩白光。翌日晨，汉明帝询问众位大臣，博士傅毅奏道：西方有神，其名曰佛，正如陛下所梦。明帝听罢，信以为真。于是便派遣蔡愔、秦景、王遵等十多人出使天竺、拜取佛法。行至大月氏国，正好遇到在当地传教的天竺高僧摄摩腾、竺法兰。永平十年他们跟梵僧一起用白马驮载佛经、佛像，回到洛阳。汉明帝礼请二位高僧暂时下榻于鸿胪寺（负责外交事务的官署），并进行翻译工作。翌年，又敕命于洛阳城西修建僧院白马寺，将经书移藏于此（《理惑论》《冥祥记》《后汉记》《高僧传》《洛阳伽蓝记》《魏书》）。此说流传既久且广，唐朝韩愈在上唐宪宗的《论佛骨表》中也说，"佛者，……自后汉时流入中国……汉明帝时始有佛法"。此说虽近荒唐，但我认为，即使汉明帝感梦求法确有此事，但从人做梦的一般因由"日有所思，夜有所梦"看，也昭示此前明帝已经接触佛了，况且从明帝此前已经与"学为浮屠斋戒祭祀"的刘英接触并下诏书褒奖，以及博士傅毅解梦的奏言"西方有神，其名曰佛"看，都昭示此前人们已经知道佛了。因为永平十年汉使梵僧用白马驮载佛经、佛像回到洛阳，并在翌年于洛阳城西修建白马寺，确属史实。所以，汉明帝感梦求法的故事不过是将明帝派使者"出使天竺、拜取佛法"的史实加以敷衍，使其更富有佛教色彩。

一般所认为的佛教在汉明帝永平十年（公元67年）传入中国，就是按佛经传入的时间来说的。实际上，佛教的传入从口头到文字，经历了一个过程。而从现有的文献看，这个过程从汉哀帝元寿元年（公元前2年）到汉明帝永平十年（公元67年）约四十年。尔后历经三国两晋南北朝四、五百年的发展，到隋唐遂产生了天台、华严、唯识、禅宗、净土、密宗等具有中国特色的许多派别，对于中国学术文化和民风民俗产生了重大影响。

93. 佛教何以能在中国立足和发展

佛教之所以能在中国立足并发展起来，是因为在中国有其立足和发展的土壤和条件。对此，可以简括为：第一，在中国传统学术文化中存在与佛教教义相契合的内容或成分。诸如先秦就久已存在，并不断传承和扩大着的天命观念、鬼神观念，尤其是汉初以来天人感应的神学目的论，灾异祥瑞之说和谶纬迷信，以及大量的充满神秘色彩的术数、占卜，和祈求养生延命乃至长生不老的求仙术等等，都很容易与佛教中的因果报应、生死轮回等学说相契合，而被佛教利用、改造；第二，佛教教义中关于因果报应和戒律修行的一套说教，正好迎合了中国统治者维护和加强统治地位的需要；第三，佛教教义中关于人人可以“成佛”到“极乐世界”的描绘，为广大备受各种苦难折磨的中国普通民众，带来了“福音”，因而迎合了人民大众祈求解脱、追求幸福的需要和愿望。

“衣食住行不用管，只求暗中保平安!”反映了中国最广大的老百姓对烧香拜佛的认识。明明知道“佛爷”连最起码的衣食住行问题也解决不了，仍依然烧香拜佛，不过是求得精神的寄托或解脱罢了。

当然，佛教在中国其立足和发展的过程也就是中国化的过程。

94. 怎样看待佛教的中国化

有道是“橘生淮南则为橘，生于淮北则为枳。叶徒相似，其实味不同。所以然者何？水土异也。”佛教来到中国也是如此，因为中国的“水土”有其特殊性，因而佛教在中国立足和发展的过程，也就是中国化的过程。

这种过程不仅表现为佛教教义即佛学同中国学术文化的衔接、契合，而且表现为佛教教义和教规等，同中国社会现实的切入、契合。前者主要体现在佛学同中国各种学说的衔接、通融上，关于这方面的问题，历代学者比较关注，已经作了比较深入的研究，并出版了大量的论著；而后者则主要体现为佛教教义与统治者的相关政策，尤其是同广大民众的生活方式、民族心理、民风民俗等的实际结合上。相比较而言，学者们对后者往往关注不够，而这恰恰是佛教中国化过程中最主要的问题。

之所以这样说，是因为两千年来的历史告诉我们，直到中华人民共和国成立前夕，中国最普通的广大老百姓，依然绝大多数是文盲，而且生活贫困，几乎一生都只是为衣食等最基本的生存条件而劳作、奔波，而且沿着历史的长河越往上游走，这种情况就越发严重。所以，一个外来宗教要在中国立足和发展，要是离开了中国最广大的普通老百姓的认可，那是根本不可能的。而对于文盲占绝大多数的中国普通百姓来说，别说高深的理论，浩繁的经卷他们不会看，就是会看，他们也没工夫和心思去看。所以，佛教要在他们中间立足和发展，就只有结合他们的实际删繁就简，而且越简便越好。这就是为什么佛教在中国汉族民众当中，经过诸多流派的演变和发展，而最后“不立文字、教外别传、直指人心、见性成佛”的禅宗占主流，才得以最终在中国立足并广泛发展的缘由；这就是为什么即使禅宗在民间立足和发展，还要被民族化、民俗化、通俗化，一再简便，并与各地的风土人情，乃至个人的实际情况等相结合，以至缺乏统一的严格规范的缘由。就拿简单的祈祷方式而言，不但各地区、各行业、各阶层的人们之间有差别，就是男女、老幼、文盲和非文盲，以及不同气质、性格和心理的人们之间也都有差别。而且这些差别贯穿于人们日常生活的衣食住行当中。所以，在中国，不但严格意义上的佛教徒在许多人群中难于辨认，就是在确为佛教徒的人群中，其信仰的方式、方法也是千差万别的。因此，我认为，任何外来的文化，即使包括宗教这样本来具有自己固有的教义和教规的东西，一传到中国，也要么漂浮流失，要么渐渐地融化其中。

所以，佛教中国化的过程，也就是它被改造、更新和融化的过程。这当中既经历了迂回曲折，也充满了升降沉浮。这种迂回曲折和升降沉浮，固然与整个社会的治乱交替有关，但更主要地则与统治者的好恶及权力杠杆的撑、压有关。由于两千年来中国政权的专制集权性质，佛教、佛学自然也同中国学术文化整体的命运一样，伴随统治者的好恶、支持与疏远乃至打击而升降沉浮。在其过程中，权力杠杆的决定作用十分突出。除此之外，它在民间老百姓当中得到的认可和反响的程度如何，也是相当重要的因素。

如果说汉明帝对佛教的认识，还比较幼稚甚至带有好奇心而随意提倡的话，那么到晋代的统治者则有主见多了。晋成帝曾因大臣庾亮认为佛教“殊俗参治，怪诞杂化”，而发布诏旨限制佛教。但当大臣何充称“有佛无佛，固是非臣等所能定也。然寻其遗文，钻其要旨，五戒之禁，实助王化！贱昭昭之名行，贵溟溟之潜操，行德在于忘身，抱一心之清妙……弊无妖妄，神道经久，未有其比也。”（石峻主编：《中国佛教思想资料选编》第一卷，中华书局1981年版）成帝体会到佛教有助于禁断百姓的欲念，使百姓忘却自身，因而便于从思想上控制人民，有利于专制统治时，便又积极提倡佛教了。东晋和南朝的大部分皇帝，都是提倡佛教的，到梁武帝萧衍（464～549年）时达了顶峰。萧衍总结了政局动荡的原因后，说“建国君民，立教为首”，于是一面大力提倡“新儒学”以维护纲纪，一面又著书立说，宣扬佛学。据《梁书·本纪》记载，萧衍“笃信佛教，制《涅槃》《大品》《三慧》诸经，累数百卷，所览余闲，即于重云殿及同泰寺讲学，名僧硕学，四部听众，常万余人。”萧衍主持编修了五千多卷译注经，还三次舍身同泰寺，每次都由群臣用重金赎回。他的一次赎身，就达一亿钱。佛教空前兴盛，而国家财政却陷入“天府为之倾”的境地。

佛教的兴盛和寺院经济的强大，不仅削弱了国家控制的人口和土地，使得国库财富空虚，而且其“怪诞杂化”便于被聚众造反所利用的功能，也往往使统治者顾忌。面对越来越凸显的经济政治危机，统治者不得不多次禁断佛教，限制其无限制的发展，其中尤以北魏太武帝、北周武帝和周世宗三次禁断佛教的规模为最。

北魏太武帝本崇信道教，严厉灭佛。“后魏时，太武帝四征长安，以沙门多违佛律，群聚秽乱，乃诏有司，尽坑杀之，焚破佛像，长安僧徒，一时殊灭。自余征镇，豫闻诏书，匿之得免者十一二。”（《隋书·卷三十五·经籍志》）佛教遭受重创，但太武帝之子袭位后，佛教势力不但被恢复，而且迅速膨胀，以后北魏诸帝都信佛。后经战乱，到东魏和西魏时，佛教势力虽几度遭受打击，但动乱则从另一方面又为佛教的扩张创作了条件，尤其在遭受战乱之痛最严重的民间，越发传播。北周武帝再次禁断佛教，据说曾使三百万人还俗。但隋文帝杨坚则一称帝就“普诏天下，任听出家，仍令计口出钱，营造经像，而京师及并州、洛州等大都邑，并官写一切经，置于寺内，而又别写，藏于秘阁。天下之人，从风而靡，民间佛经，多于六经百十倍。”（《隋书·卷三十五·经籍志》）佛教于是获得进一步发展。

唐承隋，佛教实际上成为统治阶级制造理论根据的重要工具。唐太宗称“佛道玄妙，圣迹可师”。（《唐会要·卷四十七·议释教上》）太宗步迎玄奘，武后与神秀同辇等等举动，使僧侣从此开始享受殊礼，即使当时的“鸿儒”也仰不可及。

唐武宗迷信道教，在宫中筑九天坛亲受道士赵归真符箓，并在道士刘云靖等人的鼓动下，下诏以“朕闻三代以前，未尝言佛，汉魏之后，佛教寖兴。是由季时，传此异俗”（《旧唐书·卷十八·武宗纪》）为由禁断佛教，僧尼还俗者超过26万，寺院田地数千万顷被收回。但到唐中叶以后，社会动荡不安，佛教重新获得发展，尤其是禅宗因其废除了佛教其他各宗的烦琐教义和修行仪式，通俗简易，流行日广，影响波及宋明理学。

佛教虽历经统治者大规模的禁断而始终未绝，尤其在民间日渐传播，究竟为何？盖与佛教反映了苦难群众的善良愿望，为他们在濒临绝望的境地中提供了一线希望有关。宗教作为特殊的精神鸦片，具有特殊的麻醉作用，不仅能满足统治者的需要，而且能满足被统治者的需要。

佛教自两汉之交传入，历经三国两晋南北朝四五百年间，佛经的翻译与研究日渐发达，到隋唐遂产生了天台、华严、唯识、净土、密宗和禅宗等具有中国特色的许多宗派，标志着佛教中国化的基本完成。佛教及佛学成为影响“国学”发展的主要因素之一。

（四）道教

95. 道教产生的缘由

道教是在佛教传入并在民间扎根的诱发下，中国自身学术文化发展的必然结果。道教在东汉产生看似偶然，但在偶然性背后潜存着必然性的深厚根源。

常常见到有人说，中华民族的文化缺乏宗教形成的土壤和条件。此话差矣！

中华民族的文化，其实同任何国家、民族文化的发展一样，在科学未萌、人的认识水平低下的蒙昧时代，就培植了宗教赖以产生的土壤和条件。

从自发的原始宗教到人为宗教，从对自然的崇拜到对自身的崇拜，从对祖先（死人）的崇拜到对时人（活人）的崇拜，可以说是每个国家、民族文化所历经的必然过程。

由于中华民族文化发展的久远和绵延不断，及长期以来形成的习惯于用自然界或现成的事物来说明事物，让事物服务于自身生活这一特点，使得中华民族文化所具有的宗教产生的土壤和条件，往往比一般国家和民族还要深厚。只要联系迄今所见，人们日常生活中比比皆是的带有宗教色彩的现象，就可以明了了。

道教作为中国土生土长的宗教，既具有世界宗教所必备的一般宗教特征，又具有不同于三大世界宗教的民族文化特点。它在远古原始的自然宗教基础上发展而来，具有较强的巫术文化色彩。

道教是在中国古代原始宗教信仰的基础上发展起来的一种宗教，具有民族思想和信仰的特征。它的信仰根源一方面来自中国古代社会的原始宗教意识，或者说早期人类对自然现象虚幻的错误反映，认为万物有灵及灵魂不灭的观念；另一方面则是先民的图腾崇拜和祖先崇拜；其次是神话和传说中对鬼神的祭祀。

追本穷源，从原始的简单的巫祝活动，到夏商周时代的巫祝、祈祷和鬼神祭祀，再到战国秦汉时代的方士采药、炼丹求仙，逐渐培植了道教产生的土壤和条件。到汉代，从汉初崇尚“黄老之学”的“黄老道”，到东汉以

“太平经”为教本的“太平道”，再到以《道德经》为主要版本的“五斗米道”（也称“正一道”、“天师道”、“正一盟威之道”等），大致体现了道教产生的过程。当然，太平道作为道教的早期派别之一，酝酿时间虽早，如从宫崇、襄楷上《太平青领书》即《太平经》算起，则肇始于东汉顺帝时（公元126～144年），但当时尚未形成教团。直到东汉建宁、熹平（公元168～178年）间，巨鹿（今河北宁晋）人张角（？～184年）为组织黄巾起义，才始创“太平道”，这已在张道陵（34～156年）创“五斗米道”之后了。对此，史书记载参差不一。《后汉书》仅称张角“奉事黄老道”，“以善道教化天下”，并无“太平道”一词。而在《三国志·张鲁传》注引魏郎中鱼豢所撰《典略》中，才始有“光和中，东方有张角，……角为太平道”等语。据考证，太平道之名源于《太平经》：“太平道，其文约，其国富，天之命，身之宝。”“急教帝王，令行太平之道”。《三国志·孙坚传》载：张角“以善道教化天下，而潜相连结，自称黄天泰平。”表明“太平道”又是张角“潜相连结”起义时的自称。比较《后汉书》与《三国志》的记载，当以后者更为准确。

张道陵原名张陵，传为张良八世孙。张良功成以辟谷而终，已经带有修道之意味，其子孙受其影响也很自然。张陵早年博览群书，并曾为官。后在汉代时兴的“黄老道”、“太平道”的影响下，辞官隐居，先后在江西省龙虎山、四川省鹤鸣山和青城山等地修道。于顺帝汉安元年（142年）得受“正一法文”和“正一盟威秘箓”，遂以《道德经》为主要经典，在各处名山遍设“二十四治”（教区），订立道规，自称“天师”，并改名为“道陵”，广收门徒，创立“五斗米教”（“天师教”），形成道教中的第一个教派。但张道陵在世时，道教还没有严格意义上的宗教崇拜对象，也没有完备的信仰系统。

道教的基本信条包括对“道”的信仰，对神仙的信仰；相信有神仙世界的存在，相信人可以通过修炼最终达到“与道合一”、“得道成仙”等等。至于当年信仰和活动的更具体方式，则因与各地的民俗等相结合，更为花样繁多。

96. 老子何以被道教神化

在中国，由历史人物而演变成的“神明”，最为显著者当属老子了。

到战国时期，老子就开始被神秘化，只是还没有被尊奉为“神仙”。老子被神化始于汉代，而且经历了一个过程。

汉初统治者实行“轻徭薄赋”、“与民休息”的政策，比较推崇黄老的南面之术，于是“黄老之学”风行，各种流派多乐称黄老之言。譬如方士、神仙家们就迎合当时的社会潮流，加紧与“黄老之学”契合，一方面搜肠刮肚地吸取“黄老之学”中与神仙说相近的理论，另一方面则从神仙信仰出发去解释、修改、撰发道家的相关理论，使其染上宗教色彩，为己所用。于是形成了西汉时期的“黄老道”。如汉文帝时的鲁人公孙臣、赵人新垣平，汉武帝时的李少君、少翁、栾大、公孙卿等。而《淮南子》和《列仙传》的主编者刘安，则是介于道家与道教之间的过渡性人物。汉武帝一度崇信鬼神、喜好方术，使得方士炼丹求仙之风甚嚣尘上，方士们也显贵一时。他们先是向汉武帝鼓吹黄帝飞升成仙的故事，以诱惑汉武帝模仿黄帝求仙。如公孙卿就假申公之名对武帝说：“黄帝且战且学仙，患百姓非其道，乃断斩非鬼神者。百馀岁然后得与神通”。汉武帝被迷惑得神魂颠倒，说：“嗟乎！诚得如黄帝，吾视去妻子如脱屣耳”。可是，积年累月地修炼和祈盼，吞丹无效，仙境未达，眼睁睁地一年年见老的事实，戳穿了方士们的骗术谎言。老态龙钟的汉武帝才醒悟地对群臣叹道：“向时愚惑。天下岂有仙人？尽妖妄耳！节食服药，差可少病而已”。方士们所鼓吹的黄帝求仙之术，因之受挫，黄帝的声誉也因之下降，促使方士们改弦更张，又别出心裁地说黄帝只是“人”修仙而登“天”，老子才是先天地而存在的道君的降世化身，于是把老子推上了至尊地位，并为了制造相应的舆论，更加紧与道家学派以及其他相关的思想流派结合，到东汉明帝时，伴随这种结合的基本完成，老子也终于被神化了。

早在汉成帝时，甘忠可（？~前22年）就作《包元太平经》，托言真人赤精子下凡授道。到汉顺帝时，宫崇所献《太平青领书》即通称的《太平经》，则托言系“后圣李君”所授。所谓“后圣李君”者，即指道家学派的创始者老子。这两种提法，有所不同。说明汉成帝时的黄老道尊奉黄帝及黄帝之师赤精子为神仙，而东汉时的太平道，则已只是推祖老子，把老子捧上了天神的宝座。

考诸史籍，《史记》《汉书》中虽已把老子描绘为神秘人物，但老子毕竟还是人而非神，而且《汉书·艺文志》只把有关《老子》的著作列入道家，而未列入神仙家。足见在当时道家与神仙家尚未混同。可是到东汉班固以后，老子便逐渐被神化，与“浮屠”并受祭祀。《后汉书·楚王英传》载：“英晚节更喜黄老，学为浮屠（佛陀），斋戒祭祀 ”；明帝永平八年（公元65年）下诏，有“楚王诵黄老之微言，尚浮屠之仁祠，洁斋三月，与神为誓”等语，此时所谓黄老与西汉初期的黄老性质大不相同，前者专属于政治哲学，后者已近于宗教信仰，前后相距不过百余年。再过八十余年，到了东汉桓帝时代

（公元 147～167 年），老子地位被抬得更高。《后汉书·桓帝纪》：延熹八年（公元 165 年），两番派人“之（往）苦县祠（祠是祭祀之义）老子”；次年又“祠黄老于濯龙宫”；纪论又引前史云：桓帝“设华盖以祠浮图（佛陀）老子”。《后汉书·祭祀志》：“桓帝即位十八年，好神仙事，延熹八年初，使中常侍（中常侍即宦官）之（往）陈国苦县祠老子，九年，亲祠老子于濯龙。文罽为坛，饰淳金钔器，设华盖之坐，用郊天乐也”。这样老子便变成了道教的天神，道家与道教也就因老子的被神化，而逐渐在社会一般人的心目中被混淆起来。

老子之所以被道家神化，就其自身而言，绝非偶然，而是有着深厚的根源。

前文谈及老子时曾指出，鉴于迄今所见传世文献《道德经》并非原本、完本，而《道德经》之原本、完本迄未发现，所以对老子其人其书其学还不宜作全面的评价。但道教的产生，显然与传世文献关于老子其人其书其学的记载有关。所以，我们仍可根据传世文献来探究老子被道教神化的根由。

张道陵模仿佛教创立道教，需要像佛教那样，选择一个偶像。他之所以选中老子来作偶像，其原因主要有四：一是老子本人有被道教加以偶像化的资格。张道陵创教，本意旨在与佛教和儒家学说相抗衡。崇拜鬼神，以鬼神作偶像，是原始宗教的特征。儒家只重人事，不重鬼神，而佛教则更藐视鬼神，两者却又都不否认鬼神的存在。张道陵认为道教也不应相信鬼神，但要首先降伏鬼神，并进而役使鬼神。所以，张道陵就从现有的先前人物及其学说中加以物色、遴选，最终选中了老子。老子不信鬼神，却又承认鬼神之存在，这正合乎张道陵的要求。根据当时社会的情况，除老子而外，他实在找不出第二位有资格能够和儒家的创始人孔子、佛教的佛陀相抗衡。于是他就将老子神化为“太上老君”，声称他的道法是老君所传授，奉老子为教祖；二是传世文献老子《道德经》关于“道”的说法，有被利用的资源。“有物混成，先天地生。寂兮寥兮，独立而不改，周行而不殆，可以为天地母。吾不知其名，字之曰道，强为之名曰大。大曰逝，逝曰远，远曰反。故道大，天大，地大，王亦大。域中有四大，而王居其一焉。人法地，地法天，天法道，道法自然。”这种带有本根而神秘性的“道”，在《庄子·大宗师》中，进一步被解释为“有情有信，无为无形；可传而不可受，可得而不可见；自本自根，未有天地，自古以固存；神鬼神帝，生天生地；在太极之先而不为高，在六极之下而不为深，先天地生而不为久，长于上古而不为老。”并谓“黄帝得之，以登云天；颛顼得之，以处玄宫；禺强得之，立乎北极；西王母得之，坐乎少广，莫知其始，莫知其终；彭祖得之，上及有虞，下及五伯”。这种以“道”为万古常存，得“道”以后便可以长生久视、成为神仙的思想，正是道教创始者求之不得的，于是加以利用。道教的基本信仰也是“道”，它从宗教的角度把“道”说成是“神异之物，灵而有信”（司马承祯（647～735年）:《坐忘论〔M〕. 道藏》第22册〔Z〕. 三家本 . 896.），“为一切之祖首，万物之父母”（《妙门由起序〔A〕道藏》第24册〔Z〕. 三家本. 721.），并与神秘化了的元气学说结合起来，认为“道”是“虚无之系，造化之根，神明之本，天地之源。其大无外，其微无内”，无形无名，有清有浊，有动有静，“万象以之生，五音以之成”（吴筠:《玄纲论上篇·道德章第一〔A〕道藏》第23册〔Z〕三家本 . 674，674）宇宙、阴阳、万物都是由它化生的；三是《道德经》中的某些观点，尤其是关于养生延命的观点，有被利用和进一步敷衍的资源。譬如传世本《道德经》第五十章云：“盖闻善摄生者，陵行不遇兕虎，入军不被甲兵；兕无所投其角，虎无所措其爪，兵无所容其刃。夫何故？以其无死地。”善于摄生者，可以做到在山地行走不避犀牛和老虎，冲锋陷阵也无需携带铠甲和兵器。对他来说，犀牛的尖角，老虎的利爪，兵器的锋刃，都不起作用。这是什么缘故呢？因为他修得没有死亡的境地。很明显，这种修炼到不怕猛兽和利器的，带有神秘色彩的摄生理论，便于为道教利用和发挥成羽化成仙之说。六十七章又载：“我恒有三葆，持而保之。一曰慈，二曰俭，三曰不敢为天下先。慈故能勇；俭故能广；不敢为天下先，故能成器长。今舍其慈且勇；舍其俭且广；舍其后且先，则必死矣！夫慈，以战则胜，以守则固。天将救之，以慈卫之。”这里所讲的“道”的三条基本原则，都可以为道家所用，特别是“天将救之，以慈卫之”，苍天要树立谁，就用慈爱来护卫谁，这观点更便于为道教利用和发挥。另外，在道家的其他代表人物的著作如《庄子》《列子》中，能被道教利用的材料就更多，比如在《庄子》的《逍遥游》等篇中，列子就被描绘成“御风而行”的神仙似的人物；四是老子的身份尤其是关于他的长寿之说，更具有被利用和神化的资源。由于《史记》对老子其人及身世没有定论，留下很多疑问。且《史记》《汉书》虽认为老子是人而非神，东汉班固《汉书·艺文志》也只是把有关《老子》的著作列入道家，而并未列入神仙家。但在司马迁和班固笔下，老子毕竟已经带有扑朔迷离的神秘色彩，而关于老子出生的传说又很多，如有的传说他在天地还没有分开时就出生了，也就是把他看成是世界的创造者；有的说他是人间一个姓尹的女子受到太阳的感应而怀孕生下的；还有的说他是由圣母在一棵李子树旁吃了一个李子而受孕，怀胎81

年后才出生，所以姓李。所有的传说都认为老子一出生就满头白发，故而被称为“老子”（面老之意）。至于他的寿命之长，更是说法甚多，充满神奇：从百岁、几百岁到上千岁，乃至长生不死的说法都有，这自然很便利为道教的修炼得道和羽化成仙说，提供根据。

道教的创始者正是基于上述根由，将各种史载和传闻加以汇总，并根据自己的需要综合、创造、敷衍、杜撰、臆断，将老子神化成“太上老君”的。

97. 不能把“道教”与“道家”混为一谈

道教是利用道家的某些观点，按照自己的需要加以综汇、揆发、杜撰、臆造，并将道家的创始人老子和主要代表人物庄子等加以神化，而创立自己的教派的。

从道教的学说渊源而言，道家与道教之间确实具有联系，但必须清楚：这种联系完全是道教所为，是道教的一厢情愿，而就道家自身和老子本人而言，根本就不存在这样的意向。“我播下的是龙种，而收获的却是跳蚤!”道家之于道教，正应了这句话。

但是，自从道教产生后，人们对道教和道家之间的区别就似乎重视不够，乃至渐渐忽视了。所谓“儒释道”三者并提的说法，就说明了这一事实。

“儒释道”中的所谓“道”，就存在着对道家与道教、道家学说与道教教义含糊不清、模棱两可的认识。譬如“道家”，本来系指以老、庄为代表的学派，可人们却往往也把道教人士即道士，尤其是比较有名的道士称作“道家”；而当谈论以老、庄为代表的道家学说时，却又往往把它们与道教教义相混淆。如被列为“唐宋八大家”之首的韩愈，在其《原道》中，就将“佛、老”并提，由此衍生出“释、老”并提。连韩愈这样被誉为“精通六经百家之说”的人物，尚且如此概念不清地混用，至于在其他人那里，就更不待言了。

若问道教和道家在中国学术文化即“国学”发展过程中的地位和意义到底如何？两者却一样重要，而且就其影响来说，道教远比道家广泛而深远。

98. 正确认识道教在“国学”发展史上的地位

从思想渊源和理论体系而言，道教可以说是中国学术文化思想的集大成者。这集中表现在它对中国传统学术文化中诸如先秦道家之老庄、阴阳五行、墨家等学说，及古代鬼神思想，汉代“黄老之学”、堕为“君学”的“新儒学”之伦理纲常说、谶纬之学、巫术和神仙方术等等的吸纳和揆发、创造上。

从道教的宗教建构来说，它可以说是整个中国君主专制社会的投影。诸如君王至尊，等级结构，尊卑位序等等，都完整、鲜明、形象地展现出来。

正因如此，道教对中国近两千年来社会生活的各个领域，包括中国学术文化、科学技术、经济政治、道德伦理、民族心理、民族性格、民族信仰、民族风俗和习惯等等，都产生了巨大影响。道教所构建、描绘、展现的天国等级森严的制度和秩序，正是对尘世社会的形象化写照。

99. 如何理解鲁迅名言“中国根柢全在道教”

1918 年 5 月 15 日，鲁迅首用“鲁迅”笔名发表小说《狂人日记》。许寿裳读后觉得“很像周豫才的手笔”，于是写信询问。鲁迅于 8 月 20 日回信说：“《狂人日记》实为拙作，又有白话诗署‘唐俟’者，亦仆所为。前曾言中国根柢全在道教，此说近颇广行。以此读史，有许多问题可以迎刃而解。后以偶阅《通鉴》，乃悟中国人尚是食人民族，因成此篇。此种发见，关系亦甚大，而知者尚寥寥也。”这段文字不仅回答了许寿裳关于署名的疑问，还指出“以此读史，有许多问题可以迎刃而解。后以偶阅《通鉴》，乃悟中国人尚是食人民族”，因此才写成《狂人日记》，并指出“中国根柢全在道教，此说近颇广行”，但“关系亦甚大”的“中国人尚是食人民族”的“此种发见”，却“知者尚寥寥也”。

鲁迅在给许寿裳的回信中交代得很清楚，以“中国根柢全在道教”之观点“读史，有许多问题可以迎刃而解。”他就是以这样的观点“偶阅《通鉴》，乃悟中国人尚是食人民族”的。

今人对“中国根柢全在道教”这句话，总是从褒义或贬义之对立意义上来理解，因而争论不休。其实，鲁迅关于“中国根柢全在道教”，“以此读史，有许多问题可以迎刃而解”的说法，并不含有什么褒或贬的意味。

鲁迅是在以这样的观点偶然阅读《资治通鉴》时，悟出“中国人尚是食人民族”，并在“此种发见”的启发下写成《狂人日记》的。就是说，他自己“以此读史”，才有了“中国人尚是食人民族”这样一个“关系甚大”的“此种发见”。这自然属于他所说的“迎刃而解”的“许多问题”中很重要的一个。

鲁迅在这种观点的启发下解决了许多问题，那么，我们要是以这样的观点，来有意而非“偶阅”，且不止阅读《资治通鉴》，而是阅读所有中国史书，到底是否确如鲁迅所言“有许多问题可以迎刃而解”呢？

我认为，这才是我们应弄清的问题，才是判定鲁迅这句话是否准确的关键。

前文指出，在中国土生土长的道教，在其创立和发展中，其理论体系几乎吸纳了中国学术文化中各种学派、学说、思想和观点，并与中国历史长河中的各种方技、术数，风土人情和习俗等等相结合，在此基础上构建了在等级、尊卑、纲常、伦理等上下左右关系上，完全类如中国人间社会的神仙世界。所以，通过道教，我们几乎可以解读中国以往社会发展的各个阶段，社会生活的各个领域，包括中国学术文化、科学技术、经济政治、道德伦理、民族心理、民族性格、民族信仰、民族风俗和习惯等等问题。道教在内涵上的这种特点，是佛教，即使被中国化、民俗化了的佛教，所无法比拟的，更是从“董学”开始就被“君学化”了的所谓“新儒学”，所不能比拟的。

事实说明，道教对中国古代的许多学术文化都采取了兼收并蓄的态度，有学者称其“杂而多端”，是合乎实际的。正因如此，许多古代的文化思想，都汇集在道教之中，并借道教的经典留存下来，得以流传至今。这便是为什么说“中国根底全在道教”的一个方面。另一方面 ，在道教的长期发展过程中，又对我国社会生活的各个领域，从古代科学、技术，医药学和文学艺术，到民风、民俗等等，都产生过巨大、复杂的影响。其影响之深远至今在中国大众的文化构成和生活方式中，仍随处可见。

所以，“中国根柢全在道教”这句话，是正确而准确的。

中国有史以来从帝王将相到黎民百姓，从经济基础到上层建筑，从科学技术到意识形态，尤其是意识形态领域中的各种思想、学说，以及民间思想、信仰和风俗、习惯等等，无不渗透着道教的影响。整个中国社会的上上下下，左左右右，方方面面，前前后后，所存在的进步与落后，光明与黑暗，廉洁与腐败，精明与昏庸，创造与臆断，发明与杜撰，聪明与愚昧，精华与糟粕，科学与迷信等等，都可以通过道教解读或管窥。

道教在中国文化和民间扎根之深厚，我感触颇深。早在孩提时代（20 世纪四五十年代），我很小就跟随父母“烧香拜佛”，正屋北墙贴有“全神像”，自然要首先膜拜，其他如财神、灶神、门神、井神等等，也都要膜拜。逢年过节，处处烧香，处处敬神。一有灾枝病叶，更是如此。即使是打粮食时，也要围个神棚，烧香祭祀。这些活动大人们都说是“拜佛”，而今回想起来，拜的实际上大都并非“佛”，而是各路“神仙”，属于道教的范畴。在我的老家冀中乡村，在普通老百姓的心目中，并未把道教与佛教区分开，而是见神像就膜拜，逢寺庙就烧香，其中确也有佛像，但人们根本就不知道那佛祖是个外国人。

仔细回想起来，在所烧香膜拜的对象中，还是以道教中的神仙居多。像“全神爷”、“关老爷”、“财神爷”、“灶王爷”等等，是最普遍的膜拜对象。

或问：为什么非要把“中国根柢全在道教”与“读史”联系起来解读？这自然是由于鲁迅在给许寿裳的信中，由《狂人日记》追述到他以此“读史”而发现“中国人尚是食人民族”，由此激发而创作《狂人日记》的缘故。然而，即使撇开这个细节，我认为要准确理解这句话，也必然与历史联系起来。因为“中国”之“根柢”，指的就是“历史”；不仅包括“正史”，而且包括“野史”，以及所有的历史记载和传闻。所以，要是不通过“读史”，那是了解不了“中国”之“根柢”的，因而也是解读不了“中国根柢全在道教”这句话的。

一言以蔽之：“中国根柢”之所以“全在道教”，是由于道教本来是站在“中国根柢”之基础上创建起来的，或者说，道教本来就是对“中国根柢”的概括、反映。只是“创建”也好，“概括、反映”也好，因为完全是根据道教的需要而进行，并且情况复杂，因而在通过道教了解“中国根柢”时，由于文野、良莠、精糟、真伪和是非等等皆在其中，因而需要缜密地分析、辨别和厘定。

许多人，包括某些权威人士认为鲁迅此说意在全面否定道教，将道教视为中国愚昧、落后的根源。比如，钱玄同（1887～1939年）说“最野蛮的道教”。陈独秀（1879～1942年）则说道教是“古说最为害于中国者”，“今之风水，算命，卜卦，画符，念咒，扶乩，炼丹，运气，望气，求雨，祈晴，迎神，说鬼，种种邪僻之事，横行国中，实学不兴，民智日僿，皆此一系学说之为害也。去邪说正人心，必自此始”。周作人（1885～1967年）也认为：“改良乡村的最大阻力，便在乡下人们自身的旧思想，这旧思想的主力是道教思想。”这些看法显然是片面的。但是至今许多学者仍从当时钱、陈、周三人与鲁迅的亲密关系，以及四人皆为新文化运动主要人物等因素推断，认为钱、陈、周的见解，完全可以看做是对鲁迅“中国根柢全在道教”的诠释，或认为“中国根柢全在道教”，是鲁迅对钱、陈、周论述的高度概括。

我认为，此论站不住脚。

鲁迅“中国根柢全在道教”这句话，旨在说明道教在中国文化中的地位，为人们解读“中国根柢”提供一把便捷的钥匙，而不能认为这句话就表明了鲁迅对道教的完全肯定或否定。鲁迅作为20世纪中国新文化运动的旗手，他对包括道教在内的中国古代文化，都是抱着严谨而缜密的、具体分析的态度的。

（五）玄学

100. 玄学“玄”吗

玄学真“玄”吗?

“玄”又“不玄”。名玄而实不玄。

说其“玄”，是因为其确实具有“玄”的特征。

“玄”意为玄虚、深奥，远离实际，难于捉摸。“玄学”就是指玄虚、深奥，远离实际，难于捉摸，令人难于把握的学说。其最初盖出于传世本《老子》:“有物混成，先天地生。……吾未知其名，字之曰道。”“故恒无欲也，以观其眇；恒有欲也，以观其所徼。两者同出，异名同谓。玄之又玄，众眇之门。”连老子本人也说不清道不明的“道”，足见其“玄”了!

其实，不独传世本《老子》及其相关思想中含有“玄”的意味，在《老子》之外，也不独《庄子》和《易》中含有“玄”的意味，古代的原始崇拜、天命鬼神观念、巫史祝卜和神仙方术等神秘文化，以及先秦几乎所有典籍和诸子百家思想中，都不同程度地含有类似的成分。至于汉代以后的神仙方术、“天人感应”和谶纬学说等等，就更饱含这样的内容了。所以，从广义上讲，由于历史和阶级等的局限性，“玄学”的某些意味是在中国历史上老早就有，并且长期存在着的，只是没有作为一个专门的学说、思潮分化出来，或者只是未被人们当做一个专门的学说、思潮来对待而已。把它当做一个专门的学说、思潮来对待，那是到了汉末三国魏晋时代的事。但通常人们所说的“魏晋玄学”，则多是从狭义或特定的含义上来说的，其主旨是用所谓“三玄”即《老子》《庄子》和《易》之思想糅合“儒家”经义，以代替时已衰微的两汉经学。

玄学思潮的中心议题是“名教”与“自然”之辩，而围绕诸如所谓“本末”、“有无”、“体用”、“心性”、“言意”、“意象”、“宗意”和“才性”等等概念所进行的讨论，则都是对这一论题的展开、深化。因为这些概念在当时与新旧经学等所谈论的内容多不合拍，甚至大相径庭，所引用的又大都是上述“三玄”及佛学章句，带有浓郁的玄想、思辨等抽象色彩，而谈论者又多以门第、容貌仪止和虚无玄远的“清谈”相标榜，言行离普通民众甚远，所以人们称之为“玄学”。

汤用彤（1893 ~ 1964 年）称：“夫玄学者，谓玄远之学。学贵玄远，则略于具体事物而究心抽象原理。论天道则不拘于构成质料（Cosmology）而进探本体存在（Ontology）。论人事则轻忽有形之粗迹，而专期神理之妙用。夫具体之迹象，可道者也，有言有名者也。抽象之本体，无名绝言而以意会者也。迹象本体之分，由于言意之辩。依言意之辩，普遍推之，而使之为一切论理之准量，则实为玄学家所发现之新眼光新方法。”（《汤用彤选集·言意之辩》，天津人民出版社 1995 年版）做学问撇开具体事物的形态而探究其抽象原理；论天道则不拘泥于构成事物的质料而深究其本体；论人事则忽视粗略的形迹而专门究察心理的妙用。这样，具体事物之迹象，便可道出，这是有言有名者；抽象之本体，可以意会，这是无名无言者。迹象和本体之区分，出于语言和意义之分辨。依据语言和意义之分辨，推而广之，使之成为衡量一切理论的准则。这是玄学家所发现的新眼光、新方法。

应该说，汤用彤对魏晋玄学的这个定义，是基本确切的。魏晋玄学家用反汉代的、相对而言的传统的思维方式（修齐治平），对为两汉经学所淹没、歪曲了的诸如宇宙、社会、人生等课题进行反思，以便在“正统”的“儒学”信仰和道德发生严重跌落和危机后，为士大夫重新寻找新的精神家园，从某种意义上称之为“新眼光新方法”也未尝不可。

但是这些争辩、论说，毕竟远离社会大众，带有玄虚、深奥，远离实际，不可捉摸的意味，即“玄”的特征。

说玄学不“玄”，是因为其具有不玄的实质内容：

第一，玄学有着深刻的思想认识根源。

“魏晋玄学”的出现，乃是人们思想认识上原有理想、信仰发生危机和失落的产物。当人们在思想认识上发生危机和失落之时，特别是当原有的理想、信仰动摇乃至破灭之后，很容易到“三玄”中寻求解脱或寄托。汉代自董仲舒后，伴随经学的发展，“新儒学”逐渐受到尊崇。统治者推行“以名为教”，把宗法等级制度及与之相应的伦理道德观念确立为名分、名目、名号、名节等。举贤良方正、茂才孝廉，设《五经》博士、置弟子员等，盖缘于此，并旨在以政治手段推动道德教化。“以名为教”，在汉代长达四百多年的历史中，不能说没有效果，但期间的反反复复、沉沉浮浮，恰似潮起潮落，难于尽述。尤其两汉之交的王莽篡汉改制，恰恰是在“以名为教”和“尊儒”的旗号下发生的。“王莽谦恭未篡时”。汉廷外戚王莽（公元前 45 ~ 前 23 年）可谓名副其实又显赫一时的“大儒”，对孔孟的仁义之学和董仲舒的纲常之说，背得滚瓜烂熟，并且大半生以“谦恭”、“仁义”之名誉满天下，可就是他，在“以名为教”和“尊儒”的旗号下，通过“禅让”把大汉的皇位夺了过来，变“汉”为“新”，并且切切实实地按照汉儒们所津津乐道的“三代”

之说，推行改制维新，而参与他的政变阴谋的几乎都是赫赫有名的“经学大师”或“大儒”，其中就包括作为汉皇嫡系子孙的古文经学家、《七略》等的作者刘歆。王莽的篡汉，及其为了谋取和巩固至高无上权力而滥杀无辜，其中也包括他自己的亲生骨肉，而刘歆跟王莽结成儿女亲家，助纣为虐，自掘汉家坟墓，被黄袍加身的王莽奉为“国师”，眼睁睁地看着两个儿子和女儿、女婿因谋杀之名而被杀；只是到“新”莽政权倒行逆施，引发众叛亲离和各地农民起义之时，才在几位大臣的规劝下以“复兴刘氏”为名谋诛王莽，却因事泄而被迫自杀。这一幕幕充满血腥的事变，都揭示了“纲常名教”的虚伪，宣告了“以名为教”的破产。到东汉末，“以名为教”所造成的名实脱节、纲常沦丧、伦理失范、道德跌落等等后果，更趋严重，诚如当时民谣所传：“举秀才，不知书。举孝廉，父别居。寒素清白浊如泥，高第良将怯如鸡!”

第二，在这当中，自然不单有教育方面的问题，也有人才选拔制度和机制的弊端问题。

汉王朝尽管在如何选拔人才问题上颇费了一番心机。先后采取征辟、荐举办法，由地方官或世家豪族向上级以至中央政府推荐人才，但被推荐的往往是官宦世家子弟，平民百姓则根本没有份儿。至于推荐的标准则不是品德、才学，而是门第。导致“上品无寒门，下品无势族”。人才选拔制度和机制的弊端与腐败，不仅造成了理论与实际的脱节，而且使“以名为教”的虚伪性暴露出来，导致了全社会性的名实脱节、纲常沦丧、伦理失范、道德跌落，及由此产生的“矜名尚高”、“畏教慕善”的社会风气，诱发越来越严重的信仰危机和信任危机。这到汉末的三国时代，表现得就更为突出了。从王莽“名正言顺”地篡“汉”建“新”，到曹操“挟天子以令诸侯”，以至“魏蜀吴三国鼎立”，再到“路人皆知”其心的司马昭篡魏建晋，可以说是中国历史上继春秋之后的又一次“礼崩乐坏”时期。原有的理想、信仰都被动摇了，社会秩序和纲常伦理都被打乱了，“魏晋玄学”思潮于是便涌现和泛滥开来。尔后，凡是人们的思想认识和理想信仰陷入迷茫、混乱和失落之时，玄学、玄谈便乘虚而入。这是1700多年来中国历史所反复昭示的社会现实。

第三，玄学有着深刻的社会历史根源。

社会治乱中的学术文化与政治统治总是交互作用，乱世引发乱思，乱思又反过来进一步引发乱世。政治腐败和社会混乱必然导致思想混乱，而混乱的思想是对乱世、乱政的反映和惩罚。

“魏晋玄学”的出现，就是对当时政治腐败所引发、导致的社会不公，以及各种浮躁、虚夸、奢靡等不良社会风气的一种折射。当人们面对政治腐败所引发和导致的各种社会不公，通过正常的渠道、方式无法解决、宣泄时，就很容易钻到“三玄”中寻求解脱。而面对各种浮躁、虚夸、奢靡等不良社会现象，当人们用传统的思维和观念都无法解读时，也很容易到“三玄”中去寻找答案，或聊以自慰；当“三玄”还不能解决问题时，就会很自然地到带有“玄学”意味的佛、道等宗教中，去寻求解脱了。这就是为什么玄学、玄谈产生、兴盛于门阀统治和争斗加剧，改朝换代频繁，“上品无寒门，下品无势族”、各种不公加剧，以及各种浮躁、虚夸、奢靡等不良社会风气时代的根本缘由。

第四，玄学对中国学术文化具有深刻的影响。

首先，“魏晋玄学”谈玄析理的特色，虽然远离现实，难于捉摸，却有助于开发、锻炼和提高人们的抽象思维，而抽象思维的提高对人们探究潜在于现象背后的本质，偶然之后的必然，芜杂之后的规律，却是不可或缺的。因为像本质、必然和规律之类的东西，单纯依靠经验是不可能认识和把握到的。

其次，“魏晋玄学”对“重神理而遗形骸”、“重自然而轻雕饰”的美学和艺术观念的形成，起了巨大的推动作用。

再次，“魏晋玄学”虽然折射、迎合、助长了风靡于最上层社会的腐化、堕落之风，但在中下层社会，其“不与时为经怀”，“琴诗自乐”，徜徉山水，融于自然的思想境界，却对于人们追求自身的人生价值，尤其净化士人的心灵境界，铸造中国知识分子玄、远、清、虚的生活情趣，起了巨大作用。“不为五斗米折腰”的陶渊明的旷达、清高，闲适自娱和怡然自得于田园风光；“动违礼法”、“以任放为达”，而又多才多艺的“竹林七贤”的酣歌纵酒、优游暇豫于竹林之间，就是这样被陶冶出来的。

101. 玄学何以促成“儒”、“玄”、“佛”、“道”相融达

前文提到，从广义上讲，由于受人类认识和科技发展水平等的局限，“玄学”的某些意蕴是在中国历史上很早就有并且长期存在着的。通常人们所说的“魏晋玄学”则多是从狭义或特定的含义上来说的，其主旨是用所谓“三玄”即《老子》《庄子》和《易》之思想糅合“儒家”（“儒家”之所以打引号，旨在标明其非先秦儒家）经义，以代替时已衰微的两汉经学。

“魏晋玄学”出现伊始，曾与汉代以来的“儒学”发生冲突，一度很剧烈。玄学显露出“与尼父争涂”（《文心雕龙·论说》）的锋芒。玄学家“以老、庄为宗而黜六经”（千宝：《晋纪总论》），而“儒学”家们则谴责玄学家

“好谈老庄，排弃世务，崇尚放达，轻蔑礼法”。但随后，两者就表现出相互吸收的迹象了。一些“儒家”发现《老》《庄》含有救名教伪弊之功，而玄学家队伍中也出现了推动玄学向“儒学”靠拢的派别。于是，“儒玄双修”之士大量涌现，便促成了“儒玄”合流的趋向。

就总体而言，“魏晋玄学”的主旨本是综合汉代以来的“儒”、“道”学说（请读者注意：汉代以来的“儒”、“道”学说与先秦的儒、道学说已经不同，甚至区别很大），调和“自然”与“名教”之间的关系。玄学家们的理论表现形式和论证角度各有侧重。何晏、王弼作为“魏晋玄学”的开启者，往往用旧瓶装新酒，往“旧”形式中注入“新”内容，援道入“儒”，以《老》化孔，以《老》化《易》（系指堪称儒家经典的《易传》，而非本不是儒家经典的《易经》），因而“内道外儒”的特点明显。而到嵇康、阮籍，正值司马氏政权假借名教大施淫威之际，故作为司马氏政权的反对派，他们往往托名老、庄非毁“儒圣”，表现出对汉代以来所谓“儒学”正统的某种叛逆特色，但本质上又未能真正去掉“儒学”的印迹。就其形式而言，阮籍表现为“先儒后道”，而嵇康则表现为“先道后儒”，所以，阮籍思想的终点构成嵇康思想的起点，而阮籍思想的起点又恰是嵇康思想的终点。至于向秀、郭象，继起于玄学之风盛行而专制政治步入正轨之际，故虽摆出老、庄传人的姿态，而骨子里却沿袭汉儒的老一套，用“儒学”思想隐解《庄子》，则表现为“外道内儒”。

侯外庐先生（1903～1987年）曾指出，魏晋人善谈“离异同合”。不仅在才性、言意等问题上是如此，就是在“儒家”与道家、名教与自然的关系上也是如此。何晏（？～249年）、王弼（226～249年）的“名教出于自然”说，嵇康（224～263年或223～262年）、阮籍（210～263年）“忠诚自然”的主张，似乎讲的都是“离异”，但就其“怀抱忠义”的实质态度看，还都是主张调和名教与自然，将“儒”、玄融通于一。

上述观点，是学界对该问题的通常解释。其实，“儒玄”合流的更根本原因则在于，汉代以后的“儒学”本身就含有“玄学”的成分，尤其是其所包含的天人感应的神学目的论、“三统”、“三正”的历史循环论和谶纬迷信，远比“魏晋玄学”要“玄奥”得多。两者在“玄机”上的契合，正是两者融通、合流的根本原因。

用这样的观点来看待玄学与佛、道二教的融合，就更好理解了。

到魏晋时期，佛、道两教已经流行，影响渐大。在我看来，若就整体而言，要说“玄奥”的话，莫过于佛教和道教等宗教了。佛教所津津乐道的

"西天"佛境，及其所谓因果报应和灵魂转世等说；道教所津津乐道的"天国"神仙境界，及其所谓长生不老和羽化成仙等说，显然比"三玄"即《老》《庄》《易》都"玄奥"得多。正因如此，魏晋玄学家们在据"三玄"谈玄析理的过程中，当遇到"三玄"不能解读的难题时，便不知不觉地到佛、道教义中去搜寻答案。尽管其中各人的具体情形有所差别，对佛、道二教的接触和解释也不尽相同，但就总的趋势而言，"三玄"与佛、道二教具有天然的内在联系。

佛、道二教尽管名称和教义不同，两者自从产生后就尖锐对立、竞长争高，其实，从"玄学"的角度看，两者却是"名殊实同"的。这也许是两教既相互对立、又相互借鉴和吸纳，而在民间则往往将两教混同而不分彼此的内在缘由吧！

由于道教毕竟是在利用道家学说的基础上，并通过将道家的创始人老子神化（其本人被神化为道教教主，其著作被奉为《道德真经》），将道家的主要代表人物庄子神化（其本人被神化为道教尊神，其著作被奉为《南华真经》）而创立的，我在前文（见题30）指出过，道家的思想最初源于《易》，而在现实社会中，人们尤其是一般老百姓又往往似是而非地，将道教跟道家混淆不分，所以，在"魏晋玄学"中将"三玄"与道教联系起来，就是很自然的事了。

至于佛教，由于它能为陷于困惑、窘境中的人们，提供精神上的渴望、寄托，提供自我解脱、自我麻醉的方法，而"魏晋玄学"从其实质看，毕竟旨在为遭遇道德危机、信仰危机和信任危机的人们创造和提供新的精神家园，又与佛教具有某些相似之处，所以，它与佛教在精神意旨上一拍即合，相互通融，也就不足为怪了。随着魏晋玄学的盛行，佛教般若学也依附于玄学而得以大兴。伴随佛经的陆续译出，一批专门从事佛教理论研究的学者开始涌现。特别是朱士行（203～282年）西行求法，送回的般若大品被译为《放光》，一时风行，使得倾心于般若学的研究者大增，在玄学的影响下逐渐形成佛教般若学派的"六家七宗"。于是，玄佛合流蔚为时潮。由于玄学本身"儒"、"道"兼综，因而两晋的玄、佛合流实际上也就具有了"儒"、"佛"、"道"融合的意味。东晋名僧慧远（334～416年）"博综《六经》，尤善《老庄》"（《高僧传·慧远传》），僧肇（383～414年）自幼"历观经史，备尽坟籍"、"每以庄老为心要"（《高僧传·僧肇传》），名僧对中国传统学术文化尤其"儒"、"道"典籍的研读和熟悉，为融汇"儒"、"玄"、"佛"、"道"奠定了思想基础。

应看到，“儒”、“玄”、“佛”、“道”“二”学“二”教之间的关系比较复杂，我们所指出的它们之间的相互融达，仅仅是以玄学为参考系而言的，撇开此点，在讨论它们之间的关系时，就需要具体问题具体分析，而不能一概而论了。

不论就学术文化自身发展的多样性而言，还是就人们认识的多样性而言，人们很难对任何一种学说、事物、现象作出完全一致的评价，因而也就很难就它们本身和彼此之间的关系作出总体而准确的评价。所以，上述我就玄学促成“儒”、“玄”、“佛”、“道”相融达的情形，也只能在这样的意义上来理解。

（六）“佛老”与“儒释道”

102. “佛老”究为何意

对于“佛老”的涵义主要有两种理解：一是认为“佛老”专指佛教或佛学。此说认为佛教与老子学说接近，所以佛学输入中国后，当时的佛学大师如竺法雅、道安（312～385年）、支遁（314～366年）和鸠摩罗什等，皆以老庄思想来诠释佛义。于是黄老之学与佛学合流，而蔚为思想的主流。但彼时所谈佛教，主要是禅机，清谈意味浓厚，译述的经典也尚未成熟。后经南北朝至唐，到唐玄奘（602～664年）自印度取经回国，大乘佛教趋盛，译述的经典日益加多，对佛教的认识由粗疏渐至深邃。佛学和老庄的思想，笼盖了一切。（中国和印度的佛教有其不同之处，在中国的佛教中，自己创造的成分很多，有些派别，在中国有的，印度没有，即使印度有的，而解释又各不同。中国有所谓十大派十三派，如唐三藏的法相宗、天坛宗便是自家所创。其注重哲理的探讨，而于宗教的迷信部分却很少，只有密宗与净土宗算是有迷信的意味。）二是认为“佛老”乃指佛教和道教，如唐代韩愈（768～824年）笔下的“佛老”即然。“斯吾所谓道也，非向所谓老与佛之道也。”（《昌黎先生文集》卷十一，《原道》）韩愈之后，人们大都是在这样的意义上使用“佛老”二字。

我认为，说佛学与老子学说接近，自有一定的道理，因为老子学说中的清静无为和清心寡欲等思想，确实与佛学中的戒律有近似之处；说佛学传入伊始，佛学大师皆以老庄思想来诠释佛义，也确实属实，因为任何外来学说在最初传入时，必然先以本土人们所熟悉的学说加以诠释，才能得到理解，也才能立足，这是古今中外之通例。但是，佛学与老庄学说毕竟具有本质的区别，所以，如果说起初把“佛老”理解为佛学还说得通的话，那么，当佛教、佛学在中国立足并广泛传播之后，还使用这样的称谓，就很容易引起歧义，就不妥了。

关于“佛老”乃指佛教和道教一说，我认为，尽管老子系被道教神化的人物，他的学说也被奉为道教的主要经典，但老子及其学说毕竟本来不属于宗教，本来有其特定的指谓和蕴义，所以用“老”字来代表道教不可取，很容易导致概念上的混乱，而这种混乱已经长期存在，所以，不宜再用。

总之，不论哪种说法，“佛老”二字，都存在内涵和逻辑上的混乱，所以，都应当摈弃、停用！

103. 将“儒、释、道”并提妥帖吗

大概从南北朝以后，人们在谈论中国学术文化时总是围绕“儒、释、道”而言。

这种流传已久的说法，其实欠妥。

第一、“儒、释、道”的提法本身就包括内涵和逻辑上的混乱。

按照通常的理解，三者中“释”和“道”为宗教，而“儒”呢，有人视为“儒学”，有人则视为“儒教”。若视为“儒学”，将“儒学”跟佛、道二教相提并论，显然不合逻辑，也很容易引起歧义；而若视为“儒教”，并与佛、道二教并提，逻辑上虽然通了，但却违背史实。因为中国并不存在“儒教”。

当然，这种“儒、释、道”并提之说之所以流行，乃是由于有人认为“儒教”跟道教一样，也是中国“土生土长的宗教”。而且此种说法于当今学界颇有市场。中国社会科学院宗教研究所“儒教室”的存在；洋洋150万言并由当今“儒教”的主要首倡者、赫赫有名的任继愈先生（1916～2009年）作序的《中国儒教史》的出版，就是明证。

我之所以不赞成“儒教”一说，是因为且不说“儒”本身的内涵就极不明确，“汉儒”与先秦“儒”并非一回事；即使先秦“儒学”，也并非铁板一块；至于“汉儒”及其以后的“儒”，其差别就更大。“儒教”说的提倡者把“儒教”的起因，说成是鉴于“吴楚七国之乱”的教训，把“儒教”的初创者说成是汉武帝和董仲舒，把“儒教”存在的根据说成是“汉武帝的天人三策与儒术独尊”，把“儒教”的内容说成是董仲舒的“天人感应”论，把“儒教”的仪式是说成汉武帝的神灵祭祀和封禅等等。且不说“天人三策”的真伪有待考证，但“儒术独尊”确实子虚乌有，因而不能作为根据，至于

董仲舒的“天人感应”论虽属于神学目的论，但与宗教具有本质的不同，因而把人们所称谓的，由董仲舒所肇始的“新儒学”敷衍成跟佛、道二教一样的宗教，则站不住脚。至于《中国儒教史》把汉武帝以后的谶纬迷信及相关著述《白虎通义》，敷衍成“儒教教义”，把尔后的所有帝王祭祀、“魏晋玄学”、“程朱理学”、“陆王心学”等等学说及其相关人物，统统说成是“儒教”活动、儒教“教义”和“儒教徒”，就更是牵强附会了。整部《中国儒教史》，抱着先入为主的“儒教说”而敷衍、杜撰、拼凑和臆断的成分很浓。且不说其他，单是帝王的祭祀对象、具体活动和这些学说本身，就差别很大。有专一而固定的最高崇拜偶像，统一的教义和教规，是所有宗教的基本特征，而所谓“儒教”，却未见其有这样的特征。而三者中的“道”，既可理解为道教，也可理解为道家；两者虽有联系，但区别也很大，因而不宜混淆。

所谓“儒、释、道”，严格地讲，实际上包括两学（儒家和道家学术）两教（佛教和道教）四种学术文化体系。然而，迄今为止，学界似乎对此却没有给以应有的厘定和重视，错误和含糊其词地使用者比比皆是。

第二，汉代以后的中国古代学术文化，绝不是能用“儒、释、道”所能囊括得了的。且不说天文、历法、地理、水利、算学、农学、医学、纺织、建筑、冶炼、酿造和交通等等实用性的学术文化未被包括，就连在民间流传和影响较大的诸如易学、术数之类的带有神秘色彩的学术文化，也统统被排斥在外了。

（七）宋明理学

104. 韩愈“道统说”是“君学”发展至高潮的前奏

长期以来，在国内外都流行着一种观念，说“儒学”是中国学术文化的主体，乃至以为“儒家文化”就代表了整个中华传统学术文化；一说到中华传统学术文化，都把注意力集中在“儒学”上。这种见解不但不符合中国学术文化的史实，而且阻碍了全面了解和探究中华传统学术文化的内涵及其规律。

因为所谓“儒学”，其内涵在先秦及其以后，一再发生变化。

由董仲舒所肇始的所谓“新儒学”，就已经与先秦儒学具有了本质的差别，此后仍不断演变。而迎合君王的统治需要，即在“君学”上不断“创新”，则是“新儒学”发展的一大特色。

到唐代，“君学”化的“儒学”在佛、道二教的阻遏下，一度不振，但仍伺机再起。韩愈在道、佛二教均业已兴盛的中唐，力反“佛、老”，并以此为旨写成《原道》，却又仿照佛教诸宗的祖统说和道教的传法世系，别出心裁地正式提出了所谓“尧、舜、禹、汤、文、武、周公、孔、孟”关于“道”的传授系统说，与佛、道二教相对抗，并以维护尧、舜、禹、汤、文、武、周公、孔子直到孟轲的正统传人自居，一方面为捍卫“儒学”而编造一个关于中国儒家文化之“道”的传承系统，即尔后南宋朱熹所说的“道统论”；一方面则把佛、道二教视为离经叛道的异端邪说，特别是否定道教在中华传统学术文化中的重要地位，主张对其采取“火其书”，“明先王之道以道之”，杀机毕显。

“斯吾所谓道也，非向所谓老与佛之道也。尧以是传之舜，舜以是传之禹，禹以是传之汤，汤以是传之文、武、周公，文、武、周公传之孔子，孔子传之孟轲。轲之死，不得其传焉。荀与扬也，择焉而不精，语焉而不祥。由周公而上，上而为君，故其事行。由周公而下，下而为臣，故其说长。”（《昌黎先生文集》卷十一，《原道》）一副“儒学正统”的伟岸面孔。

与韩愈倡导道统的还有李翱（774～836年）。李翱说：“昔者圣人以之传于颜子。……子思，仲尼之孙，得其祖之道，述《中庸》四十七篇，以传于孟轲。……呜呼！性命之书虽存，学者莫能明，是故皆入于庄、列、老、释。不知者谓夫子之徒不足以穷性命之道，信之者皆是也。有问于我，我以吾之所知而传焉，……而缺绝废弃不扬之道几可以传于时。”（《李文公集》卷二，《复性书》）也是一派“儒学正统”的面孔。

韩愈和李翱均以“儒学正统”的传人自居，面对中唐危机四伏的社会颓势，他们关于儒家文化之“道”的传承系统的说法，显然带有明显的经世致用色彩，虽然在“儒学”义理探析方面缺乏建树，以致在当时影响并不大，却开启了宋代“道统说”和“道学”的先河，并对后世产生了深远的影响。

韩、李关于儒家文化之“道”的传承系统的说法，到宋代虽然流行开来，但理解各异，众说纷纭。到南宋“大儒”朱熹（1130～1200年），虽正式提出“道统”说，而竟自上承孟子，下接周（敦颐）（1017～1073年）、程（颢、颐），却把韩、李撇在一边，径直以道统的直系传人和维护者自居，将道统说与理学进一步融为一体，最终完成了以“传扬”“道统”为目的及核心内容的庞杂的“道学”体系。

程颐（1033～1107年）为程颢（1032～1085年）撰写的墓表云：“周公没，圣人之道不行；孟轲死，圣人之学不传。道不行，百世无善治；学不传，千载无真儒。”（《明道先生墓表》，《河南程氏遗书》卷十一，《二程集》640

页）

从先秦儒学在秦汉以后的遭遇看，程颐的话并不错，我也在前文中指出包括董仲舒的“董学”在内的所谓“新儒学”、“魏晋玄学”皆非儒学，“千载无真儒”是客观史实。朱熹及二程自以为填补了断流千载的空白，而实际上，被后人冠之于“新儒学”的“程朱理学”，也仍然不是原始的儒学。“千载无真儒”的历史继续延续，直到今天。

105. 如何看待“道学”

一提“道学”，人们就往往感到茫然：是指道家之学，还是指道教之学，抑或是专指宋代理学之道学？

这种情况的出现自有其历史的缘由，但也有刻意人为的因素。

据考证，“道”、“学”二字连用，最早见于《礼记·大学》：“如切如磋，道学也。”但此处“道”字，应训为“言”，“道学”乃论学或研讨学问之意，两字尚未合成一词。后来，“道学”二字用来称呼道家修道之学，正如“儒学”系指儒家的学说一样。《隋书·经籍志》称：“汉时，曹参始荐盖公能言黄老。自是相传，道学众矣。”《隋书》所讲的“道学”指的就是以《易经》为源头，以黄帝、老子为宗的道家学说。因为《易经》系迄今所见中国学术文化源头的最早典籍，所以道学是中华民族学术文化的本根之学。

之所以把以黄帝、老子为宗的道家学说称作“道学”，是因为道家学说的核心、根本就在于一个“道”字。按照道家学派的看法，“道”是有形世界与无形世界的本源，也是自然界与人类社会存在的最终根据，是宇宙万物发生与运作的总法则，也即哲学所谓的宇宙之“本体”。

道学这样的涵义本来很清楚了，可是在道教产生后，问题就出来了。如唐京兆西明寺释道宣（596～667 年）撰《广弘明集》卷六《叙列代王臣滞惑解》云：“后魏世祖太武皇帝初立道学，置道坛，废佛宗。”卷九《笑道论·事邪求道二十》称：“《观身大戒》云：道学不得祠祀鬼神。”《笑道论·害亲求道二十四》又云：“《三元诫》云：道学不得怀挟恶心”等等，“道学”已经意味道教之学了。

“道学”的歧义便由此而生。这还不算完，到了北宋，却偏偏又冒出与上述两种涵义均不同的另类“道学”之说。

据考证，在北宋“儒者”中，“道学”之名最早由王开祖（约 1035～1068 年）提出。

南宋学者宝谟阁待制陈谦（1144～1216 年），于绍熙二年（1191 年）所作《儒志先生学业传》，记道皇祐贤良儒志先生王景山，讳开祖，所著书多不出，惟《儒志》一编，由弟子传习。最末章曰：“由孟子以来，道学不明，吾欲述尧、舜之道，论文、武之志，杜淫邪之路，辟皇极之门。”此后的张载（1020～1077年）、程颐也都谈及。张载说：“朝廷以道学政事为二事，此正自古之可忧者。”（《答范巽之书》，见《张载集》）程颐云：“陛下圣虑高明，不喜浅近，亦将勉思义理，不敢任其卑俗之见，惧获鄙于圣鉴矣。诚如是，则将见道学日明，至言日进，弊风日革。……”（《二程集》）“先兄明道之葬，颐状其行，以求志铭，且备异日史氏采录。既而门人朋友为文，以叙其事迹、述其道学者甚众。”（《明道先生门人朋友叙述序》，见《二程集》）

《宋史》有《道学传》，以其讲道、器，讲理、气，故道学又称理学。此后一度以道学为“儒学正统”，而明代王阳明（1472～1528年）的心学则不在其内。道学既被奉为儒家正统，而王阳明心学却被排斥在外，于是王阳明亦非儒学正统。这就引出了以王学为宗的清代毛奇龄（号西河）（1623～1713年），为王阳明鸣不平的“道学”之辨。毛奇龄说：“惟道家者统，自起于老子而下……私相授受以阴行其教，谓之道学。道学者，虽曰以道为学，实道家之学也……是以道书有道学传，专载道学。人分居道观，名为道士。士者，学人之称，而《琅书经》曰，士者何理也？身心顺理，惟道之从，是名道学，又谓之理学……”，“逮至北宋，而陈抟以华山道士自号希夷，与种放、李溉辈张大其学，竟搜道书《无极尊经》及张角《九宫》，倡太极河洛诸教，作道学纲宗，而周敦颐、邵雍与程颢兄弟师之，遂篡道教于儒书之间。……至南宋，朱熹直丐史官洪迈为陈抟特立一名臣大传，而周程诸子则又倡道学总传。于《宋史》中使道学变作儒学，见南宋儒人皆以得附希夷道学为幸。如朱氏《寄陆子静书》云，熹衰病益深，幸叨祠禄，遂为希夷直下孙，良以自庆。又《答吕子约书》云，熹再叨祠禄，遂为希夷法眷，冒忝之多，不胜渐惧。是道学本道家学，……至华山而张大之，而宋人则又死心塌地以依归之，其为非圣学断断如也。”“向在史馆，同馆官张烈倡言，阳明非道学，而予颇争之，谓道学异学，不宜有阳明，然阳明故儒也。时徐司寇闻余言，问道学是异学何耶？予告之，徐大惊，急语其弟……敕《明史》不立道学传，只立儒林传……赖皇上圣明，直谕守仁之学过高有之，未尝与圣学有异同也。于是众论始定……”“予谓圣学之中，原应道学。初学圣人只谓之学，学圣。既成，即谓之道。学者，道之始，道者，学之终，既非两途，又非两事，且并无两工夫。第从事于此，而学在是，道即在是焉。是以圣学圣道只在忠恕，……例圣学之应圣道，概可见矣。”（《西河文集·辨圣学非道学文》）

起初所说的“道学”，似还未作为专用概念，而是将“道”与“学”分别用以解说以周公为最后代表的“圣人之道”，和以孟子为代表的“圣人之学”。前者属于政治范畴，后者属于学术范畴。而在儒家眼里，儒者出则从政、不出则讲学，一生事业不外乎这两项。从政与讲学虽为两项，内容却是一个：守道。李心传（1166～1243 年）所著《道命录序》说：“夫道即学、学即道，而程子异言之，何也？盖行义以达其道者，圣贤在上者之事也；学以致其道者，圣贤在下者之事也。舍道则非学，舍学则非道。故‘学道爱人’，圣师以为训，倡明道学，先贤以自任，未尝歧为二焉。”儒家从政的目的是行圣人之道，不能“行道”便退求其次，而为“明道”之事，将圣学传之于人。

朱熹称赞程颢、程颐说：“夫以二先生但明道学于孔孟既没千载不传之后，可谓盛矣。”（《程氏遗书后序》，见《朱文公文集》卷七十五）并在其《四书集注·中庸章句序》中，对“道学”作了进一步界说：“《中庸》何为而作也？子思子忧道学失其传也。盖自上古圣神继天立极，而道统之传有自来矣。其见于经，则‘允执厥中’者，尧之所以授舜也；‘人心惟危，道心惟微，惟精惟一，允执厥中’者，舜之所以授禹也。”朱熹所揭示的古圣相传的“密旨”，就是《尚书·大禹谟》中的这十六个字，此即理学家所讲的“十六字心传”。朱熹用“道统”心传来界说道学，因而南宋王柏（1197～1274 年）云：“道统之名，不见于古，而起于近世，故朱子之序《中庸》，拳拳乎道统之不传，所以忧患天下后世也深矣。”（《鲁斋集》卷五《跋道统录》）鉴于此，清代汪廷珍（1757～1827 年）为理学即道学下定义说：“虞廷以十六字之心法衍道统，而理学乃待承于后代。理学者，道统所由序也。”（《象山全集序》）以“道统”心传对道学（理学）加以界定，形成了道学流派（包括程朱理学和陆王心学）的思想核心。

不过，朱熹所说的道学也有广狭两种涵义。广义的“道学”是指孔子开创的儒家传统，狭义的“道学”则指继承孔孟道统而以洛学为主干的思想体系。所谓“洛学”即二程之学，但二程的老师周敦颐，和二程的表叔兼讲友张载与这个学派关系密切，所以朱子所说的“道学”多指“周张二程”之学，认为他们代表儒学道统发展的新阶段，并把道学又称为理学。

但理学概念却出现较晚。据相关考证，它最早出现在南宋人的文集中。如《陆九渊集·与李省幹》有“惟本朝理学，远过汉唐，始有师道”；张栻（1133～1180 年）的《南轩文集·寄周子充》有“学者徇名忘实，此真可忧，但因此遂谓理学之不可讲，丈似惩噎废食”等等。

"道学"为什么又称"理学"？还有，它开始为什么不直称"理学"，而直到南宋才称为"理学"呢？朱熹与陆九渊、张栻为同时代人，为什么惟独朱熹更坚持使用"道学"概念呢？

廓清这些问题，也许能厘定"道学"又称"理学"的根由。

第一，"道"之概念，广大精微，惟"理"之概念堪与比拟。《庄子·缮性》说："道，理也。"《韩非子·解老》则将"道"、"理"二字连用、对举与互训，如谓"缘道理以从事者无不能成"，"从于道而服于理"，"道者，理之者也"。魏人张揖《广雅·释诂》也云："理，道也。"由此可见，"道"、"理"二字意义相近，可以互训互代。

第二，由于佛学有重义理的传统，因而也被称为"义学"或"理学"。如宗炳（374～443年）《明佛论》曰佛经"寓言实理，肃焉感神"，又谓慧远（334～416年）"高谈贞厉，理学精妙"。唐道宣《归正篇》说，天竺之国"民博仁智，俗高理学"。当然，佛家所谓"理学"还只是一种泛称，并非表示学术流派的专有名词。道学家对于佛教文献都很熟悉，当他们想表现"道学"重义理的特征，或有意回避使用"道学"一词时，便很自然地用"理学"二字来代替它。

第三，也是最重要的，由于朱熹以"道统"自居，过事标榜，引起了当时许多学者的不满与反感，羞于与之为伍，便用"理学"代之。陈亮（1143～1194年）曾批评道学家搞宗派主义，"以为得不传之绝学，三三两两，附耳而语，画界而立，一似结坛，尽绝一世之人于门外……"，明确表示自己"本非闭眉合眼，矇瞳精神以自附于道学者也"。（《陈亮集》卷二十）叶适也批评说："道学之名，起于近世儒者。其意曰：举天下之学皆不足以致其道，独我能致之，故云尔。"（《水心文集》卷二十七《答吴明辅书》）陆九渊（1139～1192年）本是道学中人，但对道学中过事标榜的作风十分警惕，他曾告诫门生："此道本日用常行。近日学者却把作一事，张大虚声，名过于实，起人不平之心，是以为道学之说者，必为人深排力诋。此风一长，岂不可惧？"又说："世之人所以攻道学，亦未可全责他，盖自家骄其声色，立门户与之为敌，哓哓腾口实，有所未孚，自然起人不平之心，某平日未尝为流俗所攻，攻者却是读语录精义者。程士南最攻道学，人或语之以某，程云：'道学如陆某，无可攻者。'"（《陆九渊集》卷三十五）

在反对者的激烈攻击下，后又发生"庆元学禁"（1195～1202年），朱子及其学派被指称为"伪学"，遭到政治打压，许多人被放逐（其中最有名的是朱子的得意门生蔡元定），道学者们便出于各种想法回避用"道学"一词，而以“理学”代之。此后，“道学”之名不再多用。

但理学的真正定名则在南宋末年。1237 年，当蒙古开始采用中原的考试制度后，南宋理宗皇帝为跟蒙古进行文化上的竞争，亲自写了一篇“道统赞”，采用韩愈之说，称孟子死后，千年无人继承，到北宋五子，才出来恢复道统，至南宋，道统才发扬光大。1241 年，政府正式公布御制的“道统十三赞”，将“道统”确立为国家理念。时因“道学”一词已经被禁止 40 年，故不便再用，遂用已成为“道学”替代称谓的“理学”，并解释说，“道统者，理学也。”从此，“理学”正式成为南宋主流学术思想的代称。

至此，宋代产生的另类“道学”理应寿终正寝了罢！可偏偏有人还非要时不时沿用，尤其到清朝灭亡后，宋代以朱熹为代表的另类“道学”又被复活，成为诸多专家、学者谈论的话题，并充斥于各类文史书籍，而使本来专指道家学说的“道学”称谓反被遗忘、摈弃，以至给学习和研究带来许多不便和纷扰！譬如，在学习和研究先秦诸子百家时，我们本可以顺理成章地将道家的学说称为“道学”而与“儒学”相匹配，既简单又明了，可由于有宋代另类“道学”的存在，我们不得不放弃使用这个简单明了的称呼！

鉴于朱熹的学说完全可以用理学代表，而无须非用“道学”不可，而道教之学则可以统称道教教义，也无须非用“道学”不可。因此，我呼吁学界同仁尽快想办法一致摈弃“道学”的其他蕴义，而使之专门用于道家学说之称谓。

106. 宋明理学乃“君学”发展之顶峰

“君学”自李斯发端，董仲舒创始，在汉代虽然受到桓谭、王充等的批判、抵制，但在权力杠杆的有力支撑下依然获得发展，并且因时应变，与时推移，将陆续传入的佛学、随后产生的道教学说等等，都根据自己的需要加以吸纳，不断变换、充实和完善其内容与形式，以适应维护、加强君权统治的需要。到宋、明，“君学”终于达到其顶峰。这就是“宋明理学”。

宋明理学包括“程朱理学”和“陆王心学”。

“程朱理学”是对于二程和朱熹理学的合称。

二程曾一同就学于北宋理学开山大师周敦颐门下，其著作被后人合编为《河南程氏遗书》。他们把“理”或“天理”视作哲学的最高范畴，认为理无所不在，不生不灭，不仅是世界的本原，也是社会生活的最高准则。不过在穷理方法上，程颢“主静”，强调“正心诚意”；而程颐则“主敬”，强调“格物致知”。但在人性论上，二程则都主张“去人欲，存天理”。二程学说

的出现，标志着宋代理学思想体系的正式形成。

朱熹继承并发挥了以道统为己任的思想，宣称尧舜禹汤文武周公孔孟的圣人之道，在中断千年之后终有二程为续，“看圣贤代作，未有孔子，便无《论语》之书，未有孟子，便无《孟子》之书，未有尧舜，便无《典谟》，未有商周，便无《风雅颂》。”“自尧舜以下，若不生个孔子，后人去何处讨分晓？孔子后若无个孟子，也未有分晓，孟子后数千载乃始得程先生兄弟发明此理。”（《朱子语类》九十三《孔孟周程张子》）在其道统论中，朱子提倡周子，犹如钱穆所言：“朱子乃始推尊濂溪，奉为理学开山，”（《朱子新学案》第一册，24 页）同时朱子又将道统谱系推而广之，由前人至尧舜，上起伏羲、神农、黄帝，下达周、张、二程，并在《中庸章句序》中首次采用了“道统”一词，使“道统”一说得以概念化。在发挥道统说的过程中，朱熹承续了二程“人心惟危，人欲也；道心惟微，天理也”的思想，也以人心道心与人欲天理相通。

朱熹继承和发展了周张二程尤其是程颐的思想，建立了一个庞杂而精致的理学思想体系。

在本体论上，朱熹认为太极是宇宙的根本和本体，太极本身包含了理与气，理在先，气在后。太极之理是一切理的综合，它至善至美，超越时空，是“万善”的道德标准。在人性论上，朱熹认为人有“天命之性”和“气质之性”，前者源于太极之理，是绝对的善；后者则有清浊之分，善恶之别。人们应通过“居敬”、“穷理”来变化气质。朱熹还把“理”推及人类社会历史，认为“三纲五常”都是理的“流行”，人们应当“去人欲，存天理”，自觉遵守三纲五常的封建道德规范。朱熹学说的出现，标志着理学发展到了成熟的阶段，也标志着“君学”开始达到顶峰。

朱熹是继董仲舒之后，又一个专为君主专制统治制造理论武器的杰出理论家。他上接周张和“二程”，尽心尽力地编注《四书》即《大学》《中庸》《论语》和《孟子》，以此与《五经》并称，并从佛、道二教教义，早已“变种”的“儒学”主要是汉代经学，和孔、孟、老、庄、荀、韩等著作，以及天文、地理、术数、兵法、农、医等百家之说和诸多典籍之源、流中，吸纳一切可以吸纳的思想元素和知识素材，殚精竭虑地加以综合、创新，构建了一个适应赵宋王朝皇权维护和巩固的、庞杂的思想体系。该体系是对“董学”肇始的“君学”的继承和发展、淘洗和提炼、修补和矫正、充实和完善，因而比“董学”要丰富、精致，也庞杂得多，从而为专制君权的维护和加强，为维护以“三纲五常”、“忠孝节义”和“三从四德”为核心的整个封建礼教制度和秩序，提供了一个更加精密有效的理论武器。

朱子在学术理论上所达到的成就，是自董仲舒到他的时代学者们都无法比拟的。这自然与其博学多览、好学深思有关。他自己剖白说："某旧时亦要无所不学，禅、道、文章、楚辞、诗、兵法，事事要学，出入时无数文字，事事有两册。"（《朱子语类》卷一〇四）其治学"致广大，尽精微"，"上至无极太极，下而至一草一木一昆虫之微"（《朱子语类》卷十五）。他对自然现象中的气化、宇宙演化结构等进行了相当广泛而深入地探究，并将其成果与理学融会贯通，不仅推动了理学的发展，而且使其思想体系中有客观的因素，并闪烁着丰富的辩证思维的火光。明代王祎（1322 ~ 1373 年）认为："自孔子而后，曾子子思继其微，至孟子而后，周程张子继其绝，至朱子而复明，朱子之道，固集至贤之大成者也。"（《王忠文公集》）著名学者贺麟（1902 ~ 1992 年）也曾就此指出："朱子之所以成为儒学之集大成者，乃在于他把握了孔孟的真精神和活灵魂，而不拘于儒家先学的个别思想和言论；既将这种真本质加以弘扬广大，又能够兼容并蓄佛、道二学，熔诸子百学为一炉，从而才能建立一个博大恢宏、蔚为壮观的理学思想体系，且扩至知识学、道德学、教育学、政治学、自然科学等旁支，从而为儒家思想增添了新的血液、新的生命力；开创儒学发展的一代新风，使儒家思想生机勃发，绵延至今。这便叫做'言孔孟所未言，而默契孔孟所欲言之意；行孔孟所未行，而吻合孔孟必为之事'（明·吕新吾《呻吟语》）。"（贺麟：《朱子学新论》——纪念朱熹诞辰 860 周年国际学术会议论文集）

在失掉大半壁江山，南宋小朝廷偏安一隅、苟延残喘的窘境中，朱熹依然肉麻地吹捧"宋德隆盛，治教休明。"并抱着"于国家化民成俗之意、学者修已治人之方"（《四书集注·大学序》）而编注《四书》等，其政治动机十分明显。在这方面，朱熹与二程是一脉相承的。所以，"程朱理学"的"君学"性质毋庸置疑。

正因如此，所以自宋至元明清，历代统治者多将"程朱理学"尤其是朱子之学奉为官方的统治思想，程朱理学也因此而成为评价人们日常言行的是非标准，和识理践履的主要依据。宋理宗在宝庆三年（1227 年）下诏："朕观朱熹集注《大学》《论语》《中庸》《孟子》，发挥圣贤蕴奥，有补治道。朕方励志讲学，缅怀典型，深用叹慕。可特赠太师，追封信国公。"又十四年再次下诏："朕惟孔子之道，至我朝周敦颐、张载、程灏、程颐，真见实践，深探圣域，千载绝学。中兴以来，一旦朱熹，精思明辨，折衷融汇，使《大学》《论》《孟》《中庸》之旨贲门洞彻，孔子之道，益以大明于世。"（宋史纪事本末卷八十）明神宗在给丘睿《大学衍义补》所作序中也说：“是以孝庙嘉其考据精详，论述赅博，有补政治，特命刊而播之。”清代康熙则更将朱熹之学视为“人君治天下”的“致治之准绳”：“见其穷天地阴阳之蕴，明性命仁义之旨，揭主敬存诚之要，微而律数之精意。显而道统之源流，以至君德圣学，政教纲纪，靡不大小皆应，而表里咸贯，洵道学之渊薮，致治之准绳也。”（御制文集第一集十九卷）认为“体道亲切，说理详明，阐发圣贤之精微，可施诸政事，验诸日用，实裨益于身心性命者，惟有朱子之书，驾乎诸家之上。”而先秦以来的其他学说，“不偏于刑名，则偏于好尚；不偏于杨墨，则偏于释道；不偏于辞章，则偏于怪诞：皆不近于王道之纯”（御制文集第四集二十一卷）。

在南宋以后600多年的历史进程中，程朱理学一方面适应了维护和延续君主专制政权的需要，在维护社会稳定和促进人们的理论修养等方面，起了一定的进步作用；另一方面，它也成为维护残酷的剥削制度和封建礼教，束缚人民的手脚，扼杀人民的情欲，“以理杀人”的工具。

“存天理，灭人欲”是程朱理学的纲领。为了维护和延续君主专制制度及其纲常，就必须灭除人的欲望。当然，其所“灭”的只是普通大众、天下百姓的“人欲”，至于统治者自然例外：“人欲”不仅不“灭”，还要“纵”。你看那个招致国破连自己也被俘虏的道君皇帝宋徽宗，后宫佳丽三千还嫌不过瘾，而非要去街头嫖妓，不就是极好的说明吗！

还有“饿死事小，失节事大”，因为“人欲”是要“灭”的，所以“饿死事小”；因为“节”就是“天理”，所以是绝对不能丧失的！

与朱熹不同的是，陆九渊则侧重发展了程颢的思想，强调“心即理”，理具有宇宙本原和存在秩序两重涵义。而“宇宙便是吾心，吾心便是宇宙。”心既是万物根源性的实体，又是伦理性的实体。此说由明代王阳明继承，其“心即理”就是要用所谓人心固有的“天理”来取代客观的“天理”，合人性与天理为一，以达到物理与吾心的统一。

“陆王心学”虽然与“程朱理学”存在分歧和争论，但其大前提、大方向则是一致的；仔细考究起来，即使“程朱理学”和“陆王心学”内部，也同样存在某些分歧和争论。所以，“陆王心学”是“宋明理学”当中，与“程朱理学”并行并一度呈取代“程朱理学”占主导地位的，很重要的一支。

“破山中贼易，破心中贼难!”这正好道破了“陆王心学”的“君学”实质。

不管“理”在“天上”还是在人“心中”，其实都是君王专制统治及其纲常秩序的代名词，凡是合乎“理”的思想、欲望，都要“存留”、竭力维护，而一切有违“理”的思想、欲望，则都要“破除”。这就是宋明理学的实质所在。

尽管宋明理学蕴含着向统治者“正君心”、“格致诚正修齐治平”的呼吁，但在专制的制度下，这种呼吁对君王来说，不具备任何约束作用。君王高兴了、觉得有用时，就听一听；而不高兴了、觉得无用或不利时，就当做耳旁风。

因此，就整体而言，包括“程朱理学”和“陆王心学”在内的整个“宋明理学”，是中国几千年的君主专制社会所孕育出来的，为维护君主专制制度服务的最精致的武器，是“君学”发展的顶峰。其作用延续千余年，其影响直到现在也还存在，在有些地区、领域还相当严重。尤其是在中国广大农村，知道马列主义的人不多，但宋明理学所宣扬的忠孝节义等思想，却为人们所熟悉，并在发挥着作用。

（八）清代朴学

107. 应如何看待清代朴学

有人把“朴学”视为清代的“专利”，其实，“朴学”一词首见于《汉书·儒林传》，意为质朴之学。但后世常称汉代的古文经学派为“朴学”，盖与汉儒古文经学派治经，注重名物训诂考据有关，故又称“考据学”。晚清以后，“考据学”多用于专称“乾嘉学派”。

清代学术，以整理和总结中国数千年学术为其特征，而最能体现此一历史特征者，则为“乾嘉学派”，即乾隆、嘉庆时期具有共同志趣、在以经史考证为特色的治学取向下，所形成的一个学术流派。

关于考据学的产生，有人认为是在清代，或明末。其实，任何一种学问及其治学方法的形成，一般总要经历萌发、成长和成熟的过程。严格地说，不管做什么学问，离开了考证、实据，都是做不好的。就是医家诊病，也必先考察病情，诊断病因，而后才可布方下药。所谓望、闻、问、切，就是医生考证病情的四种基本方法。又如法官审案，也必先考明案情，掌握证据，方可断得准确。所以，中国学术文化从诞生的那天起，就同考据结下了不解之缘。孔子治《六经》的过程，自然包含考据的过程。先秦诸子百家在争鸣中，也无不利用考据来阐明自己的观点。到汉代，古文经学家更是注重名物训诂考据，由此班固在《汉书·儒林传》中，才第一次提出“朴学”即考据学的名称。至于有人认为，在清代自雍正一朝大兴文字狱之后，知识分子在血雨腥风的威慑下不得不钻进故纸堆，沉迷于对前人史料和书籍真伪的考证、辨析之中，于是使得考据学在当时兴起，也不无道理。而清政府则用编修《四库全书》的方式，笼络天下知识分子。考版本、纠错谬、辨音义，终使考据之学大盛。因此，认为考据学在乾嘉时期大兴，与清代的文字狱大有关系的说法，也是不容否认的史实。凡是从“十年文革”之文化禁锢中艰难熬过来的中国学人，恐怕对此都有切身体会。生存是人生的第一需要，在很容易招来杀身之祸、充满血腥味的“文字狱”面前，除了隐姓埋名且又能确保避祸的个别人之外，绝大多数知识分子，除了在无奈中让学业荒废，也顶多只能钻进故纸堆中游猎罢了。由于“文革”政治高压之残酷，远远超过清朝及历代的文字狱，所以，在那个时代，人们连考据学也大都不敢问津。

关于清代考据学在中国学术文化史上的地位和价值，有人不以为然，甚至认为“了无用处”。

我认为清代考据学的历史地位和价值毋庸置疑。

因为清代考据学不仅对传统儒家经典进行了比较全面的整理和研究，而且还对诸子百家、史部、集部等更大范围内的传统文化典籍进行了清理和耙梳；通过校勘、辨伪、辑佚、注疏、考订史实等多种手段，对浩如烟海的古代文化典籍力求去伪存真、正本清源，使许多面目全非、久已散佚、真伪混杂的文献得以基本恢复其本来面目，使许多晦涩深奥、不能卒读的典籍，大体可供阅读研究。清代考据学虽然在某些方面有矫枉过正甚至反正为疑、缺乏理性批判与反思等等不足，但就总体而言，则体现了探疑求真的严谨治学态度。尤其是为后来的研究者提供了丰富而翔实的资料。如果没有清代考据学者的整理与研究，后世学者要研究中国传统学术文化，不知要走多少弯路，空耗多少心血。对此，郭沫若曾称赞说：“欲论古人或研究古史，而不从事考据，或利用清儒成绩，是舍路而不由。”（郭沫若《读〈随园诗话〉札记》，作家出版社 1962 年版）

清代考据学的发展，使服务于经学的辅助学科文字学、音韵学、训诂学、历史学、地理学、历算学、目录学、版本学、校勘学、辨伪学、辑佚学等传统学术得到了空前的发展。特别值得注意的是，清代考据学者有意识地对某些学科的理论方法进行总结，如小学研究方面“因声求义”说、“古无轻唇音”说、“四体二用”说、“故训声音相表为里”说等等，尤其是王念孙父子总结的一些校勘、训诂规律和“公理”，至今仍然在古代汉语、在文献学研究中发挥着重大作用。“清代考据学不仅对传统学术有清理总结之绩，而且对近

代学术发展有开启之功。”（郭康松：《清代考据学研究》，湖北辞书出版社2001年8月出版）

尤其难能可贵的是，考据学给我们留下了做学问、作道德文章的珍贵精神遗产，这就是贯穿于考据学之中的“实事求是”四个字。

“实事求是”由班固在《汉书·河间献王传》中提出，意在褒誉爱好收藏秦始皇焚书坑儒后散落的古籍、并认真考证的河间献王刘传“修学好古，实事求是”。“实事求是”可谓考据学之灵魂。清代考据学亦称“汉学”，而“实事求是”自然也贯通其间。清代考据家阮元（1764～1849年）说：“推明古训，实事求是而已。”另一考据家钱大昕（1728～1804年）说：“学殖无成，惟有实事求是。”戴震（1724～1777年）说：“实事求是，不主一家。”陈垣（1880～1971年）说：“欲实事求是，非考证不可”。他们所强调的“实事求是”，就是探疑求真，“弄清或符合真相”。正是在这种精神的陶冶下，涌现了一批道德文章大家。这种实事求是的治学精神、怀疑否定的批判精神、敢于冲破和超越前人之陋见和伪说的创新精神，以及“不攘人之美”、反对抄袭的学术风范，正是我们今天所缺少和应大力弘扬的。正如梁启超（1873～1929年）所言：“考证学直至今日还未曾破产，而且转到别个方面和各种社会科学会发生影响。”（梁启超《中国近三百年学术史》，上海三联书店2006年版）

清代考据学在治学方法上重实证、讲究逻辑推理，因而贴近数学的方法，恰与西方数学要求严密逻辑推理的层面相吻合，对清末晚期的学术界形成崇尚“严谨治学”的文化氛围，也功不可没。此外，鉴于乾嘉学派中许多人（如戴震、阮元）本人就是算学家，所以考据学派对中国传统算学也有重要贡献。尽管由于乾嘉考据学派重考证、复周秦之古，并没有走出如西方的“文艺复兴之路”，却按照“西学中源”的错误判断，拒绝学习西方数学中的“奉法自然”、“刻意创造”、“经世致用”，对数学发展和教育带来一定的负面影响。

考据学本身所存在的这样或那样的不足，主要是由于历史和认识的局限性所造成的。

八　科举制度与“国学”

108. 科举制度在“国学”发展中的作用

科举制度作为中国历史上通过考试选拔官员的一种基本制度，从隋朝大业元年（605 年）的进士科算起，到光绪三十一年（1905 年）正式被废除，整整延续了 1300 年。

近人对科举制度多所非议，甚至全面否定，并不符合科举制度在中国社会和学术文化发展的史实。

科举制度首推并坚持“自由报名，公开考试，平等竞争，择优取仕，公开张榜”的原则，无疑对以前的选官制度，如“分封制”、“察举制”和“征辟制”、“九品中正制”等等来说，都是一个巨大进步。

其进步性集中体现在：它从根本上铲除了以血亲关系为纽带的世袭制，没有科学而严格的考核机制而带有很大程度的随意性，又难于避免重血统、论门第、徇私情、拉关系、结帮派的举荐选拔制。它在抑制门阀、奖掖寒庶，限制权力杠杆对人才选拔的干预作用方面，功不可没，是一种可贵的民主制度。

尽管此前关于“用人惟贤”、“惟才是举”的口号喊了许多年，但由于缺乏相应的考核制度和筛选手段，一直未能落实。而科举制度的实行，首开在考试及其成绩面前人人平等，从而为广大与官场相距深远，以至毫无关联的平民子弟，提供了一个进入仕途、施展才能、实现抱负的，公开而公平竞争的机会，使大批地位低下和出身寒微的优秀人才脱颖而出。“朝为田舍郎，暮登天子堂”、“十年寒窗无人问，一举成名天下知。”就是对科举制度为平民百姓子弟所提供的“学而优则仕”机遇的典型写照。

可以说，科举制度是中国历史上，也是世界历史上最具开创性的公开而公平的官吏选拔制度。

科举考试中所规定的考试内容虽然经历了一个演变过程，但基本内容大致相同，主要采用的是适于官方意识形态的古代典籍。从宋代开始考“经义”，摘《五经》句出题。元代开始考“四书义”，并以朱熹的《四书集注》

作为评判标准。到明代又严格规范了“时文”文体，即所谓“八股文”。不管考试的具体内容如何，无疑都在中国学术文化即“国学”的范围之内。科举考试在试题内容上的严格要求和时间上的严格限制，及所采取的封闭而严密的考试形式和保密措施，以及层层筛选、逐级淘汰的金字塔式的择优录取方法，和近乎残酷的竞争机制，无疑对考生提出了极高、极严的要求。考生要在限定的时间内顺利应试，脱颖而出，绝非易事。“十年寒窗苦”，不止昭示了考生在时间上的漫长付出，更蕴含着他们为备考在应试内容上所历经的艰难困苦。贫家子弟范仲淹（989～1052年）每日两餐，每餐仅靠两块粥冻和咸菜充饥而刻苦备考的情景，就是典型的一例。官宦子弟虽然具有优越的学习条件，但要是学习不刻苦，考试成绩不佳，照例被科举考试所淘汰。正是这种仅仅凭借考试成绩，且“百里挑一”的严格考试制度，迫使所有学子从小勤奋攻读，刻苦钻研，因而客观上培植了世代相传的浓厚的学习风气，推动了中国学术文化的发展。由于科举考试包含从秀才到状元的多个台阶、多个层次，所以其对人才的孕育自然也呈现出多层次。“金榜题名”者中固然有才高八斗之士，而“名落孙山”者中也不乏真正的人才。

因此，科举考试制度在为国家培养多层次的人才，促进“国学”发展方面的贡献，功不可没。

据相关统计，在1300年的科举考试中，共计约产生700多名状元、近11万名进士、数百万名举人，至于秀才就更不计其数了。隋唐以后，几乎每一位知识分子都与科举考试有着不解之缘，从未参加过科举考试者极少。隋唐以后，中国历史上善于治国安邦的名臣、名相，有杰出贡献的思想家、文学家、艺术家、教育家、科学家、外交家、军事家等等，大都出自状元、进士和举人之中。

治国兴邦，关键在于选才用人，尤其是选拔任用具有真才实学的各级优秀官吏。而科举制度则正是在这方面开创、提供了一个比较公开、公平的平台和机制。所以，它不仅对于中国教育和学术文化的发展具有巨大的推动作用，而且对于维护祖国统一、社会稳定、各民族的团结和谐，对于中华文明的建设和传承等等，也都起过巨大作用。

科举制度从宋元以后东渐西传，被越南、日本、韩国、朝鲜，长期仿照实施；而法、美、英等国的选拔官吏制度也都受到直接影响。尤其是西方诸国的文官选拔制度，就包含对中国科举制度的借鉴和发展。对此，即使以推翻封建专制为终生使命的孙中山，也认为中国的科举制度“是世界各国中所用以拔取真才之最古最好的制度”（《五权宪法》）。西方有识之士将中国的科举制度称为“中国的第五大发明”，足见中国科举制度在国际上的影响之大了。

人世间没有一成不变的事物，历史上没有永远先进的东西。由于自身的演变和各种因素特别是专制统治趋于腐朽、没落的影响，科举考试的内容到明代演变成以“八股文”为主，“八股取士”逐步沦为僵化的模式，特别是到晚清，成为严重束缚知识分子的思想自由翱翔的枷锁，种种弊端迭出。在“西学”和各种外来新思潮的影响下，1898 年“戊戌变法”及之后，“废除科举，兴办学堂”之呼声渐高。1905 年清政府颁布了停止科举的上谕，从此，延续 1300 年之久的科举制度被废止。

科举制度对当今我国的学生考试和公务员的选拔任用制度，仍具有现实的借鉴意义。

沿袭多年的高考制度，实质上就是对科举考试制度的继承和发展。高考制度对新中国几十年来，在人才的选拔培养上的作用有目共睹，但是近些年有些人却给扣上“应试考试”等“罪名”，并想借“改革”之名将其改头换面，使其丧失公开、公平，在考试面前人人平等的原则。

众所周知，在世袭制之遗毒依然严重存在，在诸如裙带风、人情风以及假冒伪劣的人品和官品充斥而又缺乏有力、有效的监督制度和机制的现实面前，取消或削弱全国统一出题、统一时间的高考，而提倡、增加一些学校的自主招考，无疑就是为腐败风气，大开方便之门。实在是打着冠冕堂皇的“改革”旗号，而实则为误国误民之举！至于在各级各类学校教育中，借所谓“用素质教育替代应试教育”之名，而放宽考试制度，乃至取消闭卷考试的做法，则更是贻误和糟蹋人才的行径！

在国家公务员的考试录用制度中，尤其应借鉴过去科举考试制度“自由报名，公开考试，平等竞争，择优取士，公开张榜”的原则。

为什么官员选拔任用上的世袭制遗风、裙带风、人情风，尤其是帮派风总是绵延不断？为什么卖官鬻爵等人事上的腐败现象总是屡禁不止？为什么类乎太监身份的秘书最容易得到提拔和重用？就是因为缺乏像科举考试制度那样的“自由报名，公开考试，平等竞争，择优取士，公开张榜”的原则。跑官之风固然可恶，可不用“跑”就得官的帮派内定之风，岂不比跑官更加可恶！

在缺乏真正公正、公平的考核，选拔和监督制度和机制的条件下，“任命制”实质上就是变相的“分封制”。名义上是“集体讨论”，而实际上仍多由一把手说了算；卖官鬻爵和个人物色内定的闹剧之所以屡禁屡演、外禁内演，乃至愈演愈烈，盖源于此。不靠科学而严格的选拔制度，而实质上靠个别领导来物色选拔人才，任命官员，总难以摆脱世袭制遗风、裙带风、人情风，尤其是帮派风的制约和影响。这恰恰是当今中国政治体制尤其官员选拔制度的最大弊病之一。科举制度被废除后，中国至今并未找到和建立起一套公正而公平的官员选拔制度，不能不说是一大憾事！

当然，科举制度也有其自身的缺陷，尤其是单凭文化考试而不通过试用即为官的实践，来考核其到底能否胜任其职，就直接加以任用，甚至委以重任，是不可取的。尤其是在社会历史条件与古代已经发生根本变化的今天，就更不能简单地照搬科举制度的模式。我认为公务员的选拔任用，至少应通过以下五个环节：民测（即民意测评）、考试、答辩、试用、委任。通过“民测”来考核其在民众的威望和信任度，通过“考试”来考核其相应的文化素质，通过“答辩”来考核其对相关现实问题等的应变能力，通过“试用”来考核其到底有无真才实学和任职的实际才干等素质，最后再择优“委任”相应的职务。科举考试只是在第二、第三个环节作为借鉴罢了，而其最值得借鉴和继承的就是“自由报名，公开考试，平等竞争，择优取士，公开张榜”的原则。

九　清末民初的“类百家争鸣”

109. 清末民初出的“类百家争鸣”

清末民初的中国学术文化领域，面对国外科学文化和各种思潮的涌入，引发了有史以来的一系列论战，而尤以“文体论战”、“科玄论战”、“东西文化论战”、“中国社会史论战”等最为激烈；而每一论战中又出现了五花八门的“口号”、“主义”和“问题”等的争论，因而涌现出类似“百家争鸣”的状况和派别。如革命与改良，维新与守旧，“全盘西化论”与“保留国粹论”等等，而“国学”就是在这样的背景下被正式提出来的。

伴随中国专制制度的动摇和瓦解，中国学术文化也洞开了封闭二百多年的闸门，西方的“科学”、“民主”等思想和进步知识大量涌入，对中国传统学术文化造成巨大冲击。中国几千年的社会根基和学术文化一下子处于风雨飘摇、巨大转型之中。专家、学者们再也不能继续安心于考据学，而不得不走出书斋，参与新形势下“经世致用”之学的讨论和争鸣了。而外国列强也趁火打劫，在对中华民族实施政治和军事侵略的同时，加紧实施文化侵略，甚至把文化侵略作为其政治、军事侵略的先导。为一些西方学者所捏造并鼓吹的所谓“中国文化西来说”，就是在这样的背景下出笼的。于是引发了学术文化的“内”与“外”，即中国学术文化与外来学术文化的激烈对抗。

当中华文明在五千年前的历史长河中澎湃奔腾时，许多列强连胚胎都还没有孕育，此时居然在中华文明古国面前“倚老卖老”，实在滑稽可笑！

可是，在我们内部，却总有极少数患软骨症的人，数典忘祖，卑躬屈膝，自暴自弃，妄自菲薄。或投靠帝国主义列强充当文化买办，或昏头昏脑地迎合“中国文化西来说”，而鼓吹“全盘西化”论。于是又引发了中国学术文化内部“新”与“旧”的学术文化对抗。这就是所谓“中西文化之争”，“古今文化之辩”。而争辩的实质则集中在如何认识和对待中与外、古与今的学术文化的关系上。其中固然包括革命与改良、革新与守旧、进步与倒退这些阵营分明的论战，同时也包括带有程度不同的学术文化探讨式的“类百家争鸣”。

之所以称之为“类百家争鸣”，一则从形式上看没有先秦那样的“百家”涌现，就是把各种奇谈怪论统统囊括其中，顶多也就几种、十几种而已，而真正称得上“家”、学派的就更少；二则从内容上看既没有先秦百家那种清醇的学风，更没有先秦百家那种一以贯之的理论体系。一句话，这种“类百家争鸣”实则带有很大程度上的混战色彩，正如列强和军阀竞相在中华大地上混战一样。

就拿围绕“孔教”、“孔学”的争论来说吧，不仅围绕“孔教”、“孔学”是教非教的争论双方阵营混乱，而且就连主张“孔教”、“孔学”是教的阵营内部，也都混乱不堪，甚至同一个人，其论调在不同时期也呈现出莫衷一是的混乱状态。如梁启超（1873～1929年）、谭嗣同（1865～1898年）、叶德辉（1864～1927年）、张之洞（1837～1909年）、章太炎（1869～1936年）、严复（1854～1921年）等等，无一不是如此，真正始终苦心孤诣地主张建立“孔教”，旨在将儒学宗教化的只有康有为（1858～1927年）、陈焕章（1880～1933年）等极少数人。但康、陈之间的观点也大不一样。康有为把改良政治、挽救中华民族和中国传统文化危亡的事业系于立孔子为教主，立孔教为国教，并为此奔走呼号。在从“百日维新”的“托古改制”到民国创建时的立宪，再到袁世凯称帝等等一系列政治事件中，康有为一再鼓吹把“孔教”设为国教，并创造了“孔教会”等组织，主办了相应的刊物，产生相当大的社会反响，引发了不同的反应和激烈的论战。而陈焕章则实际上欲以先秦原始儒学之重民思想，来挺立“孔教”，以宗教的方式，向新的统治者输入重民理念，并形成类似传统儒家的以道抗政、以学抗势，而在以教抗政、实现儒学更新改造的同时，使“孔教”成为新政权的抗衡力量。这自然不会有什么结果。但是，康、陈二人，在逆历史潮流而动，不识时务、不看对象地一味鼓吹“孔教”，并一意孤行，竭力付诸实施方面，则是一致的。后来，在段祺瑞（1865～1936年）、黎元洪（1864～1928年）相继上台，以及张勋（1854～1923年）导演复辟闹剧期间，康有为都一厢情愿地争取立孔教为国教，力图实现其将“儒学”宗教化的梦想。张勋复辟失败之后，康有为受到牵连被通缉，并于次年辞去孔教会会长之职，从而退出政治舞台，宣告了以他为主所鼓噪和推动的孔教活动的失败。但孔教会的活动并未就此停止。1929年，陈焕章在香港创办“孔教学院”，可以视为孔教活动由内地向海外转移的开始。从那以后，海外孔教活动一直延续至今。

清末民初之所以出现“类百家争鸣”，主要原因是：第一，社会转型所导致的专制帝国的覆灭，政治统治的薄弱，使文化禁锢的链条松动；第二，社会转型时期所引发的政治腐败、社会动荡、道德失范、信仰危机和思想混乱，客观上为学术文化上的自由争鸣创造了条件；第三，社会转型时期国外进步的科学技术和各种思潮的涌入，刺激和催化着学术思想的活跃；第四，社会转型对相应的学术文化的呼唤。任何一种类型的社会形态的建立和发展，都需要相应的学术文化形式与之相适应；第五，学术文化有其自身的发展规律，但学界人士并非都能自觉地按科学的思维规律著书立说，这里充满了一般与特殊，即正门大道与旁门左道、阳关大道与羊肠小道同时并存的局面。所以，决不能机械地理解“社会存在决定社会意识”，而“社会意识的相对独立性”也是个很现实、很复杂的问题。

110. 多变的时势造就多变的人格和思想

多变的时势造就多变的人格和思想。这无论在政治和思想文化领域都毫无例外。而在清末民初，最能证明这一点的人物，当以梁启超最为典型。

梁启超身处多变的时代，又自称是一个“流质”之人，“所谓我操我矛以伐我者也”，“不惜以今日之我，难昔日之我”，于是形成其多变的人格和思想。

梁启超早年师从康有为，认为孔子是一个“改制立法，作六经以治万世”的大圣人。“秦以前据乱世也，孔教行于齐鲁；秦后迄今升平世也，孔教行于神州；自此以往，其将为太平世乎？《中庸》述圣祖祖德，其言曰：洋溢中国，施及蛮貊，凡有血气，莫不尊亲。孔教之遍于大地，圣人其知之矣。”（《新学伪经考叙》，《饮冰室合集·饮冰室文集之二》，中华书局1989版）这时，梁启超心目中的孔子与康有为“托古改制”的孔子，并没有什么两样。在《西学书目表后序》中，梁启超说：“吾请语学者以经学。一当知孔子之为教主；二当知六经皆孔子所作；三当知孔子以前有旧教；……五当知七十子后学，皆以传教为事；六当知秦汉以后，皆荀卿之学，为孔教之孽派……十当知伪经既出，儒者始不以教主待孔子。请言子学。一当知周秦诸子有二派，曰孔教，曰非孔教；二当知非孔教之诸子，皆欲改制创教；……六当知诸子弟子，各传其教，与孔教同；七当知孔教之独行，由于汉武之表章六艺，罢黜百家……”

梁启超这里的“孔教”观，可以说是对其师康有为所推崇的“孔教”的标准注释。这也是他在戊戌变法时追随康有为，不遗余力地为“孔教”呐喊、论证的思想认识根源。而当变法失败东逃日本后，一则受革命派的思想影响，二则经过冷静后的反思，促使他的思想观念发生巨大转变和进步，于是从康有为的“孔教”羁绊中挣脱，对孔子及儒学重新加以审视。

梁启超在日本通过办《请议报》和《新民丛报》，与革命党人多有接触，思想渐趋激进，又经过广泛涉猎翻译到日本的西方启蒙思想家诸如卢梭、孟德斯鸠等人的著作，使其在思想上和学理上的见解，渐渐突破了其师康有为的“公羊三世”及“孔子改制”之类的说教，接受并系统地阐述了西方的一系列社会政治学说、伦理观念和学术思想，促使其在“孔教”观上也发生了很大转变。1899 年 6 月，梁启超在向日本哲学会介绍“孔教之真教旨”时，虽然声言自己所说的只是“南海先生所发明者”，但实际上却以揭示湮没两千多年的“孔子之真面目”的名义，“发明”出许多新义，指出孔子的思想是“进化主义非保守主义，平等主义非专制主义，兼善主义非独善主义，强立主义非文弱主义，博包主义（亦谓之相容无碍主义）非单狭主义，重魂主义非爱身主义。”他还特别强调孔子的思想自由，认为“中庸道并行而不相悖之义，即本于春秋三世并立之义，而孔子之真相也。自汉以后，定于一尊，黜弃诸子，名为尊孔子，而实则背孔子之意甚矣，遂使两千年来人人之思想不能自由。……今当发明并行不悖之义，知诸子之学即孔子之学，尊诸子即所以尊孔教，使天下人人破门户之意见，除保守之藩篱，庶几周秦古学复兴而人智发达矣。”（《论支那宗教改革》）这样，他就给孔子学说带上了思想自由的现代色彩，并把孔子之学与诸子并列，自然就失去了康有为以孔子为教主之本意。

后来，梁启超自己说：“启超自三十以后，已绝口不谈‘伪经’，亦不甚谈‘改制’，而其师康有为大倡孔教会、定国教、祀天、配孔诸义，国中附和不乏，启超亦不谓然，屡起而驳之。”（《清代学术概论》）他还在《新民丛报》发表文章，对“孔教”及后儒加以批评。他说汉代以后儒学与孔教混淆一起，多有争执，“各自以为孔教，而排斥他人以为非孔教”，没有思想自由可言。当今的“保教者”，是以“新学”来附会孔学，而不能得真理。这说明他开始脱离“保教”立场，以学者和思想家的眼光，对孔子学说进行分析评判了。

基于对孔子学说利弊的认识，梁启超对“保教”提出了异议。他在致康有为的一封信中指出：“孔学之不适于新世界者多矣，而更提倡保之，是非行南辕也。”认为要拯救中国，当务之急是“以新学说变其思想”，而不应当死死抱住孔子学说不放。（《致夫子大人书》，光绪二十八年（1904）四月，引自丁文江等编《梁启超年谱长编》，上海人民出版社 1983 年版）康有为复函对其严加斥责，但梁启超坚持己见，不久即在 1902 年 2 月又公开发表《保教非所以尊孔论》的著名论文，一针见血地指出："至倡保教之议者，其所蔽有数端：一曰不知孔子之真相，二曰不知宗教之界说，三曰不知今后宗教势力之迁移，四曰不知列国政治与宗教之关系。今试一一条论之。"于是系统地阐发了"保教"之弊，并同时论述了"孔教"非教。

此时的梁启超已经有了一个明确的宗教观，他认为"所谓宗教者，专指迷信宗仰而言，其权力范围乃在躯壳界之外。以魂灵为根据，以礼拜为仪式，以脱离尘世为目的，以涅槃天国为究竟，以来世祸福为法门。诸教虽有粗精大小之不同，而其概则一也。"基于此，他明确指出并论证了"孔教"非教。

他说："孔子则不然，其所教者，专在世界国家之事，伦理道德之原，无迷信，无礼拜，不禁怀疑，不仇外道，孔教所以特异于群教者在是。质而言之，孔子者哲学家、经世家、教育家，而非宗教家也。西人常以孔子与梭（苏）格拉底并称，而不以之与释迦、耶稣、摩诃末并称，诚得其真也。夫不为宗教家，何损于孔子！"

因此，他认为"孔教论"将孔子打扮成教主，加以神化，不是对孔子的尊重，而是对孔子的抵诬。

"持保教论者，辄欲设教会，立教堂，定礼拜之仪式，著信仰之规条，事事摹仿佛、耶，惟恐不肖。此靡论其不能成也，即使能之，而诬孔子不已甚耶！孔子未尝如耶稣之自号化身帝子，孔子未尝如佛之自称统属天龙，孔子未尝使人于吾言之外皆不可信，于吾教之外皆不可从。孔子，人也，先圣也，先师也，非天也，非鬼也，非神也。强孔子以学佛、耶，以是云保，则所保者必非孔教矣。无他，误解宗教之界说，而艳羡人以忘我本来也。"

也就是说，孔子学说没有宗教诸派狭隘排他的性质，却有博采众长的胸怀。

他还驳斥了企图通过设立和保护"孔教"，以抵制侵略、维护主权的说法："且耶教之入我国数百年矣，而上流人士从之者稀，其力之必不足以易我国明矣，而畏之如虎，何为者也？至各国政府与乡里莠民之利用此教以侵我主权，挠我政治，此又必非开孔子会、倡言保教之遂能抵抗也。但使政事修明，国能自立，则学格兰斯顿之予爱兰教会以平权可也，学俾斯麦、嘉富尔教之予山外教徒以限制亦可也，主权在我，谁能侵之！故彼之持保教抵制之说者，吾见其进退无据也。"

他指斥保教派既违背孔子精神，又违背时代潮流："孔子之所以为孔子，正以其思想之自由也。而自命为孔子徒者，乃反其精神而用之，此岂孔子之罪也？呜呼，居今日诸学日新、思潮横溢之时代，而犹以保教为尊孔子，斯亦不可以已乎！”

梁启超对保教派的保守本质的认识和憎恶，简直深入骨髓：“故吾最恶乎舞文贱儒，动以西学缘附中学者，以其名为开新，实则保守，煽思想界之奴性而滋益之也。我有耳目，我有心思，生今日文明灿烂之世界，罗列中外古今之学术，坐于堂上而判其曲直，可者取之，否者弃之，斯宁非丈夫第一快意事耶！必以古人为虾，而自为其水母，而公等果胡为者？然则以此术保教者，非诬则愚，要之决无益于国民可断言也！”

他论述了孔子学说在人格教育即“德育”中的重要地位和作用：“东西古今之圣哲，其所言合于人格者不一，而最多者莫如孔子。孔子实于将来世界德育之林，占一最重要之位置，此吾所敢豫（预）言也。夫孔子所望于我辈者，非欲我辈呼之为救主，礼之为世尊也。今以他人有救主、世尊之名号，而我无之，遂相惊以孔教之将亡，是乌得为知孔子矣乎！夫梭格拉底、亚里士多德之不逮孔子也亦远矣，而梭氏、亚氏之教，犹愈久而愈章，曾是孔子而顾惧是乎！吾敢断言曰：世界若无政治、无教育、无哲学，则孔教亡。苟有此三者，孔教之光大，正未艾也！持保教论者，盍高枕而卧矣。”

梁启超认为孔子的教育思想，在两千多年来的中国历史发展中，与时推移，发挥着重要作用：“孔子之立教，对两千年前之人而言者也，对一统闭关之中国人而言之也，其通义之万世不易者固多，其别义之与时推移者亦不少。孟子不云乎：‘孔子，圣之时者也。’使孔子而生于今日，吾知其教义之必更有所损益也。今我国民非能为春秋战国时代之人也，而已为二十世纪之人，非徒为一乡一国之人，而将为世界之人，则所以师孔子之意而受孔子之赐者必有在矣。”

梁启超在批驳保教派的同时，总是对自己以前的认识进行无情地剖析和自责：“嗟乎嗟乎，区区小子，昔也为保教党之骁将，今也为保教党之大敌。嗟我先辈，嗟我故人，得毋有恶其反覆，诮其模棱，而以为区区罪者。虽然，吾爱孔子，吾尤爱真理！吾爱先辈，吾尤爱国家！吾爱故人，吾尤爱自由！吾又知孔子之爱真理，先辈、故人之爱国家、爱自由，更有甚于吾者也。”“吾以是自信，吾以是忏悔。为两千年来翻案，吾所不惜；与四万万人挑战，吾所不惧。吾以是报孔子之恩我，吾以是报群教主之恩我，吾以是报我国民之恩我。”

这种严格得近乎残忍的自我剖析、自我批判、自觉忏悔的精神，恰恰是中国学人所最可宝贵的品格，恰恰是最为难得的“大师风范”，也恰恰是当今学子所最为缺乏、最应承继和发扬的啊！

梁启超的这篇文章，标志着孔教非教说理论上的成熟，也预示了近代孔教说学理上的穷困，及其失败的命运。既然孔子不是宗教主，那么孔教也就不是宗教了。“吾以为孔教者，教育之教也，非宗教之教也，其为教也，主于实行，不主于信仰。”（《论佛教与政治之关系》，《梁启超哲学思想论文选》，北京大学出版社 1984 年版）顺便指出，梁任公关于“孔教”非教的分析和论断，对至今那些顽固坚持“孔教”是教的观点和主张，依然具有深刻的批驳意义。

不过，梁启超的某些观点也值得商榷，例如他曾说：“意欲以抉破罗网，造出新思想自任，故极思冲决此范围，明知非中正之言，然今后必有起而矫之者，矫之而适得其正，则道进矣……”故“思以数年之功，著一大书，揭孔教之缺点。”（《致夫子大人书》，光绪二十八年（1904 年）四月，引自丁文江等编《梁启超年谱长编》，上海人民出版社，1983 年版）这种矫枉过正的态度和思路，可以说是“五四新文化运动”反孔批儒的先声，“五四”时期的许多观点，正是对于梁启超这一观点的展开和深化。

多变的时势铸就了梁启超多变的人格和思想。这除了表现在他由主张孔教是教转变到认为孔教非教外，还表现在其他方面。他在“孔教”立场上的转变，并未带动他在政治立场上的根本转变。在日本，他主张君主立宪，并激烈地反对孙中山所领导的民主革命。辛亥革命后，他回国纠集立宪派和保皇党组成“进步党”，遭遇挫折后又拥护袁世凯，并出任袁世凯政府之司法总长，尔后又反对袁世凯复辟，并冒着生命危险策动蔡锷组织护国军讨袁。后又组织宪法研究会，依附于段祺瑞政府，出任其财政总长。到“五四运动”爆发，则反对“打倒孔家店”，反对马克思主义在中国的传播。

对于梁启超在政治立场上所表现的多变的人格和思想，我们不宜用政治家标准来评判，而宜联系他的学人素质来评判。梁启超对先秦诸子，原始儒家以及历代“儒学”都进行过比较认真的研究和思考，由此铸就了他深厚的“国学”功底。这可以从其许多学术论著（如《先秦政治思想史》《论中国学术思想变迁之大势》《清代学术概论》等）中看出来。尽管他也曾给孔子贴上“自由、民主”的时髦标签，但与他同时的许多学者包括其师康有为相比，他的学术研究在其后期还是没有成见的、客观的，尤其是在晚年。他在政治态度上的反复变化，正是他以学人的精神反观政治的体现。对于学术，尤其是在逃亡日本后他那严格的自我批判和认真的学术求索精神，特别是在晚年不再参与政治，于清华园静心书斋，专心研究和著述，以其丰硕的学术成就，跻身“国学”大师之列！（详见拙著《“国学”纵横》）但对于政治，至少跟与他同时的许多一流学者们一样，他始终是个外行。以习惯的治学思维和方法、熟悉的四则运算面对政治，是一切学者在政治上碰壁和失败的根本缘由，因为正如列宁所深刻揭示的那样，“政治与其说像算术，不如说像代数，与其说像初等数学，不如说像高等数学。”（参见列宁：《共产主义运动中的“左派”幼稚病》（1920 年 4 ~5 月间）。《列宁选集》第 4 卷第 255 ~256 页）

如果说春秋战国时期也存在“内忧外患”的话，那么当时的“内忧外患”还都局限在中华民族大家庭的范围之内，而清末民初的“内忧外患”则就不同了，不但“内忧”主要源于“外患”，而且“外患”远远甚于“内忧”！因此，所谓“灭国灭种”的危险绝非耸人听闻之谈，而是切切实实的现实。正是在这样严峻的现实面前，一批富有爱国心的有识之士，代表中华民族的脊梁挺身而出，提出“复兴”“国学”的口号。

111. “新文化运动”对“国学”的影响

“新文化运动”是指20 世纪初反对封建文化的思想启蒙运动。它以 1915 年9 月陈独秀在上海创办《青年》杂志（1916 年9 月起改为《新青年》，翌年初迁到北京）为起点和中心阵地，以民主和科学（“德先生”和“赛先生”）两面旗帜，向封建主义展开猛烈进攻。

其主要代表人物有陈独秀（1879 ~1942 年）、李大钊（1889 ~1927 年）、鲁迅（1881 ~1936 年）、胡适（1891 ~1962 年）、易白沙（1886 ~1921 年）、吴虞（1874 ~1939 年）、钱玄同（1887 ~1939 年）等。提倡民主，反对封建专制及其伦理道德，要求平等自由，个性解放，主张建立民主共和国；提倡科学，反对尊孔复古思想和偶像崇拜，反对迷信鬼神，要求以理性与科学判断一切；提倡新文学和白话文，反对旧文学和文言文，开展文学革命等，是“新文化运动”的基本内容。

“新文化运动”是一次前所未有的思想解放和启蒙运动，为马克思主义等西方新思想在中国的传播开辟了道路。尤其是在“五四运动”及以后，其成效更加显著。在“五四运动”以前，倡导新文化的刊物，只有《新青年》《每周评论》和《新潮》等少数几种。而仅在“五四运动”后的一年内，全国新出版的期刊就猛增至400 余种。其中影响较大的有上海的《星期评论》《建设》《民国日报》副刊《觉悟》；北京的《少年中国》《曙光》《新社会》；天津的《天津学生联合会报》《觉悟》；湖南的《湘江评论》，成都的《星期日》，武汉的《武汉星期评论》和浙江的《浙江新潮》等等。“五四运动”前的进步社团较著名的有北京的“少年中国学会”、“国民杂志社”、“新潮社”、

"北京大学平民教育讲演团";湖南的"新民学会";湖北的"互助社"等。而"五四运动"后一年中出现的进步社团,约有三、四百个,较著名的就有北京的"工读互助团";湖南的"文化书社"、"俄罗斯研究会";湖北的"利群书社"、"共存社";广东的"新学生社";天津的"觉悟社",以及各地建立的马克思主义研究会。

"新文化运动"提倡民主,反对封建专制和伦理道德,要求平等自由,个性解放,主张建立民主共和国,无疑是对两千多年来的君主专制,和以"君学"为主流的"国学"的彻底批判;"新文化运动"提倡科学,反对尊孔复古思想和偶像崇拜,反对迷信鬼神,要求以理性与科学判断一切,显然是对从戊戌变法、民国立宪,到袁世凯称帝和张勋复辟以来,以康有为为代表的试图挽救"传统儒学"的颓势的各种尊孔复古思潮和运动的,最坚决的抵制和批判;而"新文化运动"所提倡的新文学和白话文,反对旧文学和文言文,开展文学革命等,则不仅是对科举考试"八股文"的深层次的批判,也是对秦汉以来脱离人民大众的晦涩难懂的文字表达形式的批判。

所以,即使撇开别的方面的意义不谈,单是对传统中国学术文化即"国学"的内容和形式而言,"新文化运动"所具有的革命、革新,推陈出新和清垢去污的作用,也是前所未有的。

但是,正如任何革命的大潮、洪流都难免有过激的、偏颇的、矫枉过正的支流、回流一样,"新文化运动"也不例外。这通过其"打倒孔家店"的口号和活动可以窥见一斑。

112. "打倒孔家店"对"国学"的影响

人们在称誉"五四""新文化运动""彻底的反帝反封建"的性质时,总是把"打倒孔家店"列为其主要功绩之一,把尔后对孔子的批判,看做是对"新文化运动""打倒孔家店"的"直接继承和深入发展。"

在"史无前例的无产阶级文化大革命"的"批孔运动"中,孔夫子被贬斥为"孔老二",更曾遭受空前猛烈的批判。

当那股"波澜壮阔"的大潮退却之后,包括当年那些由于慑于政治斗争的残酷,而不得不参与"批判孔老二"的有良知的文化人,在拨乱反正的大批判中,也都转而自觉地鞭笞了那场实则大革文化命的政治闹剧,认识到老夫子实在是"代人受过"、实在是太冤枉了!因为亿万人所口诛笔伐的"孔老二"的"罪状",根本就不是原本的、真实的孔子本人所具有的!被加在他头上的"罪名"都是"莫须有"的!

然而，人们似乎只是认识了“文革”“批孔”的可笑、可悲的闹剧，为孔子回复了名誉，却似乎还没有注意到在“文革”之前半个多世纪，所发生的那场所谓“打倒孔家店”运动，所同样存在的某些可笑、可悲的性质。

为什么这样说呢?

因为被“打倒”的“孔家店”，根本就不是历史上真实的孔子所开，而里面的货色也根本并不属于孔子。

在“五四”“新文化运动”中，“打倒孔家店”口号的提出，有其特定的历史背景。那就是：以康有为为代表的一些人，从“百日维新”的“托古改制”，到民国创建时的立宪建议，再到袁世凯称帝和张勋复辟的闹剧等等一系列政治事件中，一而再、再而三地鼓吹把“孔教”设为国教，并创造了“孔教会”等组织，主办了相应的刊物，产生相当大的社会反响，引发了不同的反应和激烈的论战。在论战中又有些人，在“尊孔”的口号下竭力鼓吹并试图“复兴”传统的“儒学”，以维护趋于崩溃的封建礼教和文化专制主义。

“五四”时期“打倒孔家店”的口号，所针对的主要就是当时由康有为等人所力图开设、极力张扬的“孔家店”。而康有为等人所力图开设和极力张扬的“孔家店”，其所经销的货色主要是把“孔教”设为国教，把孔子奉为教主，使“儒学”宗教化，并仿照佛教和耶稣教，设教会、立教堂、颁教规、定礼拜仪式。此外还有各种花样翻新的以“尊孔”和“复兴儒学”为幌子，以各种应时的招牌，而实则竭力维护封建礼教，试图挽救“传统儒学”的颓势的各种陈年旧货。

事实上，“孔家店”中的货色，与孔子本人的学说即原始儒学，在本质上并没有什么关系，甚至可以说是对孔子及由孔子所代表的原始儒学的亵渎！要是硬说有关系的话，那只是它挂的是“孔子”和“孔学”以及“儒学”的招牌而已。

据考证，“孔家店”一说是由胡适根据其所经常阅读的《水浒传》中因有这家庄、那家店，而首先提出的。当时四川省有一位知名人士吴虞（1874~1939年），非难“孝”“孔”，编《爱智庐文录》二卷，文笔犀利，请胡适作序。胡适在序言中对其反孔的精神给予高度评价，称其打扫“孔渣孔滓尘土”，是“中国思想界的一个清道夫”，是“‘四川省只手打孔家店’的老英雄”。对于胡适的称誉，吴虞曾经作过说明：“我的文录……本一无系统之作，来京时友人为录成一册。胡适之先生为撰序，介绍付印。时适之先生方阅《水浒》，故有打孔家店之戏言。其实我并未尝自居于打孔家店者。”后人在评论此事时，似乎对当事人这样的表白未加关注。

胡适文中写的是“打孔家店”，并没有“倒”字，因而不能说“打倒孔家店”这五个字的口号是胡适先提出来的，但也不能像有人说的那样，“打倒孔家店”一说违背胡适“打孔家店”的原意。因为就在该篇序言中，胡适说：“这个道理最明显，何以那种种吃人的礼教制度都不挂别的招牌，偏爱挂孔老先生的招牌呢？正因为两千年吃人的礼教法制都挂着孔丘的招牌，故这块孔丘的招牌——无论是老店，是冒牌——不能不拿下来，捶碎，烧去！”（见《吴虞文录序》，原载 1921 年 6 月 21 日《晨报》副刊，后收入《胡适文存》卷四）胡适说的很明确：“拿下来，捶碎，烧去!”就是“打倒”的意思，而且从字面蕴义上看，“捶碎，烧去”比“打倒”更甚。由此看来，胡适虽然只提“打孔家店”而没有“倒”字，但加上个“倒”字，也并不违背他话的原意。

但是，人们在理解胡适的这个说法时也确实存在误解、偏激之处。

胡适本来说的是“二千年吃人的礼教法制都挂着孔丘的招牌”众所周知，“招牌”与事实并不见得是一回事，而“招牌”与事实不相符合者甚多，况且还有“冒牌”者。所以胡适所说的“打孔家店”以及“捶碎，烧去”的，只是“二千年吃人的礼教法制都挂着的”“孔丘的招牌”。可是，有些人却偏偏误解、曲解他话的原意，把“孔丘的招牌”当成了孔子本人及其学说本身，并被时不时涌起的“运动”热潮冲昏头脑，以至产生偏激情绪和言行，并由此上演了一幕幕闹剧、悲剧。

其实，当时“新文化运动”的主要代表人物们，在“打倒孔家店”时，头脑大都还是比较清醒的，并没有把“孔丘的招牌”、“孔家店”与孔子本人及其学说本身等同，并没有不加分析地对孔子本人及其学说本身妄加批判、否定，更不曾统统“打倒”、“砸烂!”

同胡适一样，他们的矛头主要指向“二千年吃人的礼教”，指向旧的思想、文化和道德等，并未完全否定孔子本人及其代表的原始儒家学说。简括地说，在“打倒孔家店”的运动中，他们批判的锋芒主要集中指向三个方面：第一，反对把以孔子为代表的儒家学说定于一尊而限制、扼杀其他学派，尤其反对文化专制主义。正如李大钊在《自然的伦理观与孔子》一文中所说：“余之抨击孔子，非抨击孔子之本身，乃抨击孔子为历代君主所雕塑之偶像的权威也；非抨击孔子，乃抨击专制政治之灵魂也。”我在前文中已经指出：从汉代董仲舒肇始的“新儒学”到“宋明理学”，其实就都是李大钊所称谓的，导致“孔子为历代君主所雕塑之偶像的权威”和“专制政治之灵魂”的理论基础，尤其“宋明理学”乃是中国封建礼教和整个旧道德、旧思想、旧风俗、旧文化等等积淀之典型；第二，反对将伦理与政事相混，以儒家的人伦秩序来论证和维护封建的皇权统治，尤其是“忠孝并用”的愚孝、愚忠。反对企图以此愚弄和束缚天下民众的头脑和言行，让人民服服帖帖地忍受、听任统治者的压迫和奴役，以阻挠变革维新，维护摇摇欲坠的封建统治和纲常伦理；第三，反对利用儒家经典来钳制人民的思想与个性。鲁迅曾通过“狂人”之口，发出“从来如此，便对么?”的呐喊，以启发和激励人们向“从来如此”的旧制度、旧礼教、旧思想、旧文化挑战和开火。胡适所呼喊的要“努力做一个不受人惑的人”，其所显示的启蒙和催醒的警钟作用至今言犹在耳。

所以，就总体而言，所谓“打倒孔家店”，实质上是要“打倒”挂着“孔丘招牌”的“两千年吃人的礼教法制店”、“皇家店”，和兜售旧制度、旧习俗、旧思想、旧文化的“吃人店”。

事实上，“新文化运动”所要“打倒”的“孔家店”，根本就不是历史上真实的孔子所开，而里面的货色也根本并非孔子所造，而是孔子死后多年，特别是从汉代董仲舒开始，就渐渐被歪曲，以至最终与孔子本人及其学说大相径庭的货色而已。

胡适在《新思潮的意义》一文中指出：“新思潮的根本意义只是一种新的态度，这种新态度可叫做‘评判的态度’。”又说：“‘重新估定一切价值’八个字便是评判的态度的最好解释。”这可以说是对于“五四运动”时期“新文化运动”所代表的“新思潮”的经典性的阐释。陈独秀、李大钊、鲁迅等“新文化运动”主要代表人物的主张，也大体如此。因此，准确地说，“新文化运动”的主要代表人物，对包括“孔学”等学术文化在内的传统所采取的，并不是简单、盲目的“反传统”，更非对“传统”一笔抹煞，而是“评判”的态度，即对“传统”中的制度、习俗、学术观点和思想观念等等加以具体分析，重新审视，区别对待，予以评判。

但是，由于形势的需要，特别是由于“传统”中违背时代潮流的沉渣不时泛起，顽固地表演和表现出来，譬如康有为等所竭力推行的设“孔教”为国教的活动，因而使得“新文化运动”的主要代表人物，当时用力最多的是批判传统中这些违背时代潮流的旧东西，特别是挂着“孔丘招牌”的东西，并且有时表现得很激烈，乃至带有某些偏激，呈现出矫枉过正的态势。在社会上，这尤其是对涉世不深，且又对“新文化运动”的某些领袖人物怀有崇拜、迷信感的年轻人产生相当大的影响，使得他们对“打倒孔家店”望文生义地极端理解，因而在言行上，就很自然地带有过分情绪化和偏激的表现，把“孔丘的招牌”、“孔家店”与孔子本人及其学说本身等同看待，以至不加分析地对孔子本人及其学说妄加批判、否定，试图统统“打倒”、“砸烂!”这在“新文化运动”中虽然属于支流，但由于出现在青年知识分子中，很容易在一代代年轻人群中蔓延，以讹传讹，导致“差毫谬千”的历史性错误。

孔子及其学说，从其死后就开始失真，到秦汉更开始被歪曲，不断地被“君学家”们挂上适合帝王需要的招牌，而且与时推移，不断更新，到清末民初，被康有为等人推向极端，被尊奉为“教主”及“孔教”，时断时续地折腾十几年。虽然他们的愿望未能实现，但造成的影响却非常大，以致孔子在历代蒙受冤屈而无缘无故地遭受无数次的批判之后，又蒙受一次空前的大冤枉，被扣上“孔家店”店主的帽子而再次遭受批判。尽管“新文化运动”的主要代表人物对孔子及其学说的“评判”，总起来说还比较清醒、客观，但其他人尤其年轻的文化人则比较偏激，乃至不加分析地乱打乱砸，由此埋下半个世纪后空前猛烈的“批倒批臭”的孽根。

十　复兴“国学”

113. “国学”要不要复兴

我中华文明古国经过清代的闭关自守，特别是19世纪中叶到20世纪初帝国主义列强的宰割、瓜分，沦为半封建半殖民地社会，积贫积弱，五千多年的文明惨遭破坏，尔后又经过军阀混战、蒋介石独裁统治、日寇蹂躏以及“三座大山”的重压，中华民族饱经苦难，经济政治和学术文化遭受严重破坏。在清末民初及其后的战乱岁月，面对帝国主义的文化侵略和各种思潮的涌入，民族虚无主义和“全盘西化论”一度泛滥，于是一批有识之士喊出了“捍卫和复兴”“国学”的口号，在学界引起相当大的反响，使面临“灭学”危险的中国学术得以在艰难的境域中缓慢复兴。但是由于中华人民共和国建立后，最高决策者个人崇拜、个人专断的不断加剧，由于其竭力推崇秦始皇“焚书坑儒”，长期实行文化专制，联绵不断地发动学术文化领域的“大批判”，尤其是“史无前例的无产阶级文化大革命”，使文化专制达到“史无前例”的顶峰，在对国家、民族造成“史无前例”的人为性破坏和重创的同时，对中国学术文化同样造成了“史无前例”的人为性破坏。

所以，在那场浩劫过去之后，“复兴中华”、“振兴中华”比任何历史时期都显得尤为重要和迫切。

中华民族是由其特质的经济政治和学术文化之根叶所生就的参天大树，因此要“复兴中华”、“振兴中华”，自然就要复兴、振兴中国的学术文化，即“国学”！如果说经济政治是一个民族、一个国家之躯体的话，那么学术文化则是该民族、该国家之灵魂。

所以，离开了中国学术文化的复兴和振兴，中华民族的复兴和振兴简直就是不可能的！

114. “中华复兴”就是“复兴国学”吗

中华民族的复兴涵盖中华民族的经济、政治、思想、学术和文化等等各个方面的复兴，是一个复杂的系统工程，而“复兴国学”仅仅属于该系统工程中“复兴学术文化”的范畴之内，仅仅是整个中华民族复兴系统工程中的一部分。

所以，不能认为“中华复兴”就是“复兴国学”。

由于一个民族的学术文化是该民族整个躯体之灵魂，“国学”是中华民族之灵魂，所以“复兴国学”对于“复兴中华”而言，自然也就具有灵魂的地位和作用。

115. “复兴国学”就是“复兴儒学”吗

“复兴国学”是指复兴整个中国的传统学术文化，而整个中国的传统学术文化有两千多年的历史，其内涵非常丰富，涵盖了我们在前面提到的“国学”之源、流的各个方面，而绝不是“儒学”所能代表得了的。

所以，认为“复兴国学”就是“复兴儒学”的看法，是非常片面的。

“复兴儒学”的口号近些年在国内外响起，甚至有越来越烈的意味，但是，只要人们稍加冷静、仔细地琢磨一下，就不难发现其是站不住脚的。

因为“儒学”在其源、流的发展和演变中，几经异化，到今天，其内涵早已变得模糊不清，在不同的人那里，理解各异，自然也就使得“复兴儒学”歧义甚多了。

儒学有先秦儒学和秦汉以后的儒学；而先秦儒学中，又有原始儒学如“孔学”和衍生儒学如“孟学”、“荀学”等；秦汉以后的儒学则又有董仲舒的“董学儒学”、“经学儒学”和程朱陆王的“理学儒学”等等，那么，人们所说的“复兴儒学”到底是“复兴”哪一宗、哪一派呢？要是全包括的话，那么，要怎么个“复兴法”？又怎么能“复兴”得了？就算是能“复兴”的话，那“复兴”变了味的“儒学”又有什么意义呢？

当一个概念或口号，让人们难于作出规范、一致的理解，而捉摸不定时，那它还有意义吗?!

所以，我认为，面对孔子死后其学说就开始变味和分化的事实，面对“原始儒学”几经演变的事实，与其提含糊不清地提“复兴儒学”，倒不如提“复兴孔学”、“复兴孟学”、“复兴荀学”等等为好。这样，内涵才明确、具体，才便于捉摸、操作和实施。

但是这还远远不够，这仅仅是“复兴国学”当中的一部分。

因为“复学国学”是指复兴中国古代的整个学术文化，也是一项复杂的系统工程，因而还必须加上“复兴老学”、“复兴墨学”、“复兴庄学”，以及“复兴天学”、“复兴医学”、“复兴农学”等等。

同时还必须强调，不管“国学”的哪个部分、哪个方面的“复兴”，都必须根据新世纪、新时代的进步和社会发展之需要，根据“复兴中华”的需要，严格地遵循“国学”发展的基本规律，才能实现。

116. “复兴国学”是一项复杂的系统工程

其工程之复杂，可以从动、静或纵、横两个方面来说。

从静或横的方面来说，“复兴国学”的复杂性表现为“国学”内涵方面的复杂性：它不仅仅是人们所热衷谈论的“儒学的复兴”，也不仅仅是从先秦诸子之学到清代朴学之精粹的复兴，而是包括诸子百家之学即涉及当今所谓社会科学、自然科学和思维科学等所有学说的复兴；

从动或纵的方面来说，“复兴国学”的复杂性表现为复兴过程的复杂性：它不是一次简单的动作，不是一朝一夕所能完成和奏效的事情，而是一个动态的、长期的过程。

主要参考资料

1. 吴文祺：《重新估定国故学之价值》，《国故学讨论集》第 1 集。

2.《十三经注疏》，北京大学出版社 1999 年版。

3. 章太炎：《国故论衡》，上海古籍出版社 2003 年版。

4. 胡适：《〈“国学”季刊〉发刊宣言》，张若英编《中国新文学运动史资料》第 195 页，光明书局 1934 年版参考资料。

5.《民报》月刊，国家图书馆藏。

6.《国学通览》，群众出版社 1996 年版。

7. 章太炎：《国学概论》上海泰东图书馆 1922 年版。

8. 谭正璧：《国学概论讲话》，上海光明书局 1934 年版。

9. 程发轫：《国学概论》，台湾国立编译馆 1969 年版。

10. 钱穆：《国学概论》，商务印书馆 1997 年版。

11.《马克思恩格斯选集》第 2 卷，人民出版社 1995 年版。

12.《山海经》《竹书纪年》，见《二十二子》，上海古籍出版社，1986 年。

13. 司马迁：《史记》，中华书局 2009 年版。

14. 班固：《汉书》，中华书局 2007 年版。

15.《孙膑兵法》，1975 年 7 月文物出版社版。

16.《中国可能最早使用金刚石和刚玉作加工材料》，2005 年 02 月 17 日，新华网。

17. 葛兆光：《中国思想史》，复旦大学出版社 2001 年 12 月版。

18. 李学勤：《缀古集》，上海古籍出版社，1998 年 10 月版。

19.《周易》《尚书》《春秋》《论语》《孟子》。

20. 孙景坛网络稿：《百家争鸣新论（修改稿）》。

21.《马王堆汉墓帛书》，文物出版社 1997 年版 21。

22.《郭店楚简老子校释》，清华大学出版社 2003 年版。

23.《荆门郭店楚简〈老子〉全文》，荆门郭店楚简文献中心 2009 年 4 月 28 日发布。

24.《淮南子》，上海古籍出版社 2004 年版。

25. 冯友兰：《中国哲学史》，北京大学出版社 1985 年版。

26. 胡适：《中国中古思想史长编》，华东师范大学出版社 1999 年版。

27. 章学诚：《校雠通义》，古籍出版社 1956 年版。

28.《岭南学报》1934 年第三卷第三期。

29. 詹安泰等编：《中国文学史》，高等教育出版社 1957 年版。
30. 包遵信：《浅谈〈荀子·赋篇〉》，《文史哲》1978 年第 5 期。
31. 毕庶春：《荀况〈赋篇〉刍论》，《文学遗产》1999 年第 3 期。
32.《春秋左传集解》，上海人民出版社 1977 年版；凤凰出版社 2010 年版。
33. 左丘明：《国语》译注，山西古籍出版社 2007 年版。
34. 王充：《论衡》，上海人民出版社 1974 年版。
35.《管子》，燕山出版社 1995 年版。
36.《黄帝内经》，中国医科大学出版社 1998 年版。
37.《吕氏春秋新校释 》，上海古籍出版社 2002 年版。
38. 1977 年在安徽阜阳双古堆第二代汝阴侯夏侯灶墓出土《简书》。
39. 王渝生：《中国算学史》，上海人民出版社 2007 年版。
40.《诸子百家丛书》，上海古籍出版社 1994 年版。
41.《诸子集成》，上海书店 1996 年版。
42. 张衡：《灵宪》，《全上古三代秦汉三国六朝文》第一册，中华书局 1958 年版。
43.《汤用彤选集·言意之辩》，天津人民出版社 1995 年版。
44. 刘勰：《文心雕龙》，上海古籍出版社 2008 年版。
45.《新刊经进详注昌黎先生文集四十卷外集十卷遗文三卷韩文公志三卷》，上海古籍出版社 2001 年版。
46.《李文公集》，上海古籍出版社 1987 年版。
47.《二程遗书》，上海古籍出版社 2010 年版。
48.《张载集》，中华书局 1980 年版。
49.《西河文集》，台湾商务印书馆 1986 年版。
50.《陆九渊集》，中华书局 1980 年版。
51.《朱子语类》，中华书局 1986 年版。
52.《饮冰室合集》，中华书局 1989 年版。
53.《胡适文存》，亚东图书馆 1921 年版。

后　记

当我对书稿最后勘校一遍，认为可以交付出版时，已是 2012 年 7 月 5 日下午。

从 2004 年 5 月开始酝酿、动笔，到现在已经过去 8 年有余。

“十年磨一剑，霜刃未曾试。”贾岛笔下的剑客，经十年磨砺后，那种跃跃欲试的豪气，溢于字间；而作者托物言志的怡然自得神态，亦清晰可见。

可自己呢？八年著一书，价值不自知啊！

“秤不自称！”自己劳动的成果，尽管渗透着 8 年的心血，但是否有价值？有多大价值？自己是绝对称量、评判不了的，而只能交由世人、后人，来称量，最终则要交由实践来检验、评判了！

但不管怎样，自己总算尽心尽力地做了一件最想做、最该做的事情，达到了目前自己所能达到的水平。

也许在别人看来水平很低，但目前自己的心志和能力就是如此。谁不想尽力登得高些？但为才智所限，虽该做却力不能及的事情，我不敢去想啊！

然而，既然自己想做、该做的事情，已经尽自己所能地做了，总有一种了却心事的慰藉之感。

“为学不争一家胜，著述但求百家鸣。”我赞成著名美学家蒋孔阳先生这一关于治学、著述的至理名言。自己也知道“国学”文献的芜杂和探究的艰难，为此曾经写过一首小诗：“国学文献浩如烟，披沙拣金自奋然。去伪存真成首务，清源正本步维艰。留心考古新成果，抛弃前人陈腐观。比较分析反反复，捭阖纵横辨疑难。”况且，自己在“国学”研究领域本来就是一个无名小卒，因而丝毫没有争强好胜之意，明知自己所做的都是探索性的，而且有些观点尽管写出来了，但仍在反复琢磨之中，仍有随时改变、矫正的可能。所以，书中存在这样那样的缺陷、谬误，是在我意料之中的。然而，只要能够引起讨论、“争鸣”，那我的目的就算达到，也就可以聊以自慰了！

在聊以自慰的同时，我更感到幸运。

一种巧遇“知音”的幸运！

考虑到本书稿的特殊内容和学术内涵，我觉得找一家品位较高的大学出版社为好。自己是北京大学老校友，去年又开始住进燕园社区。按说，找北大出版社最为合适，也最为便捷。但是，当我了解到该社的情况觉得可能性不大之后，便打消了此念。而当我听说首都师范大学出版社总编杨生平教授，年轻有为，富有创新意识后，便贸然与他联系。他当即让我将简介和样稿传给他。想不到他很快回话，说“您的书稿质量、品味都很高，我看后很受启发。等我把选题报社委会讨论，一有消息会尽快与您联系。”经过沟通，我又把另一部书稿《周易解谜》传给他。没有多久，他就又打来电话，说经社委会研究四部书稿都同意接受出版，并让刘志颖女士具体与我联系。

对于作者而言，没有比自己的书稿能及时、顺利被出版社看中更幸运的了！况且是4部，对于我而言是开天辟地的幸事！因为，此前我至多有过两次一年同时出两本书的经历。

下午4时，我走到室外。大概因为周边下了大雨的缘故，稍带凉意的风迎面吹来，让我感到清爽。习惯使我不知不觉地来到未名湖畔。

三三两两的游人，或沿着湖边谈笑、漫步；或选择景点拍照，显得非常悠然自在。而其中最为招眼的，当属那些即将离校的毕业生们了。

他们分别穿着标志学士、硕士和博士的袍子，或成对，或成群地拍照。欢喜的面容和爽朗的笑声，为未名湖增光添彩，使其愈发秀色可餐。

看着他们欢天喜地的样子，享受着从湖面徐徐入怀的凉风，我禁不住想到半个世纪前的1962年，我从河北省安国一中考入北京大学后，多次来到未名湖畔的情景。

“绿柳青松相戏揣，湖光塔影竞拥怀。金风爽爽拂衣袖，笑语甜甜入耳来。”这是我当年报到后，初次看到未名湖时即景吟诵的诗句。

诗情画意般的校园，名师荟萃的学府，激励我刻苦攻读，奋发图强。每当期末备考时，我就独自带着书本来到这未名湖畔的山林，找到一棵适宜的松树，攀到树杈，仰靠着树干温习……可惜，好景不长，接连不断的政治运动搅乱了正常的学习秩序。在连续三次到校外参加“阶级斗争”之后，万万没有料到“阶级斗争”的烈火居然从校外烧到校内，而且偏巧从自己所在的哲学系燃起，一冒三千丈，很快就将整个学校烧得瘫痪了！

学业半途而废。本该1967年夏季就该毕业分配了，却由于内乱而不能！包括当初响应“伟大号召”热衷于“步步紧跟”的“造反派”们，也渐渐心灰意冷，不得不忍受“天天难过天天过，日日无聊日日聊”、“得过且过”的岁月。好不容易熬到1968年9月名为“分配”实则“发配”的时候，大家便无奈地离开北大，告别未名湖。

目睹老师挨斗的惨景，使我对于教师这一职业着实惧怕，所以在毕业分配时，就自愿选择了我们年级分配方案中唯一的一个“先当工人”的指标。

在离校前，我特意独自来到未名湖畔。看着熟识的湖光塔影，心中百感交集，想到不久就奔向塞外去当工人，虽然自知前途渺茫，但真想去后好好学到一技之长，可斗争的烈火依然熊熊燃烧，又深感吉凶未卜，充满彷徨……于是暗自哼道：“六年北大四年荒，大好年华徒耗光。教室沦为劳教所，居斋变做武攻场。奋发名苑学业废，无奈边陲实技长。想到人生路漫漫，未名湖畔苦彷徨。”

在去报到前，我还特意独自到天安门广场，怀着一种难于言表的苦楚，在纪念碑前留影，暗自吟道：“广场孑立吊孤形，遥想前程更渺蒙。昔日考学发奋志，今天发配忐尴情。浮云浓重遮双目，阴霾沉迷祸众生。不信苍穹总罩雾，十年重返北京城！”

“十年重返北京城！”在当时，只不过是我一时迷离朦胧的幻想。想不到10年后，居然“歪打正着”，我真的通过考研“重返京城”，而且在毕业后当上了当年发配时我最为惧怕的“教书匠”！

人哪，不过是爬在社会关系之网上的一只小蜘蛛。人生之路的选择，不能全由己呀！

想着，不知不觉转到通往朗润园的岔路。一看前面一个熟悉的身影，我就赶紧奔过去。当走近一看，才如梦初醒般地知道自己错了！

啊，黄枬森先生，已经92岁高龄！在4月12日拜访他时，老先生明明告诉我已经不便下楼了……嗨，我怎么居然忘了这个茬儿呢！

我走近黄先生所住的公寓下，真想前去看望老人家呀！可理智提醒我：已是耄耋之年的老人，不能擅自随便打扰了啊！

关于黄先生对于我开始写作本书时的指教，我在《导言》中已经写过。但从2004年底到2005年10月，由于专心伺候病危的家母，我没有顾及本书的写作，直到家母西归，遵照家母的遗嘱将老人家送归故里与爹并骨，将后事办妥，自己的情绪逐步从丧母之痛中逐渐恢复平静之后，才又重新忙于本书的写作，并于2006年4月20日，再次拜访、请教黄先生。黄先生又给予了具体地指导和勉励。

从2006年至今，又6年过去，期间由于忙于研究、著述，我没有再打扰黄先生。当住进北大后，我迫不及待地想拜访先生，但由于生怕影响老先生的健康，所以，特意选择一个不冷不热的季节，于4月12日，按前一天的约定，拜访了他。为了向先生汇报，我带着打印好的《国学三部曲》的详细提纲和《导言》。实话说，我渴望得到先生的继续指教，但又生怕连累、影响他的健康啊！所以，临别时我才把提纲交给他，并特意真诚地恳求先生：要是身体条件不允许，就不要看！觉得有兴趣、也有精力时，就看看，千万别因此而影响健康啊！您看：我之所以连按照惯例请您老“斧正、赐教”的字都没敢写，就是这个意思呀！

可是，让我万万没有料到的是，先生不仅很快看了，而且看得很认真。当我 26 日为别的事情与先生通话时，先生不等我开口，就抢先说他看了我给他的简介等资料，觉得内容很丰富……懂得点儿养生之道的我，担心先生太激动，于是马上过去。当赶到时，先生起身迎候，显得比上次更精神。先生开门见山地说：“我不懂‘国学’，但你这部书稿涉及的内容广泛，又联系了最新的考古成果，提出了许多新见解、新问题。现在‘国学’的研究很受重视，而像这样的书，当前还没有见过。所以，我想这部书稿要是出版的话，会有吸引力，会有市场的！”既然谈到出版，就自然谈到出版社。老先生说：“首都师范大学出版社前不久出过他的书，总编年轻有魄力！意思是提醒我联系试试！”

老先生的热诚勉励，给了我信心。正是在他的提醒和鼓励下，我才与首都师范大学出版社总编杨生平教授联系。不想一拍即合。本书得以面世，在首先感谢杨生平总编错爱、抬爱的同时，我也由衷感谢黄先生啊！没有黄先生这些年的指导和勉励，我的这部书是写不出来的！

我还要感谢汤一介先生！他虽然没有就本书对我进行具体指导，但是，在写作本书之前，他关于“评价人物一定要坚持实事求是，世上没有完人，没有神人，对于每个人的长处都要具体分析，不能泛泛而谈，言过其实”的教诲，对于我写作本书，起了重要的指导作用啊！

本书得以顺利出版，我还要感谢责编刘志勇女士。是她以其年轻人的活力、古典文献专业硕士特有的睿智，以及富有教养的女士的细致，冒着酷暑与我联系，殚精竭虑、字斟句酌地审阅，纠错、斧正，为此付出了大量的心血！

我还要感谢国家图书馆的工作人员。不管是开始时在南区，还是后来在北区，我每次去查阅书刊文献，都得到他们极其热心而周到的关照、帮助。特别让我感动和难以忘怀的是，他们不仅主动帮我检索、查阅，还把相关图书搬到我的阅览桌前，尤其是当后来我到北区查阅某些学者的文献时，在年长馆员的吩咐下，年轻的馆员总是把相关学者的所有著作（有的多达数十部），都替我搬到桌上，而当离开时，又帮我把书籍搬回书架摆放好。为我提供了极大的方便，使我节省了大量时间！他们这种对于文化人的关爱和服务的热忱，给予我莫大的鼓励！我之所以在图书馆屡屡忘记吃午餐，正是与他们这种不是用言语，而是用行动所表达出的极大精神鼓励，分不开的呀！

所以，这部书稿的写成，出版、凝聚了著名哲学家黄枬森先生、汤一介先生极其宝贵、具体的指导、教诲和勉励，以及国家图书馆许多工作人员极其热诚、周到的帮助啊！

尤其是首都师范大学出版社总编杨生平先生、责编刘志勇女士等人，更是为它的成书、出版、面世、付出了艰辛的劳动！

“如果说我看得比别人更远些，那是因为我站在巨人的肩膀上。”我理解牛顿这话的意思是：科学研究要在前人尤其是那些卓有建树的“巨人”研究成果的基础上，继续前进，以避免重复劳动和走弯路。我不敢说自己“比别人看得更远”，但在研究和写作本书的过程中，我确实力求“站在巨人的肩膀上”去攀登，确实参考、借鉴汲取了他人的、前人的许多研究成果。所有这些，我都在文中和“主要参考资料”中注明了！

在此，我谨以深深地鞠躬，对大家表示由衷地谢意！

因为是探索性的著述，又为水平所限，有些观点我虽然写了出来，其实仍在琢磨之中。所以，书中肯定有不少缺陷和谬误之处，恳望广大读者指正、赐教！无论是公开的批评，或私下的指教，我都欢迎、祈盼！

我的电子邮箱是 sdzz2049@ sina. com

宋定国

2012 年 8 月于北大蔚秀园